L'EUROPE AU TEMPS D'ULYSSE
DIEUX ET HÉROS DE L'ÂGE DU BRONZE

25ᵉ EXPOSITION D'ART DU CONSEIL DE L'EUROPE

L'exposition est organisée par le Musée national du Danemark, Copenhague,
la Kunst- und Ausstellungshalle der Bundesrepublik Deutschland, Bonn,
la Réunion des musées nationaux, Paris, l'Association française d'Action artistique, le ministère des Affaires étrangères,
Paris, et le ministère grec de la Culture, Athènes.

Elle bénéficie du soutien du groupe Dassault.

Architectes : Agata Torricella et Giuseppe Caruso, Milan.
Coordination du projet à Paris : Agnès Takahashi, et, pour le mouvement des œuvres, Francine Robinson.

Couverture : *Le char du soleil de Trundholm*, Copenhague, Musée national (cat. 167).
Quatrième de couverture : *Figurine féminine*, Naxos, Cyclades, Grèce (Ill. 2, page 54, cat. 165).

ISBN : 2-7118-3886-2

© 1999 Musée national du Danemark, Copenhague, Kunst- und Ausstellungshalle der Bundesrepublik Deutschland, Bonn, Réunion des musées nationaux, Paris, Association française d'Action artistique, ministère des Affaires étrangères, Paris, ministère de la Culture, Athènes.

Nationalmuseet Copenhagen, Danemark
19 décembre 1998 - 5 avril 1999

Kunst- und Ausstellungshalle der Bundesrepublik Deutschland, Bonn, Allemagne
13 mai - 22 août 1999

Galeries nationales du Grand Palais, Paris, France
28 septembre 1999 - 10 janvier 2000

Musée archéologique national, Athènes, Grèce
11 février - 7 mai 2000

L'EUROPE AU TEMPS D'ULYSSE
DIEUX ET HÉROS DE L'ÂGE DU BRONZE

Comité d'organisation

Irène Bizot
Administrateur général de la Réunion des musées nationaux

Olivier Poivre d'Arvor
Directeur de l'Association française d'Action artistique

Wenzel Jacob
Directeur de la Kunst- und Ausstellungshalle der Bundesrepublik Deutschland, Bonn

Jette Sandahl
Directeur des Relations extérieures, Musée national du Danemark, Copenhague

Daniel Tarschys
Secrétaire général du Conseil de l'Europe

Yannis Tzédakis
Directeur des Antiquités, ministère de la Culture, Athènes

Ute Collinet
Secrétaire général de la Réunion des musées nationaux

Claude Mathis
Secrétaire général de l'Association française d'Action artistique

Bénédicte Boissonnas
Chef du département des Expositions,
Réunion des musées nationaux

Pierre Bonzi
Chef du département de l'Administration, Association française d'Action artistique

Alain Madeleine-Perdrillat
Chef de la Communication, Réunion des musées nationaux

Nicole Richy
Chef du département de la Communication et du Partenariat, Association française d'Action artistique

Sybille Heftler
Responsable du mécénat, Réunion des musées nationaux

Zoé Logak,
Responsable des relations avec les entreprises, Association française d'Action artistique

Marie-Claude Vaysse
Chargée des expositions patrimoniales, Association française d'Action artistique

Marie-Hélène Habert-Dassault
Directrice de la Communication, Dassault

Comité d'honneur

Hubert Védrine
Ministre des Affaires étrangères

Catherine Trautmann
Ministre de la Culture et de la Communication

Pierre Moscovici
Ministre délégué, chargé des Affaires européennes

Alain Decaux
de l'Académie française,
Président de l'Association française d'Action artistique

François Nicoullaud
Directeur général de la Coopération internationale et du Développement,
Ministère des Affaires étrangères

Françoise Cachin
Directeur des musées de France,
Président de la Réunion des musées nationaux

Olivier Dassault
Président du conseil de surveillance du groupe Valmonde

Commissariat

Jørgen Jensen
Conservateur au Musée national du Danemark

Albrecht Jockenhövel
Professeur à l'Université de Münster

Jean-Pierre Mohen
Conservateur général du Patrimoine, directeur du Laboratoire de recherche des Musées de France

Christiane Éluère
Conservateur en chef au Laboratoire de recherche des Musées de France

Katie Demakopoulou
Directeur émérite du Musée archéologique national, Athènes

Sappho Athanassopoulou
Attachée à la division des Expositions, direction des Antiquités, ministère de la Culture, Athènes

David Guillet
Administrateur des Galeries nationales du Grand Palais

Conseil scientifique européen

Conseil de l'Europe
David Mardell, expositions d'art, Strasbourg

Allemagne
Albrecht Jockenhövel, Westfälische Wilhelms-Universität, Seminar für Ur- und Frühgeschichte, Münster
Wilfried Menghin, Museum für Vor- und Frühgeschichte, Staatliche Museen Preussischer Kulturbesitz, Berlin

Autriche
Fritz Eckhart Barth, Naturhistorisches Museum, Vienne
Walter Leitner, Leopold-Franzens-Universität Innsbruck, Institut für Ur- und Frühgeschichte, Innsbruck

Bulgarie
Henrietta Todorova, Archaeological Institute and Museum, Sofia

Chypre
Sophokles Hadjisavvas, département des Antiquités, ministère des Communications et des Travaux, Nicosie

Danemark
Jørgen Jensen, Musée national du Danemark, Copenhague

Espagne
Maria-Luisa Ruiz-Galvez Priego, Universidad Complutense, Facultad de Geografia e Historia, Madrid

France
Christiane Eluère, Laboratoire de recherche des Musées de France, Paris
Jean-Pierre Mohen, Laboratoire de recherche des Musées de France, Paris
Alain Pasquier, musée du Louvre, Paris
Patrick Périn, musée des Antiquités nationales, château de Saint-Germain-en-Laye

Grande-Bretagne
Alison Sheridan, Royal Museum of Scotland, Archaeology Department, Édimbourg

Grèce
Sappho Athanassopoulou, division des Expositions, direction des Antiquités, ministère de la Culture, Athènes
Katie Demakopoulou, Musée archéologique national, Athènes
Nicoletta Divari-Valakou, département des Antiquités préhistoriques et classiques, direction des Musées, ministère de la Culture, Athènes
Lena Papazoglou-Manioudaki, Musée archéologique national, Athènes
Daphné Tsironi, ministère de la Culture, Athènes
Yannis Tzedakis, direction des Antiquités, ministère de la Culture, Athènes

Hongrie
Tibor Kovàcs, Magyar Nemzeti Muzeum, Budapest

Irlande
Patrick Wallace, National Museum of Ireland, Dublin

Italie
Renato Peroni, Università degli Studi di Roma, Dipartimento di Scienze Storiche Archeologiche e Antropologiche dell'Antichità, Rome

Pologne
Lech Krzyzniak, Muzeum Archeologiczne, Poznań

Portugal
Susana Oliveira Jorge, Universidade do Porto, Porto

République slovaque
Václav Furmánek, Archologicky ustav SAV, Nitra

Roumanie
George Trohani, Muzeul National de Istorie a Rômâniei, Bucarest

Russie
Iuri Piotrovski, musée de l'Ermitage, Saint-Pétersbourg

Suisse
Walter Fasnacht, Schweizerisches Landesmuseum, Zurich

Turquie
Nilüfer Turkan Atakan, Istanbul Arkeoloji Müzerleri, Istanbul

LES ORGANISATEURS EXPRIMENT TOUT PARTICULIÈREMENT LEUR RECONNAISSANCE AUX RESPONSABLES DES COLLECTIONS SUIVANTES :

Allemagne
Römisches Museum der Städtischen Kunstsammlungen Augsburg, Augsbourg
Stiftung Preussischer Kulturbesitz, Staatliche Museen zu Berlin, Museum für Vor- und Frühgeschichte, Berlin
Rheinisches Landesmuseum, Bonn
Erich Bäcker, Donauwörth
Landesamt für Archäologie mit Landesmuseum für Vorgeschichte, Dresde
Technische Universität Bergakademie Freiberg, Geowissenschaftliche Sammlungen, Freiberg
Landesamt für Archäologie Sachsen-Anhalt Landesmuseum für Vorgeschichte, Halle (Saale)
Hamburger Museum für Archäologie und die Geschichte Harburgs, Helms-Museum, Hambourg
Niedersächsisches Landesmuseum, Abt. Ur- und Frühgeschichte, Hannover
Landesdenkmalamt Baden-Württemberg, Archäologische Denkmalpflege Aussenstelle Karlsruhe, Karlsruhe
Staatliche Museen Kassel, Kassel
Landesamt für Bodendenkmalpflege Mecklenburg-Vorpommern, Archäologisches Landesmuseum, Lübsdorf
Mittelrheinisches Landesmuseum, Mayence
Prähistorische Staatssammlung, Museum für Vor- und Frühgeschichte, Munich
Westfälisches Museum für Archäologie, Münster
Germanisches National Museum, Nuremberg
Museen der Stadt Regensburg, Kunst- und Kulturhistorische Sammlungen, Regensburg
Archäologisches Landesmuseum der Christian-Albrechts-Universität, Schloss Gottorf, Schleswig
Historisches Museum der Pfalz, Speyer
Scwedenspeicher-Museum Stade, Regionalmuseum im Elbe-Weser-Raum, Stade

Autriche
Naturhistorisches Museum, Prähistorische Abteilung, Vienne

Chypre
Musée de Chypre, Nicosie

Danemark
Musée national du Danemark, Copenhague
Moesgaard Museum, Hojbjerg

Espagne
Musée archéologique national, Madrid

France
Musée archéologique, Chalon-sur-Saône
Musée du Donjon, Niort
Musée du Louvre, département des Antiquités grecques, étrusques et romaines, Paris
département des Antiquités orientales, Paris
Musée Fenaille, Rodez
Musée des Antiquités nationales, château de Saint-Germain-en-Laye

Grande-Bretagne
Royal Pavilion, Libraries & Museums, Brighton & Hove, Brighton
National Museums and Galleries of Wales, Cardiff
Dorset County Museum, Dorchester
National Museums of Scotland, Édimbourg
Hull and East Riding Museum, Kingston upon Hull
The Thera Foundation, Londres

Grèce
Ministère de la Culture, département des Antiquités, Athènes
Musée d'Argos
Musée archéologique national, Athènes
Musée de Numismatique, Athènes
Musée de Chania
Musée de Delphes
Musée d'Egine
Musée d'Eleusis
Musée d'Heraklion
Musée de Kea
Musée de Lamia
Musée de Larissa
Musée de Melos
Musée de Nauplie

Musée de Naxos
Musée de Patras
Musée de Rethymnon
Musée de Thasos
Musée de Thèbes
Musée de Tinos

Hongrie
Magyar Nemzeti Muzeum, Budapest
Soproni Muzeum, Sopron
Deri Muzeum, Debrecen

Irlande
National Museum of Ireland, Dublin

Italie
Région autonome de la vallée d'Aoste,
    Assessorat de l'Education et de la Culture, Aoste
Région autonome de Bolzano-Haut-Adige,
    Assessorat des Biens culturels, Bolzano
Museo Archeologico, Bolzano
Région autonome de Trente, service du Patrimoine, Trente
Museo Civico di Storia Naturale, Vérone

Norvège
Vitenskapsmuseet, Universitetet i Trondheim, Trondheim

Pologne
Muzeum Gornoslaskie, Bytom
Muzeum Archeologiczne, Poznań

Portugal
Museu Rainha D. Leonor, Beja
Museu Nacional da Arqueologia, Lisbonne

République slovaque
Slovenske muzeum ochrany prirody a jaskyniarstva,
    Liptovsky Mikulas
Etnograficke muzeum, Martin
Zemplinske muzeum, Michalovce
Archeologicky ustav SAV, Nitra

République tchèque
Narodni muzeum, Prague

Roumanie
Muzeul National de Istorie a Romaniei, Bucarest
Complexul Muzeal Judetean Neamt, Piatra Neamt

Russie
Musée de l'Ermitage, Saint-Pétersbourg

Suède
Statens Historiska Museum, Stockholm

Suisse
Bernisches Historisches Museum, Berne
Museum Scwab, Biel
Musée d'Art et d'Histoire, Genève
Schweizerisches Landesmuseum, Zurich

L'Europe au temps d'Ulysse
Dieux et héros de l'âge du bronze

25ᵉ Exposition d'art du Conseil de l'Europe

Durant plus de quarante ans, le Conseil de l'Europe a organisé d'importantes expositions ayant trait à l'art européen. Ces manifestations ont contribué de façon significative à faire mieux connaître et apprécier la culture européenne dans sa richesse et sa diversité et, à ce titre, elles ont gagné l'estime du public.

À la veille du troisième millénaire, nous avons décidé de consacrer une exposition – la vingt-cinquième de la série – à l'âge du bronze, qui marque l'aube de l'histoire en Europe. L'exposition vient couronner la campagne du Conseil de l'Europe pour l'archéologie en offrant une synthèse des conclusions des plus récentes recherches, et en permettant à un très large public d'appréhender l'importance fondamentale de l'âge du bronze dans la formation de l'Europe telle que nous la connaissons.

Cette exposition, à l'instar des précédentes, est élaborée par des historiens d'art, des archéologues éminents et des spécialistes attachés aux musées. Elle présente donc les meilleures garanties en matière d'exactitude scientifique, de muséographie et de manutention des objets exposés.

La première réunion du Comité d'organisation européen en novembre 1996 a mis en évidence l'enthousiasme des grands musées d'Europe et leur volonté de prêter quelques-unes de leurs pièces les plus prestigieuses. Il ne fait pas de doute que la qualité de l'ensemble des prêts devait être d'un niveau équivalent ; c'est pourquoi j'ai lancé un appel à tous les prêteurs, institutions publiques ou collectionneurs privés, en leur demandant d'examiner avec bienveillance les requêtes qui leur étaient faites par les organisateurs ou leur représentants au Comité.

La bonne volonté de tous était essentielle au succès de cette grande entreprise, dont l'existence fait à elle seule la démonstration du sens véritable de l'Europe.

Je vous remercie de votre contribution et pour toute l'aide que vous nous avez apportée.

Daniel Tarschys

Préface

Avec *L'Europe au temps d'Ulysse. Dieux et héros de l'âge du bronze*, 25ᵉ Exposition d'art initiée par le Conseil de l'Europe, ce sont quatre grandes cités européennes, Copenhague, Bonn, Paris et Athènes, qui voient s'élargir le champ de leurs activités culturelles.

L'exposition entend donner vie à l'une des époques les plus importantes de la préhistoire, au cours de laquelle les peuples du continent connurent de profonds changements et des innovations déterminantes. Les traces en sont encore visibles aujourd'hui dans de nombreux pays : en Grèce, sur les sites de Cnossos et de Mycènes (étroitement liés à Troie, en Asie Mineure), au Portugal, sur le site fortifié de Zambujal, en Angleterre, avec le sanctuaire de Stonehenge, ou dans les innombrables tertres funéraires d'Europe centrale et jusqu'à Maïkop dans le Caucase.

Les deux cent trente-sept objets présentés provenant de sites archéologiques, bien ou moins bien connus, de vingt-trois pays européens, nous font appréhender ces phénomènes capitaux que furent la diffusion, au IIIᵉ millénaire avant J.-C., de la métallurgie du bronze, le développement concomitant de nouveaux degrés de savoir-faire, l'afflux de lointaines matières premières transportées sur de très longues distances, avec ses conséquences, et la croissance du commerce des produits de luxe. Les réalisations de cette période incluent le travail, non seulement du bronze, mais de l'or, de l'argent, du verre, de la faïence, de l'ambre et de l'ivoire, tous ces matériaux concourant à donner de cette époque, qui devait durer deux mille ans, une impression de splendeur et de richesse, au point que certains ont été tentés de la qualifier d'« âge d'or ». Elle eut cependant aussi sa part de conflits sociaux et de guerres.

L'importance singulière de l'âge du bronze en Europe tient également à la naissance de l'écriture linéaire grecque, dont l'apparition, au milieu du IIᵉ millénaire, devait marquer les débuts de l'histoire européenne.

La guerre de Troie et le retour d'Ulysse sont au nombre des événements les plus signifiants de cette époque pour lesquels nous détenons un savoir, grâce à une tradition orale bien réelle dont la mémoire a été préservée très tôt. Les mythes homériques, qui plongent leurs racines dans l'âge du bronze européen, nous parlent encore aujourd'hui, nous apportant ainsi la preuve de leur légitimité culturelle, transmise au cours des siècles.

L'exposition comprend cinq sections, centrées chacune sur des éléments de cette période ayant exercé une influence décisive sur la civilisation occidentale :

 1. Aventuriers, artisans et voyageurs ;
 2. Les héros en leurs palais ;
 3. Vie et mort des héros ;
 4. Le monde des dieux ;
 5. L'éveil de l'Europe.

Une exposition qui rassemblerait des pièces extraordinaires venant des plus importants musées d'Europe nous a paru le moyen le plus approprié de faire comprendre les qualités à la fois de singularité et d'homogénéité de l'âge du bronze européen, tels qu'elles apparaissent d'est en ouest et du nord au sud. Dans cette logique, l'or de la Crète et des tombes royales de Mycènes est exposé à côté de trésors comparables venant du nord et du centre de l'Europe, comme le fameux *Char du soleil* de Trundholm au Danemark, symbole de l'association étroite du métal précieux et du culte du Soleil divinisé. Dans la société guerrière qui devait être celle des héros, le bronze luisant des épées, des casques et des armures (telles celles de Marnesse) évoquait tout à la fois la lumière du soleil et une sorte d'autorité surnaturelle. Les grandes stèles de pierre taillée de la péninsule Ibérique, d'Italie, de France et d'Allemagne montrent ces mêmes héros avec leurs armes cérémonieusement déployées.

Alors qu'à première vue les dieux peuvent paraître sous-représentés, deux thèmes iconographiques sont là pour invoquer de façon spectaculaire leur présence : le thème du taureau, très répandu en Méditerranée et auquel se rattachent les casques cornus de Viksø (Danemark), et celui de l'oiseau. L'oiseau apparaît sur les autels de Cnossos et de Mycènes, sur de nombreux chariots votifs d'Europe centrale et du Nord, et sur les grands services à boire de l'âge du bronze nordique, sans nul doute offerts aux dieux. Ce motif– très courant au IIe millénaire dans toutes les régions d'Europe– conjuguait à la fois le sens de voyage et de retour, prenant modèle sur les oiseaux migrateurs qui annonçaient l'arrivée du printemps et la réapparition du soleil.

L'exposition *L'Europe au temps d'Ulysse. Dieux et héros de l'âge du bronze* entend explorer les conditions dans lesquelles est née l'histoire de l'Europe en un temps où l'Europe moderne est en train de se construire sur des bases, somme toute peu éloignées de ce qui a fondé ses origines et ses mythes, même si ce domaine nous est encore largement inconnu.

Steen Hvass
Musée national du Danemark, Copenhague

Wenzel Jacob
Kunst- und Ausstellungshalle der Bundesrepublik Deutschland, Bonn

Françoise Cachin
Direction des Musées de France
Réunion des musées nationaux, Paris

Olivier Poivre d'Arvor
Association française d'Action artistique, Paris

Yannis Tzedakis
Ministère de la Culture, direction des Antiquités, Athènes

Relief découpé en forme de sanctuaire tripartite,
Mycènes, Argolide, Grèce, âge du bronze final (cat. 168). ▷

raît sur les autels de Cnossos et de Mycènes, sur de nombreux chariots votifs d'Europe centrale et du Nord, et sur les grands services à boire de l'âge du bronze nordique, sans nul doute offerts aux dieux. Ce motif– très courant au IIe millénaire dans toutes les régions d'Europe– conjuguait à la fois le sens de voyage et de retour, prenant modèle sur les oiseaux migrateurs qui annonçaient l'arrivée du printemps et la réapparition du soleil.

L'exposition *L'Europe au temps d'Ulysse. Dieux et héros de l'âge du bronze* entend explorer les conditions dans lesquelles est née l'histoire de l'Europe en un temps où l'Europe moderne est en train de se construire sur des bases, somme toute peu éloignées de ce qui a fondé ses origines et ses mythes, même si ce domaine nous est encore largement inconnu.

Steen Hvass
Musée national du Danemark, Copenhague

Wenzel Jacob
Kunst- und Ausstellungshalle der Bundesrepublik Deutschland, Bonn

Françoise Cachin
Direction des Musées de France
Réunion des musées nationaux, Paris

Olivier Poivre d'Arvor
Association française d'Action artistique, Paris

Yannis Tzedakis
Ministère de la Culture, direction des Antiquités, Athènes

L'ÂGE DU BRONZE

Nous avons tenu à nous associer à la prodigieuse exposition *L'Europe au temps d'Ulysse. Dieux et héros de l'âge du bronze* et au présent catalogue. Ce sera notre contribution à la mémoire du siècle finissant et aux espoirs du nouveau millénaire qui s'ouvre sur la construction d'une Europe, patrie commune de peuples confondus dans une même histoire et unis par un même destin.

Davantage même que l'éclat artistique de cette époque déterminante pour l'émergence de l'Occident, que la mise en place d'une société où déjà l'on retrouve le partage des vocations, nous avons été sensibles au témoignage de l'accession de notre continent à la technologie avec le premier travail du métal. C'est ainsi que la continuité de sa civilisation a été rendue possible et si la trace du travail est visible sur tous les sites d'Europe, la Grèce helladique – par ses récits sacrés ou profanes –, lui donne toute sa dimension. Nos peuples lui doivent de savoir qui ils sont et c'est bien en suivant les indications d'Homère que furent découverts, il y a plus d'un siècle, les ruines de Troie et le trésor enfoui du roi Priam. Les fouilles de Mycènes où l'on situe le palais d'Agamemnon ont apporté le plus riche tribut scientifique sur cette culture dont nous sommes issus.

L'âge du bronze a été celui de la naissance de l'ingénieur, de la spécialisation du travail, des machines primitives, des premiers travaux publics, des premières voies terrestres, de la navigation, du commerce et de la monnaie. «Le fleuve le plus large, on le passe à sa source», disaient les Anciens et l'on ne s'étonnera donc pas que des hommes et une entreprise, consacrés à l'industrie et aux plus hautes technologies, se penchent sur leur passé et rendent hommage à ceux de leurs ancêtres du pourtour de la mer Égée qui, les premiers, ont voulu transformer la nature. Il ne nous est pas indifférent non plus qu'ils aient été contemporains du mythe d'Icare, qui nourrit encore notre inconscient collectif.

Ce temps fut si beau dans la mémoire atavique des hommes qu'ils le nommèrent l'âge d'or, avant que les savants ne le mettent sous le signe du bronze. Gloire à la légende de Jason et à ses compagnons en quête de la Toison, à celle du subtil Ulysse et son périple interminable, à Achille au pied léger dont un dieu a forgé la cuirasse d'airain. Les mythes et les traces de l'âge du bronze sont créateurs de valeur humaine et nous sommes fiers de pouvoir prendre part à leur illustration.

Serge et Olivier DASSAULT

Sommaire

Carte des principaux sites
de l'âge du bronze en Europe 2

Introduction.
L'Europe au temps d'Ulysse, dieux et héros de l'âge du bronze
    Katie Demakopoulou, Christiane Éluère,
    Jørgen Jensen, Albrecht Jockenhövel,
    Jean-Pierre Mohen 5

Témoignages écrits et archéologie des événements
    Katie Demakopoulou, Christiane Éluère,
    Jørgen Jensen, Albrecht Jockenhövel,
    Jean-Pierre Mohen 11

Chronologie 16

Chapitre premier
Aventuriers, artisans et voyageurs
Sous la direction de Jean-Pierre Mohen

Aventuriers, artisans et voyageurs
Jean-Pierre Mohen 20

Ötzi, l'homme des glaces
Walter Leitner 24

L'archéométrie et les techniques de la recherche
Jean-Pierre Mohen 27

Interactions entre le bassin des Carpates
et l'espace de la Méditerranée orientale
au milieu du IIe millénaire avant J.-C.
Václav Furmánek 29

Deux inventions savantes et prestigieuses :
la métallurgie et l'orfèvrerie
Jean-Pierre Mohen 31

Les épaves de navires en Méditerranée orientale
Katie Demakopoulou 35

Les échanges Nord-Sud de matières premières
Anthony F. Harding 38

Les trésors et les épaves de navires de l'Atlantique
Stuart Needham 43

Le voyage comme rite d'initiation
Maria-Luisa Ruiz-Galvez Priego 46

Crises dans l'approvisionnement du métal d'Europe
de l'Ouest à l'âge du bronze : passage du bronze au fer
Lothar Sperber 48

Chapitre 2
Les héros et leurs palais
Sous la direction de Albrecht Jockenhövel

Qui était l'homme de l'âge du bronze ?
Albrecht Jockenhövel 54

Habitats et territoires dans la péninsule Ibérique
à l'âge du bronze : nouvelles considérations
Susana Oliveira Jorge 60

L'établissement du tell dans la région du Danube
Tibor Kovács 65

Les palais égéens
Katie Demakopoulou 66

Les villages en milieu humide
Pierre Pétrequin 70

Citadelles de l'âge du bronze en Europe
et protection des territoires
Albrecht Jockenhövel 71

L'homme de l'âge du bronze
Michæl Schultz 73

Vêtements et bijoux
Gisela Schumacher-Matthäus 79

Le cheval à l'âge du bronze
Ute Luise Dietz 83

La défense de sanglier sertie de bronze de Karlsruhe-Neureut
Rolf-Heiner Behrends 85

Chapitre 3
Vie et mort des héros
Sous la direction de Jørgen Jensen

Vie et mort des héros
Jørgen Jensen 88

Sépultures et pratiques funéraires dans le bassin égéen
Katie Demakopoulou 98

Les princes de l'Atlantique
Jacques Briard 102

Les inhumations princières dans la culture d'Únětice
Helle Vandkilde 103

La tombe du chef de guerre de Hagenau
et autres tombes de guerriers de rang similaire
Andreas Boos 106

Tombes à cercueils en chêne de l'âge du bronze
en Europe du Nord
Jørgen Jensen 108

Datation par la dendrochronologie des cercueils
en chêne de l'âge du bronze trouvés au Danemark
Kjeld Christensen 110

Stèles et statues-menhirs de l'âge du bronze
en péninsule Ibérique : discours de pouvoir
Susana Oliveira Jorge 114

Les statuettes nuragiques en bronze
Fulvia Lo Schiavo 123

Les tombes à char de l'âge du bronze final
Christopher F. E. Pare 125

Les tombes princières de l'âge du bronze final
dans les pays nordiques
Henrik Thrane 127

CHAPITRE 4
Le monde des dieux à l'âge du bronze
Sous la direction de Christiane Éluère

Le monde des dieux à l'âge du bronze
Christiane Éluère 132

Un sanctuaire de la préhistoire récente de la péninsule Ibérique avec des « stèles » : Cabeço da Mina (Vila Flor au Portugal)
Susana Oliveira Jorge 137

Les sanctuaires rupestres en Europe
Emmanuel Anati 142

Les statues-stèles chalcolithiques de la région alpine
Raffaele C. de Marinis 145

Les roches gravées dans les pays nordiques
Torsten Capelle 153

Du mégaron à Stonehenge (Wiltshire, Angleterre)
Chris Scarre 155

Les idoles du Danube de l'âge du bronze récent
Henrietta Todorova 158

Les idoles cycladiques en marbre : témoins silencieux d'une société insulaire à l'âge du bronze ancien en Égée
Marisa Marthari 159

Les ivoires sculptés du bassin égéen
Jean-Claude Poursat 164

Les dépôts d'or à l'âge du bronze
Christiane Éluère 168

Le cône d'or de Berlin : une coiffure de cérémonie de l'âge du bronze tardif
Wilfried Menghin 172

Le cône d'or d'Ezelsdorf-Buch, un chef-d'œuvre de l'orfèvrerie de l'âge du bronze
Tobias Springer 176

CHAPITRE 5
La naissance de l'Europe
Sous la direction de Katie Demakopoulou

La naissance de l'Europe
Katie Demakopoulou 184

L'écriture et la technique : contribution de l'écriture dans la naissance de la pensée et de l'État
Louis Godart 187

Sceaux et empreintes de cachets à l'âge du bronze en Égée
Alexandra Alexandri 192

Le temps d'Ulysse
Kurt A. Raaflaub 198

Homère, Troie et la guerre de Troie
Spyros Iakovidis 203

Catalogue 207
Bibliographie 279
Crédits photographiques 295

Relief découpé en forme de sanctuaire tripartite,
Mycènes, Argolide, Grèce, âge du bronze final (cat. 168). ▷

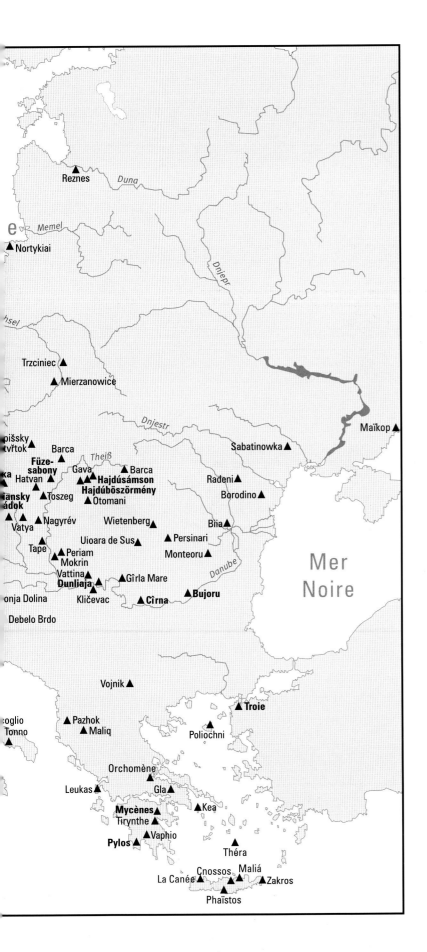

Cartes des principaux sites de l'âge du bronze en Europe.

Introduction.
L'Europe au temps d'Ulysse, dieux et héros de l'âge du bronze

Katie Demakopoulou, Christiane Éluère, Jørgen Jensen, Albrecht Jockenhövel, Jean-Pierre Mohen

Le Conseil de l'Europe et la campagne sur l'âge du bronze qu'il a lancée de 1994 à 1996 ont provoqué de nombreuses manifestations à travers l'Europe. En guise de conclusion, ce bilan doit donner au grand public une idée de l'homogénéité culturelle de l'Europe, dont le Nord et le Sud sont liés à l'âge du bronze par l'ambre nordique et certains symboles comme l'oiseau, le soleil et le char, tandis que l'Est et l'Ouest connaissent la même diffusion de chevaux des steppes et l'usage du même étain occidental. Une Europe culturelle apparaît. Cette relative unité ne doit pas cacher pourtant les contrastes entre les trois zones écologiques du monde méditerranéen aride, du monde boisé d'Europe centrale et du monde nordique partagé entre l'eau et la forêt, auquel se rattache, dans une certaine mesure, la haute montagne, composée d'espaces superposés qui eurent des destins apparemment différents, ce qui a pu entraîner des décalages chronologiques. Les jalons du temps sont primordiaux pour la présentation de l'âge du bronze en Europe. L'enquête débute vers 3300 avant J.-C. avec l'homme des glaces, qui représente, dans les Alpes tyroliennes, le passage du néolithique final au chalcolithique qui dure tout le IIIe millénaire en Occident. Il introduit une société plus hiérarchisée et plus guerrière que précédemment. Pendant ce temps en Méditerranée orientale, une société similaire appartenant à l'âge du bronze commence vers 3000 avant J.-C. C'est l'époque des grandes idoles cycladiques.

Les palais minoens se développent en Crète vers 1900 avant J.-C. et l'on constate que peu de temps après l'éruption de Théra vers 1500 avant J.-C., ils sont remplacés par les palais mycéniens d'origine continentale. L'un des chefs, Agamemnon, roi d'Argos et de Mycènes, s'illustre dans le siège de Troie qui dure dix ans à la suite de quoi Ulysse revient à Ithaque, son île d'origine, à la fin d'un périple qui dure également dix ans. La guerre de Troie, datée d'environ 1300 avant J.-C., puis le retour d'Ulysse ont été décrits dans de longs poèmes épiques rassemblés sous les noms de *l'Iliade* et de *l'Odyssée*, attribués à Homère. Ces textes, rédigés à des époques différentes entre les XIIIe et VIIIe siècles avant J.-C., nous racontent la vie à la fin de l'âge du bronze. L'archéologie et surtout les tablettes écrites en linéaire B confirment l'inspiration très archaïque des chantres homériques. Les thèmes divins et moraux qui y sont développés sont ensuite repris dans des histoires transmises à travers les siècles. *L'Iliade* et *l'Odyssée* sont fondateurs des mythes de la civilisation occidentale. Dans quel contexte mycénien, puis plus généralement européen, le voyage méditerranéen d'Ulysse s'est-il produit? Les allusions aux paysages de la Méditerranée, les évocations de l'Atlantique forment les esquisses d'une première géographie européenne dont l'unité est illustrée par l'archéologie et les diffusions des mêmes boucliers, des mêmes épées, des mêmes récipients ornés de soleils et d'oiseaux obtenus par des lignes de bossettes. Le char du soleil de Trundholm (cat. 167), de travail nordique, était-il l'équivalent de la représentation d'Apollon sur son char solaire? Quel sens donner à la première unité culturelle de l'Europe? Elle coïncide avec l'apparition européenne de l'écriture en Grèce, point de départ d'un développement qui aboutit cinq siècles plus tard, au début de l'âge du fer, au commencement de l'histoire de l'Europe. L'exposition présente ce phénomène de la naissance de l'histoire européenne, dont le texte fondateur d'Homère reste aujourd'hui fondamental à la mentalité occidentale. Les sources, essentiellement archéologiques, de l'étude de l'âge du bronze et de sa réalité – le monde qu'Ulysse a parcouru – ne doit pas négliger non plus les premières références à l'histoire écrite telle qu'elle se manifeste alors en Égypte et au Proche-Orient. Les listes de pharaons et de souverains mésopotamiens et de leurs exploits sont parfois de bons jalons pour l'âge du bronze européen. L'introduction en Grèce des premiers textes compréhensibles en linéaire B permet d'aborder des problèmes linguistiques, sociaux et économiques dans une optique historique, textes dont les poèmes homériques de la tradition la plus ancienne prennent la suite directe. Mais la majorité des documents disponibles en Europe sur l'âge du bronze sont archéologiques. Ils sont prospectés avec une attention appuyée à la surface du sol lors des grands travaux ou grâce à des instruments perfectionnés, photographie aérienne, appareils de mesure de la résistivité du sol ou de son magnétisme. Les vestiges eux-mêmes, quand ils sont localisés, sont le plus souvent fragmentés ou transformés physiquement et chimiquement. Les nouvelles méthodes scientifiques aident à déterminer les matériaux et à reconstituer des objets complexes et, mieux encore, des scènes de la vie quotidienne, des cérémonies culturelles ou des rites funéraires. Dans le domaine de l'artisanat,

l'étude des matières premières rares peut révéler l'origine géologique de celles-ci et les savoir-faire de leur mise en forme ou de leur transformation ; c'est le cas des perles en faïence, des bronzes à incrustations d'or ou d'argent, des vaisselles en céramique peinte, etc.

Les habitats et l'amplitude des nécropoles constituent dans les paysages des unités topographiques que les études spatiales actuelles mettent en valeur. Ainsi les archéologues commencent-ils à connaître les unités d'habitat et celles des territoires que forment les « peuples » dont nous parlent les premiers géographes du début de l'âge du fer. Ces occupations du sol ne sont pas stables et les études locales nous montrent le plus souvent des évolutions assez difficiles à cerner mais dont il faut tenir compte. Il en est ainsi de la disparition des palais minoens vers 1500 avant J.-C. et de l'apparition des palais mycéniens.

L'âge du bronze possède une histoire, comme toutes les disciplines scientifiques. Celle-ci est particulièrement intéressante car elle fait intervenir des pionniers aux idéaux romantiques et nationalistes qui créèrent les fondements de la protohistoire de l'Europe, dans laquelle s'est enracinée l'histoire qui a émergé, et en particulier le récit homérique de la guerre de Troie et du retour d'Ulysse.

La première génération de ces pionniers de l'étude de l'âge du bronze est illustrée par le Danois Christian Jürgensen Thomsen (1788-1865). Il était numismate et collectionneur d'art. En 1816, il devint secrétaire des collections de la commission des antiquités royales, qui se développa plus tard dans le Musée royal de Copenhague. En classant les collections du musée des Antiquités nordiques, il en vint à concevoir, dès les années 1820, la division tripartite de la préhistoire en trois périodes : l'âge de pierre, l'âge du bronze et l'âge du fer.

La seconde génération qui défendit l'âge du bronze fut celle du Danois Jens Jacob Asmussen Worsaae (1821-1885) et celle de l'Allemand Heinrich Schliemann (1822-1890). Le premier, élève de Thomsen fut aussi son collaborateur et son successeur. En 1866, il fut nommé directeur du musée des Antiquités nordiques à Copenhague. Créateur de la Société scientifique d'archéologie du Danemark, il diffusa largement la conception des trois âges à travers l'Europe.

Heinrich Schliemann, fils de pasteur de la province du Mecklembourg, a acquis une renommée beaucoup plus grande du fait qu'il s'est mis en tête de retrouver la cité de Troie mentionnée par Homère. Il sonda ainsi la colline d'Hissarlik (aujourd'hui Tefıkiye, en Turquie) et les sites de Mycènes, de Tirynthe, d'Archomène. Après plusieurs années d'examens critiques et de vérifications sur le terrain, les hypothèses incroyables de Schliemann sont vérifiées et admises. On sait les difficultés qu'a entraînées le don de sa collection au musée de Berlin puis son rapt comme trophée par les troupes russes et sa révélation récente au musée Pouchkine de Moscou.

La troisième génération des pionniers de l'archéologie de l'âge du bronze est illustrée par le Suédois Oscar Montelius (1843-1921), par Arthur Evans (1851-1941) et par le Grec Christos Tsountas (1857-1934). Montelius créa la méthode typologique, une méthode croisant la forme des objets et la chronologie relative. Dès 1885, il divisa l'âge du bronze nordique en six périodes, toujours admises par les archéologues modernes. Il fut aussi intéressé par la Méditerranée et en particulier par l'Italie, à laquelle il adapta sa méthode chronologique dans cinq volumes intitulés *Die vorklassische Chronologie Italiens* (Stockholm, 1917). Evans, qui étudia à Oxford puis à Göttingen, choisit d'emblée la Crète comme terre de prédilection de ses recherches entreprises en 1900. Il y découvre le palais de Cnossos et la civilisation minoenne. Les cinq volumes publiés à Londres de 1921 à 1936, sous le titre *The Palace of Minos and Cnossos*, sont devenus des références pour des études actuelles, plus interprétatives, qui posent en particulier le problème du rôle de cette royauté en Crète puis dans un espace plus large qui gagne la Grèce continentale. Entre-temps, Arthur Evans fut nommé conservateur du musée d'Oxford et professeur dans l'université de cette même ville prestigieuse.

L'histoire de l'étude de l'âge du bronze comprend plusieurs phases depuis le moment où cette période est perçue pour la première fois, au début du XIXe siècle. Les premiers efforts ont été orientés vers la caractérisation de cet âge du métal différent du précédent, c'est-à-dire du néolithique englobant des communautés rurales sans métal en quantité significative, et qui, entre autres singularités, édifient des mégalithes pour leurs tombes ou pour marquer des lieux cérémoniels.

◁ 1 Chariot cultuel avec récipient, Peckatel, Mecklembourg, Allemagne, âge du bronze moyen (cat. 176).

2 Portrait de Christian Jürgensen Thomsen (1788–1865) par J. V. Gertner, Copenhague, 1848 (Copenhague, Musée national du Danemark).

3 Portrait de Heinrich Schliemann (1822–1890) par Sydney Hodges, Londres, 1877 (Berlin, Museum für Vor- und Frühgeschichte).

L'âge du bronze se distingue aussi de l'âge du fer plus tardif, que l'on considère comme la période d'apparition des « peuples » antiques qui sont cités notamment par Hérodote, tels que les Scythes, les Thraces, les Grecs, les Étrusques, les Ibères et les Germains.

Le système des trois âges n'a pas toujours été admis en particulier par Ludwig Lindenschmidt, l'ancien directeur du Musée central germanique de Mayence qui refusait un âge du bronze, culturellement identifié, dont il voulait faire une phase ancienne de l'expansion germanique. En France, Napoléon III soutient l'idée d'un âge du bronze indépendant, remettant en cause ce pangermanisme. Gabriel de Mortillet (1821-1898) développa, dans son *Musée préhistorique* de 1881, les trois âges pour lesquels il s'était inspiré de Thomsen et tirait ainsi les conclusions scientifiques d'un débat politico-idéologique. Le don par Frédéric VII de Danemark à Napoléon III, en 1862, d'une collection illustrant les trois âges et en particulier l'âge du bronze, aujourd'hui conservée au musée des Antiquités nationales de Saint-Germain-en-Laye, est le témoignage de la reconnaissance par les deux souverains de la formation des identités culturelles de l'Europe à l'intérieur d'un cadre évolutif général. Les cultures de l'âge du bronze, qui sont maintenant reconnues, révèlent ainsi le foisonnement des expressions mais aussi la force créatrice d'un monde qu'une attention particulière nous fait retrouver à l'origine des fondements de la culture occidentale.

4 Arthur Evans debout devant l'entrée du palais de Minos à Cnossos.

BIBL. : Hänsel et Hänsel, 1997 ; Dani et Mohen, 1996 ; Randsborg, 1996 ; Emlyn-Jones, Hardwick et Purkis, 1992 ; Jensen, 1992 ; Müller-Karpe, 1980.

CAT. EXP. : *Troie, Mycènes, Tirynthe, Orchomène, Heinrich Schliemann : the 100th Anniversary of his Death*, ministère de la Culture de Grèce, comité ICOM, ministère de la Culture de la République démocratique d'Allemagne, Athènes, 1990.

Témoignages écrits et archéologie des événements

Katie Demakopoulou, Christiane Éluère, Jørgen Jensen, Albrecht Jockenhövel, Jean-Pierre Mohen

La question posée du lien existant entre *l'Iliade* et *l'Odyssée* et les événements dont ils sont censés être le récit est importante pour la compréhension de l'exposition sur l'âge du bronze en Europe proposée au public. En effet, le point de départ a été de rechercher en quoi les textes d'Homère – qui racontent la dernière année de la guerre de Troie et le retour d'Ulysse à la suite de ce conflit, épisodes que l'on s'accorde à situer à la fin de l'âge du bronze, soit entre 1400 et 1300 avant J.-C. – peuvent apporter une information coïncidant avec ce que l'archéologie nous a enseigné depuis les travaux pionniers d'Heinrich Schliemann. Cette confrontation a-t-elle un sens? L'historien britannique Moses I. Finley (cité dans Emlyn-Jones, Hardwick et Purkis, 1992) a répondu en 1963 par la négative. Si nous suivons cet auteur, et si nous considérons que les vingt-sept mille huit cents vers que comptent des textes homériques n'ont de pertinence que celle qui concerne le VIIIe siècle avant J.-C., moment de la mise en forme définitive de l'ensemble de la double épopée, la confrontation de ces textes et de la réalité de l'âge du bronze serait donc stérile.

À la suite de travaux érudits, les critiques des linguistes et des archéologues accordent pourtant quelque crédit à cette recherche d'une réalité plus ancienne. Celle-ci remonterait à l'âge du bronze et concernerait des événements, par ailleurs évoqués dans plusieurs textes hittites et grecs, qui semblent bien correspondre à des descriptions de la situation de la cité numérotée Troie VI, construite vers 1800 avant J.-C., celle de la guerre de Troie supposée. Les sources écrites et les sources archéologiques sont peu conciliables directement, mais les unes et les autres fournissent des arguments qui permettent de cerner la vraisemblance d'une situation conflictuelle de grande ampleur qui pourrait être ce qu'une tradition épique a appelé la «guerre de Troie».

◁ 1 Statuette d'une divinité aux bras levés, Gazi, Crète, Grèce, âge du bronze final (cat. 154).

Le texte homérique semble donc avoir été mis en forme vers 700 avant J.-C. et révèle une indéniable unité qui étonne encore de nos jours les linguistes et les spécialistes de poésie qui posent la question de la réalité d'un seul aède, Homère ou son équivalent. Derrière ce texte homogène, les contemporains percevaient des formes archaïques et comprenaient que, malgré l'effort de mise en forme, le poète voulait indiquer que la tradition orale situait l'action de la guerre de Troie il y a bien longtemps, plusieurs siècles auparavant. Hérodote, le père de l'historiographie, pensait qu'Homère avait vécu quatre siècles avant lui, c'est-à-dire vers le IXe siècle avant J.-C. Hésiode, peu de temps après Homère (vers le milieu du VIIIe siècle avant J.-C.), place la guerre de Troie à l'âge du bronze. Thucydide situe l'arrivée de Doriens pas plus tard qu'en 1196 avant J.-C., quatre-vingts ans après la chute de Troie. Dans un lexique byzantin du Xe siècle après J.-C., *Suda*, on lit que la prise de Troie aurait eu lieu quatre cent dix ans avant la première olympiade, soit en 1186 avant J.-C.

Le contexte archéologique de la guerre de Troie coïncide avec la civilisation mycénienne et en particulier la période du prélinéaire B, daté des XVIe-XVe siècles avant J.-C. Quelques textes hittites, mentionnant un pays appelé Ahhiyawa et des rois du XIIIe siècle avant J.-C., relatent un épisode historique qui pourrait être situé à la fin du XIVe siècle et faire allusion à une crise qui pourrait être la guerre de Troie, liée au début de l'expansion mycénienne dans le bassin égéen et en Asie Mineure.

Sans pouvoir déterminer si la destruction de Troie VI est bien celle qui eut lieu à l'issue du conflit avec les Grecs – car on a évoqué aussi un tremblement de terre ! –, il semble que ce niveau archéologique corresponde à la période illustrée par la guerre de Troie dans *l'Iliade*.

L'archéologie apporte ses vestiges qui sont parfois suffisamment explicites pour être identifiés et correspondent à des allusions littéraires et linguistiques.

E.S. Sheratt (1992) a montré ce que l'on pouvait tirer d'une lecture littéraire et archéologique de *l'Iliade* et de *l'Odyssée*, si le poème épique attribué à Homère est bien le résultat d'une longue évolution de faits techniques et de mentalités sensibles aux situations sociales. Cette stratigraphie linguistique reconstituée qui reflète la succession des événements constitue l'histoire même du poème qui dure du XVIe siècle au VIIIe siècle avant J.-C.

Dans la première «strate», la phase prépalatiale et palatiale ancienne s'achevant par une destruction (XVIe-XIVe siècle avant J.-C.) qui correspondrait à la guerre de Troie, la tradition

3 Objets en forme de double hache, Lundsbakke, Værløse, Zélande, Danemark, âge du bronze ancien (cat. 171).

épique semble apparaître dans le Péloponnèse, au cœur de la civilisation mycénienne ; le fer est évoqué mais semble n'avoir qu'une valeur insigne, car il vient d'être découvert. Le guerrier porte le casque orné de défenses de sanglier, une épée à frapper d'estoc et une grande lance, un large bouclier qui lui protège le corps et parfois une cuirasse en bronze qui descend jusqu'aux genoux (type de celle de Dendra) ; il est armé pour un combat rapproché, auquel il prend part dans un char de guerre à deux roues. Les constructions des premiers palais, où vit ce guerrier, sont complexes et comprennent des escaliers et des toits plats.

La seconde période, palatiale (fin du XIVe et XIIIe siècles avant J.-C.), se situe dans la continuité de la précédente, sans grand changement.

La période postpalatiale (du XIIe au début du VIIIe siècle avant J.-C.) apparaît plus clairement, sans doute parce qu'elle est particulièrement dynamique : les traditions sont relancées dans plusieurs régions, dont de nombreux vestiges portent le témoignage. C'est une période d'expansion maritime et d'influences phéniciennes. Le fer y est utilisé couramment. Dans les rites funéraires, la crémation est devenue fréquente. Le guerrier possède un petit bouclier rond ; il est armé de deux javelots, d'une épée à frapper de taille et porte un casque à cornes. Il est équipé pour combattre en colonnes – une forme première de la phalange – dans une approche frontale collective de l'ennemi. Les palais présentent des pièces simples avec des toits en pente et des pièces aménagées au niveau du sol.

La dernière « strate » correspond au VIIIe siècle avant J.-C., juste avant la composition finale des textes homériques. Il s'agit aussi d'une période active qui laisse de nombreux vestiges et qui consolide des architectures de l'époque précédente. Le guerrier possède l'allure de l'hoplite, avec son casque à cimier et son bouclier rond à large umbo en forme de tête de Gorgone. Il porte une cuirasse aux muscles apparents, une sorte de kilt court et des jambières (cnémides) ; il est armé de deux lances. Il ne vit plus dans un palais mais dans une simple maison, construction commune que l'on trouve dans l'ensemble des colonies grecques.

Le recours à l'archéologie pour éclairer les allusions poétiques de *l'Iliade* et de *l'Odyssée* semble en effet possible à condition qu'un examen critique poussé puisse distinguer les

◁ 2 Double hache votive, grotte d'Arkalochori, Crète, Grèce âge du bronze final (cat. 169).

différents moments de la constitution de ces textes à partir de la fin de l'âge du bronze.

« Nous avons à signaler que les textes homériques sont le résultat d'une longue tradition de poésie orale qui fonctionnait toujours dans le cadre d'un idéal aristocratique, quelles que soient la période et la forme qu'elle prenne, et ne peut jamais être en totale concordance avec la réalité que seul le témoignage archéologique peut nous apporter » (Rowlands, 1980).

Cette reconstitution archéologique de l'Europe d'Ulysse – au cadre général (géographique et chronologique) large afin que les phénomènes apparaissent dans leur vraie dimension – est la finalité de cette exposition. Ce constat établi, il est possible de concevoir à partir de la réalité (même fragmentaire) originelle des événements qui ont inspiré *l'Iliade* et *l'Odyssée*, comment cette réalité a été interprétée, comprise, utilisée à travers les siècles jusqu'à l'époque contemporaine. Cet exemple est unique et constitue un aspect essentiel du fondement de notre mentalité occidentale dans laquelle les thèmes clés sont : l'aventure géographique et spirituelle ; le héros, prince terrestre ; le héros sublimé par la mort ; les dieux et le sacré ; la transmission linguistique de ces notions depuis les tablettes inscrites mycéniennes, puisque le déchiffrement du linéaire B révèle un vocabulaire grec.

Le choix des objets de l'exposition illustre ces thèmes avec les nuances et les points forts de cette évidence protohistorique.

BIBL. : Carter et Morris, 1995 ; Duchêne, 1995 ; Emlyn-Jones, Hardwick et Purkis, 1992 ; Rowlands, 1980, p. 15, 55 ; Finley, 1970, 1967.
CAT. EXP. : *Ulisse, il mito e la memoria*, Progetti Museali Editore, Rome, Palais des Expositions, 22 février-2 septembre 1996.

4   Bouclier du type Herzsprung, Nackhälla, Halland, Suède, âge du bronze final (cat. 151).

CHRONOLOGIE

Avant J.-C.	Égypte	Égée - Grèce	Égée - Crète	Égée - Cyclades	Europe centrale		Europe du Nord	
500	Dernière période (26ᵉ dynastie et suivantes)	Âge classique			Hallstatt final	Ha D	Âge du fer	
600		Fin de la période archaïque						
700	Troisième période intermédiaire (21ᵉ-25ᵉ dynastie)	Début de la période archaïque			Hallstatt ancien	Ha C		Période VI
800		Période géométrique tardive					Âge du bronze final	
		Période géométrique moyenne						
900		Période géométrique ancienne				Ha B 2/3		Période V
		Période protogéométrique						
1000		Bas mycénien	Bas minoen		Âge du bronze final	Ha B 1		Période IV
1100		Helladique final III C	Minoen final III C			Ha A 2		
1200	Nouvel Empire (18ᵉ-20ᵉ dynastie)	Helladique final III B 1 2	Minoen final III B	Cycladique final III		Ha A 1	Âge du bronze moyen	Période III
1300						Bz D		
		Helladique final III A 2	Minoen final III A 2		Âge du bronze moyen	Bz C 2		
1400		Helladique final III A 1	Minoen final III A 1			Bz C 1		Période II
		Helladique final II B	Minoen final II	Cycladique final II		Bz B	Âge du bronze ancien	
1500	Deuxième période intermédiaire (13ᵉ-17ᵉ dynastie)	Helladique final II A	Minoen final I B	Cycladique final I				
		Helladique final I	Minoen final I A					Période I B
1600		Helladique moyen récent	Minoen moyen III A-B	Fin du cycladique moyen		Bz A 2		
1700			Minoen moyen II B					Période I A
	Moyen Empire (11ᵉ et 12ᵉ dynastie)		Minoen moyen II A					
1800		Helladique moyen	Minoen moyen I B	Début du cycladique moyen	Âge du bronze ancien			Néolithique final II
1900	Première période intermédiaire (9ᵉ et 10ᵉ dynastie)					Bz A 1		
2000		Helladique moyen ancien	Minoen moyen I A				Néolithique final	
2100				Cycladique ancien III				Néolithique final I
2200		Helladique ancien III	Minoen ancien III					
2300						Culture des vases campaniformes		
2400	Ancien Empire (3ᵉ-8ᵉ dynastie)							
2500					Néolithique final			
2600		Helladique ancien II	Minoen ancien II	Cycladique ancien II		Culture de la céramique cordée	Néolithique B moyen	Culture des tombes indiviuelles
2700								
2800								
2900	Prédynastique (1ʳᵉ et 2ᵉ dynastie)				Néolithique ancien	Wartberg/ Cham/Horgen	Néolithique A moyen	Culture des vases à anses tunéliformes
3000		Helladique ancien I	Minoen ancien I	Cycladique ancien I				

Avant J.-C.	Péninsule Ibérique	Grande-Bretagne		France		Italie
500						
600	Période tartessienne	Âge du fer	Llynfawr	Hallstatt	Culture Hallstatt ancien	Période orientalisante
700						
800	Période orientalisante / Âge du bronze final III		Ewart Park	Âge du bronze final III B	Atlantique III	Villanova II / Villanova I
900						
1000			Wilburton Wallington	Âge du bronze final III A		Protovillanova III / Âge du bronze final
1100	Âge du bronze final II	Deverell Rimbury	Penard II	Âge du bronze final II B	Atlantique II	Protovillanova II
1200			Penard I	Âge du bronze final II A		Protovillanova I
1300	Âge du bronze final I		Taunton	Âge du bronze final I	Atlantique I	Âge du bronze récent
1400	El Argar B 2	Wessex II	Acton Park	Tumulus bretons / Âge du bronze moyen	Bignan / Tréboul	Âge du bronze moyen
1500			Arreton			
1600						
1700	El Argar B 1	Wessex I				
1800			Colleonard			
1900	El Argar A					
2000						
2100						
2200						
2300			Migdale	Âge du bronze ancien		Âge du bronze ancien
2400						
2500						
2600						
2700						
2800						
2900						
3000						

Chapitre premier
Aventuriers, artisans et voyageurs
Jean-Pierre Mohen

◁ « Poêle à frire », Syros, Cyclades, Grèce,
âge du bronze ancien (cat. 35).

Aventuriers, artisans et voyageurs

Jean-Pierre Mohen

Lorsqu'en 1991 on découvrit Ötzi au sommet du glacier tyrolien de Similaun, différentes hypothèses furent émises sur le personnage daté de 3300 avant J.-C. et considéré tour à tour comme un aventurier, un artisan ou un voyageur. De l'aventurier, il possédait les armes et les outils qui lui donnaient une certaine autonomie sur le chemin le menant à un refuge isolé et tranquille ou à des troupeaux d'alpages – existant déjà depuis quelques siècles à plus de 3 200 mètres d'altitude –, ou encore sur celui de grandes chasses à l'aigle, au mouflon ou à l'ours... De l'artisan, il avait des poussières minérales dans les cheveux et on s'est demandé si l'homme des glaces n'était pas à la recherche de minerais qui prennent tant d'importance au début de l'âge du cuivre, comme en témoigne sa hache emmanchée ! Du voyageur, enfin, il portait une hotte, que l'on retrouva disloquée au moment de la découverte. Que contenait-elle ? À cette époque, le voyageur est un colporteur qui peut amener du bon silex, ou telle pierre rare ou quelque produit guérisseur comme ces champignons du bouleau qu'Ötzi avait sur lui. Mais ce pouvait aussi être un pèlerin en route pour l'une de ces montagnes sacrées qui, du val Camonica au mont Bégo, jalonnent l'arc alpin.

L'exemple d'Ötzi est révélateur de l'horizon montagnard qui s'ouvre à la saison d'été en haute altitude, une montagne de plus en plus fréquentée pour des raisons économiques ou sacrées ! Les sommets deviennent des centres d'activité pastorale aussi bien que des passages aux trafics intenses. Les matières premières ou les produits transportés se retrouvent dans les sites d'habitat ou les tombes. Bien que ces échanges aient sans doute été assez rapidement contrôlés, des traditions de contrebande existent et indiquent assez bien le climat de profit et d'agression dans lequel ces nouvelles relations terrestres se mettent en place.

Le monde marin est aussi périlleux que le monde alpin. De grands bateaux représentés sous forme d'objets miniatures ou peints sur les vases et les fresques des parois sont ceux de nefs qui affrontent la haute mer et qui transportent le plus souvent d'amples cargaisons comme celles qui sombrèrent à l'époque de l'âge du bronze final au cap Gelidonya ou à Ulu Burun, au large des côtes turques méridionales. *L'Odyssée* montre les péripéties du voyage, évoque les monstres et les tempêtes. Il faut ajouter les pirates de la mer aux contrebandiers des montagnes. Les périples des bateaux étaient connus. Celui du bateau d'Ulu Burun, qui mesurait entre quinze et dix-sept mètres de longueur, a pu être reconstitué grâce aux produits qu'il transportait et que l'on a identifiés. Parti sans doute d'Égypte et après s'être approvisionné en Syrie-Palestine, ce bateau faisait route vers l'ouest, la Grèce mycénienne et la Crète, avant de revenir peut-être en Égypte. On a en effet retrouvé une bague et un scarabée ayant appartenu à la reine Néfertiti d'après l'inscription, un cadeau royal peut-être destiné à quelque roi crétois ou mycénien avec le reste de la cargaison qui comprenait des lingots de cuivre, d'étain et de verre bleu cobalt, des amphores remplies d'olives, de perles de verre et d'orpiment et des productions céramiques cananéennes. Une centaine de ces amphores contenaient de la résine de térébinthe destinée sans doute à la préparation des parfums. Le voyage est daté de la XVIIIe dynastie égyptienne, et peut-être plus précisément de la période de Tell el-Amarna (1352-1333 av. J.-C.). L'activité fébrile des ports méditerranéens aux nombreux bateaux de guerre, de commerce et de transport est habilement rendue sur l'une des fresques de Thêra (Santorin).

D'autres épaves de cette époque sont connues ; celle de Douvres, au sud de l'Angleterre, est fragmentée mais ses neuf mètres et demi actuels ne représentent sans doute que les deux tiers de l'embarcation d'origine. Et que dire de ces dizaines de représentations incisées sur les rochers danois, aux détails de construction très méditerranéens, dont certaines voiles ? Le bateau représentait sans nul doute dans les pays du Nord le moyen de locomotion le plus efficace et le plus prestigieux, mais on ne sait pas toujours ce qu'il transportait à part des guerriers, sans doute mythiques, brandissant haches et lances gigantesques. La relation avec le Sud était pourtant instaurée.

On sait aussi, d'après les milliers de dessins piquetés sur les rochers danois et scandinaves que, dans ces pays, les chasseurs à l'arc et les colporteurs ne se déplaçaient pas seulement en bateau mais aussi à skis. Quant aux chars et aux chariots, dont on a retrouvé des modèles en miniature chargés de motifs symboliques (cat. 174-176), ils appartenaient peut-être plus au domaine de la parade qu'à celui de l'utilitaire. C'est ce que suggère l'absence de routes damées en Europe moyenne et nordique, et que laisse supposer l'une des fresques de Thêra, où l'on peut voir une femme dignement montée sur son char tiré par un cheval.

Même si ces derniers véhicules n'offraient pas de grandes possibilités de transport à longue distance, les bateaux, les ânes, les chevaux et les hommes eux-mêmes sillonnaient l'Europe et colportaient les produits les plus précieux dont avaient besoin les artisans et leurs commanditaires. Le vaste espace économique ainsi créé va de pair avec un élargissement des horizons propre au chalcolithique et à l'âge du bronze. La qualité des silex continue d'être très recherchée : les obsidiennes méditerranéennes, les roches vertes alpines et la dolérite de Plussulien (Côtes-d'Armor) pour des haches polies, les meilleurs silex de haches ou de longues lames de Grime's Graves (Angleterre), de Spiennes (Belgique), de Hardivilliers (Somme), de Jablines (Seine-et-Marne) et de Krzemionki Gatowskie (Pologne). Les exploitations néolithiques de la période précédente prennent des proportions industrielles et les pionts de diffusion de ces matériaux sont signalés à plusieurs centaines de kilomètres de leur lieu d'extraction. Le célèbre silex blond du Grand-Pressigny au sud de Tours (Indre-et-Loire), dont on fait des lames de poignards, est intensément taillé à la fin du IIIe millénaire avant notre ère et envoyé jusqu'aux Pays-Bas puis est diffusé en abondance dans les sites lacustres subalpins.

Un matériau comme l'ambre a dû exercer une fascination considérable sur l'ensemble des populations de l'âge du bronze ; ses perles et ses pendentifs sont répandus de la Baltique, d'où venait la matière première selon les conclusions que l'on peut tirer des analyses chimiques, jusqu'en Crète (Kakovatos et Mycènes, cat. 21). Quelques trouvailles, comme celle de fort Harrouard à Sorel-Moussel (Eure-et-Loir), montrent que les blocs d'ambre étaient exportés et travaillés sur le point de livraison, à la demande. C'est ce qui a aussi été démontré à propos du travail mycénien de l'ivoire d'éléphant venu d'Orient.

Notre information concerne surtout les vestiges matériels, mais quelques indications telles que la résine de térébinthe contenue dans les amphores de l'épave d'Ulu Burun (Turquie) démontrent que les parfums étaient aussi l'objet de fabrications subtiles réalisées à partir des meilleurs produits importés. On a ainsi évoqué les textiles, les fourrures, les bois de construction libanais et les perles de faïences égyptiennes, imitées dans toute l'Europe. Des artisanats spécialisés se mettent en place comme ceux qui fabriquent des sceaux en pierre dure (atelier de Mália, en Crète) ou des céramiques peintes dans les palais minoens.

L'une des raisons principales des échanges au chalcolithique et à l'âge du bronze reste le développement de la métallurgie et de l'orfèvrerie dont la production est surtout constituée d'objets de prestige, armes et bijoux. Les lieux d'extraction des minerais ne coïncident pas avec les ateliers de fabrication des objets, aménagés dans des quartiers urbains – comme celui d'Enkomi à Chypre – ou à forte densité démographique – comme les sites plus ou moins fortifiés d'Europe moyenne, Runnymede, sur les rives de la Tamise dans le Surrey, fort Harrouard à Sorel-Moussel, Velem Szentvid en Hongrie –, des lieux de toute évidence sous le contrôle d'un pouvoir politique et économique.

À ce sujet, la découverte des tablettes épigraphiques de Pylos, dans le Péloponnèse, nous apprend que cette modeste royauté mycénienne pouvait entretenir, au XIIIe siècle avant J.-C., quatre cents bronziers pour le prestige du roi et de son armée. Ce chiffre nous donne une idée du dynamisme de ces sociétés du temps d'Homère mais signifie aussi une fréquence d'échanges avec des terres lointaines pour l'approvisionnement en lingots de cuivre et d'étain.

Le porteur de lingot de cuivre – de type dit en « peau de vache » (cat. 13, 14) – est l'un des thèmes iconographiques que l'on trouve sur les fresques égyptiennes et sur des ornements de trépieds en bronze cypriotes. Quand à l'étain, il vient certainement de l'Ouest (Cornouailles anglaises et Bretagne méridionale) mais les processus de son acheminement dans les ateliers de bronziers sont loin d'être élucidés.

Le monde « homérique » de l'âge du bronze n'a pu atteindre son dynamisme économique qu'en inventant des relations d'échange longue distance, à l'échelle de l'Europe. Ces contacts se sont noués dans des sociétés bien plus flexibles qu'on ne l'imaginait.

Les anthropologues du XIXe et du début du XXe siècle, comme Jacques de Morgan (1857-1924), imaginèrent, dans un schéma évolutif linéaire, que l'humanité connut d'abord le mode de vie des chasseurs, puis celui des pasteurs, des agriculteurs et enfin des citadins. Dans une vision plus réaliste, étoffée par de nombreuses observations récentes, les spécialistes des sociétés anciennes montrent la variété des adaptations des sociétés aux divers environnements écologiques. Cette diversité ethnographique se manifeste en même temps que la naissance des cités-États au Proche-Orient et que celle des palais égéens, le développement des communautés rurales en Europe moyenne et occidentale, le règne des pasteurs en Europe orientale et en Sibérie aussi bien qu'au Sahara, la diffusion des chasseurs-éleveurs du Nord européen. Il convient de comprendre que ces formes économiques d'adaptation au milieu coexistent et présentent entre elles des relations qui vont jusqu'à des dépendances fortes : les pasteurs d'Asie occidentale apparaissent ainsi en osmose avec les agriculteurs sédentaires de la même zone côtière ou des zones irriguées par les fleuves, formant ainsi un système économique unique et homogène.

On a souvent opposé le mode de vie nomade ou semi-nomade des pasteurs au mode de vie sédentaire des agriculteurs et des citadins. Il faut ici aussi nuancer les oppositions et concevoir que les déplacements pastoraux peuvent n'affecter la population qu'une partie de l'année et dans des espaces bien limités par des traditions coutumières, ainsi en est-il du pastoralisme d'alpage qui apparaît au milieu du IVe millénaire avant J.-C. Inversement, parmi les sédentaires ruraux et citadins, des artisans semi-nomades et des « marchands » itinérants apparaissent. Ils possèdent eux aussi leurs circuits (comme celui qui fut reconstitué dans le bassin oriental de la Méditerranée grâce à l'examen de la cargaison de l'épave d'Ulu Burun). La dimension industrielle de certaines activités, comme l'exploitation du silex, des minerais de cuivre ou les productions céramiques (céramiques mycéniennes), entraîne des rassemblements d'ouvriers spécialisés, relativement protégés, pour l'accomplissement de leur travail, en liaison directe avec des négociants chargés d'écouler et de diffuser la marchandise. Les équilibres établis entre les différentes communautés dépendent de leurs populations, plus ou moins nombreuses. Les densités démographiques commencent à être significatives lorsque les concentrations comptent plusieurs milliers d'individus.

D'après Andrew Sherratt (1996), le système palatial égéen était assez rigide en raison de ses maisons construites en pierre, plus résistantes, et de l'étroitesse de son territoire. Le système rural d'occupation du sol de l'Europe moyenne et occidentale présentait quant à lui, à l'âge du bronze, une flexibilité assez grande due à la dispersion des fermes dans un large espace, à la construction en bois, en torchis et en chaume des bâtiments, qui devaient être renouvelés à chaque génération, et à une économie de subsistance agricole assez variée comprenant aussi une partie d'élevage d'animaux domestiques. De grands changements dans l'évolution de la société ont pu provenir de soubresauts du climat : une aggravation des conditions climatiques à la fin de l'âge du bronze dans les monts Cheviot, en Grande-Bretagne, aurait produit un recul démographique qui aurait conduit à des regroupements de populations dans des sites fortifiés. Dans les environs de Neuchâtel, en Suisse, vers 850 avant J.-C., l'abandon brutal des sites lacustres, inondés à la suite d'une subite montée des eaux, provoque le départ des populations.

Un certain nombre d'innovations culturelles ont également contribué à modifier profondément la société. Il en est ainsi de l'introduction de l'araire, de sa traction animale par les bœufs, de l'usage de la fumure pour renouveler la fertilité du sol, mais aussi du recours aux boissons alcoolisées comme l'hydromel et bientôt le vin dans le Sud, de l'adoption du cheval – une pratique venue de l'Est –, animal de prestige et de combat, de la multiplication des armes offensives et défensives, de l'apparition européenne de l'écriture en Grèce. Ces nouveautés, bien appréhendées par l'archéologie, correspondent au monde bouillonnant de l'âge du bronze, dont les textes homériques nous livrent un écho littéraire lointain.

BIBL. : Dani et Mohen, 1996 ; Forbes, 1964-1972 ; Gale, 1991 ; Müller-Karpe, 1980 ; Sherratt, dans Dani et Mohen, 1996.

ÖTZI, L'HOMME DES GLACES

Walter Leitner

L'année 1991 revêt une importance toute particulière pour l'étude de la préhistoire. Le corps momifié d'un homme fut découvert dans les Alpes à une altitude de 3 200 mètres, libéré des glaces par la fonte du glacier de la vallée de l'Ötzal (à la frontière de l'Autriche et de l'Italie). Cette découverte, due au plus grand des hasards, fut accueillie par le monde entier comme extraordinaire. Les conditions météorologiques avaient été déterminantes. Les températures clémentes qui régnaient depuis plusieurs années causèrent une importante fonte des glaciers alpins, et les sables du Sahara, qui étaient tombés cette année-là, avaient favorisé le réchauffement en surface du glacier en atténuant l'effet de réflexion des rayons du soleil.

Histoire de la découverte et de l'exhumation

C'est le 19 septembre 1991, à 13 h 30, que Erika et Helmut Simon, deux alpinistes chevronnés originaires de Nuremberg, découvrent l'homme des glaces, dont seules la tête et les épaules émergent d'une crevasse creusée dans le roc et remplie de glace fondue. Il repose, la face contre le sol, sur une grande pierre plate. Les deux Allemands, interloqués, se précipitent, après avoir pris des photos, vers le refuge du Similaun, situé à proximité, et informent le responsable de leur découverte. Après les premières constatations faites sur place, ce dernier prend contact avec les instances locales compétentes, puis alerte la gendarmerie et les secours en montagne. Tout près du corps, on découvre divers ustensiles en bois, des restes de fourrure et de corde et une hache en métal. Il est difficile, dans un premier temps, d'établir si la découverte a été faite en territoire autrichien ou italien, aussi l'institut médico-légal d'Innsbruck est-il chargé de l'exhumation officielle. Il s'avère par la suite que le corps se trouve à 92,6 m de la frontière autrichienne, sur le territoire de la province autonome de Bolzano, en Italie.

Au moment de l'exhumation, la découverte de l'homme des glaces n'a pas encore pris sa dimension archéologique. Cela explique pourquoi elle a lieu sans la rigueur scientifique nécessaire. Il s'agit, croit-on, d'élucider les conditions du décès d'un

1   Site de la découverte de l'homme des glaces (cercle rouge) dans le massif alpin de l'Ötzal (3 200 mètres).

2   En fondant, la glace a restitué le cadavre d'un homme enfoui depuis environ 5 500 ans, découvert par des montagnards le 19 septembre 1991.

alpiniste victime d'un accident qui s'est sans doute produit longtemps auparavant, et d'établir son identité. Le cadavre est momifié et son séjour dans la glace a favorisé une conservation optimale. Les hypothèses concernant son âge sont nombreuses, mais ce n'est qu'après son transfert à Innsbruck et une consultation auprès de nombreux archéologues que les doutes sont levés. Le Pr Konrad Spindler, de l'institut d'études préhistoriques et d'histoire primitive d'Innsbruck, est le premier à établir, après examen de l'ensemble des objets accompagnant le corps, qu'il s'agit indiscutablement d'une découverte qui intéresse la préhistoire.

Méthodes de conservation et de restauration

Lorsque le caractère exceptionnel de la découverte fut confirmé, une méthode appropriée de conservation du corps est alors mise au point pour son étude. Partant des températures naturelles moyennes établies par les calculs qui règnent au cœur des glaciers, le corps est déposé dans une chambre froide de l'Université d'Innsbruck par moins six degrés Celsius et avec un degré hygrométrique égal à cent pour cent. Dès lors, la momie ne sera plus accessible au public. Les investigations de nature médicale suivent un protocole rigoureux, elles ne dépassent pas, en règle générale, vingt-cinq minutes par mois.

Les objets d'équipement et ce qui reste des vêtements de l'homme des glaces sont eux aussi soumis à une conservation et à une restauration bien spécifiques. C'est le musée d'Antiquités romaines et germaniques de Mayence qui en prend alors la responsabilité, une mission essentielle et un travail remarquable qui dureront quatre ans.

Un projet de recherche interdisciplinaire

C'est grâce à un projet de recherche interdisciplinaire, mettant en jeu des laboratoires situés dans le monde entier, que va s'engager et être menée à bien une vaste entreprise d'étude de l'homme des glaces et des objets l'accompagnant qui va s'appuyer sur cette coopération internationale. Plus de soixante institutions scientifiques et environ cent cinquante spécialistes font acte de candidature pour y participer. Les spécialités médicales et les sciences naturelles sont largement mises à contribution. Une des attentes essentielles concerne naturellement l'établissement aussi précis que possible de l'époque préhistorique à laquelle l'homme a vécu. Des échantillons d'os, de tissus et des restes de plantes sont expédiés en Grande-Bretagne, en Suède, en France, en Suisse et aux États-Unis, afin d'établir une datation exacte au moyen de la méthode du radiocarbone. Les recherches aboutissent à un résultat sensationnel : l'homme des glaces a sans doute vécu entre 3350 et 3100 avant J.-C.

La momie

C'est la momie humide d'un corps humain la plus ancienne et la mieux conservée que nous connaissons. Elle mesure 1,60 m et pèse 13,5 kg. En dehors d'une blessure au niveau des hanches, le corps est pratiquement intact. Le visage est, par endroits, légèrement aplati, sans doute à cause de la pression exercée par la glace et de la position du corps dans la crevasse. Le cliché

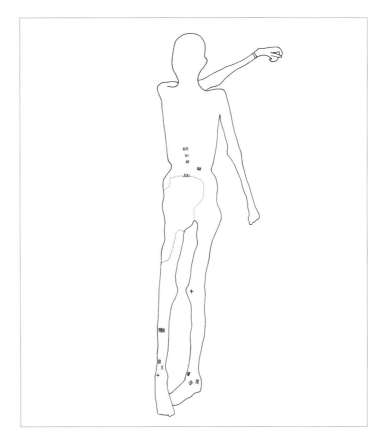

3 La momie était en grande partie intacte, grâce à des conditions de conservation naturelles idéales. Elle portait des tatouages à différents endroits du corps, les plus anciennes marques de ce type connues.

radio et la coupe tomographique ont mis en évidence quelques particularités anatomiques et pathologiques. Les dents de sagesse manquent, ainsi que la douzième paire de côtes. Il a également été possible de faire le diagnostic d'une fracture de plusieurs côtes ainsi que d'une déformation d'un petit orteil, sans doute due à un kyste. À la suite de la dessiccation naturelle, tous les organes internes ont subi une importante diminution de volume et ont été déplacés. Des phénomènes d'usure des articulations dus à l'arthrite ont été constatés.

Plusieurs traces de tatouages ont été mises en évidence, surtout près des chevilles et des genoux ainsi que des mollets et des hanches. Ces types de signes sont les plus anciens que l'on connaisse, ils servaient sans doute de repères à une forme primitive d'acupuncture pour le soin des rhumatismes.

Les vêtements

L'homme des glaces était remarquablement équipé pour séjourner en haute montagne. Il portait des chaussures, des jambières, un pagne, un manteau, une cape, en matériaux divers, en cuir et en tissu végétal, et un bonnet en fourrure. Les peaux et les fourrures sont surtout celles de cerf, d'ours, de chèvre, de chamois et de veau. Cela nous permet de nous représenter de façon précise le costume porté vers la fin de l'âge de pierre dans les contrées alpines et qui nous était jusqu'à présent inconnu. Il est d'ailleurs possible que cet équipement soit tout à fait singulier.

Les armes et les outils

L'équipement de l'homme des glaces est très complet. Il faut tout d'abord distinguer entre les armes et les outils, dont certains, tels que couteaux, lames, poinçons et lamelles, sont en silex ; une aiguille en os, un bois de cerf et un grattoir en bois de tilleul. La hache de cuivre à manche prend une place à part, car elle a certainement servi à la fois d'arme et d'outil.

L'arc en bois d'if, long de 1,825 mètre, est une arme particulièrement puissante qui permet de tirer des bêtes à grande distance. L'équipement est complété par quatorze hampes de flèches, dont deux sont armées d'une pointe en silex. Quatre pointes plus longues taillées dans des bois de cerfs pourraient en outre avoir servi pour une autre arme de jet, par exemple un javelot.

L'homme possédait un carquois pour les flèches, deux sacs cylindriques en écorce de bouleau, une petite sacoche de ceinture et une hotte en bois. Il transportait en outre de l'étoupe et des morceaux de charbon de bois pour allumer le feu. Enfin, il avait aussi une petite trousse de secours constituée de morceaux d'éponge végétale imprégnés de substances médicinales pour effectuer les premiers soins en cas de blessure.

Qui était l'homme des glaces ?

On ne pourra jamais apporter à cette question de réponse définitive. Si les découvertes scientifiques permettent de proposer plusieurs explications, il sera sans doute impossible de trancher en faveur de l'une d'entre elles.

Il faut imaginer, en toile de fond, la course en haute montagne, par un jour d'automne, d'un homme âgé et de santé précaire. Il est lourdement chargé et au bord de l'épuisement. Parvenu sur un piton rocheux, il est contraint par le mauvais temps à s'abriter dans une anfractuosité, où il s'endort et meurt gelé, son corps et tout son équipement traversant cinq millénaires, conservés dans la neige et la glace. Qu'allait-il faire dans les montagnes ?

L'hypothèse d'un berger menant son troupeau de moutons et de chèvres dans l'alpage a souvent été émise, mais l'absence sur

4 Les vêtements, les armes et les outils de l'homme des glaces apportent une lumière nouvelle sur la façon dont les habitants des Alpes s'habillaient et s'équipaient vers 3350 avant J.-C.

ses vêtements de poils d'animaux empêche qu'elle soit retenue. Son arc et ses flèches suggèrent plutôt un chasseur, mais ces armes n'étaient pas complètement achevées et ne pouvaient donc pas servir. On a aussi pensé, mais sans plus de preuves, qu'il pouvait s'agir d'un marchand, d'un guerrier ou même d'un chaman. Pour s'en tenir à des considérations générales, la précieuse hache en cuivre suggère un personnage occupant dans la société de l'époque un rang élevé.

Quant à son origine géographique, la comparaison faite avec des outils de type voisin ainsi que les éléments de botaniques découverts indiquent qu'il pouvait venir de la vallée de l'Etsch, au sud des Alpes. C'est seulement lorsque l'environnement archéologique aura pu être exploité dans cette région des Alpes que de nouvelles conclusions seront possibles.

Sept ans après avoir été exhumé, l'homme des glaces a été transporté d'Innsbruck à Bolzano. On peut désormais y voir l'ensemble des éléments de cette découverte au musée d'Archéologie du Tyrol du Sud. Dans les Alpes de la vallée de l'Ötzal, une pyramide de pierre de quatre mètres de hauteur marque désormais l'emplacement de l'une des découvertes archéologiques les plus importantes du XXe siècle.

L'ARCHÉOMÉTRIE ET LES TECHNIQUES DE LA RECHERCHE

Jean-Pierre Mohen

Le bilan proposé sur l'âge du bronze en Europe utilise de nombreuses conclusions tirées des études scientifiques qui furent réalisées à partir des vestiges et des sites archéologiques. Le développement, au cours des trente dernières années, des analyses physico-chimiques ainsi que des déterminations morphologiques de restes minéraux et organiques et des modélisations statistiques – toutes les démarches d'une discipline appelée « archéométrie » – a permis d'introduire, parmi les sources de l'étude, des précisions dont nous prive l'absence de textes et surtout de relations entre ces vestiges, qui rendent possibles les reconstructions des systèmes domestiques, économiques et sociaux. Selon les écoles, les archéologues privilégient le travail sur le terrain, qui permet d'exhumer les restes concrets des sociétés disparues ou d'interpréter des données considérées comme les éléments d'un vaste puzzle à reconstituer. La finalité reste cependant, pour tous, l'approfondissement d'une anthropologie du passé dans sa plus large acceptation, avec son histoire dans une période donnée, ses modes de vie dans des limites géographiques précises, ses relations à la nature, ses croyances et ses rites. De plus, dans le cas de l'âge du bronze en Europe, un intérêt particulier réside dans la recherche sur les événements historiques et culturels de cette période comme fondateurs de la civilisation occidentale.

Parmi les méthodes scientifiques utilisées dans l'étude de l'âge du bronze, quelques exemples montrent la portée de cette démarche.

Les méthodes de fouille ont été améliorées. Les fouilles terrestres ont bénéficié de l'usage de l'avion et de la photographie aérienne, qui permet des repérages et des prospections étendues. Les fouilles subaquatiques ont été renouvelées avec la mise au point du scaphandre autonome, qui a fortement favorisé le repérage et l'étude des épaves, en particulier celles de l'âge du bronze, qui ont été découvertes au cap Gelidonya et au large de la côte anatolienne d'Ulu Burun.

Les multiples ressources des sciences de la terre sont appliquées sur le terrain même pour déterminer les ossements animaux ou humains, les graines, les morceaux de charbon de bois, les pollens, la granulométrie du sol et son acidité, sa charge en phosphate. Des paysages entiers sont aussi redéfinis, comme ceux qui entourent les palais minoens. Les analyses microscopiques et spectroscopiques des matériaux se poursuivent en laboratoire. Celles des ambres, en particulier, semblent prouver l'importance de la diffusion de l'ambre baltique à travers toute l'Europe. Celles des perles en faïence, attribuées dans un premier temps à la production égyptienne, prouveraient des fabrications locales surtout en Europe centrale. Celles des céramiques mycéniennes, qui ont récemment été découvertes en Italie, permettent d'identifier les produits venus de Grèce et ceux imités sur place ; ainsi font-elles apparaître le premier phénomène de colonisation en Méditerranée – d'une ampleur insoupçonnée – quelque six ou sept siècles avant la formation de la grande Grèce !

Un autre programme méditerranéen ambitieux d'analyses concerne les bronzes et les isotopes du plomb que recèlent les objets cuivreux (Gale, 1991). Des cartes de diffusion sont proposées et plusieurs îles de la Méditerranée apparaissent comme les origines possibles d'extraction des minerais ayant contenu ce plomb. Les équilibres économiques et politiques peuvent être ainsi reconstitués. L'orpiment (ou trisulfure d'arsenic) enfermé dans une amphore de l'épave d'Ulu Burun était sans doute le pigment d'une couleur rouge foncé. Des analyses de matériaux organiques ont pu être réalisées sur des fragments de résine de térébinthe remplissant une centaine d'amphores de la même épave. Elle était, pense-t-on, destinée à la fabrication des parfums.

Parmi les études, rendues délicates en raison de l'exigence de pureté des échantillons, celles de l'ADN sont destinées à donner d'excellents résultats permettant de suivre l'évolution de la population d'une nécropole, par exemple, avec ses degrés d'endogamie et d'exogamie, ses maladies héréditaires et ses caractères « discrets » qui sont propres à chaque famille.

Les méthodes scientifiques ont aussi été décisives dans les problèmes de datation même si les solutions apportées ne sont pas encore toutes satisfaisantes. Grâce à l'exportation en Méditerranée européenne de produits égyptiens et proche-orientaux – sous forme de présents –, la comparaison des chronologies existantes et avérées des pharaons, par exemple, avec celles de la protohistoire, par définition relatives, devrait être d'un grand intérêt. L'amélioration de la méthode du carbone 14 – évaluant la date de l'échantillon organique en fonction de sa radioactivité rémanente, qui se désagrège de moitié en dix mille ans après la mort de l'être vivant – a permis, à partir des années 1950 mais surtout 1980 avec l'utilisation du spectromètre de masse, de dater avec une grande précision d'infimes échantillons. Au cours de ces dernières années, la méthode de la dendrochronologie, qui étudie les cernes des arbres fossiles, a fait de grands progrès dans toute l'Europe, en Allemagne du Sud, en Suisse, en Italie du Nord et en Méditerranée orientale (voir, dans le présent catalogue, l'essai de Kjeld Christensen, p. 110). Les décomptes dendrochronologiques se font à l'année près et l'examen critique des trois échelles chronologiques proposées – historique, physico-chimique et dendrochronologique – amène des mises au point essentielles sur l'évolution de l'âge du bronze.

Le bilan de la chronologie absolue de l'âge du bronze en Europe a été réalisé en 1996, lors du Colloque de Vérone, et publié à Copenhague. Il affine la courbe de la radioactivité du carbone 14, qui n'est pas naturellement aussi régulière qu'on le pensait. Il corrige aussi quelques dates approximatives de la vie de certains pharaons. Il coordonne les chronologies méridionales et les chronologies d'Europe continentale et nordique avec les mêmes critères. Cette avancée des études chronologiques, qui validant l'échelle du temps adopté dans ce volume, est tout à fait positive. Mais les difficultés réapparaissent lorsque sont envisagées certaines dates événementielles comme celles qui concernent directement le sujet. L'explosion du volcan de Thêra en est un bon exemple et, selon la date proposée, l'incidence sur l'évolution archéologique des palais minoens n'est pas la même. La date de 1530 avant J.-C. est avancée par Foster et Ritner (1996) et placée sous le règne égyptien d'Amosis, mais des dates calculées selon la méthode du carbone 14 indiqueraient plutôt le XVIIe ou le début du XVIe siècle avant J.-C. : si l'on calibre ces dates en les alignant sur l'échelle dendrochronologique, elles seraient donc plus anciennes que prévu (1736-1705 av. J.-C.). Si ce résultat était retenu, il faudrait réviser les dates de la céramique et des événements historiques tels que celui de l'effondrement des palais minoens. En effet, contrairement à ce que l'on supposait à la suite d'une lecture attentive des stratigraphies de Thêra, il ne serait pas à mettre en relation avec l'éruption volcanique.

Une autre date, considérée comme historique, est celle de l'éventuelle guerre de Troie, relatée dans *l'Iliade*. Celle-ci correspondrait à la destruction de la sixième ville de Troie, alors entourée d'une muraille cyclopéenne. La date conventionnelle qui situe l'événement au milieu du XIVe siècle serait plus ancienne d'un siècle – au moins le XVe siècle avant J.-C. – selon Stuart Manning, qui se pose alors la question de savoir quel impact cela a eu sur les autres cités mycéniennes. Finalement, l'épisode de cette guerre ne semble pas avoir modifié quoi que ce soit au niveau de l'interprétation du matériel archéologique pris en considération.

Les études scientifiques apportent une précision à nombre de points d'archéologie concernant l'âge du bronze et facilitent la compréhension du phénomène de la naissance de l'histoire européenne.

BIBL. : Gale, 1991 ; Harding, 1984 ; Randsborg, 1996 ; Renfrew et Bahn, 1991 ; Tite, 1972.

Interactions entre le bassin des Carpates et l'espace de la Méditerranée orientale au milieu du IIe millénaire avant J.-C.

Václav Furmánek

Les civilisations mycénienne et minoenne représentèrent à leur apogée un des sommets de l'histoire universelle – et certainement aussi un objectif irréalisable pour les habitants de l'Europe de l'époque. Elles avaient en effet atteint un niveau de développement social et économique tel, que leurs populations, riches en traditions, accueillirent sans aucune difficulté les influences venues d'Asie Mineure, du Proche-Orient et d'Égypte et les adaptèrent en les enrichissant.

Mais les conquêtes culturelles, tant celles qui furent développées sur place qu'acquises de cette manière, ne restèrent pas confinées sur les îles grecques ni en Grèce continentale, elles s'étendirent vers l'ouest et le nord – en Italie, dans la péninsule Ibérique et les îles Britanniques –, vers l'Europe de l'Ouest, du Nord et l'Europe centrale. Elles touchèrent également la presqu'île des Balkans et le bassin des Carpates. Ces deux régions sont justement celles qui se trouvaient les plus proches de ce monde mycénien. Le Sud civilisé et le Nord barbare se connaissaient, l'archéologie nous en a livré un grand nombre de preuves. Pour les habitants des contrées méridionales, le Nord était un monde sauvage et primitif. On pouvait y découvrir de l'ambre, peut-être même de l'or, et sans doute quantités d'autres biens précieux. Pour les gens du Nord, le Sud était un monde plein d'attraits – chaleur, soleil, richesse et bien-être. Il convient de se demander si ces interactions relevaient de contacts isolés et dus au hasard ou de relations régulières et voulues.

Des témoignages archéologiques sur les civilisations du nord des Balkans et du pays des Carpates, qui avaient atteint à la fin du bronze ancien et au début du bronze moyen un haut degré de développement, nous permettent de nous représenter la manière dont l'influence mycénienne s'est globalement exercée sur ces cultures. Les constructions en pierre et l'organisation des cités fortifiées renvoient à des modèles méridionaux. Les particularités des rites funéraires, tels que les tumulus renfermant des sépultures princières des débuts de l'âge du bronze (Leubingen, Łęki Małe, Pologne, cat. 122) ou les urnes funéraires, témoignent nettement d'influences venant des régions orientales du bassin méditerranéen. Mais l'imitation est allée encore plus loin. Les représentations épigraphiques les plus

1   Détail de la fortification en pierre de la cité de la culture d'Otomani à Spisšký, Štvrto (Slovaquie).

2   Char cultuel en céramique de Nižná Myšľa (Slovaquie) dont les quatre roues sont perdues.

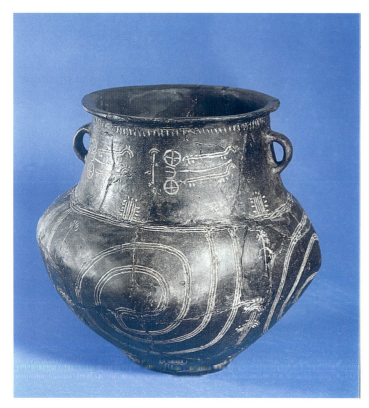

3   Détail d'une décoration sur l'amphore de la culture de Suciu de Sus de Vel'ké Raškovce (Slovaquie), bronze moyen, 1300 avant J.-C. (cat. 39).

anciennes qui furent trouvées sur des céramiques de la culture de Vatin ne sont plus, dans l'Europe barbare, des témoignages isolés. Une étude attentive des céramiques de la cité fortifiée, édifiée par la culture d'Otomani à Barca (Slovaquie-Orientale), a permis de découvrir des signes «écrits» comparables. De manière générale, les symboles utilisés prouvent les contacts, l'imitation, ou résultent de ce que l'on pourrait appeler la «l'européanisation» de la culture.

On estime que les ornements de spirales sur des objets tant en bronze qu'en os ou en bois de cervidés proviennent des contrées où s'est développée la civilisation de la Méditerranée orientale. Les éléments de harnais de chevaux en os ou en corne décorés de cette manière constituent, au XVIe et au XVe siècle avant J.-C., (cat. 47) un ensemble cohérent du bassin des Carpates stylistiquement bien délimité. De la même manière, de nombreux motifs décorant des sceaux minoens ou mycéniens s'y retrouvent sous forme de pendentifs en bronze de différents types.

Le développement économique et social fut accéléré au milieu du IIe millénaire avant J.-C. par l'introduction des lourdes voitures à deux essieux ou des voitures légères à un essieu (cat. 40-42). Les premières étaient utilisées pour les longues distances dans les échanges et le commerce, les secondes, lors de confrontations guerrières. C'est par analogie avec les pratiques en vigueur à Mycènes que l'on déduit que les chars à deux roues servaient pour le combat et pour de somptueuses cérémonies rituelles. C'est un des éléments qui reliaient le monde de la mer Égée et celui de l'intérieur des Carpates. C'est à cette époque-là que voiture et roue sont intégrées dans les pratiques cultuelles. On en trouve la preuve non seulement à travers les vestiges de maquettes de chariots et de harnais de chevaux, mais surtout grâce à une scène représentée sur une amphore de la culture des Suciu de Sus de Vel'ké Raškovce en Slovaquie-Orientale (cat. 39). Dans le bassin des Carpates, en particulier en Transylvanie, on a fait des découvertes analogues et leur origine mycénienne est indiscutable. Il s'agit en l'espèce de disques d'or ornés de motifs en spirales, d'épées – dites rapières de Transylvanie –, de poignards en métaux précieux (cat. 146), de récipients en métal travaillé au repoussé et d'autres objets. Certaines imitations que l'on tenait tout récemment encore pour des cadeaux royaux sont interprétées comme telles aujourd'hui (Gánovce) du fait de la révision de leur datation (Vel'ká Lomnica).

4   Sceau de Moklos (Crète) et pendentif avec un motif «en cornes» en bronze, provenant de Vcelince (Slovaquie).

C'est un fait historique établi – et regrettable – qu'au cours du XVe siècle avant J.-C., époque de transition entre le bronze ancien et le bronze moyen, les contacts réciproques entre les régions orientales de la Méditerranée et l'Europe centrale diminuèrent nettement. Les civilisations très développées du bassin des Carpates et d'Europe centrale déclinèrent, et il leur fallut plusieurs siècles pour retrouver leur niveau économique et social antérieur et pour que les interactions complexes qui avaient existé entre le Nord et le Sud redeviennent significatives.

Deux inventions savantes et prestigieuses : la métallurgie et l'orfèvrerie

Jean-Pierre Mohen

Métallurgie et orfèvrerie apparaissent en Europe avec les époques du chalcolithique et de l'âge du bronze qui nous intéressent ici. Ces domaines acquièrent vite une importance capitale dans le développement de sociétés qui sont de plus en plus hiérarchisées et utilisent des symboles métalliques, en particulier des armes – haches et poignards – comme attributs du pouvoir.

À partir du IIe millénaire avant notre ère, des armes défensives, casques, cuirasses et cnémides, de même que des chars de guerre sont présentés au cours des parades cérémonielles préludant au combat. La description par Homère dans *l'Iliade* du bouclier d'Achille est un exemple de technique savante au service du prestige social.

Dès les plus anciennes manifestations de métallurgie et d'orfèvrerie en Europe, qui sont réunies vers 4300 avant J.-C. dans les tombes de la nécropole de Varna sur la côte de la mer Noire en Bulgarie, toutes les caractéristiques essentielles de la métallurgie sont manifestes. Les deux métaux majeurs, le cuivre et l'or, côtoient d'autres matériaux de valeur comme la roche verte des haches polies, le silex de lames de plus de trente centimètres de longueur, et de multiples coquillages, dentales et spondyles. Parmi ces richesses, le cuivre et l'or sont les produits des arts du feu. Bien que maîtrisé depuis longtemps et utilisé, au VIIe millénaire avant J.-C., pour l'obtention de chaux de sol à Lepenski Vir (Serbie) le feu a joué un rôle décisif dans la domestication de la matière depuis que le four existe, celui du potier d'abord, celui du métallurgiste ensuite. Le premier est oxydant et permet d'obtenir des températures de cuisson des poteries de 550 à 700 °C. Quelques-uns de ces vases – ou, à la même époque, des perles – sont glaçurés dans certains ateliers égyptiens et proche-orientaux. Comme la malachite, le minerai de cuivre intervient dans l'élaboration de cette glaçure, et certains ont cru qu'il y avait une relation entre le travail du céramiste et celui du métallurgiste. En réalité, la métallurgie est une activité pluridisciplinaire dont la chaîne commence par la prospection des métaux natifs, l'or par exemple, et des minerais comme le cuivre, extrait dans le Sinaï, en Anatolie, dans les Balkans (mines de Aï Bunar en Bulgarie et de Rudna Glava en Serbie), dans le Mitterberg, dans les Alpes, dans le midi de la France et en Corse, au sud de l'Espagne dans le rio Tinto, dans le pays de Galles ainsi qu'au sud de l'Irlande où a été retrouvée la mine du mont Gabriel. L'exploitation des métaux et des minerais plus ou moins riches se fait grâce à des pics en pierre ou en bois de cerf, et à des pelles aménagées dans des omoplates bovines. La roche, le plus souvent oxydée, est concassée puis réduite dans un four métallurgique spécifique qui devait dépasser les 1 000 °C (le cuivre fond à 1 054 °C) en atmosphère réductrice.

Les premiers métaux

C'est entre l'Anatolie et l'Iran qu'apparaissent dès les VIIIe-VIIe millénaires avant notre ère de petits objets en cuivre. À Cayönü Tepesi, une quarantaine d'entre eux sont des alènes, des crochets, des fils, des perles et de petites feuilles. Proviennent-ils de la mise en forme du cuivre natif repéré près du site, à Ergani Maden ? Des traces d'une chauffe intensive laissent penser que le processus métallurgique était déjà avancé. Il va gagner rapidement l'Europe, et des sites témoins sont signalés en Bulgarie et en Grèce.

L'exemple de Troie I, à la limite de la terre anatolienne, face à l'Europe, est significatif du nouvel engouement pour le cuivre local ainsi que l'or et l'argent, qui révèlent des contacts avec les Balkans, et en particulier avec les trésors funéraires de Varna du début du Ve millénaire avant J.-C.

Le cuivre des mines de Rudna Glava en Serbie est extrait à cette époque sous forme d'oxydes et de carbonates (azurite et malachite). La diffusion des haches en cuivre montre que la maîtrise métallurgique est alors complète dans cette région qui devient aussi dynamique sinon plus que l'Anatolie ou la Mésopotamie (Suse). À la même époque à Çatal Hüyük (Anatolie), de petits objets en plomb posent le problème d'une extraction éventuelle par la méthode de la coupellation. Ce métal est aussi l'un des plus anciens dans le bassin égéen, à Siphnos en particulier, et on le retrouve par la suite dans l'Ouest jusqu'en Espagne.

Des centres actifs proche- et moyen-orientaux se développent en même temps que des royautés dont les riches tombes sont garnies de vases et d'appliques en or et en argent, à Ur en Mésopotamie vers 3000 avant J.-C., mais aussi quelques siècles plus tard à Alaça Hüyük en Anatolie et à Maïkop dans le nord du Caucase.

Pendant l'âge du cuivre jusqu'au milieu du IIIe millénaire avant J.-C., l'Europe centrale surtout mais aussi, en moindre quantité, l'Europe occidentale vont produire des tonnes d'objets en cuivre, véritable apogée métallurgique qui fléchit au début de l'âge du bronze. Comment expliquer ce changement profond ? La société reconnaît dans les poignards et les haches en cuivre ainsi que dans les bijoux, les parures en or et les vaisselles en argent le prestige d'un pouvoir personnel hiérarchisé qui s'affirme dans les riches tombes individuelles. Mais le prince ou le roi, qui commande ces attributs du pouvoir et en protège la fabrication, n'a pas le secret du métallurgiste ou de l'orfèvre. Il est donc obligé de faire appel à des artisans très spécialisés, dont on connaît l'existence par leurs sépultures – leurs ateliers n'ayant pas été retrouvés jusqu'à présent –, qui confortent l'idée que cette activité avait un statut spécial de haute valeur symbolique. Plus d'une trentaine de découvertes à travers l'Europe associent ces personnages à quelques-uns des outils de leur panoplie, jamais complète : ce sont ainsi quelques creusets, des parties de moules, un marteau en pierre, etc. Fait tout à fait révélateur, le métallurgiste défunt n'emporte jamais dans la tombe, ni lingot ni objet terminé, c'est-à-dire la richesse économique de son activité. Son savoir seul compte ; il est reconnu au-delà des contingences terrestres. Cela signifierait-il qu'il tient le secret métallurgique de ce niveau supérieur ?

Métallurgie et orfèvrerie de l'âge du bronze

Le bronze est un alliage de cuivre avec un autre métal – arsenic, étain ou plomb. Le bronze classique comprend environ 10% d'étain et représente une innovation technique (métal en fusion plus fluide et métal refroidi plus dur) et une prouesse économique, puisque l'étain est pratiquement absent de Mésopotamie, d'Égypte et de Méditerranée (à part quelques traces en Anatolie, en Italie et en Espagne) et qu'il a fallu le faire venir sans doute d'assez loin.

1   Panoplie d'outils d'artisan dinandier et sans doute aussi fondeur, découvert en 1975 à Génelard, en Saône-et-Loire, France, âge du bronze final (cat. 70).

D'où vient donc l'étain des bronzes attestés, dès le milieu du IIIe millénaire avant J.-C., dans les tombes royales d'Ur et dans la ville de Suse, à côté des premières grandes pièces d'orfèvrerie, symboles des premiers grands empires ?

Les hypothèses font état d'une provenance orientale lointaine, peut-être la Malaisie. Des relais existaient et l'Égypte semble avoir joué un rôle particulièrement important dans le développement des artisanats du métal aux IIIe et IIe millénaires avant J.-C., qui ont traité plusieurs centaines de tonnes de métal. Ils dépendaient directement des souverains et des grands temples. De grands centres de métallurgie et d'orfèvrerie se trouvaient à Thèbes, dans le domaine du grand temple d'Amon, et à Memphis, dans celui des temples des dieux Ptah et Sokar (le dieu des Morts), protecteurs des bronziers. Dans la région du delta du Nil parvenaient les lingots de cuivre et d'étain tels qu'on les a retrouvés dans l'épave d'un navire coulé au XIVe siècle avant J.-C. au large d'Ulu Burun. Ils alimentaient les fonderies d'Avaris, qui fournissaient le métal aux armureries de Ramsès, à Pi-Ramsès et à Quantir. On considère par ailleurs que l'or rassemblé dans les tombes de Toutânkhamon, décédé en 1353 avant J.-C., de Ramsès II, mort en 1237, et dans celles des Tanis (XIe-Xe siècle av. J.-C.) représentait mille tonnes de métal précieux provenant de Basse-Nubie. Mais en même temps, cinq cent soixante-dix tonnes d'or auraient été extraites en Haute-Égypte. Le prestige des rois des grands États ne s'exprimait pas seulement par de monumentales architectures, mais aussi par des statues en bronze et des parures en orfèvrerie, dont ils faisaient parfois présent à leurs correspondants d'Europe méditerranéenne. L'intérêt pour l'Ouest était motivé par le fait que, depuis le début du IIe millénaire avant J.-C., des gisements importants de cassitérite, l'oxyde d'étain, avaient été découverts dans les Cornouailles et en Bretagne méridionale. L'exploitation de l'étain des mythiques îles Cassitérides est à l'origine d'un développement de l'Ouest européen et de l'Europe en entier qui, progressivement, va concurrencer le Proche- et le Moyen-Orient.

En Méditerranée même, les importantes richesses en cuivre de Chypre, l'île du cuivre, sont alors exploitées mais on constate que la matière première, qui circule facilement sous forme de lingots, alimente des centres de refonte où l'on fabrique les pièces à la demande. Il en est de même pour les travaux d'orfèvrerie.

De multiples techniques de moulage, de surmoulage, de montage par emboîtage, pliage, soudure ont été mises au point. Des marteaux et des enclumes servent aux mises en forme de petits instruments comme ceux du dépôt de Génelard (Saône-et-Loire) ; des décors sont gravés ou obtenus au repoussé (cat. 70) avec des estampes, des burins, des équerres. Le travail à la feuille s'impose à la fin de l'âge du bronze.

L'orfèvrerie acquiert ses propres techniques comme celles de la granulation et du filigrane. Les techniques de la dorure font appel, la plupart du temps, à l'application d'une simple feuille qui peut être très fine.

Les bronziers et les orfèvres de l'âge du bronze travaillent dans des ateliers, regroupés dans des centres urbains (Enkomi à Chypre ou Pylos dans le Péloponnèse) ou dans des centres à population assez dense comme les sites fortifiés d'Europe moyenne. Ils doivent bénéficier du soutien d'un pouvoir assez centralisé, qui protège les circuits d'approvisionnement et de diffusion des pièces terminées.

L'apparition de la métallurgie du fer

Dans la seconde moitié du IIe millénaire avant J.-C., le fer se répand dans des conditions encore peu explicites. Il s'agit d'une nouvelle technique exigeant des connaissances spécifiques et beaucoup d'habileté. En effet, le fer terrestre ne peut être fondu à cette époque-là ; à la suite de la réduction du minerai dans un four chauffé jusqu'à environ 1 500 °C, les métallurgistes tirent une masse spongieuse qu'ils doivent marteler vigoureusement afin d'éliminer les scories et de récupérer des fragments de fer pur qui, en s'autosoudant à la forge, forment des lingots en barres. Ce métal trop mou devait être à nouveau martelé à chaud dans le charbon de bois pour s'enrichir jusqu'à 1,7 % en carbone et devenir un acier, seul métal susceptible de concurrencer le bronze pour les armes et les outils.

L'origine de l'usage du fer n'est pas évidente. Quelques objets prestigieux en fer, comme une épingle trouvée à Alaça Hüyük, en Anatolie (2400-2100 av. J.-C.), ou la lame de poignard de Toutânkhamon (1353 av. J.-C.), sont martelés à partir de fer météoritique très dur à fort pourcentage de nickel, mais d'autres objets anciens datant de l'âge du bronze – tels la lame de poignard d'Alaça (2400-2100 av. J.-C.), un outil de la pyramide de Kheops à Gizeh (2560-2440 av. J.-C.) et un poignard de la culture d'Europe centrale d'Otomani (vers 1500 av. J.-C.) semblent avoir été fabriqués à partir de minerai de fer terrestre.

Les sables formés de riches minerais de fer des côtes sud-orientales de la mer Noire ont sans doute été d'abord recherchés comme fondant pour faciliter la fusion des métaux cuivreux.

L'obtention de fragments de fer a très tôt, dès le IIIe millénaire avant J.-C., attiré l'attention. Les anciens Arméniens auraient ainsi connu le nouveau métal. Les Hittites ont intégré le fer terrestre dans un véritable âge du fer dès le milieu du IIe millénaire avant J.-C. Vers 1200-1100, l'Égypte puis la Grèce adoptent le fer. Les études réalisées dans le cimetière du Céramique, quartier situé au nord-ouest d'Athènes, ont démontré comment le fer a remplacé progressivement le bronze pour les armes, les outils puis les parures (fibules). Le fer est attesté dans le courant du VIIIe siècle avant J.-C. en Europe occidentale et un peu plus tard encore dans les îles Britanniques et dans le nord de l'Europe. Il apparaît d'abord sous forme de petits objets puis, très vite, de longues épées. Les incrustations de fer dans le bronze sont alors une technique spécifique.

Le travail du fer, quoique délicat, s'est diffusé largement. Le minerai de fer est beaucoup plus abondant que le minerai de cuivre. Chaque unité rurale possède sa forge, qui travaille à partir de lingots en barres. Le fer est plus intégré à la société que le bronze, resté un métal d'une certaine aristocratie.

BIBL. : Éluère et Mohen, 1991 ; Gale, 1991 ; Mohen, 1991, p. 131-142 ; Mohen, 1990 ; Maddin, 1988 ; Éluère, 1987 ; Tylecote, 1987 ; Éluère, 1982 ; Muhly, Maddin et Karageorghis, 1981 ; Muhly, 1973, p. 155, 535.

LES ÉPAVES DE NAVIRES EN MÉDITERRANÉE ORIENTALE

Katie Demakopoulou

Les découvertes faites lors des fouilles sous-marines menées dans diverses parties de la mer Égée et de la Méditerranée orientale ont enrichi de manière significative notre connaissance du mouvement des idées et des marchandises entre l'Est et l'Ouest à l'âge du bronze, en particulier durant sa dernière phase. Notre information provient principalement des cargaisons de navires naufragés qui transportaient des matières premières et d'autres denrées d'un endroit à l'autre.

Les communications et les échanges de marchandises avec les régions éloignées commencèrent dès le IIIe millénaire avant J.-C. Avec le temps, les contacts commerciaux s'intensifièrent au moyen des routes maritimes reliant les ports de la côte syro-palestinienne et de Chypre à la Crète, l'Argolide (au nord-est du Péloponnèse) et les autres régions de l'Égée, ainsi que les sites de la Méditerranée centrale : l'Italie du Sud, les îles Éoliennes, la Sicile et la Sardaigne. C'est ainsi que se développa un commerce organisé, qui atteignit son apogée en Égée durant l'âge du bronze final, et aux XIIIe et XIVe siècles avant J.-C. en particulier. À l'intérieur des épaves des navires ont été trouvées d'importantes quantités de matières premières et de produits divers, qui sont rarement aussi abondants dans les fouilles en terre ferme.

1 Les sites des épaves retrouvées en Méditerranée (d'après Dickinson, 1994, p. 235, fig. 7.1, avec quelques ajouts).

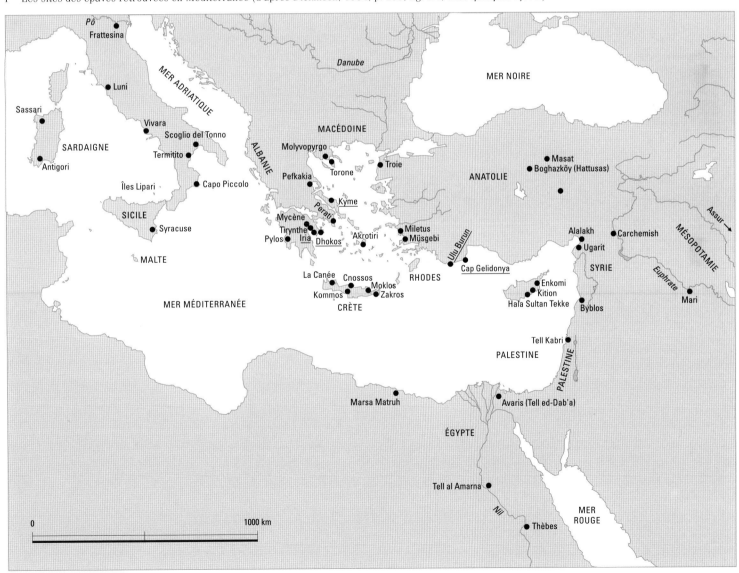

L'épave la plus ancienne en Méditerranée est celle d'un navire qui fit naufrage durant la première moitié du IIIe millénaire avant J.-C. à proximité de l'île de Dokos, entre Hydra et la côte de l'Argolide. La fouille de cette épave mit au jour une cargaison composée d'environ un millier de vases d'argile de la période de l'helladique récent II (vers 2900-2400 av. J.-C.). Ce matériel provenant de l'épave de Dokos est le plus grand ensemble de poteries obturées connu de cette période en Grèce et comprend non seulement des récipients de stockage mais aussi des pièces de facture délicate. L'on y trouve des pithos (grands vases à provisions), des amphores, des vasques, des cruches, des askos (vases fermés possédant une ouverture décentrée et dont la forme rappelle celle de l'outre en peau), des bols et des saucières.

Les bols composent l'ensemble le plus nombreux et l'on a compté près deux cents saucières, divisées en trois groupes. Outre la poterie, la cargaison comprenait aussi beaucoup de meules d'andésite, qui semblent avoir été des objets de commerce. Les récipients recelaient probablement des produits agricoles, mais les vases délicats, les bols et les saucières en particulier, étaient sans doute destinés à la vente, ou bien avaient été commandés. L'épave de Dokos prouve l'existence des échanges et du commerce développés dans le bassin égéen dès l'âge du bronze ancien, où la dissémination d'un certain type d'œuvres d'art, telles les figurines cycladiques, l'atteste également.

Les cargaisons de deux navires de l'âge du bronze final trouvés au large de la côte sud-ouest de l'Asie Mineure, l'un près du cap Gelidonya, l'autre à Ulu Burun près de Kaş, donnent une image précise des denrées qui étaient transportées sur de longues distances pour le commerce. Ces cargaisons contenaient des matières premières et des objets finis, probablement réalisés pour l'exportation, et des produits de luxe.

Le navire qui fit naufrage au large du cap Gelidonya vers la fin du XIIIe siècle avant J.-C. semble être parti d'un port de la côte syro-palestinienne et avoir fait route vers Chypre. Sa cargaison, qui n'était pas très importante, comprenait des quantités de matières premières et des objets – de nombreux lingots de cuivre et d'étain, plusieurs outils pour l'agriculture, des instruments d'artisan, des équipements et des armes. Des pièces de bronze au rebut furent également trouvées sur ce bateau, ce qui incline à penser qu'il hébergeait un atelier de métallurgie. Le but du voyage devait être d'échanger des produits finis en métal contre du métal de récupération que l'on faisait fondre pour mouler d'autres objets en même matériau lors des escales.

Le second navire, échoué à Ulu Burun, devait venir lui aussi de la côte syro-palestinienne, mais il était de dimensions plus importantes, quinze ou seize mètres de longueur, et sa cargaison, plus abondante, présentait un éventail plus large de produits. C'est là, en réalité, l'un des ensembles les plus conséquents de marchandises trouvées jusqu'à présent en Méditerranée. La dendrochronologie a récemment permis de dater le naufrage du navire à environ 1300 avant J.-C., soit à peu près un siècle avant celui du cap Gelidonya. Il transportait une cargaison mixte, de provenance égyptienne, proche-orientale et européenne. Parmi les objets qui étaient à son bord se trouvaient dix tonnes de cuivre en lingots, une assez grosse quantité d'étain, également sous forme de lingots, des douzaines de lingots de verre bleu cobalt, des rondins d'ébène égyptien, de l'ivoire d'hippopotame et d'éléphant, des coquilles d'œufs d'autruches, des opercules de murex (dont on tirait la pourpre) et des carapaces de tortues. Un grand nombre de jarres « cananéennes » de stockage et de transport contenaient de la résine de térébinthe, utilisée pour la fabrication du parfum ; d'autres renfermaient des épices et des produits alimentaires – coriandre, carthame, figues, raisin, sumac, amandes, grenades et olives.

Des épées de types syrien et mycénien furent également retrouvées, de même que d'autres armes et des outils, quelques vases mycéniens et une quantité de récipients en poterie cypriote qui avaient été enfermés dans de grands pithos pour être protégés. On découvrit aussi des produits venant d'Europe du Nord, comme de l'ambre de la Baltique, ainsi que des bijoux et des objets précieux du Proche-Orient, qui avaient dû appartenir au capitaine ou à un riche passager. La découverte la plus importante fut cependant celle d'un jeu de deux ou trois tablettes ou diptyques en buis, peut-être le carnet de bord du navire ou le journal intime d'un passager, très probablement d'origine proche-orientale. Vingt-quatre ancres en pierre et quelques instruments de musique semblent provenir de la même région.

L'épave d'Ulu Burun permet de retracer l'itinéraire d'un navire marchand parti d'un port oriental et transportant à son bord une grosse cargaison de produits variés à destination de ports reculés de la Méditerranée orientale et occidentale. La découverte de poteries cypriote et cananéenne à Kommos en Crète méridionale, à Marsa Matruh en Égypte occidentale, et en Sardaigne, vient conforter ce point de vue.

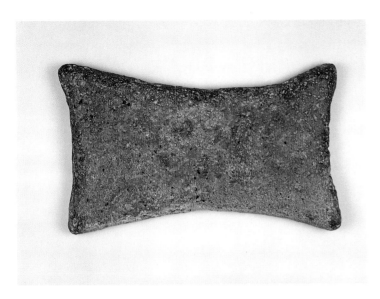

2 Lingot dits « en peau de vache », Kyme, île d'Eubée, Grèce, âge du bronze final, XVIe-XVe siècle avant J.-C. (cat. 13).

Deux autres épaves de l'âge du bronze final ont également été localisées en mer Égée, attestant de l'existence d'un commerce organisé entre l'Est, Chypre, et l'Égée. L'une fut trouvée au large de Kyme dans l'île d'Eubée. Le hasard fit découvrir dix-sept lingots de cuivre (cat. 13) provenant probablement d'une épave qui n'a pas encore été identifiée ou fouillée. Il est à noter que celle de Kyme est datée du début de l'âge du bronze final (XVIe ou XVe siècle av. J.-C.). Datant de la même époque et situé également au large de la côte turque, dans la baie d'Antalya, un autre navire, qui n'a pas encore été complètement examiné, est connu pour sa cargaison de lingots de cuivre.

Le second navire trouvé en mer Égée près du cap Iria en Argolide, et récemment étudié, marque le rôle important de Chypre dans le commerce entre l'Est et l'Ouest. Il est daté de la fin du XIIIe siècle avant J.-C. Contrairement aux cargaisons des épaves d'Ulu Burun, de Gelidonya et de Kyme, le navire d'Iria ne renfermait pas de lingots de cuivre ou d'autres objets en métal. Il contenait cependant un ensemble de poteries impressionnant, composé de pithos et de cruches de stockage cypriotes, de jarres à provisions minoennes, de jarres pithoïdes de type helladique, et de quelques vases mycéniens de l'helladique récent IIIB. Nous ne savons pas ce que renfermaient ces vases lors de ce fatal voyage. Il est vraisemblable qu'ils aient servi de récipients pour le transport des liquides (vin et huile principalement) comme c'était habituellement le cas dans le commerce cypriote et créto-mycénien. La cargaison de l'épave d'Iria laisse à penser que le bateau était d'origine cypriote, et sa position suggère qu'il suivait une route commerciale importante reliant Chypre, la Crète et l'Argolide, sans aucun doute le maillon d'un grand réseau de communication et de contacts commerciaux.

Les épaves de navires trouvées en Méditerranée orientale, les poteries et autres objets d'origine égéenne, cypriote et proche-orientale découverts dans différents sites de Méditerranée orientale et occidentale prouvent bien l'existence de contacts et d'échanges commerciaux dès l'âge du bronze ancien. Durant la seconde moitié du IIe millénaire, il est clair qu'un commerce organisé était établi sur de longues distances. Ce commerce englobait non seulement les pays de la Méditerranée orientale, mais aussi le monde égéen, et des régions du reste de l'Europe. Les objets découverts révèlent qu'un large réseau de contacts et d'échanges commerciaux s'était développé d'un bout de la Méditerranée à l'autre, dans lequel les îles de Chypre et de Sardaigne, avec la mer Égée, jouaient entre elles les rôles principaux. Si ce commerce était avant tout axé sur les métaux, comme le cuivre et l'étain, il incluait aussi d'autres matières premières et des produits finis.

BIBL. : Bass, 1986 ; Papathanassopoulos, Vichos et Lolos, 1995 ;
Pennas, Vichos et Lolos, 1995 ; Dickinson, 1994 ; Kilian-Dirlmeier, 1993 ;
Bass, 1991, 1986, 1967.

Les échanges Nord-Sud de matières premières

Anthony F. Harding

Dans le contexte de l'âge du bronze, il est naturel d'imaginer que les seuls matériaux d'importance à être transportés d'un endroit à un autre étaient les métaux : le cuivre, l'étain et l'or. Tout essentiels qu'ils fussent, incontestablement, ils ne représentaient pas à eux seuls la totalité des matériaux déplacés, loin de là. Parmi ces produits, certains, comme l'ambre, étaient rares et exotiques, et n'étaient utilisés que pour les ornements ou les amulettes ; d'autres, comme le sel, constituaient des substances ordinaires, dont l'usage et la raison d'être étaient intimement liés à la perpétuation de la vie quotidienne, à la survie des êtres humains et des animaux. Les très nombreuses découvertes archéologiques de ces dernières années ont mis en lumière un ensemble élaboré de mécanismes et de technologies permettant de déplacer des matériaux en quantité et sur de grandes distances à travers le monde de l'âge du bronze.

1   Les mines de cuivre à Great Ormes Head, au nord du pays de Galles. La photo montre les entrées des puits dont le creusement remonte à l'âge du bronze.

Le cuivre

Tout débat sur le transport des métaux doit se fonder sur les lieux où surgit le minerai, et les preuves matérielles de son extraction et de sa distribution. Des sources abondantes et bien conservées ont contribué à la mise à disposition, ces dernières années, d'une information étoffée sur l'extraction du cuivre. Il est moins facile de montrer jusqu'à quel point le cuivre était déplacé d'un site à un autre. L'identification des types de cuivre par les « signatures » qu'apportent la nature des impuretés ou les « modèles » élaborés à partir des micro-traces a fait quelques progrès, mais de nombreuses difficultés ont été rencontrées lors de la mise en relation des produits finis avec des minerais spécifiques. Alors que des travaux récents sur les vestiges miniers préhistoriques ont été menés avec un spectaculaire succès en Irlande, en Grande-Bretagne, en Espagne, en France, en

2   Bloc de malachite, l'un des minerais de cuivre les plus répandus.

Slovaquie, en Yougoslavie et en Autriche, nous savons peu de chose avec certitude sur la distribution de ces produits miniers sur des distances moyennes et longues.

Quoi qu'il en soit, la composition des objets en métal de l'âge du bronze moyen et récent retrouvés en Grande-Bretagne suggère que c'est à une source alpine qu'il était fait appel, de préférence aux mines locales du pays de Galles, de l'Écosse ou de l'Irlande, qui étaient, au moment de l'âge du bronze ancien, les principaux fournisseurs. De même, dans le sud de la Scandinavie, où n'existent pas de gisements de cuivre, l'on pourrait s'attendre à ce que l'approvisionnement en minerai provînt naturellement du massif du Harz de Thuringe ; or, au tout début de l'âge du bronze, une série d'objets importés d'Europe centrale (du bassin carpatique, principalement) indique que la fourniture de métal se faisait vraisemblablement à partir des Alpes et des Carpates. Un autre exemple frappant est donné par la mise au jour de lingots torques, répartis sur une large zone géographique en Europe, des Alpes jusqu'aux abords de la côte balte. Des preuves matérielles indirectes laissent à penser que ces objets étaient fabriqués en Autriche ou en Moravie avec un cuivre alpin transporté sous forme de lingots torques sur des centaines de kilomètres, même si des spécialistes accordent à leur découverte sous forme de dépôts une explication d'ordre votif.

3   La cassitérite, le minerai d'étain. L'étain était extrait à la fois sous cette forme et à partir des dépôts de pépites trouvés dans les cours d'eau.

L'étain

Le bronze est un alliage de cuivre, utilisant habituellement l'étain dans une proportion de 5 à 10%. Cela signifie que les cultures et les civilisations recourant au bronze ont dû avoir accès à des quantités significatives d'étain.

La localisation des ressources d'étain en usage dans l'Antiquité demeure l'une des grandes énigmes de l'ancien monde, bien que des découvertes récentes laissent entrevoir de solides hypothèses.

L'étain se rencontre de façon naturelle en assez peu d'endroits. En Europe, les gisements se situent en Cornouailles, en Bretagne, dans certaines parties de l'Espagne, en Étrurie, et dans les monts Métallifères (Saxe méridionale) ; dans le dernier cas, cependant, il n'est pas sûr que l'état de la technologie à l'âge du bronze ait permis de l'exploiter. Il existe un peu d'étain en Turquie, mais dans la mesure où les cités du Proche-Orient semblent l'avoir importé de l'Est, il est plus vraisemblable que pour l'approvisionnement, la préférence fût allée au lointain Afghanistan. La découverte récente de lingots d'étain, plus particulièrement dans l'épave d'Ulu Burun près de Kaş, sur la côte méridionale de la Turquie, montre que ce métal était bien transporté, et en quantité considérable. Nous ne savons pas pour le moment si les gisements du Nord-Ouest (Cornouailles, Bretagne) satisfaisaient aux besoins des civilisations méditerranéennes, bien que, très probablement, l'étain des Cornouailles fût apporté sur le continent, atteignant potentiellement des régions éloignées d'Europe. La solution définitive à ce problème réside dans la perspective actuelle de nouveaux programmes d'analyse.

4   Tasse en or, Fritzdorf Nordrhein-Westfalen, Allemagne, âge du bronze final (cat. 227).

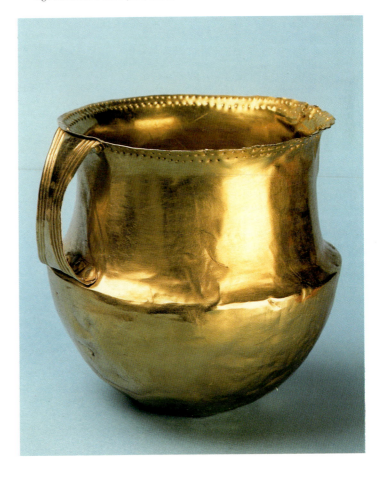

L'or

Aujourd'hui, la plupart des gisements aurifères sont épuisés, et l'or est considéré comme un produit rare. En fait, l'or était apparu en Europe sur une vaste échelle, et à l'âge du bronze, il devait être disponible en quantité assez importante. De même que pour le cuivre, des hypothèses s'appuyant sur des analyses ont été émises pour expliquer comment étaient reliés les différents gisements, mais les résultats sont limités ; de nouveaux travaux sont entrepris actuellement et devraient contribuer à résoudre la question.

Les gisements particulièrement abondants se trouvaient en Irlande, en Espagne et en Transylvanie. D'après les analyses, l'or de l'Europe continentale de l'Ouest – nord de l'Allemagne et sud de la Scandinavie en particulier – provenait en majeure partie

5 Tasse d'ambre poli, Hove, Sussex, Angleterre, culture du Wessex, XVIIIe-XVIIe siècles avant J.-C. (cat. 105).

d'Irlande. Que l'or de la Grèce mycénienne, et même de la Crète, pût provenir des gisements de Transylvanie a donné lieu à bien des conjectures, mais la preuve n'en a pas été faite. Sachant que les orfèvres égyptiens et proche-orientaux avaient certainement recours à des gisements situés à proximité de chez eux, plus proches que ceux de Roumanie, on peut imaginer que la Grèce procéda de même.

L'ambre

Résine d'une espèce de pin aujourd'hui disparu, enfouie dans différentes parties du monde dans des échelles de temps géologiques diverses, l'ambre est l'une des substances parmi celles qu'utilisa la préhistoire tardive (cat. 22), qui intriguent le plus. Dans le contexte européen, c'est l'ambre, qualifiée de « baltique », de l'ère tertiaire qui était la plus abondante, mais on en trouvait également en plus petites quantités en Roumanie et en Sicile. Par chance, une technique d'analyse bien éprouvée – la spectroscopie infrarouge – permet de distinguer entre les différentes ambres et, en particulier, d'identifier l'ambre baltique d'après sa signature dans le spectre infrarouge. Un programme d'analyse a montré que presque toute l'ambre trouvée dans la Grèce minoenne et mycénienne, et une grande partie de celle de l'âge du bronze italien et des Balkans, est d'origine baltique. Cela ne signifie pas pour autant que l'ambre provenait exclusivement des rivages de la Baltique, car ce type d'ambre est assez répandu dans le nord de l'Europe, et même sur la côte est de l'Angleterre et en Ukraine. Cela prouve toutefois, sans l'ombre d'un doute, que les habitants de la Grèce à l'âge du bronze final, notamment ceux de l'époque des tombes à fosse de Mycènes et des riches sociétés du Péloponnèse occidental, étaient pris dans de vastes réseaux d'échanges capables de leur fournir des matériaux exotiques, dont l'ambre faisait justement partie. Quel que fût précisément son point d'origine, son transport à partir du Nord ou de l'Ouest paraît certain. L'examen des formes spécifiques des perles, en particulier des « plaquettes multiforées », suggère fortement qu'il existait une relation spécifique entre l'Angleterre méridionale, le sud de l'Allemagne et la Grèce, régions qui ont dû jouer en quelque sorte un rôle d'intermédiaire dans le mouvement de l'ambre du Nord au Sud.

Le sel

Denrée peu connue, le sel revêtait pourtant une énorme importance dans les temps anciens aussi bien qu'à l'époque moderne. Des gisements de sel, sous la forme de sources d'eau salée, ou, plus rarement, de sel gemme, se rencontrent sur une large échelle en Europe, bien que de façon inégale. Des témoignages matériels de sa production et de sa distribution au cours des temps historiques, en Afrique par exemple, montrent combien extensif a dû être son transport sous la forme de pains. L'étude du travail du sel à l'âge du bronze est à ses prémices, tandis que pour l'âge du fer, nous disposons d'une information

6   Collier de jais, Aberdeenshire, Écosse, âge du bronze ancien (cat. 27).

7   Rochers gravés de l'âge du bronze à Frännarp, au sud de la Suède, montrant des véhicules à roues proches sans doute de ceux qui ont servi à transporter par la route les matières premières et d'autres produits

d'excellente qualité en provenance d'Autriche. L'Allemagne du Centre (région de Halle) fournit un matériel archéologique de bonne qualité, et les découvertes de dispositifs servant à la production du sel (briquetage sur plateaux d'argile et piédestaux pour l'évaporation de l'eau salée) se font de plus en plus nombreuses dans l'ouest et le centre de l'Europe. Il est à croire que les cultures méridionales ont eu amplement accès au sel, dans la mesure où il existe de nombreux lagons d'eau salée le long des côtes de la Méditerranée, bien qu'aucun briquetage n'ait encore été mis au jour en Italie ou en Grèce. Il est cependant parfaitement possible que des pains de sel aient été transportés du Sud au Nord, en direction des montagnes des Balkans ou de l'Europe centrale.

Les autres matériaux

Nous savons peu de chose du transport des autres matériaux, bien que l'argile, le bois et la pierre eussent une importance aussi cruciale pour les sociétés de l'âge du bronze que pour celles du néolithique ou de l'âge du fer. Le navire d'Ulu Burun contenait de l'ébène, ce qui indique que le bois pouvait être transporté dans certaines circonstances. Il est possible que le bois destiné à la construction navale, par exemple, ait dû être apporté de très loin ; rien, cependant, ne nous permet d'établir l'existence d'un transport spécifique du bois du Sud au Nord ou du Nord au Sud. De même, l'argile d'excellente qualité était limitée dans sa distribution et pouvait avoir été apportée là où des potiers spécialisés en avaient besoin – ils étaient sans doute installés sur les lieux mêmes de son extraction, et c'est donc leur production qu'ils expédiaient.

Les moyens de transport

Tous ces déplacements impliquent l'existence de moyens de transport efficaces, du Nord au Sud, comme dans d'autres directions. Les embarcations pour la haute mer sont connues d'après les représentations égéennes et égyptiennes, et les épaves turques donnent une idée de leurs capacités. Les bateaux parvenus jusqu'à nous dans le Nord sont des canots de rondins, qui ne permettaient pas de voyages au long cours ; cependant, les représentations dans l'art rupestre scandinave de ce qui paraît être des navires recouverts de peaux, de dimensions considérables, indiquent que des voyages plus lointains étaient entrepris. Pareils bateaux devaient probablement être capables de transporter la plupart des produits évoqués ici, à l'image du bâtiment d'Ulu Burun. Les embarcations plus petites, parmi lesquelles les canots, étaient quant à elles destinées au transport fluvial et lacustre.

Pour ce qui est du transport terrestre, les voitures et les chariots existaient à coup sûr, bien que l'on sache peu de choses des routes. Il n'y avait pas de routes pavées à l'âge du bronze, ce qui devait faire du transport des matériaux une opération longue et pénible, soumise aux conditions météorologiques. Malgré cela, les matériaux voyageaient bel et bien, les obstacles étaient surmontés, et les bronziers et autres artisans recevaient les matières premières nécessaires à la production des objets splendides et des « premier âge d'or de l'Europe ».

Les trésors et les épaves de navires de l'Atlantique

Stuart Needham

La découverte d'un trésor d'objets en bronze ou en or datant de l'âge du bronze, c'est-à-dire d'il y a trois mille ans ou plus, invite aussitôt à l'émerveillement. En apprenant leur caractère antique, il est naturel de se représenter leurs producteurs et leurs utilisateurs comme relativement primitifs, et de se dire que ces pièces devaient avoir une certaine valeur pour eux. Nous pouvons tenter de déchiffrer les circonstances de leur enfouissement et l'échec de tout un chacun à les retrouver. Ce sont là des réactions compréhensibles, mais qui se limitent à effleurer le phénomène de l'importance potentielle que ces trésors pouvaient avoir pour leurs premiers propriétaires, et pour nous, qui trouvons là un moyen de comprendre le passé.

Des milliers de trésors sont connus à travers tout le continent européen, mais les archéologues n'en déduisent pas moins que les découvertes des deux derniers siècles ne constituent qu'une minuscule partie de ce qui reste à mettre au jour. Les quatre-vingt-onze kilos du trésor d'Isleham, en Angleterre, les soixante-cinq kilos extraits des fonds marins à Langdon Bay, dans le channel anglais, ou les soixante-quinze kilos du dépôt de Venat, en France, nous font entrevoir le volume considérable de métal circulant à l'âge du bronze final ; dans certaines régions, toutefois, on a trouvé des trésors encore plus lourds et plus anciens, datant de l'âge du bronze ancien même, cent cinquante kilos à Mauthausen et quatre-vingt-cinq kilos à München-Luitpoldpark dans le sud de l'Allemagne, ou encore soixante-neuf kilos à Bennewitz-bei-Halle, en Thuringe. La découverte et l'exploration des mines de cuivre contemporaines ont élargi la spère d'approvisionnement du métal. Tout hasardeux que soient les calculs lorsqu'ils reposent sur les espaces vides où était logé le minerai, ils montrent une importante production continue de métal.

Avant d'aller plus loin, il faut définir ce qu'est un trésor. Au sens strict, c'est un groupe d'objets, qui ont été délibérément cachés en une occasion singulière (cat. 139, 147, 119-121). Nous considérons que, lorsque les objets reposent tout près les uns des autres dans le sol, ayant été apparemment ensevelis dans le même trou ou la même niche, le dépôt s'est fait en une circonstance unique. Il ne s'agit pas là d'un raisonnement définitif, un dépôt enterré peut jouer le rôle de lieu de stockage, destiné à être ouvert périodiquement pour en extraire ou y ajouter du matériel. Même lorsque cela ne fut pas le cas, la «fermeture» d'un trésor ne constitue pas une garantie que certains des objets n'aient pas déjà appartenu à un dépôt antérieurement enfoui. Les trésors ne représentaient pas le seul contexte dans lequel les pièces de métal et autres objets de valeur étaient délibérément retirés de la circulation et de l'usage. La richesse du mobilier funéraire dans de nombreuses cultures durant l'âge du bronze européen illustre un contexte alternatif manifeste. Mais il existe aussi un phénomène très important de dépôts placés dans l'eau ou dans des sols marécageux – thème dominant dans certaines parties de l'Europe – et, plus rarement, enfermés dans des grottes et des brèches inaccessibles.

Comment donc ces milliers de trésors et ces objets isolés en bronze, trouvés sur toute l'étendue du continent, ont-ils été laissés là ? Cette question faussement simple est au centre d'un long débat toujours en cours, consistant à repérer parmi les trésors ceux qui étaient destinés à être retrouvés de ceux qui étaient déposés à perpétuité, sans que le déposant ait eu l'intention de les récupérer. Les gens qui vivaient leur vie il y a trois ou quatre mille ans et qui ne pratiquaient pas encore l'écriture ne pouvaient laisser à la postérité que des séries de signes et de symboles ambigus, et il est difficile de déchiffrer leurs intentions à partir du matériel archéologique. Les dépôts de bronze offrent cependant des indices nombreux et importants sur les circonstances de leur mise en place et l'histoire antérieure des objets qu'ils contiennent.

Les intentions des déposants ont toujours pu, bien entendu, être contrariées par une récupération illégale, comme le vol, ou par des événements imprévus comme la mort ou la fuite des individus concernés. Ces facteurs suffisent à eux seuls à brouiller les cartes, mais il existe d'autres zones d'incertitude. Si, par exemple, des objets de culte normalement exposés dans des sanctuaires spécifiques se trouvent mis en terre durant une période d'instabilité, leur nature ne jettera qu'une faible lumière sur la cause particulière de leur dépôt. Tout aussi embarrassante pour l'interprétation est la possibilité que les deux intentions opposées (retrouver ou ne pas retrouver) n'aient pas été si bien programmées qu'il y paraît, le déposant ayant eu la latitude de revenir à maintes reprises sur sa décision à ce sujet, au gré des changements survenant sur la scène politique et économique.

Les trésors ont la capacité de nous faire entrevoir les nombreuses facettes du monde de l'âge du bronze. Ce potentiel résulte en partie des caractéristiques intrinsèques des objets qu'ils recèlent, les types de pièces déposées ensemble ayant normalement appartenu à une période et à une culture aux usages similaires. Cette contemporanéité des associations d'objets est l'élément que les archéologues ont exploité au siècle dernier pour construire une chronologie de l'âge du bronze européen. Les objets placés ensemble peuvent aussi parfois être unis par leur contexte d'utilisation, comme le jeu d'outils ou les ornements d'une personne isolée, ou les trophées gagnés au combat. En outre, les pièces elles-mêmes sont une source d'informations importante sur la technologie qui les a produites, tandis que certaines combinaisons d'objets peuvent jeter une lumière sur la méthode d'organisation de la production. Il existe cependant une autre façon d'éclairer ces phénomènes, qui dépend de l'interprétation qui est faite du trésor en tant que tel. Des différences, par exemple, dans la combinaison des objets rassemblés pour être enterrés peuvent révéler des frontières culturelles importantes, ou suggérer une hiérarchie à l'intérieur d'un groupe culturel. On peut y voir là l'indication d'un changement dans les préoccupations, à travers les objets qui symbolisent le mieux le groupe ou l'individu important qui y est représenté. Des déductions sont faites sur les interactions culturelles, par exemple, à partir de la présence (ou de l'absence) de types spécifiques importés d'autres régions.

La circulation du métal sur le continent est d'une importance majeure en raison des ressources réduites en cuivre et en étain. L'identification des types de ces minerais ayant été transportés aide à dresser le schéma du réseau de distribution. Cependant, la possibilité de recycler le bronze était sans aucun doute admise à l'âge du bronze ; cela signifie d'abord que les preuves tangibles de contacts peuvent n'avoir pas subsisté, ensuite que le métal constitutif d'un objet aura eu souvent une histoire plus longue que la durée de vie de l'objet lui-même. L'analyse de la composition du métal, malgré les difficultés d'interprétation, permet de comprendre les schémas de distribution et peut-être, en fin de compte, de relier le métal en circulation aux masses de minerai.

Il est clair que, quels que soient les moyens de déplacement, le métal circulait sur une échelle telle que de grandes quantités étaient amassées dans certaines zones. De façon illogique, pourrait-on dire, cela n'implique pas nécessairement que des quantités importantes aient été déplacées au cours de transports isolés. Ce que l'on perçoit très aisément à travers les découvertes archéologiques, c'est l'échelle très vaste des mouvements ; mais expliquer jusqu'à quel point ces transports ont pu résulter de nombreuses petites transactions, voilà qui est plus compliqué. Il est facile d'oublier que l'effet d'un réseau est le produit de plusieurs générations d'interactions sociales, et, potentiellement, un flux de richesses régulier pouvant être stockées aussi bien qu'utilisées. La question de l'organisation et de l'échelle du «commerce» des métaux à travers l'Europe fait toujours l'objet d'un débat assidu.

Certaines circonstances ont pu favoriser le déplacement de lots conséquents de bronze. Le transport vers des rivages étrangers constitue un premier cas d'importance, dans la mesure où la mer représentait un obstacle aux interactions terrestres normales. Ménager un passage sur une grande distance exigeait savoir et habileté, et aussi, probablement, de la patience pour attendre lorsque le temps n'était pas favorable. Ces facteurs devaient inciter à ne pas conduire de transactions de façon parcellaire, mais à accumuler du matériel pour des opérations d'envergure ou simultanées.

La meilleure illustration de ce processus, toujours dans les mers nordiques, vient de Langdon Bay, au large du port de Douvres, en Angleterre. Au moins trois cent soixante objets en bronze ont été retrouvés sur une étendue limitée, dans une eau assez peu profonde. Si certains sont gravement corrodés par trois mille ans de marées, il est possible cependant de reconnaître dans la majorité d'entre eux des outils de l'âge du bronze, datables de la phase qui se situe aux environ de 1300-1150 avant J.-C. On peut affirmer, en fait, que le matériel appartient à la partie la plus ancienne de cette période. Les courants qui se ruent dans le détroit de Douvres confortent l'idée qu'aucun vestige de bateau n'a pu demeurer là, et il ne reste plus qu'à déduire du caractère des bronzes eux-mêmes la probabilité qu'ils représentent la cargaison d'un navire faisant la traversée de la Manche et venu s'échouer au pied des falaises de Douvres.

On peut supposer sans certitude que beaucoup d'autres bronzes trouvés au large des côtes européennes, dans les estuaires et les rivières, ont dérivé en provenance des épaves de bateaux. Les objets découverts dans les rivières, à tout le moins, bénéficient en général d'une autre interprétation, selon laquelle ils constitueraient des dépôts rituels offerts à des divinités de l'eau. D'autres contextes, toutefois, nous ont donné des bateaux et des parties de bateaux appartenant à l'âge du bronze. Le site le plus fameux est celui de North-Ferriby dans l'estuaire de la Humber, sur la côte anglaise de la mer du Nord, où des restes de quatre bateaux ont été mis au jour. Une autre découverte classique fut faite récemment à Douvres, dans le Kent, à une profondeur de sept mètres sous les pavés de la ville. Ces exemples, ajoutés à ce qui a

1 Dépôt de dix-huit récipients en bronze Dresde-Dobritz, Saxe (Allemagne), âge du bronze final (cat. 210).

été trouvé à Brigg, Lincolnshire (1900 ans avant J.-C.), et à d'autres fragments, montrent tous l'existence d'une technologie très spécifique en matière de construction navale, les planches mises en forme étant «cousues» ensemble et fixées avec des petites branches de bois d'if et calfeutrées avec de la mousse dans les joints ; des «taquets» dépassant des planches permettaient d'insérer les étais. Cette tradition de construction des bateaux était déjà en usage dans la première moitié du IIe millénaire avant J.-C., et, bien que l'on puisse s'interroger sur ses capacités exactes, il fait peu de doute qu'une technologie bien plus sophistiquée ait été développée pour répondre à une demande croissante en matière de transport maritime et fluvial.

Quelle que fût la manière dont ses mécanismes opéraient dans le détail, le transport du métal, et des autres denrées, était vital aux modes de vie à l'âge du bronze. Les transactions requéraient une organisation et une infrastructure de relations complexes entre des myriades de groupes sociaux. Le contrôle des réserves d'objets en métal devait constituer un aspect essentiel du processus, qui permettait aux élites de surveiller localement tous les excédents, et de se préparer à des transactions délicates, que ce fût avec des communautés vivantes ou avec les dieux.

Le phénomène, largement répandu et durable, de la constitution des dépôts en bronze et, moins fréquemment, en or suggère l'existence dans les sociétés européennes de besoins communs sous-jacents. D'un point de vue pratique, il est admis depuis longtemps que le sol offrait une relative sécurité en un temps où n'existaient ni les chambres fortes ni les serrures. Cependant, l'interprétation se déplaçant de plus en plus sur le terrain du rite – les dépôts auraient pour la plupart rempli une forme d'objectif rituel –, la base commune en matière d'explication peut se trouver du côté des structures liées à la croyance. On pense aujourd'hui que les trésors remplissaient des fonctions nombreuses et variées, ayant un rapport avec la compétition sociale, des événements commémoratifs – batailles ou mariages exceptionnels –, ou avec le sacrifice de matériel en offrande aux divinités. Ce n'est que par une analyse détaillée des diverses combinaisons d'objets et du contexte funéraire dans de nombreuses régions d'Europe que nous pouvons mettre en avant des interprétations particulières pour des ensembles spécifiques de trésors.

En dépit de cette diversité incontestable, il est possible de proposer une définition qui embrasse l'ensemble du phénomène. Les trésors constitueraient un moyen de régler et de circonscrire la circulation du métal, circulation qui s'effectue à différents niveaux entre territoires séparés, entre les différentes classes d'un groupe social, et entre le monde des vivants et celui des esprits et des dieux.

Le voyage comme rite d'initiation

Maria-Luisa Ruiz-Galvez Priego

Ulysse, le héros achéen dont le nom apparaît dans le titre de cette exposition, est le symbole et l'incarnation de l'aventurier, du voyageur allant jusqu'aux confins de la Méditerranée, du découvreur de terres et de peuples nouveaux. Toutefois, la signification du récit épique est plus symbolique que réelle, qui décrit les rites d'initiation auxquels le héros doit se soumettre pour devenir chef, les épreuves où il doit montrer son adresse, son intelligence, sa capacité à surmonter des dangers imprévus et à tirer leçon de ses rencontres avec des peuples différents et des mondes autres (Helms, 1988). D'autres légendes héroïques rendent compte d'initiations comparables, comme le voyage de Jason et des Argonautes en Colchide, l'histoire de Persée, meurtrier de la redoutable Gorgone et sauveur d'Andromède, les périples de Thésée en route pour Athènes, qui survit aux attaques des voleurs et des monstres et pénètre dans le labyrinthe du Minotaure. De semblables aventures apparaissent dans d'autres cycles mythologiques, tels ceux de Sigour ou de Beowulf en Allemagne, de Gilgames à Sumer, des Sept Sœurs en Australie, de Sido en Océanie, etc. (Willis, 1994 ; VVAA, 1957).

Cette image du héros aventurier, confronté à des dangers dans des pays étrangers, que de nouveaux talents et un savoir accru viennent récompenser de son audace et de son courage, est le produit d'une vision du monde statique, ethnocentrique, caractéristique des agriculteurs sédentaires qui regardent le monde extérieur abrités derrière leurs clôtures, leurs remparts ou leurs palissades séparant les champs de la forêt, l'*ager* du *saltus*, la culture de la nature. Et, à partir de cet axe du monde – au centre duquel chacun croit se trouver –, le sédentaire classe les éléments de son environnement en catégories : le bien ou le mal, le civilisé ou le barbare, le sûr ou le dangereux, le familier ou l'étranger, le normal ou le monstrueux, en fonction de leur degré de conformité (ou de non-conformité) avec son milieu connu et civilisé, car plus l'on s'éloigne de son axe du monde, et donc de soi, plus mystérieux nous apparaissent les êtres et les paysages rencontrés (Helms, 1988). C'est la raison pour laquelle la dynastie chinoise des Han se définissait elle-même comme l'« Empire du Milieu ». Fermement convaincue qu'elle occupait le centre de l'univers, elle considérait les autres peuples comme des barbares. C'est ce type d'attitude qui a donné naissance aux préjugés des agriculteurs sédentaires et à leur méfiance à l'égard de ceux qui ont des occupations itinérantes, bergers, bohémiers, colporteurs, acteurs, forgerons ambulants, etc. Ces phénomènes apparaissent clairement dans le mythe du juif errant (Zumthor, 1994).

Cette vision du monde restreinte trouve son explication dans le caractère d'extrême difficulté du voyage à l'époque préindustrielle, où chaque déplacement constituait une entreprise épuisante et hasardeuse. Il fallut trois années, de 1403 à 1406, au seigneur Gonzalèz de Clavijo, porteur d'un message du roi de Castille au grand khan Tamerlan, pour aller d'Alcalà de Henares à Samarcande et en revenir. Chaunu (1984) a calculé qu'un dignitaire européen partant pour l'Extrême-Orient avait moins de trente chances sur cent de revenir à son point de départ. Et qu'imaginer, dans ces conditions, de la mobilité du simple voyageur à pied ? Nombre de mythes anciens et médiévaux peuvent trouver leur explication en référence aux nouvelles reçues d'« autres mondes », comptes rendus auxquels le temps de leur transmission jusqu'aux oreilles européennes a fait subir des distorsions. Ainsi la licorne, dont la corne était supposée posséder des vertus à la fois médicales et aphrodisiaques, n'était autre qu'un croisement de rhinocéros et de narval. Les Sirènes, incarnation parfaite de l'attraction et des dangers de la navigation, sont en réalité des phoques, dont une espèce (les phoques moines) se rencontre encore en Méditerranée de nos jours. Sous-jacent dans le mythe de Prester John, dont l'esprit apparut en songe à Christophe Colomb, on retrouve un compte rendu déformé de l'existence de chrétiens coptes en Éthiopie.

De même que l'alchimiste médiéval était regardé comme un sorcier et, de ce fait, comme un être dangereux, les hommes de l'âge du bronze et de l'âge du fer devaient considérer les métallurgistes avec un mélange d'émerveillement et de peur. Après tout, ces artisans possédaient le pouvoir magique de transformer la matière en liquide, et inversement en modifiant son apparence. Cette crainte et cette fascination mêlées expliquent pourquoi le forgeron apparaît souvent comme un dieu dans les mythes, tout en étant fréquemment décrit comme boiteux, déformé, grotesque, ou sous les traits d'un mari trompé. Il est clair que le ridicule sert ici à tenter de conjurer la peur.

C'est cette vision du monde étroite qui est à l'origine de l'habitude de conférer des propriétés magiques ou curatives à certains produits naturels, en raison simplement de leur provenance lointaine, source d'étrangeté et de mystère. Ainsi, au XIIIe siècle, dans le *Lapidaire* du roi Alphonse X le Sage, un ouvrage traitant des traditions scientifiques de la Grèce, de l'Égypte et de l'Orient, l'ambre est-elle créditée de pouvoirs magiques et il est conseillé d'en porter au cou sous la forme de pendentifs pour guérir le gonflement des glandes, l'hydrophobie, les troubles oculaires et les maladies cardiaques (Folch, 1986). Le jais avait la réputation d'éloigner les sortilèges et le «mauvais œil». Des matières premières provenant de l'étranger, des objets fabriqués de façon inhabituelle ou inconnue, donc mystérieuse, devenaient ainsi des articles prestigieux, pas tant du fait de leur exotisme que parce que leur possession associait leurs propriétaires aux étrangers qui les fournissaient ou les produisaient, ce qui équivalait à partager leur pouvoir (Brumfiel et Earle, 1987). Ainsi, à l'image de ce qui se passe aujourd'hui, le contrôle du savoir-faire ou des connaissances appartenant à l'élite conférait aux sociétés prestige et pouvoir. Cela explique pourquoi le fer était considéré comme un métal plus précieux qu'utilitaire avant l'introduction de la technologie le concernant, et pourquoi les pièces de monnaie arabes en argent furent conservées dans les trésors vikings au XIe siècle avant J.-C. (Gaimster, 1991). Les pièces d'argent et l'ambre de la Baltique sont de nos jours encore des éléments de valeur qui font partie des dots des femmes d'Afrique du Nord. D'autres matières premières comme l'or pourraient avoir été admirées pour leur éclat et leur teinte chaude pareille au soleil. Tenus pour des dieux et des représentants du soleil, les rois achantis du Ghana en avaient le monopole (V.V.A.A., 1957). La cérémonie d'investiture du cacique de Guatavita (près de Bogotá) – région de Colombie où l'on situe la contrée fabuleuse d'Eldorado – était précédée de rites d'initiation, qui commençaient pour le futur chef par une période de jeûne et de réclusion dans une grotte, et finissait par une immersion dans le lac, le corps recouvert de poussière d'or (Willis, 1994).

Des rituels similaires, avec réclusion dans l'obscurité et silence forcé, ou, dans certains cas, usage de narcotiques, étaient aussi employés comme épreuves d'accession au rang de chef politique ou religieux. Ces rituels peuvent être rapprochés de ceux que Jésus et Bouddha suivirent. Jésus jeûna dans le désert durant quarante jours et quarante nuits et résista aux tentations du démon (Matthieu, IV, 1) ; Bouddha, devenu vagabond, partit à la recherche de l'illumination et résista aux tentations du démon Mâra. À la différence des voyages d'Ulysse, ces pérégrinations étaient celles des âmes. Le sujet, en état de transe, pénétrait dans les régions les plus lointaines de son subconscient. La difficulté des déplacements à l'intérieur de la psyché était cependant, à l'égal des voyages "physiques" d'Ulysse, de trouver le chemin du retour. Dans les deux cas, c'est la force mentale et spirituelle du futur chef qui s'est trouvée réellement mise à l'épreuve. Celui qui revient d'un voyage mental a gagné aussi en expérience et en sagesse.

L'importance accordée à certaines résines comme l'encens et la myrrhe – qui faisaient l'objet de commerce sur de longues distances dans les temps ancien – et atteignirent l'Europe centrale et occidentale au XIIe siècle après J.-C. (Artzy, 1992), réside dans leurs propriétés euphorisantes (Sherratt, 1992), qui les rendent propices à la communication avec les dieux. C'est pourquoi les tombes princières contiennent fréquemment des boîtes à onguents et des brûle-encens – symboles du «passage» dans l'au-delà et de l'accession du défunt au statut de héros ou de divinité. C'est également la raison pour laquelle ils étaient utilisés dans les cérémonies de couronnement des rois et dans les rites d'ordination des prêtres (Exode, XXX, 22). Les présents que les Rois mages d'Orient apportent à l'Enfant Jésus, à Bethléem – l'or symbolisant la royauté, l'encens pour la divinité et la myrrhe pour l'humanité (Matthieu, II, 11) – sont un bon exemple des codes sociaux en usage dans les sociétés sans écriture – dépendantes, par conséquent, des images pour l'enregistrement et la communication des informations – et de la valeur symbolique dont étaient investis les objets et les matériaux exotiques. Vers la fin du IIIe millénaire avant J.-C., l'abandon du bronze pour l'argent étalon «monétaire» pour les transactions extérieures des États mésopotamiens provoqua une réorientation des routes commerciales au long cours et l'intégration de l'Égée dans le système mondial (Sherratt A. et Sherratt S., 1991). Graduellement, les autres régions d'Europe furent englobées dans ce complexe commercial de grande échelle, qui impliquait l'échange de matières premières rares, de nouvelles technologies, de connaissances spécialisées et même d'êtres humains. En dépit de nombreuses difficultés de communication, des codes symboliques semblables se développèrent également, cargaison culturelle partagée qui existe encore aujourd'hui.

BIBL. : Artzy, 1992 ; Brunfiel et Earle, 1987 ; Chaunu, 1984 ; Folch, 1986 ; Gaimster, 1991 ; Helms, 1988 ; Sherratt, 1992 ; Sherratt A. et Sherratt S., 1991 ; V.V.A.A., 1957 ; Willis, 1994 ; Zumthor, 1994.

Crises dans l'approvisionnement du métal d'Europe de l'Ouest à l'âge du bronze : passage du bronze au fer

Lothar Sperber

La production du bronze naquit probablement à partir de la métallurgie du cuivre dont elle était un dérivé et provint du traitement du minerai de sulfure de cuivre qui soit contenait du fer, soit fut fondu avec de substantielles incorporations de minerai de fer. Des témoignages isolés d'existence de fusion et de travail du fer à chaud sont en effet confirmés au Proche-Orient à partir du IIIe millénaire avant J.-C., et, en Europe centrale, vers 1700 avant J.-C. Cependant, il ne fallut guère de temps avant que les premières pénuries de cuivre et d'étain, dues à une consommation accrue, ne rendent ces métaux coûteux parmi les cultures avancées du Moyen-Orient et de la mer Égée ; puis, vers 1200 avant J.-C., l'arrivée des Peuples de la Mer interrompit, d'une manière significative, l'approvisionnement de métaux en Méditerranée occidentale de telle façon qu'une mutation vers l'emploi du fer s'accomplit dans la production d'armes et d'outils. En l'an 1000 avant J.-C., l'usage de ce minerai était très répandu pour ce type de production. À cette époque, la technologie du fer s'était diffusée à partir de la Grèce jusqu'à l'ouest de l'Europe centrale – en passant par le centre du Danube –, où le fer était initialement utilisé en petites quantités et de façon sporadique comme métal décoratif et pour la production de petits outils. Ni le fer ni les premières formes d'acier n'avaient la dureté du bronze ; de surcroît, ils demandaient plus de travail dans leur traitement. Tant qu'un approvisionnement sûr en cuivre, en étain et en vieux bronze fut possible, il n'y eut aucune raison particulière d'abandonner le bronze.

Néanmoins, l'abandon graduel du bronze sur une période de plusieurs siècles dans l'ouest de l'Europe centrale avait déjà commencé au XIe siècle avant J.-C. La cause en était la pénurie générale, pour cet alliage de prédilection, du cuivre obtenu par fusion de la chalcopyrite, et la nécessité s'imposa de le remplacer par ce « minerai gris », techniquement plus difficile à traiter. Un accroissement de l'emploi de minerai gris a fait l'objet de travaux avec des études analytiques concernant l'Angleterre, le nord et le centre de la France, le sud-ouest de l'Allemagne, la Suisse, le nord du Tyrol, le massif de Salzbourg, le sud de la Bavière et la Scandinavie méridionale. On sait que son emploi dans toutes ces régions remonte aux environs de 1100 avant J.-C. ou peu après. Cette concordance chronologique couvrant une zone géographique si vaste montre également que l'approvisionnement en cuivre dans cette vaste zone était bien organisé de façon systématique et que celui de cuivre nouveau (et pas seulement de cuivre de minerai gris) ne provenait principalement que d'un très petit nombre de gisements importants. On doit imaginer cela comme un système de circulation de métaux grâce auquel le nouveau cuivre fut introduit (la plus grande part venant des grands complexes miniers des Alpes du Nord et probablement aussi d'Allemagne centrale), mais où le bronze traité ou tout autre métal de récupération prédominait.

Le nouveau cuivre tendait à s'amasser dans les régions d'exploitation de l'étain du nord-ouest de l'Europe, d'Allemagne centrale et de Bohême où l'étain était probablement payé en cuivre de préférence. Ainsi, le cuivre de minerai gris, originellement exploité dans les Alpes ou en Allemagne centrale, fut éventuellement transporté en grandes quantités dans des zones aussi éloignées que le nord de la France ou l'Angleterre.

Dans un certain sens, la chalcopyrite et le « minerai gris » représentent deux pôles entre lesquels la production de cuivre de l'âge du bronze se déplaça en Europe centrale. Le minerai de chalcopyrite connait une qualité de cuivre faible en autres composants (cat. 25), tandis que le cuivre obtenu à partir de minerai gris offrait de fortes concentrations d'antimoine, d'arsenic, d'argent et, souvent aussi, de nickel. Étant donné son aspect, avec sa coloration terne ou grise – d'où son nom –, le minerai gris est facilement distinguable du minerai de chalcopyrite aux couleurs vives. De même, le cuivre aux tons jaune bronze provenant du minerai gris contraste d'une façon prononcée avec le cuivre rougeâtre produit par les chalcopyrites. Lors de la première phase du début de l'âge du bronze (XXIe-XIXe siècles avant J.-C.), le stade expérimental le plus ancien de la métallurgie du bronze, le cuivre de minerai gris était utilisé en grande quantité comme une alternative à l'étamage du bronze, dont les métallurgistes étaient familiers, en principe, depuis quelque temps. Néanmoins, l'extraction par fusion du minerai gris avait déjà commencé à décliner au début de l'âge du bronze plus récent, et fut complètement abandonné vers 1600 avant J.-C. pour une période de quelque cinq cents ans.

Le rejet du cuivre de minerai gris était probablement une conséquence du fait que la haute consistance de l'alliage de cuivre (de chalcopyrite) et d'étain – et, de ce fait, la qualité désirée du bronze employé comme alliage tant coulé que martelé lors du début de l'âge du bronze plus récent – ne pouvait être obtenue avec le cuivre de minerai gris. Sa couleur de bronze clair était facilement confondue (comme le montrent les analyses) avec celle du vrai bronze étamé. Un tel cuivre de minerai gris était soumis à des fluctuations considérables dans sa teneur en étain. Celle-ci tendait généralement à être beaucoup plus basse que dans un vrai bronze étamé, probablement parce que les artisans de l'âge du bronze acceptaient l'existence d'une concentration d'étain nettement plus forte pour ce qui était en fait du cuivre brut et/ou du bronze recyclé. En consé-

On peut suivre à la trace cette évolution, par exemple dans la discontinuité d'exploitation de l'une des plus importantes mines de chalcopyrite de l'âge du bronze – le puits principal du Mitterberg dans le massif de Salzbourg –, puis dans l'effondrement des opérations d'exploitation de chalcopyrite dans les régions de Salzbourg et du Kitzbühel (vers 1200 avant J.-C.), circonstance reflétée par le passage brutal du traitement du cuivre de chalcopyrite qui dominait alors à l'utilisation du cuivre de minerai gris des régions voisines. Les mines de Salzbourg et de Kitzbühel n'étaient pas les seules ; en liaison avec la vallée

1 Antimoine tétraédrique (à gauche) provenant de Schwartz dans la vallée de l'Inn au nord du Tyrol et (à droite) chalcopyrite de Mitterberg (Salzbourg). Les deux échantillons font environ 7 cm de largeur.

2 Antimoine tétraédrique provenant de l'emplacement du début de l'âge du bronze de Wiesing-Buchberg dans la vallée de l'Inn (XXe siècle avant J.-C.). Largeur des échantillons : environ 5 cm.

quence, ils considéraient comme inutile de faire plus que compenser la perte habituelle prévue en étain lors du processus de fusion. De surcroît, le cuivre de minerai gris est relativement fragile et, à cause de sa teneur en antimoine souvent forte, d'un traitement moins souple.

En résumé, le minerai gris et le cuivre de minerai gris en vinrent à être considérés comme moins intéressants que les minerais de chalcopyrite et leurs dérivés cuivrés, dès lors que la métallurgie du bronze eut atteint sa maturité. Ainsi, l'apparition généralisée du cuivre de minerai gris en tant que matériau de choix après 1100 après J.-C. peut être comprise comme une réponse à une nécessité ; le fait est que des gisements de minerai de chalcopyrite de bonne qualité, en quantité et en disponibilité suffisantes pour l'exploitation, ne couvraient plus la demande croissante en cuivre, voire arrivaient à épuisement.

inférieure de l'Inn (Tyrol septentrional) et la Bavière du Sud, Salzbourg et la région nord du Piémont autrichien, elles avaient constitué une sorte d'« union » pour l'exploitation, la distribution et le traitement du cuivre, qui commença à se dissoudre avec la fin des opérations d'exploitation du cuivre de Salzbourg et de Kitzbühel.

La fin du travail dans les mines de la basse vallée de l'Inn du Tyrol septentrional qui s'ensuivit fut tout d'abord annoncée par des migrations. Les « concentrations » de colonies dans la région du sud du Piémont bavarois (incluant la zone autour de Munich), qui existaient à l'âge d'or de l'exploitation du cuivre alpin commencèrent à s'effriter au XIe siècle avant J.-C. Le commerce florissant du travail des métaux de la région – dont les épées et les couteaux avaient fixé les normes pour toute la région du sud de l'Allemagne et même en Suisse et à l'est de la France –

3 « Heidenzechen » à Eiblschrofen, près de Schwartz, dans la vallée de l'Inn. Sans doute l'entrée d'une mine de cuivre datant de la préhistoire.

stagnaient. Le leadership du développement de nouvelles formes de métaux se déplaçait vers le nord-ouest du Piémont alpin. De récentes études analytiques de métaux ont jeté une lumière nouvelle sur ces événements. Malgré la présence de riches gisements de minerai gris dans la basse vallée de l'Inn, au nord du Tyrol, il apparaît que les opérations d'exploitation se sont concentrées exclusivement sur le minerai de chalcopyrite au début et au milieu de l'âge du bronze finissant. L'exploitation systématique du minerai gris ne commença pas avant la fin du XIIe siècle avant J.-C., date à partir de laquelle elle s'accrut de manière régulière. Cependant, ce ne fut pas avant la fin de la pleine exploitation du cuivre du nord du Tyrol, vers le milieu du Xe siècle avant J.-C., que le cuivre de minerai gris de la basse vallée de l'Inn fut accepté comme véritable matériau. Jusqu'ici, il avait toujours été mélangé (et pas seulement dans le nord du Tyrol) avec le cuivre de chalcopyrite. Si l'on considère que le changement en faveur du cuivre de minerai gris fut provoqué par la diminution croissante de la production des gisements de minerai de chalcopyrite dans le nord du Tyrol, il devient alors évident que les opérations d'exploitation de cuivre à grande échelle dans la basse vallée de l'Inn n'avaient un sens que conjuguées avec la production de cuivre de Salzbourg et de Kitzbühel. Sans le cuivre de chalcopyrite qui y était produit, le cuivre de minerai gris exploité dans la basse vallée de l'Inn n'était commercialisable qu'à un degré très limité. Ainsi la fin des mines de cuivre de chalcopyrite de Salzbourg et de Kitzbühel aboutit-elle également (de 980 à 950 avant J.-C.) au déclin des opérations de production de cuivre, jadis massives, de la basse vallée de l'Inn. Tout comme les complexes d'exploitation de Salzbourg et de Kitzbühel, cette région fut reléguée au statut de producteur local secondaire.

Une autre « alliance » métallurgique, comparable à celle passée entre Salzbourg, le nord du Tyrol et le sud de la Bavière, englobait le nord et l'ouest de la Suisse et les régions d'exploitations minières de l'arrière-pays alpin s'étendant de Montafon au Valais en passant par Graubünden. Bien que peu de recherches aient été effectuées sur l'exploitation du cuivre à l'âge du bronze dans cette région, l'étude de V. Rychner sur les analyses de métaux offre une vue d'ensemble utile du système d'approvisionnement en cuivre dans le nord et l'ouest de la Suisse. L'instabilité croissante de l'approvisionnement du cuivre après le XIe siècle avant J.-C. est illustrée ici par les multiples changements des matières premières, le dernier, et le plus déterminant, s'étant produit vers 900 avant J.-C. ou peu après, tandis que les réserves de cuivre, autrefois régulières, des mines de l'arrière-pays alpin diminuaient fortement, obligeant les artisans suisses à compter sur les matériaux recyclés et, par conséquent, à dépendre d'importations massives de métal des régions voisines.

Au début du IXe siècle avant J.-C., toutes les zones d'exploitation du cuivre des Alpes du Nord – de Pinzgau dans le massif de Salzbourg au Valais dans l'ouest de la Suisse – avaient cessé de fonctionner comme principales régions productrices de cuivre. Le vaste réseau d'approvisionnement en cuivre qui s'étendait des Alpes à la mer du Nord et qui reposait principalement sur ces grandes zones d'exploitation commença à s'effondrer. Des systèmes d'approvisionnement locaux ou régionaux s'ébauchèrent, entraînant de nombreuses opérations d'exploitation à petite échelle et d'importance régionale, largement disséminées. La quantité totale de métal en circulation semble avoir diminué lors de ce processus. Outre d'autres sources d'informations, des preuves nous sont fournies par des découvertes montrant qu'aucun cuivre de minerai gris d'Europe centrale n'atteignit les zones d'exploitation d'étain du nord-ouest de l'Europe après 900 avant J.-C., bien que ce cuivre soit resté prédominant à l'ouest de l'Europe centrale. Il est également possible qu'à la même époque le flux en retour de l'étain d'Europe du Nord ait été interrompu. Une pénurie sensible en cuivre, en bronze et en étain commença à se manifester après le milieu du IXe siècle avant J.-C., si l'on en croit au moins les découvertes très bien documentées du nord-ouest et de l'ouest de la Suisse. Ici, comme dans d'autres régions qui dépendaient de l'étain du nord-ouest de l'Europe, il est possible d'identifier l'émergence d'une autre crise technique : la détérioration de la qualité de l'alliage employé pour fabriquer des armes, des outils et des produits en tôles résultant de l'accroissement de la concentration du plomb dans le bronze, un fait nouveau qui devint patent après 900 avant J.-C. et que l'on peut probablement attribuer à l'emploi d'étain à teneur naturelle en plomb. Les effets croissants perceptibles du plomb accrurent la fragilité du bronze à la chaleur, rendant difficile, voire impossible, le travail de durcissement et de façonnage des armes et les outils, réduisant également la généralisation du processus de traitement du métal. Les forgerons de l'âge du bronze étaient sûrement au courant des effets négatifs du plomb, et leurs efforts pour obtenir des alliages totalement dépourvus de plomb, ou presque, et fabriquer des produits et du matériel résistants – particulièrement les lames d'épées et les objets martelés – l'indiquent clairement. Déjà, la tendance semblait apparemment irréversible. Les analyses d'objets en bronze de colonies vivant en bordure du lac suisse lors de la dernière moitié du IXe siècle avant J.-C. prouvent que l'utilisation d'étain à haute teneur en plomb affaiblissait, en fin de compte, la consistance de l'alliage. Il était devenu très difficile de produire du bronze d'une haute qualité garantie.

L'approvisionnement en cuivre et en bronze devenant trop contraignant, et leur qualité diminuant, l'utilisation du fer devint alors plus motivante du point de vue tant technique qu'économique. Les premières épées et pointes de lances en fer ou en acier doux furent fabriquées – avec une étonnante maîtrise de la technologie du fer – lors de la dernière moitié du IXe siècle avant J.-C. À partir de là, l'utilisation du fer s'accrut régulièrement jusqu'à ce que, au début du VIIIe siècle avant J.-C., le bronze soit complètement abandonné en tant que matériau pour la fabrication d'armes, d'outils et d'ustensiles tranchants.

4 Témoignage sur la fonte de cuivre à la fin de l'âge du bronze, telle qu'elle a été observée lors des fouilles de Flinstbach (Rosenheim) à l'embouchure de la vallée de l'Inn (XIe siècle avant J.-C.). De nombreux fours abîmés ou intacts, des lingots de cuivre dont le poids totalise plus de cent kilos ont été retrouvés ; tous provenaient de la fusion de minerais d'antimoine tétraédrique de la basse vallée de l'Inn. Ici, un des lingots plano-convexe a été complètement mis au jour.

Les remarques ci-dessus sont basées, pour une grande part, sur des travaux inédits de l'auteur et une étude financée par la fondation Volkswagen sur la production et la commercialisation du cuivre alpin à Salzbourg, au Tyrol du Nord et en Bavière du Sud, au milieu et à la fin de l'âge du bronze ; elle fut menée par K.-P. Martinek, St. Möslein, E. Pernicka, L. Sperber et St. Winghart et sera publiée en 1999.

Chapitre 2
LES HÉROS ET LEURS PALAIS
Albrecht Jockenhövel

◁ Tête de guerrier en ivoire, Spata, Attique, Grèce, âge du bronze final (cat. 51)

Qui était l'homme de l'âge du bronze ?

Albrecht Jockenhövel

Lorsque les hommes de l'âge du bronze se représentaient, les images d'eux-mêmes étaient toujours de petit format et peu réalistes. Les masques d'or des tombes à fosse mycéniennes – sur les visages desquels, dans son enthousiasme, Heinrich Schliemann crut pouvoir retrouver les traits des héros de légende, ceux d'Agamemnon et de Cassandre assassinés par Clytemnestre et Égisthe – ne sont pas vraiment des représentations personnalisées, même si les nobles traits des masques d'hommes présentent quelques caractères individuels. Pour redonner une épaisseur charnelle aux hommes de l'âge du bronze, il est nécessaire de se livrer à l'étude de corps retrouvés dans des marécages, de restes de corps ensevelis ou incinérés, afin de découvrir des indices sur leurs conditions de vie, ainsi que les maladies dont ils ont souffert (se reporter à l'essai de Michael Schultz, p. 73). Les fragments d'étoffes retrouvés et les bijoux métalliques donnent une certaine idée de l'aspect que pouvaient avoir les costumes et les parures à l'âge du bronze (voir l'article de Gisela Schumacher-Matthäus, p. 79).

Les idoles en marbre du bronze ancien provenant de l'archipel grec des Cyclades, en mer Égée, et leurs formes très stylisées (tout particulièrement celles que l'on désigne comme les « idoles en forme de violons » ; cat. 166) constituent un point d'aboutissement : les formes des idoles de l'âge du bronze ancien sont devenues de plus en plus abstraites. C'est aussi le point de départ d'une représentation plus réaliste du corps humain, particulièrement perceptible à travers les extraordinaires idoles figurant des joueurs de flûte et des harpistes, généralement des offrandes déposées dans des tombeaux. De nombreux chercheurs y voient des représentations de divinités (cat. 164, 165).

Un grand nombre de figurines d'argile ou de métal datant des civilisations minoenne et mycénienne nous sont parvenues. Parmi les représentations humaines en argile, il convient d'accorder une attention toute particulière à deux types qui se distinguent par la forme corporelle, les statuettes en « psi » et celles en « phi » (cat. 155, 162). Les statuettes en psi se caractérisent par leurs bras levés, geste exprimant l'avènement de la divinité. Le porteur de poignard de Petsofas (Crète) est figé dans une attitude d'adoration (cat. 53). On ne connaît pour ainsi dire aucune représentation divine grandeur nature datant de l'âge du bronze ; elles existaient sans doute en grand nombre mais étaient réalisées dans des matériaux périssables comme le bois.

En dehors de celles qui proviennent des rives de la mer Égée, nous ne possédons qu'un faible nombre de statuettes en bronze de cette période. Seule la Sardaigne a connu une exceptionnelle production de figurines représentant en général des guerriers équipés de pied en cap (se reporter à l'essai de Fulvia Lo Schiavo, p. 123). Le bronze nordique n'offre qu'un seul exemple remarquable, l'ensemble exceptionnel du char solaire de Trundholm, au Danemark, découvert dans une tourbière desséchée, qui est le plus important provenant d'une région

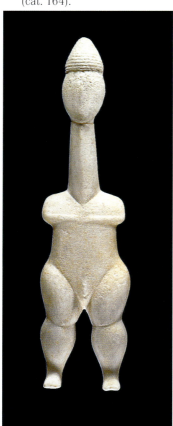

1 Figurine masculine, Amorgos, Cyclades, Grèce, âge du bronze ancien (cat. 164).

2 Figurine féminine, Naxos, Cyclades, Grèce, âge du bronze ancien (cat. 165).

3 Jarre piriforme, Prosymna, Argolide, Grèce, âge du bronze final (cat. 58).

4   Objet cultuel, Balkåkra, Scania, Suède, âge du bronze ancien (cat. 196).

autre que celle de la mer Égée. Sur le cours du Danube inférieur, au bronze moyen, il était d'usage de déposer dans les tombes des statuettes d'argile (cat. 156) ; leur décoration laisse entrevoir la richesse des costumes de la région (voir l'essai d'Henrietta Todorova, p. 158).

L'homme de l'âge du bronze et son mode de vie

À l'époque d'Homère, les rois vivaient dans des palais. Télémaque rendait visite au vieillard Nestor, roi de Pylos, et admirait la splendide architecture et la décoration intérieure de son palais. Les fouilles de Carl Blegen permirent une très large reconstitution du palais de Nestor, qui dominait la baie de Pylos et dont le port fut récemment découvert, avec un bassin dont le tirant d'eau pouvait être régulé. Les palais de Mycènes et de Tirynthe, bien que se trouvant dans un état de conservation nettement moins bon, permirent de déchiffrer les règles qui avaient présidé à l'édification de ce genre de résidences (voir l'essai de Katie Demakopoulou, p. 66). Elles reposent sur l'avancée progressive du visiteur vers le souverain, qui commence dès qu'est franchie la porte fortifiée (la porte des Lions à Mycènes et son caractère héraldique) ; elle se poursuit, à travers corridors et escaliers, par des antichambres et aboutit au cœur du palais – le mégaron, avec son foyer central et son trône placé sur le côté. L'effet produit sur ceux qui sont invités à paraître devant le souverain est souligné par les fresques sur lesquelles figurent en nombre les motifs marins, dauphins et poulpes par exemple, que l'on retrouve aussi sur des céramiques (cat. 58, 59).

La fin de la civilisation mycénienne coïncida avec la disparition de ce monde des palais et des résidences royales. L'édifice récemment découvert à Lefkandi, qui date du Xe siècle avant J.-C., est construit tout en longueur et fait penser à une halle. Il permet d'imaginer ce que fut une demeure seigneuriale de l'époque reculée qui préséda celle d'Homère.

On ne connaît pas de demeures ou de résidences comparables dans leurs structures en dehors du monde de la mer Égée (voir les essais de Susana Oliviera Jorge, p. 60, de Tibor Kovács, p. 65, et d'Albrecht Jockenhövel, p. 71). Seuls quelques édifices isolés remarquables par leurs proportions imposantes et leur décoration peuvent être attribués à des souverains de l'âge du bronze, ainsi la construction en pierre de Pantalica en Sicile. En Europe centrale, le système de fortifications de l'âge du bronze n'offre qu'un pâle reflet de ce que furent les résidences de la mer Égée à la même période. Cependant, on n'a jamais découvert – compte tenu des limites qu'impose l'état actuel de la recherche – d'appartements ou de demeures princières qui puissent être attribués à l'élite de l'époque, c'est-à-dire à l'aristocratie des guerriers, dont l'existence est indiscutable. La hiérarchie sociale, souvent manifeste, qui différencie les sépultures selon différentes classes de la société de l'âge du bronze n'a jusqu'à présent pas pu être mise en évidence pour ce qui touche au monde des vivants. Une explication satisfaisante de cet état de fait n'a pu être donnée à ce jour, mais on peut néanmoins imaginer que l'élite se distinguait surtout par ses aptitudes individuelles et par son prestige, bref, pour reprendre l'expression de Max Weber, par son « charisme ». L'individu devait sans cesse reconquérir sa prééminence, elle n'était pas soulignée par des constructions durables et ne devait pas l'être, dans la mesure où il n'y a sans doute pas eu chez les chefs « barbares » de statut ni de pouvoir transmis de génération en génération au sein d'une même famille.

Les conditions climatiques générales qui dominèrent dans l'Europe de l'âge du bronze et qui s'accompagnèrent souvent au cours des siècles de bouleversements radicaux ne permirent pas aux populations non égéennes d'instaurer des systèmes sociaux et économiques très stables. L'histoire des peuplements de l'âge du bronze installés près de l'eau, celle des constructions sur pilotis (voir l'essai de Pierre Pétrequin, p. 70) en témoignent amplement.

Dans les secteurs de peuplement de l'âge du bronze situés hors de l'espace méditerranéen, en Europe centrale, du Nord et de l'Ouest, on trouvait souvent des objets précieux d'or, de bronze, d'étain, d'ambre, de verre ou d'autres matériaux nobles, tels que l'ivoire importé des régions méditerranéennes. Dans un contexte de contacts multiples et intégrés dans un ensemble de relations locales, matières premières et produits finis étaient négociés, ou bien – les héros d'Homère en sont coutumiers – ils faisaient l'objet d'actes de piraterie, étaient offerts en signe de bienvenue ou d'échange rituel. De précieux cadeaux symbolisaient des alliances entre chefs de l'âge du bronze ou des traités entre groupes plus importants. Peut-être les femmes furent-elles aussi échangées, comme le laisse supposer, dans certaines régions, l'existence de costumes étrangers, à moins qu'elles ne contribuèrent à matérialiser des alliances personnelles ou politiques.

Hommes et femmes

À l'âge du bronze, la couche dominante masculine était caractérisée par son équipement guerrier. En dépit de nombreuses modifications dans l'armement, le combattant – armé, au début de l'âge du bronze, d'un poignard (cat. 122, 123, 124, 126, 127), et, à partir du milieu de la période, d'une épée – est une figure centrale de la société (cat. 112, 113, 116). On le connaît dans l'Europe tout entière, qu'il s'agisse d'un mort à la tombe garnie de riches offrandes, de représentations sur des peintures rupestres (voir l'essai de Torsten Capelle, p. 153) ou de stèles (se reporter aux articles de Susana Oliviera Jorge, p. 114 et 137). La caste des guerriers s'entoure de femmes vêtues de riches parures mais il n'est pas toujours possible d'établir qu'elles sont de même rang (cat. 117). La hiérarchisation de la société de l'âge du bronze en un monde masculin et un monde féminin strictement séparés se reflète aussi dans les motifs décoratifs des objets découverts sur les sites (cat. 65-69).

Voyage et chevauchée : signification sociale

Le héros guerrier de Mycènes allait au combat sur un char à deux roues tiré par des chevaux. Se déplacer en char ou monter à cheval – ce qui ne se fit qu'à la fin de l'âge du bronze – devint l'expression de l'appartenance à la caste des seigneurs, de son vivant comme souverain et chef de guerre, ou lors de son dernier voyage vers l'au-delà (voir l'article de Ute Luise Dietz, p. 83, et celui de Christopher Pare, p. 125). Des maquettes de chars, des restes de pièces métalliques ayant fait partie de voitures en bois, des roues en bronze (cat. 40-42) et des pièces de harnachement (cat. 46) sont retrouvés dans des tombes richement garnies ou ont été découverts dans des gisements, mais ils tenaient aussi une place importante dans les offrandes rituelles.

5   Groupe de danseurs, Palaikastro, Crète, Grèce, âge du bronze final (cat. 190).

Divertissements des seigneurs : la chasse, les jeux, la musique et la danse

À l'âge du bronze, la chasse jouait à côté du combat un rôle important dans la vie de la classe dominante. Les seigneurs mycéniens accordaient une signification sociale essentielle à la chasse aux lions, qui occupait une place comparable à celle qu'elle avait chez les grands rois assyriens. Mais ils appréciaient aussi la chasse au redoutable sanglier sauvage dont la précieuse défense n'était pas le moindre de leurs objectifs : il venait orner le casque des guerriers mycéniens (cat. 5). Il fallait abattre entre vingt et trente bêtes pour rassembler les défenses nécessaires à un seul casque. Ces précieux objets se transmettaient, ainsi que le rapporte Homère, de génération en génération. On ne trouve pas ce genre de casques en Europe centrale, où cependant les défenses de sangliers étaient également considérées comme un bien précieux et une fois travaillées avec grand soin et transformées en pendentifs, portées en trophées ou en amulettes (se reporter à l'essai de Rolf-Heiner Behrends, p. 85 ; cat. 107, 108).

Les ustensiles de cuisine des souverains se composaient de trépieds en argile, de broches et de crochets à viande en bronze. Pour la vaisselle de table, citons entre autres des récipients en or et en bronze, par exemple des seaux (cat. 204, 206), de

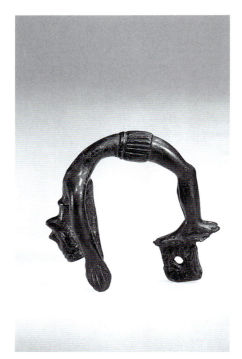 

6 Acrobate, Grevensvænge, Danemark, âge du bronze final (cat. 57).

7 Couteau au manche en forme de figurine féminine, Beringstedt, Schleswig-Holstein, Allemagne, âge du bronze final (cat. 55).

8 Hochets en forme d'oiseaux, Pologne (sites divers), âge du bronze final (cat. 195).

grands chaudrons (cat. 210), des passoires (cat. 206, 210) et des bassins. On possède aussi, datant de cette période, des hanaps en bronze (cat. 205), en corne ou en argile. Lorsque ces ustensiles sont en outre ornés de motifs symboliques – des protomés d'oiseaux et des ornements exprimant le même symbolisme –, il est permis de penser qu'ils avaient de plus une fonction cultuelle. Il en est ainsi des cônes d'or (voir l'essai de Wilfried Menghin, p. 172, et celui de Tobias Springer, p. 176 ; cat. 231-234). Des clés métalliques qui sont les plus anciennes d'Europe servaient à garantir les biens en fermant de façon hermétique portes et coffres.

Le jeu, essentiellement le jeu de dés avec des astragales, la musique et la danse contribuaient au divertissement des souverains de l'âge du bronze et de leur suite. Une fresque du « palais de Nestor », près de Pylos, représente une joueuse de lyre qui offrait peut-être un accompagnement musical aux chants relatant les hauts faits des héros mycéniens. L'Europe de l'âge du bronze possédait aussi une grande variété d'instruments de musique. Les instruments à vent en bronze retiennent plus particulièrement l'attention, ainsi les lurs, ces longues trompes que l'on ne connaît que dans les régions du Nord (cat. 198, 199), et des trompes retrouvées seulement en Irlande (cat. 200, 201). On rencontre également des grelots d'argile représentant des oiseaux et remplis de billes (cat. 194, 195). On les aimait tout

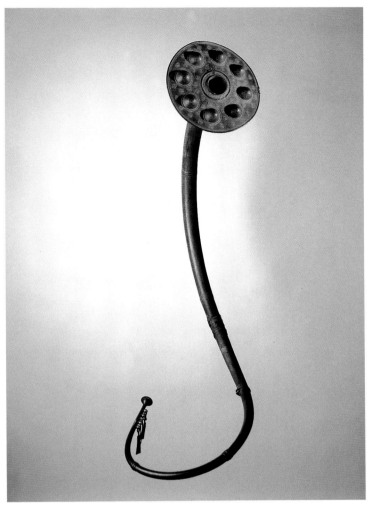

9 Lur, Brudevælte, Lynge, Zélande, Danemark, âge du bronze final (cat. 198).

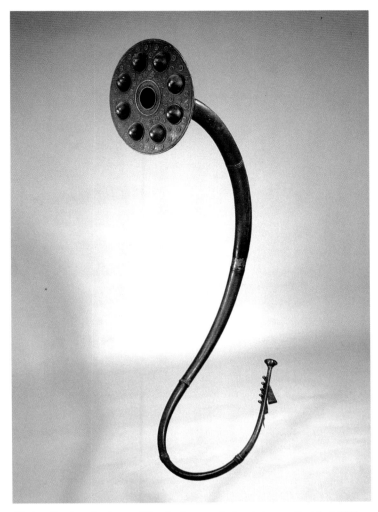

10 Lur, Brudevælte, Lynge, Zélande, Danemark, âge du bronze final (cat. 199).

particulièrement dans les régions de Lusace, en Europe de l'Est et du Centre. Les deux objets en bronze de Hasfalva, à l'ouest de la Hongrie, et de Balkåkra, près de Schonen, en Suède (cat. 196), que l'on peut considérer comme des tambours, sont tout à fait uniques. Ils ont été fabriqués selon une même technique, ce qui permet d'affirmer qu'ils proviennent du même atelier. D'autres instruments de musique nous sont parvenus, des plaques de bronze dites " tintinnabulums et des timbales, mais aussi l'étrange sistre de Hochborn (cat. 193) et des flûtes (cat. 192), entre autres les flûtes de Pan.

Des groupes de personnages, ainsi ceux de Kamilari (en Crète ; cat. 190) et des motifs comme ceux que l'on voit sur les parties métalliques de la ceinture de Roga (Mecklembourg ; cat. 187) attestent de la pratique de la ronde à l'âge du bronze, alors que des groupes de personnages comme celui de Grevensvænge (Danemark ; cat. 57) montrent des sauts acrobatiques comparables aux scènes de tauromachie minoennes. Des motifs rupestres du bronze tardif dans les pays nordiques et des débuts de l'âge de fer dans le val Camonica illustrent des danses exécutées par des guerriers. La musique et la danse, inspirées par les deux muses sœurs, constituaient à coup sûr dans l'Europe de l'âge du bronze non seulement des divertissements profanes, mais faisaient partie intégrante des cérémonies religieuses et magiques.

59

Habitats et territoires dans la péninsule Ibérique à l'âge du bronze : nouvelles considérations

Susana Oliveira Jorge

Le IIIe millénaire avant J.-C. témoigne de l'implantation de nombreux habitats sur la péninsule Ibérique. Entourés de murs de différents types et caractérisés par des degrés variés de permanence, ces sites composent un large éventail d'écosystèmes, déterminés par leur économie spécifique et leurs particularités sociales. Le terme d'« habitat fortifié » prend ainsi des significations diverses tout au long de cette période. Le seul trait constant que l'on observe est leur architecture générale. Tous étaient entourés de constructions en pierre à la longévité, à la visibilité et à la monumentalité variables. L'espace occupé par les zones habitées était plus restreint que durant le IVe millénaire, et généralement ces zones étaient entourées par des murs d'enceinte.

La première question qui surgit a trait à la raison d'être de ces murs en pierre, qui ne prennent leur sens, semble-t-il, que dans le contexte de fonctions elles-mêmes liées à un cadre plus large, observable uniquement dans un vaste territoire géographique. Les murs qui entourent les habitats de Los Millares (Almería), de Zambujal (Extremadura), ou de Castelo Velho (Trás-os-Montes et Alto Douro), par exemple, doivent être vus non seulement comme des défenses dans certaines situations historiques particulières, mais aussi comme des dispositifs de communication érigés pour servir de support à des territorialisations spécifiques, et destinés à identifier les communautés. En réalité, un examen plus précis des régions où sont localisés ces sites fait apparaître un trait commun : une approche nouvelle de l'appropriation du sol en même temps que le besoin de nouvelles formes de sa représentation.

Après la fin du IVe millénaire, des équipements et des pratiques agraires durables (qui, bien entendu, supposent des applications de la technologie et du travail humain très différentes) font leur apparition partout où émergent ces habitats fortifiés : systèmes d'irrigation – comme dans le sud-est de la Péninsule (Gilman et Thornes, 1985 ; Chapman, 1991) – ou autres formes d'agriculture intensive, comme de laisser les champs en jachère pour de courtes périodes. Ces pratiques supposent l'occupation ininterrompue, pendant un long laps de temps, de la zone investie et font penser aux durées d'implantations comme à Los Millares, Zambujal, Castelo Velho et autres. Il est impossible dans ces conditions de dissocier l'existence de ces dispositifs agricoles de la tendance à revendiquer systématiquement et durablement le contrôle de territoires de plus en plus petits dont les limites étaient devenues plus clairement identifiables en termes à la fois conceptuels et géographiques. Le passage du IVe au IIIe millénaire s'est accompagné d'une évolution des territoires aux limites indéfinies se transformant en unités spatiales en général plus petites mais pourvues de frontières à la fois réelles et symboliques.

La « gestion » de ces nouveaux territoires par des groupes très peu hiérarchisés et politiquement décentralisés nécessitait un repérage plus clair des limites et une division de l'espace facilement reconnaissable. Cette nouvelle gestion exigeait une définition spatiale du pouvoir, laquelle à son tour impliquait une perception nouvelle de l'hégémonie territoriale. À l'image des sanctuaires avec leurs « stèles » du type de celles de Cabeço da Mina (voir à ce sujet l'article de Susana Oliveira Jorge, p. 137 du présent catalogue), les habitats fortifiés du IIIe millénaire exprimaient, indépendamment du réseau de relations qui les liait, un nouveau sens de l'identité à l'échelle locale, des perceptions

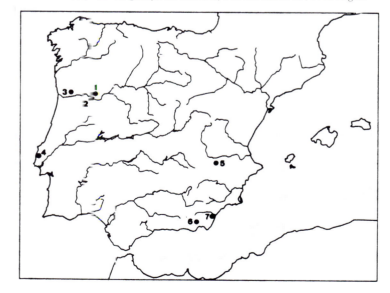

1 Localisation de quelques sites mentionnés dans le texte :
   1. Cabeço da Mina ; 2. Castelo Velho ; 3. Bouça do Frade ; 4. Zambujal ;
   5. El Acequión (du groupe de Motillas) ; 6. Los Millares ; 7. El Argar.

nouvelles de la vie sociale du point de vue individuel et collectif. Durant l'âge du cuivre, les habitats fortifiés et les enclos cultuels ont constitué l'expression la plus évidente de cette nouvelle forme de marquage territorial.

La culture d'El Argar et au-delà

Traditionnellement, les archéologues spécialistes de l'âge du bronze ancien et moyen ont opéré une distinction entre le Sud-Est, où s'est épanoui ce que l'on appelle l'« état argarique » (Lull, 1983), et les autres parties de la péninsule Ibérique, qui auraient été occupées par des groupes moins complexes, caractérisés par des traditions de l'âge du cuivre (Chapman, 1991 ; Barceló, 1991 ; Díaz-Andreu, 1993 ; García-Sanjuán, 1994). Selon cette interprétation, la société argarique manifestait un haut degré de complexité, comme le montrent les traits récurrents d'un nombre important d'habitats, dont beaucoup présentent de nettes caractéristiques proto-urbaines. Nous y relevons des zones et des structures spécialisées dans différents types de production – de nature métallurgique, par exemple – ainsi que l'existence de tombes organisées hiérarchiquement, où cinq classes sociales distinctes au moins peuvent être identifiées. En dernier, on peut dire qu'en développant des réseaux d'habitats hiérarchiques (étendus également à des secteurs aux ressources complémentaires), la société argarique était parvenue à un niveau avancé d'intensification économique et de spécialisation, et à un haut niveau d'intégration et d'interdépendance régionales.

En opposition à la « complexité » du Sud-Est, le reste de la Péninsule serait demeuré dans une semi-obscurité culturelle. Si nous recherchons toutefois les indicateurs classiques de complexité au-delà des limites de la région du Sud-Est, nous rencontrons la situation suivante. Durant l'âge du bronze ancien et moyen, de nombreux habitats fortifiés avec des traditions issues de l'âge du cuivre ont continué de survivre dans un nombre de régions distantes du Sud-Est. Plusieurs exemples spécifiques ont fait l'objet de discussions dans des publications : Castelo Velho, dans la vallée du Douro (Oliveira Jorge, 1993) ; la phase V de la construction de Zambujal, dans la partie portugaise de l'Extremadura (Sangmeister et Schubart, 1981) ; différents sites de cette période, au sud de la partie septentrionale du plateau de la Meseta (Fábian García, 1993). Le long du Guadalquivir se trouve le site de Peñalosa, qui date du bronze ancien (Contreras Cortés, 1995) – l'un des endroits où l'on rencontre des traits de la périphérie argarique. Le groupe de

2   Photo aérienne montrant l'habitat des âges du cuivre et du bronze de Castelo Velho (V.N. de Foz Côa, Portugal).

Motillas (Martin *et alii*, 1993 ; Fernández-Posse *et alii*, 1996) dans la Mancha peut également être considéré dans le contexte du domaine argarique. Cependant, il suffit de quitter les régions situées à la frontière sud-est, dont les constructions fortifiées peuvent être expliquées en référence avec la proximité de la société argarique, et de d'attirer l'attention sur des fouilles réalisées dans d'autres régions – et largement non publiées –, pour découvrir que des habitats permanents d'ampleur existaient dans pratiquement toute la Péninsule bien qu'en nombre moindre par rapport à la période précédente.

Outre les signes de complexité mentionnés plus haut, d'autres expressions du pouvoir se présentent : stèles en contextes funéraires à l'ouest de la Péninsule ; sites funéraires témoignant d'un certain degré de complexité architecturale, comme les tombes plus anciennes d'Atalaia dans l'Alentejo (Schubart, 1975 ; García-Sanjuán, 1994), ou le monument d'Outeiro de Gregos 1 dans la province du Douro littoral (Oliveira Jorge, 1989) ; objets déposés dans les tombes qui laissent supposer un certain niveau de richesse, dans le contexte de Montelavar-Ferradeira ; représentations gravées d'armes dans des sites rupestres de plein air (escarpements, rochers) au Nord-Ouest, dans le contexte de l'« art galiciano-portugais » (Peña Santos et Rey Garcia, 1993), et dépôts d'objets métalliques. Ce panorama réfute de manière fondamentale la dichotomie supposée entre le Sud-Est et les autres régions de la Péninsule. Ce qui distingue cependant la société argarique des autres sociétés de la Péninsule durant cette période, c'est la structure relativement fermée de son réseau d'échanges, et la visibilité spécifique de ses catégories sociales.

Le modèle archéologique de la culture d'El Argar dans son ensemble laisse supposer l'existence de groupes fermés pratiquant une « économie de prestige » sous l'influence d'un système serré d'échanges et dans un climat de forte compétition. À l'opposé, les autres régions, en particulier celles qui bordent l'Atlantique, étaient peuplées de sociétés qui produisaient, transformaient et échangeaient le métal, indépendamment du degré de leur structuration hiérarchique, peut-être dans le cadre d'un système plus ouvert d'échanges interrégionaux. Ce système favorisa la circulation de prototypes en métal le long de la côte européenne de l'Atlantique et conduisit à une différenciation accrue dans l'utilisation de ces objets. Le fait que ces produits métalliques fussent désormais disponibles contribua à l'abandon du symbolisme communautaire de l'origine, et encouragea le passage de l'économie traditionnelle à une autre, de type protomercantile (Sherratt, 1993), qui caractérisera l'âge du bronze récent. Indépendamment des aptitudes relatives de leurs élites à diriger, de nombreuses sociétés de la péninsule Ibérique semblent avoir été beaucoup plus ouvertes et perméables que celles du Sud-Est. Cependant, cette différence est, selon nous, moins à mettre en relation avec une « complexité sociale » dominante qu'avec les principes d'une organisation sociale, qui méritent d'être examinés minutieusement et d'un point de vue radicalement différent.

Les territoires de l'âge du bronze récent

L'examen des habitats de l'âge du bronze récent sur la péninsule Ibérique serait incomplet s'il omettait le problème complexe de la « stabilité » et/ou de la permanence de cette occupation territoriale.

La Péninsule, considérée comme un tout, fait apparaître des différences régionales importantes dans les contextes domestiques et les réseaux d'habitats. Les sites offrant une protection naturelle, en particulier ceux qui disposaient de fortifications défensives, sont tardifs et minoritaires. La plupart des habitats de l'âge du bronze récent sont ouverts et composés d'unités structurées (Oliveira Jorge, 1990). Bouça do Frade, dans le nord du Portugal, où l'on relève des traces d'activités de stockage, en est un exemple (Oliveira Jorge, 1988). Il a été montré en outre qu'un nombre d'habitats comportant les traces d'une production métallurgique intense présentaient des bâtiments construits avec une relative précarité.

D'un autre côté, il ne fait pas de doute qu'il y a carence de la recherche en ce qui concerne les formes d'occupation et de perception du territoire dans les sociétés de l'âge du bronze

3 Fortification de Castelo Velho (enceinte supérieure) avec son entrée ouest, vue de l'intérieur.

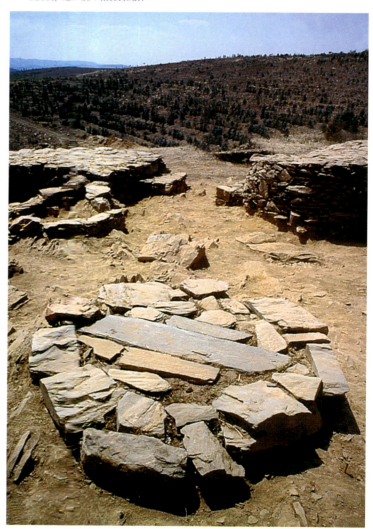

récent. La tendance générale observée qui consiste à croire que les bâtiments sont plutôt édifiés pour une durabilité moyenne perdure avec les témoignages d'activités de production spécialisées, associées justement à de telles constructions. Et cela ne coïncide pas avec l'instabilité et le style de vie itinérante que de nombreux spécialistes énoncent comme hypothèse à propos des populations de l'âge du bronze récent.

Il semble raisonnable de mettre en relation les « habitats fortifiés » de l'âge du bronze récent avec le phénomène de territorialisation entièrement nouveau dans la péninsule Ibérique. À l'opposé des enceintes de l'âge du cuivre, les fortifications de l'âge du bronze récent n'étaient pas érigés seulement pour faciliter les dispositifs de communication en rapport avec des mouvements isolés de « colonisation » et d'identification sociale. Pour embrasser la diversité des fonctions de ces fortifications, il convient d'examiner quelques-unes des nouvelles manifestations du pouvoir.

C'est maintenant un fait généralement accepté que les dépôts et les stèles ou les menhirs de l'âge du bronze récent attestent de l'émergence de formes de gouvernement héréditaires dans des sociétés dispersées sur de larges territoires à travers la Péninsule.

D'après une étude publiée par Galán Domingo (1993), les stèles trouvées dans le Sud-Ouest servaient de signaux permettant de repérer dans le paysage les voies de communication qui reliaient l'intérieur de cette région aux secteurs situés à sa périphérie méridionale. Les stèles constituent par conséquent des marqueurs territoriaux ; elles apparaissent au moment où des groupes voisins, plus sédentaires, représentent une menace pour les habitants du Sud-Ouest. Ces derniers, suggère Galán, érigèrent ces monuments (particulièrement à la périphérie de leurs secteurs d'implantation politiquement organisés, c'est-à-dire là où l'éventualité d'un conflit était la plus forte), afin de renforcer la solidarité dans la communauté, et de répandre le message qu'une zone donnée appartenait à un groupe et/ou à un territoire spécifiques. Selon Galán, les images figurées sur les stèles ne se réfèrent pas à des objets réels et leur compréhension relève d'une interprétation plus métaphorique que réaliste. Leur signification, d'après lui, s'est constituée au niveau du langage et leur forme faisait référence à des objets originaux situés à une distance considérable. Ces formes, écrit-il, avaient un sens particulier que seuls les membres des groupes ayant le même système d'identification étaient capables de comprendre.

Cette interprétation des stèles est compatible avec une autre idée fondamentale, à savoir que, durant cette période, la péninsule Ibérique représentait la limite occidentale d'un centre situé en Méditerranée orientale, et se trouvait ainsi partie prenante dans un système interactif plus vaste – « centre, périphérie, marge » –, point de vue partagé par Sherratt (1993) et Galán Domingo (1993). Selon cette théorie, les éléments exprimant les liens formels avec le monde méditerranéen (images gravées sur les stèles, offrandes dans les tombes ou dépôts métalliques) doivent être considérés comme des produits locaux à l'intérieur de systèmes d'échanges interrégionaux reliant la Méditerranée, la côte atlantique et l'Europe centrale. Si l'on admet l'hypothèse, plausible, que tous les produits locaux

4 Détail du mur de l'enceinte supérieure (bastion externe) de Castelo Velho, après restauration.

présentent des transformations par rapport à la signification originelle du prototype correspondant, il devient clair qu'en l'absence d'une analyse préalable du contexte des sociétés en question, leur interprétation est malaisée. Les territoires de l'âge du bronze récent, qui eux-mêmes sont les produits d'interactions transculturelles signifiantes, révèlent un difficile processus d'identification. Apparus au début du Ier millénaire avant J.-C., les nouveaux modèles de sociétés à économies reposant sur l'échange, et pratiquant le stockage ou affichant leur richesse par tout autres moyens, ont contribué à détruire les structures sociales et politiques de nombreux groupes sociaux traditionnels de la péninsule Ibérique.

BIBL. : Barceló, 1991 ; Chapman, 1991 ; Contrera Cortés, 1995 ; Díaz-Andreu, 1993 ; Galán Domingo, 1993 ; Fábian García, 1993 ; Fernández-Posse *et alii*, 1996 ; García-Sanjuán, 1994 ; Gilman et Thornes, 1985 ; Oliveira Jorge, 1990 ; Oliveira Jorge, 1989 ; Oliveira Jorge, 1990, 1993, 1998 ; Lull, 1983 ; Martin *et alii*, 1993 ; Peña Santos et Rey García, 1993 ; Sangmeister et Schubart, 1981 ; Schubart, 1975 ; Sherratt, 1993.

1 Turkeve-Terehalom, plan de la maison du niveau 4 (inédit).

2 Turkeve-Terehalom, reconstitution de la maison du niveau 4 (inédit)

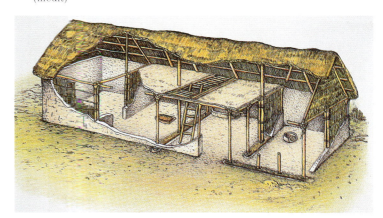

L'établissement du tell dans la région du Danube

Tibor Kovács

Les établissements en strates de la région du Danube, dont l'investigation commença dans les années 1870, furent d'abord considérés, à la suite de L. Pigorini, comme les variantes, en Europe centrale et orientale, des terramares *(terramare)* italiennes. Cette erreur ne fut corrigée que quelques décennies plus tard, lorsque V.G. Childe releva les origines proche-orientales de ce type spécifique d'établissement préhistorique. Même si les établissements à strates d'Europe orientale et de la région du bas Danube peuvent difficilement être mis en équation avec les tells classiques d'Asie Mineure – Alaça Hüyük, Demirci Hüyük et Poliochni (île de Lebnos, en Grèce) –, ils ont en commun une particularité bien définie : après la destruction ou le délabrement des bâtiments, les ruines y ont été nivelées et de nouveaux édifices furent bâtis au même endroit sur les anciens. C'est la raison pour laquelle le tracé des rues et la disposition des maisons demeurèrent virtuellement inchangés au long des générations. Seul le tell lui-même se développa en hauteur. Les modifications dans le plan de l'établissement, comme à Békés, Tószeg et Jászdózsa, peuvent être attribuées le plus souvent à des changements culturels et/ou ethniques. En tant que forme caractéristique d'établissement, le tell constituait un trait distinctif du mode de vie sédentaire, fondé sur l'économie de la culture céréalière et de l'élevage des animaux, qui s'était développée dans l'ancien Proche-Orient. Cette base constante de la culture paysanne, qui en vint à dominer le mode de vie des habitants de la région du Danube, s'était répandue plus par l'intermédiaire de la diffusion qu'à travers les migrations. Au cours du néolithique récent et de l'âge du bronze ancien, les tells de la région du Danube et de la Tisza se sont surtout développés dans des secteurs où des conditions environnementales favorables allaient de pair avec une stabilité socio-économique. Ces deux facteurs réunis ont permis l'émergence et l'épanouissement de cette économie de style méridional.

C'est dans le bassin des Carpates et sur sa limite sud que se situe la zone principale des tells de l'âge du bronze européen (et des « cultures du tell », comme on les appelle) : dans la première moitié du IIe millénaire avant J.-C., cette région était occupée par les cultures de Nagyrév, de Hatvan, d'Otomani, de Porjámos, de Vatin, de Vatya, de Füzesabony et de Madárovce.

Ces tells, souvent occupés durant plusieurs périodes culturelles successives, devinrent la plupart du temps des « centres écologiques » de petites régions où les conditions environnementales étaient les plus favorables. On les trouve aux méandres, faciles à défendre, des rivières (Békés, Socodor, Vèsztö), sur les plateaux de loess le long du Maros ou du Danube (Pecica, Bölcske, Dunaújváros), et sur les contreforts des montagnes (Pakozd, Szécsény). Les habitations, d'une ou deux pièces, étaient pour la plupart à colombages et enduites d'argile, bien que des cabanes construites entièrement en bois aient également existé (à Békés, par exemple). Les sols, parfois recouverts de nattes de joncs, pouvaient même comporter une infrastructure de bois (comme à Jászdózsa, Tiszafüred et Barca). Pareils établissements, souvent divisés en une « acropole » et une « ville », jouaient le rôle de centre dans une culture donnée. Ils étaient de même très actifs en matière de commerce (Tószeg), de métallurgie (Možorin, Dunaújváros, Tiszafüred, Nitriansky Hrádok, Barca), et constituaient des centres de culte, comme le montre la présence à Berettyó Újfalú de bothros – fosse à usage rituel lié notamment à la crémation d'objets – d'un sanctuaire (Salač), de maquettes de chariots et de statuettes d'hommes ou d'animaux. Des représentations picturales d'humains, d'animaux et d'armes ont été trouvées sur ces sites (Füzesabony, Tószeg, Pákozd).

Déployés sur une surface d'un demi à un hectare et demi, et ayant accumulé souvent plusieurs mètres de dépôts culturels (Békés : 3,1 m ; Jászdózsa : 5,4 m ; Tószeg : 8 m à l'origine), ces tells, et les établissements similaires, sont l'une des sources d'information les plus importantes sur l'âge du bronze dans cette région. Les tells du Danube étaient potentiellement les prédécesseurs des villes à constructions de pierre. Cependant, les traces faisant état d'un tel développement n'ont été jusqu'à présent mises au jour – elles sont d'une période plus tardive – que dans deux sites seulement, à Spišský Štvrtok et à Velím.

BIBL. : Kovacs et Stanczik, 1988 ; Meier-Arendt, 1992 ; Tasic, 1984.

Les palais égéens

Katie Demakopoulou

Des « maisons-corridors » aux premiers palais

Les premiers bâtiments qui furent probablement utilisés comme centres administratifs ou comme résidences des dirigeants locaux, firent leur apparition en Égée durant la seconde phase de l'âge du bronze ancien (vers 2900-2400 av. J.-C.), au moment où la Grèce centrale et le Péloponnèse allaient donner naissance à une civilisation avancée. Les principales réalisations de cette période, qui révèlent l'existence d'une organisation politique et sociale complexe, s'effectuèrent dans le domaine de l'architecture, avec l'érection de bâtiments monumentaux connus sous le nom de « maisons-corridors » en Béotie, dans certaines parties du Péloponnèse et à Égine, et dans celui de l'administration, avec l'usage de sceaux, et d'archives où conserver ces derniers ; les innovations dans le stockage des denrées font aussi partie des progrès de cette époque. L'ensemble de ces accomplissements disparut cependant à la fin de la première période helladique II, et des années de régression culturelle suivirent, dont les débuts de l'époque mycénienne (vers 1600 av. J.-C.) marquèrent le terme en Grèce continentale.

1 Vue du palais à Cnossos.

Les palais – au vrai sens du terme : centres du pouvoir et de l'autorité – apparurent pour la première fois en Crète au commencement de l'âge du bronze moyen. La période palatiale en Crète et en Grèce continentale se divise en trois phases : la première qui vit la construction des premiers palais en Crète (vers 2000-1700 av. J.-C.) ; la seconde, durant laquelle s'édifièrent de nouveaux palais plus beaux (vers 1700-1450 av. J.-C.) ; et la troisième, qui est à mettre en relation avec la construction et le fonctionnement de ce type d'édifice en Grèce continentale (vers 1450-1200 av. J.-C.)

Les palais crétois

Les premiers palais crétois furent érigés sur les sites qui seront plus tard occupés par les palais de la seconde période. De belles dimensions, ils étaient composés d'un rez-de-chaussée et d'étages, avec parfois un sous-sol, et de construction soignée. Les murs en blocailles et briques en terre étaient renforcés par des madriers. De gros blocs de pierre dressés consolidaient les façades, et les longs murs étaient constitués à intervalles de dalles d'orthostates. Des peintures, apparues dès cette première période palatiale, décoraient les murs et le sol des pièces. C'est à Cnossos, Phaïstos, Mália et Zakros que furent édifiés les premiers grands ensembles de palais crétois. Ils étaient plus vastes que jamais, et d'une plus grande variété de matériaux, incluant des pierres de couleur, du gypse et du grès. Le plan de base offrait un grand nombre de dégagements, de salles et de corridors, disposés autour d'une cour centrale orientée nord-sud la plupart du temps. La façade principale était à l'ouest et donnait sur une autre cour, sans doute destinée aux réunions publiques. Des salles servant de réserves et d'ateliers occupaient le rez-de-chaussée. Bien que certaines d'entre elles fussent destinées aux cérémonies, c'est à l'étage, toutefois, que se trouvaient les appartements officiels, plus vastes.

Les traits dominants de l'architecture de ces palais minoens uniques en leur genre sont les polythyra – ces pièces à baies multiples séparées par des piliers –, les halls de réception, les « bassins lustraux », les escaliers monumentaux, les colonnes composant des porches et des portiques, et la construction d'un système d'égouts. La plupart des salles, et en particulier les pièces d'apparat, étaient décorées de magnifiques peintures murales représentant des scènes figuratives.

Les palais minoens étaient sans aucun doute la résidence des familles dirigeantes. Il est probable, toutefois, que les pièces

2–3   Plaques dites « mosaïques urbaines », Cnossos, Crète, Grèce, âge du bronze moyen (cat. 49, 50).

les plus fastueuses étaient réservées à des activités religieuses ou cérémonielles, ou qu'elles servaient de salles de réception pour les visiteurs.

Les palais crétois furent détruits pour une raison inconnue, peut-être un tremblement de terre ou une guerre, vers le milieu du XVe siècle avant J.-C., à l'exception du palais de Cnossos, où s'établit peu de temps après une dynastie mycénienne gouvernant probablement l'ensemble de la Crète.

Les palais mycéniens

Au cours de la troisième période palatiale, la Grèce mycénienne vit l'édification de complexes palatiaux construits sur le modèle minoen. Les premiers bâtiments à présenter des caractéristiques de palais apparaissent vers la fin du XVe siècle avant J.-C. dans le Ménélaïon (sanctuaire des tombeaux de Ménélas et d'Hélène, en Laconie), à Tirynthe, à Nichorie en Messénie et à Phylakopi (Mêlos). Ce n'est que plus tard, cependant, que furent bâtis les véritables complexes palatiaux. Les mieux préservés sont ceux de Mycènes, de Tirynthe et de Pylos. Des palais furent également édifiés dans d'autres centres mycéniens – Thèbes, Orchomène, l'Acropole athénienne, Midée –, à l'intérieur d'imposantes citadelles, fortifiées pour la plupart.

Malgré de nombreux points communs dans leur conception générale, leurs matériaux et leurs méthodes de construction, les palais mycéniens présentaient, par rapport aux palais minoens, de considérables différences de plan. La zone principale était le mégaron, auquel on accédait par un porche et une antichambre ; cette salle du trône de vastes proportions se caractérisait par un foyer central circulaire entouré de quatre colonnes supportant le toit. À l'image des autres pièces de cérémonie du palais, il était somptueusement orné de peintures murales. Le mégaron, qui ouvrait sur une cour intérieure, était bordé d'un grand nombre de pièces de différentes dimensions, communiquant au moyen de corridors, de petites cours, d'entrées et d'escaliers donnant

4 Vue aérienne de l'acropole à Mycènes ; le palais occupe le sommet de la colline.

accès aux étages supérieurs. À Pylos et à Tirynthe existait un second mégaron, plus petit. Il y avait aussi des salles de bains, des chambres d'invités, et les appartements réservés à la famille dirigeante, probablement dans les étages supérieurs. D'autres pièces servaient d'ateliers et de réserves : certaines pour l'administration et les archives du palais ; dans le cas de Pylos, elles étaient situées à l'intérieur immédiat de l'entrée principale.

Les complexes palatiaux mycéniens étaient équipés d'un système d'égouts, comme les palais crétois. Bien que moins étendus et moins imposants que leurs modèles, ils occupaient une surface assez vaste, et, avec leurs volumes bien structurés et leurs intérieurs richement décorés, ils étaient conçus de façon à montrer aux visiteurs le pouvoir politique et religieux du dirigeant – le *wanax* des tablettes en linéaire B, qui a donné son nom au palais, ou *wanaktoron*.

Les causes de la destruction des palais mycéniens, vers la fin du XIII siècle avant J.-C., n'ont pas encore été entièrement élucidées, bien que certains bâtiments semblent avoir été frappés par des tremblements de terre dévastateurs. Quoi qu'il en soit, elle provoqua l'effondrement de l'économie palatiale et de ce système de gouvernement. En dépit d'une renaissance partielle survenue en Égée à la période postpalatiale, le déclin du pouvoir des palais annonça la fin de la civilisation mycénienne deux siècles environ plus tard.

Bibl. : Cadogan, 1976 ; Demakopoulou, 1988b ; Dickinson, 1994 ; Graham, 1987 ; Iakovidis, 1983 ; Kilian, 1987, 1988.

5   Reconstitution de la salle du trône du palais de Pylos (Piet de Jong).

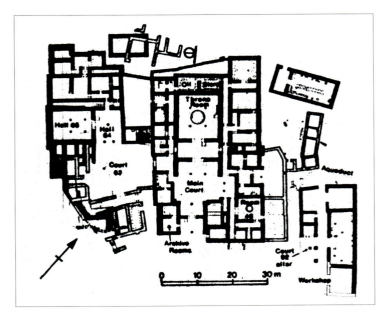

6   Plan du palais de Pylos (d'après Dickinson ,1994, p. 156, fig. 5.31).

Les villages en milieu humide

Pierre Pétrequin

Les villages construits en milieu humide constituent, à travers toute l'Europe, un cas remarquable d'adaptation à des sols sans résistance mécanique, spongieux et inondables. On les connaît sous la forme de hameaux ou de gros villages à rues parallèles et à maisons rectangulaires serrées en rangées, dans les anciens marais de la vallée du Pô (Italie) et au bord des lacs du nord-ouest des Alpes, où le site de Cortaillod (Suisse) est certainement le mieux étudié ; de villages bâtis autour d'une place centrale avec des habitations et des greniers, dans les tourbières de Haute-Souabe et dans la région de Zurich ; de rangées de constructions rectangulaires bâties en eau peu profonde à Fiavé (Italie) et au sud du lac de Garde ; enfin sous forme de grosses maisons circulaires construites sur de véritables îles artificielles, ainsi les *crannogs* d'Écosse et d'Irlande. Pour des cultivateurs de l'âge du bronze, ce souci évident d'excentrer son habitat loin des terres à céréales pourrait bien évoquer le repli sur soi et la défense. Cette préoccupation est encore plus évidente lorsque l'on sait qu'une large bande de marais ou un véritable bras d'eau venaient séparer le village et la terre ferme : pour passer avec les chariots, voire le petit bétail, il fallait alors emprunter le seul chemin ou le pont unique, construits en planches fixées sur des paires de pieux. La même impression se dégage des systèmes de clôtures, de palissades et parfois de véritables remparts en bois qui ceinturaient les villages. On a manifestement cherché à regrouper le plus de gens possible, et dans certains cas, à Biskupin en Pologne, jusqu'à cent cinq petites maisons d'habitation absolument identiques construites sur moins d'un hectare.

Mais pour répondre à ce besoin social de protection, il a fallu adapter les formes d'architecture à la construction sur sol mou et inondable. Au cours de l'âge du bronze, chaque région d'Europe a innové de façon remarquable pour résoudre le problème de l'humidité, des fluctuations des plans d'eau et de la faible résistance mécanique des sols : ici, on a utilisé des pieux flottants profondément enfoncés dans la craie (lac de Chalain à Fontenu, dans le Jura en France) ; là, on a plutôt bloqué la pointe des poteaux porteurs sur des semelles de fondation, de larges planches à mortaise centrale (Zug, Suisse) ; là-bas, on a bâti de véritables maisons sur pilotis à planchers rehaussés au-dessus du niveau des crues (Fiavé, Italie).

La corrélation entre ces villages palafittiques et les périodes les plus sèches de l'âge du bronze est maintenant démontrée, en tout cas au nord des Alpes. Ces villages ont été régulièrement submergés et abandonnés pendant les périodes de refroidissement et les crues glaciaires, particulièrement sensibles entre le XVe et le XIIe siècle avant Jésus-Christ. Dans ces conditions difficiles, les contraintes sociales ont été déterminantes, à n'en pas douter, pour l'implantation des villages en milieu humide pendant les périodes d'expansion démographique, du XVIIIe au XVe siècle, puis du XIe au IXe siècle avant Jésus-Christ.

Citadelles de l'âge du bronze en Europe et protection des territoires

Albrecht Jockenhövel

On ne trouve nulle part en Europe, en dehors des rives de la mer Égée, de structures sociales comparables à celles de la civilisation minoenne et mycénienne des palais. Néanmoins, l'implantation humaine hors de ces régions répond souvent à des impératifs de défense qui correspondent aux types d'armes utilisées. Au cours de l'âge du bronze, la plupart des paysages les plus caractéristiques furent marqués par un dense réseau de citadelles défendues par des remparts, des portes, des fossés. Mais, là aussi, se rencontrent des différences régionales, ainsi cette forme de peuplement est-elle inconnue, à de rares exceptions près, pendant l'âge du bronze dans les pays nordiques ou dans les îles Britanniques.

En Europe centrale, les citadelles fortifiées ne se rencontrent pas à toutes les périodes de l'âge du bronze ; on les trouve en grand nombre au cours de périodes qu'on peut qualifier de propices. La première va du bronze ancien au bronze moyen, la seconde se situe au seuil du bronze final et la troisième, à la fin de l'âge du bronze. Ces variations, qui s'étendent sur des siècles, sont de toute évidence liées à des conditions générales d'ordre social, économique et écologique ainsi qu'à leurs modifications.

La taille des forteresses varie elle aussi selon la période. Alors que les plus anciennes occupent une surface intérieure relativement modeste, de l'ordre de trois hectares, les plus récentes sont nettement plus grandes ; elles peuvent atteindre ou même dépasser trente hectares. Certaines peuvent s'étendre toutefois sur une surface de cent hectares. On peut déplorer que des fouilles d'envergure, qui permettraient d'établir de façon indiscutable leur fonction, n'aient pas encore été entreprises sur de tels sites. Cependant, des chercheurs slovaques sont parvenus à décrire les multiples fonctions de châteaux forts du bronze ancien : certains sont des centres de pouvoir et de vie culturelle, d'autres sont voués au développement de branches particulières de l'artisanat telles que la poterie, le travail des os et de la corne ou celui des métaux.

Les citadelles fortifiées d'Europe centrale sont très rares à l'époque des tumulus de l'âge du bronze. Ce n'est qu'au début du bronze final, c'est-à-dire au début de la période des champs d'urnes qu'elles sont édifiées en grand nombre, des régions des Carpates roumaines jusqu'à l'est de la France, des Alpes aux confins nord de la zone de moyenne montagne et dans les plaines d'Allemagne de l'Est et du Nord, avec des extensions vers la civilisation de la Lusace développée dans ces contrées de l'est de l'Allemagne et de la Pologne.

Les citadelles sont en général bâties sur des sites offrant une protection naturelle – des montagnes isolées, des hauteurs surgissant au milieu de plaines ou des éperons au pied desquels coule un fleuve. Dans les paysages lacustres de l'Allemagne orientale et de Pologne, on les rencontre sur des collines hors de toute zone inondable ou sur de petites péninsules. Les conditions locales déterminent le tracé circulaire ou segmenté des murs

1 Vue du mont Bullenheim (Basse- et Moyenne-Franconie, Bavière), âge du bronze final. La façade fortifiée était tout entière soutenue par un mur en bois, en terre et en pierre, aujourd'hui disparu.

2 Le mont Tafle, près de Klentnice (Moravie) était le siège d'un important habitat à l'âge du bronze final.

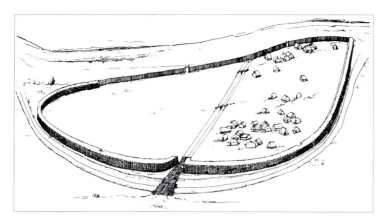

3   Reconstitution de l'habitat de Nitriansky Hrádok (au sud-ouest de la Slovaquie) qui donne une idée des dimensions et de la structure interne d'un site fortifié typique à l'âge du bronze ancien.

d'enceinte construits souvent avec grand art en pierre, en terre ou en bois, et qui ont subsisté sous forme de remparts.

La plupart des sites fortifiés de l'âge du bronze ont permis de mettre au jour des objets d'une grande variété et souvent d'une grande richesse ; il a été souvent possible d'établir que ces citadelles, dont la construction requérait un nombre important d'ouvriers, renfermaient un grand nombre de constructions, ce qui permet de conclure à un peuplement important et durable. On les considère donc de nos jours non plus comme des refuges en cas de crise mais comme des lieux d'habitat permanent. On n'est pas encore parvenu à identifier les habitations des classes dirigeantes de l'âge du bronze, sans doute parce qu'elles n'ont pas existé sous cette forme, contrairement à ce qui se passait pour les tombes. Dans de nombreux sites fortifiés, on a découvert des dépôts d'objets métalliques, ainsi sur le mont Bullenheim (à l'ouest de Mayence) ou à Blucina (Moravie du Sud) où plus d'une douzaine de gisements de ce type ont été identifiés. Cette accumulation de dépôts se faisait vraisemblablement dans un but tant profane que religieux.

Ces cités fortifiées étaient aussi les avant-postes de régions agraires non fortifiées qui y étaient rattachées. On peut y voir des sortes de centres destinés à la protection des communautés installées dans leur zone d'influence et fonctionnant selon une organisation comparable à celle d'une tribu ; les citadelles assuraient en règle générale la protection d'un territoire de cinquante à cent cinquante kilomètres carrés.

Lors du passage à l'âge du fer, les citadelles disparurent dans de nombreuses régions d'Europe centrale, sans que les causes de cette disparition soient clairement établies. Néanmoins, une détérioration durable des conditions climatiques, une période de temps humide et froid à la fin de l'âge du bronze, pourrait en être responsable. Les chercheurs y voient également la cause de la fin des constructions sur pilotis dans les régions situées au nord des Alpes (voir également l'essai de Pierre Pétrequin, p. 70).

BIBL. : Chropovsky et Hermann, 1982 ; Jockenhövel, 1990.

L'HOMME DE L'ÂGE DU BRONZE

Michæl Schultz

Depuis des temps immémoriaux, l'homme vit au milieu des dangers que lui impose son environnement et affronte la menace constante de la maladie. Ce combat perpétuel de l'homme contre la maladie a influencé de façon déterminante le développement des cultures humaines, quoique la recherche archéologique traditionnelle ait découvert bien peu de preuves irréfutables à ce sujet. Aujourd'hui, la paléopathologie – l'étude médicale de découvertes d'ossements archéologiques – a rendu possible l'examen du rôle joué par la maladie dans le processus de développement humain, depuis l'ère préhistorique jusqu'au début de la période historique. L'objectif premier de la recherche paléopathologique est d'analyser la nature et le type d'une maladie particulière, son origine, son incidence et sa répartition parmi une population préhistorique ou historique donnée. De plus, les résultats d'études paléopathologiques fournissent des informations sur les conditions de vie de l'homme préhistorique et des temps reculés – et aussi de l'homme de l'âge du bronze en particulier. Nous découvrons, sur la santé des habitants d'une époque donnée, les effets de la nutrition et des conditions de vie et de travail, les influences géographiques et climatiques, les dispositifs sanitaires et les pratiques d'hygiène.

Paléopathologie

La paléopathologie moderne, discipline relativement jeune, est actuellement un champ de recherches interdisciplinaires, qui repose de plus en plus sur les technologies innovatrices. Les méthodes et les techniques employées dans la recherche paléopathologique (radiologie, microscopie électronique à balayage ou à lumière ordinaire, endoscopie, biologie moléculaire) rendent possibles, grâce à une application expérimentée, des diagnostics d'une très grande précision. Néanmoins, notre connaissance de l'étiologie (l'étude des causes des maladies) et de l'épidémiologie (l'étude de l'incidence et de la propagation des maladies parmi une population) des maladies qui ont tourmenté l'homme de la préhistoire et de la protohistoire est encore rudimentaire. Pour cette raison et du fait de différences d'état de conservation des squelettes humains, résultant des variations des contextes, notamment la qualité du sol, notre connaissance paléopathologique des maladies de l'homme du bronze est encore assez limitée et se restreint, géographiquement, à l'Europe centrale et à des parties du Moyen-Orient (c'est-à-dire l'est de la Turquie et l'Égypte).

L'aspect physique de l'homme de l'âge du bronze

L'aspect morphologique externe de l'homme de l'âge du bronze n'était pas uniforme. Nous pouvons d'ores et déjà faire une distinction entre les populations du début de l'âge du bronze d'Europe centrale et orientale. Les différences morphologiques étaient encore plus marquées entre les peuples eurocentraux et ceux du Moyen-Orient durant l'âge du bronze. Par exemple, des études sur la taille des corps ont montré que la taille moyenne des hommes du début de l'âge du bronze dans la région qui constitue maintenant la Basse-Autriche pouvait varier de 169 à 171 centimètres, celle des femmes allant de 159 à 161 centimètres. Ainsi, les données moyennes concernant la taille des individus à l'âge du bronze ancien étaient-elles inférieures de peu à celles des populations vivant dans les mêmes régions à l'âge du bronze et au début du Moyen Âge.

Les maladies infantiles et leurs causes

C'est un fait généralement accepté que l'enfance et la vieillesse constituent deux phases de la vie d'un être humain où le système immunitaire fonctionne insuffisamment – ou plus du tout. Les nourrissons et les enfants en bas âge sont particulièrement sensibles à cette déficience, spécialement au moment du passage du lait maternel aux céréales et, éventuellement à la nourriture adulte. Des carences de malnutrition peuvent alors apparaître, produisant souvent une défaillance du système immunitaire. Dans de tels cas, les enfants sont hautement réceptifs à des maladies infectieuses. Des insuffisances en vitamines de saison peuvent produire les mêmes effets. Des études comparatives de population ont montré que la maladie infantile fait office d'indicateur hautement sensible de la qualité de la vie à certaines époques. Des réactions négatives au cours du sevrage, la malnutrition et la fréquence des maladies infectieuses aiguës étaient probablement les facteurs les plus importants entraînant un taux de mortalité relativement élevé chez les nourrissons et les enfants (entre 40 et 60 %), caractéristique de l'âge du bronze.

Étiologie des maladies infantiles

L'interaction des facteurs cités ci-dessus peut être illustrée par un exemple. Les restes d'un enfant, datant du milieu de l'âge

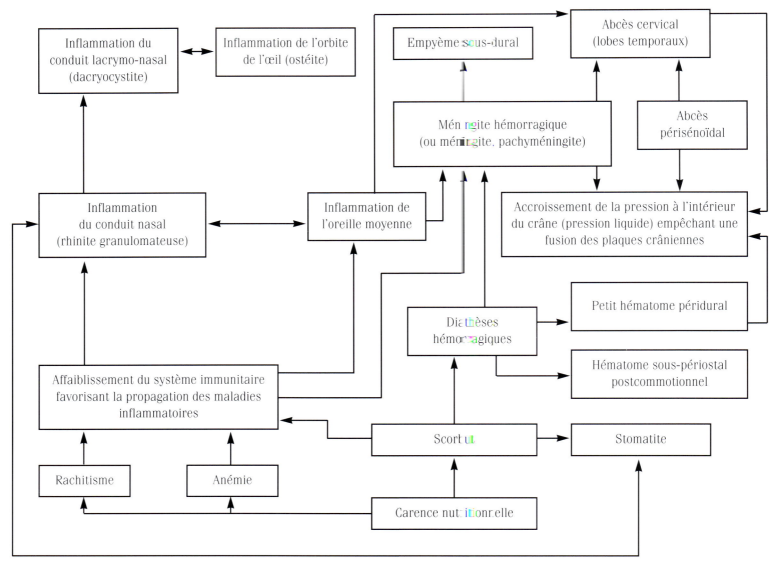

1 Graphique : rapports étiologiques entre divers symptômes relevés sur le squelette d'un enfant de trois ou quatre ans, datant de l'âge du bronze (Lidar Hüyük, Turquie orientale).

du bronze (1800-1500 av. J.-C.), furent découverts à Lidar Hüyük, un grand site de tells situé sur l'Euphrate supérieur (la Turquie d'aujourd'hui). L'enfant, âgé entre trois et quatre ans, avait de toute évidence souffert de malnutrition aiguë. L'examen paléopathologique de son squelette révéla des signes d'anémie, de scorbut (carence chronique en vitamine C), de rachitisme (carence chronique en vitamine D). Cette dernière maladie apparaît rarement dans les régions offrant de fortes expositions au soleil, car les effets des rayons ultraviolets produisent d'habitude de la vitamine D dans l'organisme humain, à partir de composants existants déjà dans le corps. Quand, néanmoins, des déficiences chroniques en vitamine D apparaissent dans des régions à haut niveau d'ensoleillement, d'autres facteurs doivent être pris en considération (par exemple des facteurs génétiques, des tendances climatiques négatives exceptionnellement longues). Du fait des carences diagnostiquées et des troubles qu'elles ont entraînés, le système immunitaire de cet enfant a dû s'en trouver sérieusement affaibli. Cet état a probablement favorisé une infection de l'oreille moyenne qui, à son tour, s'est développée en mastoïdite en plein apophyse mastoïde et a contribué probablement à la formation d'inflammations cystiques dans la cavité nasale et les cavités annexes des fosses nasales (comme le sinus maxillaire). Les effets secondaires produits par l'infection de l'oreille moyenne – faisant suite à la pénétration de pus dans la cavité crânienne – ont été plusieurs réactions méningées (méningite, empyème sous-dural, abcès cérébraux, infection périsinusoïdale). La carence chronique en vitamine C avait augmenté la propension à l'hémorragie, de sorte que la méningite a produit des intrusions mineures de sang dans l'espace situé entre la voûte crânienne et la dure-mère ou membrane dure cérébrale (hématome péridural). L'accumulation accrue de liquide, déclenchée par le processus inflammatoire, a entraîné une élévation substantielle de la pression intercrânienne qui contraignit le cerveau à une pression considérable contre la surface intérieure de la calotte crânienne (existence de symptômes de pression du cerveau). L'inflammation de la cavité nasale s'est propagée par le conduit lacrymo-nasal à la cavité orbitale, et l'enfant est probablement mort d'une septicémie (empoisonnement du sang), ou d'une méningite.

L'épidémiologie des maladies infantiles

Des aperçus significatifs sur une reconstitution des modèles de santé générale et des conditions de vie au début de l'âge du bronze furent fournis par l'examen paléopathologique des squelettes d'enfants découverts en Slovaquie actuelle. L'archéologue slovaque J. Bátora exhuma des centaines de squelettes provenant des emplacements funéraires de Jelšovce, au nord-ouest de la région des Carpates ; ils furent examinés dans une perspective anthropologique par J. Jakab. Les squelettes étudiés ont pour origine la culture Nitra (vers 2200-1900 av. J.-C.) et celle d'Únětice (vers 1900-1700 av. J.-C.). L'examen paléopathologique de tous les squelettes d'enfants datant des périodes Únětice et de Nitra a donné lieu à des découvertes et à des conclusions très intéressantes et jette une lumière révélatrice sur les conditions de vie de ces deux différentes cultures. Le groupe de la population de Nitra – plus ancienne que celle d'Únětice – comprend cinquante-cinq individus, celui de la culture d'Únětice, quarante-cinq.

Troubles de carence nutritionnelle chez l'enfant

Au début de l'âge du bronze, des signes de troubles dus à une carence nutritionnelle furent décelés chez 53,2% des enfants de la culture de Nitra et 61,9% des enfants de celle d'Únětice. L'anémie fut diagnostiquée chez 17% des enfants Nitra et 38,7% de ceux d'Únětice. Des traces de scorbut (carence chronique en vitamine C) furent trouvées chez 12,8% des enfants de Nitra et 21,4% des squelettes d'Únětice examinés. Des signes de rachitisme (carence chronique en vitamine D) apparaissent chez 2,1% des enfants de Nitra et 7,1% de ceux d'Únětice. En se basant sur les squelettes étudiés, la fréquence des trois troubles de carences nutritionnelles se révèle être beaucoup plus élevée dans le groupe d'Únětice. Ce qui suggère clairement un changement important des conditions de vie, affectant plus particulièrement la nutrition de la population de la culture plus récente du début de l'âge du bronze dans la région des Carpates.

Maladies infectieuses chez les enfants d'Europe centrale

Seules les maladies le plus souvent diagnostiquées chez les enfants des populations du début de l'âge du bronze sont citées dans les remarques qui suivent. Des signes d'inflammations méningées apparaissaient dans 11,6% des squelettes de la culture de Nitra. Le chiffre passe à 20,7% pour le groupe d'Únětice. Pas un seul cas d'ostéomyélite n'est décelé dans les deux groupes. Des traces d'infection de l'oreille moyenne et/ou de mastoïdite apparaissent pour 11,6 % des squelettes de Nitra contre 12,5% des enfants d'Únětice. Aucun cas de sinusite maxillaire n'a été diagnostiqué parmi les enfants de la culture de Nitra, alors que 15,8% des enfants d'Únětice en présentent des symptômes. Comme pour les troubles de carences nutritionnelles, tous les enfants de la culture d'Únětice offrent d'une façon significative une fréquence plus grande de maladies infectieuses.

Troubles dentaires et parodontaux chez les enfants

En règle générale, les troubles dentaires et les affections gingivales et des structures de support sont relativement rares chez les enfants du début de l'âge du bronze. Des caries n'ont été identifiées que chez 7,7% de la population de Nitra contre 20% des squelettes du groupe d'Aunjetitz.

Des troubles parodontaux apparaissaient dans 25,6 % des cas pour les enfants de Nitra. Le chiffre croît jusqu'à 45,8 % chez la culture Aunjetitz. Dans de nombreux cas, une inflammation gingivale peut être attribuée à l'accumulation de tartre dentaire, et seule une faible corrélation est apparente chez les enfants. Dans cette optique, il faut toutefois souligner qu'au moins une partie du tartre dentaire accumulé durant la vie de ces enfants pourrait avoir été perdu *post mortem* – c'est-à-dire après l'inhu-

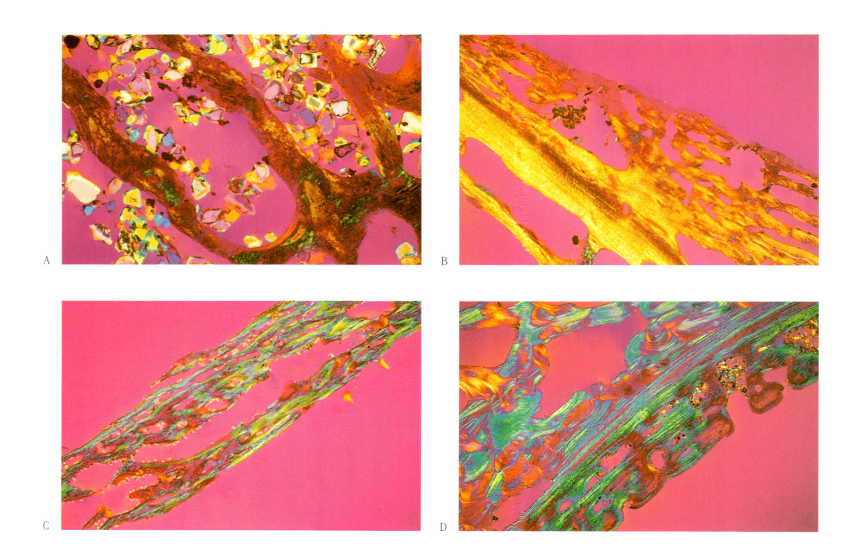

2   Toutes les photographies montrent une section osseuse de 50 µm prise à partir d'un squelette d'enfant retrouvé dans une excavation, exposée au microscope sous une lumière polarisée (quartz), agrandi vingt-cinq fois.

A   Anémie. Sommet du crâne enflé présentant une formation caractéristique, appelée « crâne en brosse » : excroissances de texture parallèle d'os vertical (les grains de sables de l'enterrement apparaissent serrés entre eux).

B   Scorbut (carence chronique en vitamine C). Plusieurs couches de matière ossifiée (à la suite d'une coagulation sanguine, c'est-à-dire d'une contusion) apparaissent à la surface du sommet du crâne.

C   Rachitisme (carence chronique en vitamine C). Dégradation caractéristique au sommet du crâne et fine accumulation écailleuse sur sa surface externe.

D   Méningite hémorragique enflée. Surface intérieure du sommet du crâne présentant une accumulation due à la maladie (ici au stade de la guérison).

mation – ou durant les procédures de nettoyage, réalisées sur les restes de squelettes après leur exhumation. Seuls 2,6% de la population de Nitra présentaient des traces de formation de tartre dentaire, alors qu'une plaque était détectée chez 32% des enfants du groupe d'Aunjetitz. La population de ce groupe présentait également une plus forte fréquence de troubles dentaires et parodontaux que la population de Nitra.

Chirurgie et lésions crâniennes

Des crânes présentant des traces d'ouverture chirurgicale (trépanation) ont été trouvés dans de nombreuses nécropoles datant de l'âge du bronze. Il faut noter que 90% de tels cas représentent des interventions chirurgicales délibérées et qu'aucun d'entre eux ne présente de trace d'opération du cerveau. De nombreux crânes trépanés offrent des signes d'un traumatisme crânien antérieur. Pour ces cas particuliers, le crâne a été ouvert, superstitieusement, afin que l'esprit du mal puisse sortir, ou, plus judicieusement, pour poser un drain et soigner une hémorragie péridurale, écartant ainsi une possible pression crânienne qui aurait été fatale. Néanmoins, d'autres raisons sont tout aussi concevables (maux de tête chroniques, symptômes de dysfonctionnement neurologique au niveau de la tête). La majorité des trépanations clairement identifiées étaient ainsi exécutées comme traitement d'un processus pathologique. Eu égard au niveau de connaissances médicales de l'époque, une lésion ou une perforation de la dure-mère aurait immanquablement abouti à la mort de l'individu. Aux temps préhistoriques et jusqu'au début de notre ère, quatre techniques différentes d'ouverture du crâne étaient connues : le grattage, la coupe circulaire, le forage et les techniques d'incision. L'une d'entre elles, la technique du grattage, semble avoir été la moins dangereuse, comme le montre un taux de 73 % de survivants, comparé au taux de 50 % des rescapés d'opérations utilisant la technique de trépanation développée dans la Grèce antique. Le grattage consistait à inciser la peau au niveau de la boîte crânienne à l'aide d'une lame acérée (comme une lame d'obsidienne). La peau était ensuite rétractée et l'os gratté avec un instrument (grattoir ou couteau en silex, en cuivre ou en bronze) jusqu'à ce que la membrane dure recouvrant le cerveau soit exposée.

D'excellents spécimens de trépanation crânienne ont été identifiés parmi la population de l'âge du bronze d'Ikiztepe, une riche colonie côtière sur la côte sud de la mer Noire dans le nord de l'Anatolie. Sur un total de trois cent deux crânes examinés, cinq au moins présentaient des traces certaines de chirurgie (utilisant les techniques du grattage, de la coupe circulaire et de l'incision). Un sixième crâne fait encore l'objet de doutes. Ces chiffres correspondent à un taux exceptionnellement élevé de 2%. Cinq des personnes opérées chirurgicalement étaient des hommes. Les six crânes présentaient aussi des traces de violence sous la forme de traumatismes crâniens causés par l'impact d'un objet contondant (pierre, massue, etc.) ou à lame (hache ou hachette). Sur les trois cent deux crânes étudiés, dix-neuf offraient également des traces d'un traumatisme crânien. Ce pourcentage élevé, tout comme la position et le type des blessures du crâne, renvoie probablement à une origine des blessures ou du décès liée à la guerre. Ces découvertes sont confirmées par les témoignages archéologiques du site. Le riche emplacement du début de l'âge du bronze d'Ikiztepe fut brûlé et rasé au moins cinq fois à cause des guerres. Dans ce contexte, le taux de survie de six personnes ayant reçu des soins chirurgicaux est intéressant. Seules deux d'entre elles moururent pendant ou immédiatement après l'opération de chirurgie (peut-être à la suite d'autres blessures, non décelables aujourd'hui à cause de l'état des restes des squelettes). Les quatre autres individus vécurent encore de longues années après leur opération.

Résumé et conclusions

Les méthodes et les techniques de la paléopathologie nous permettent de reconstruire un tableau fiable des conditions de vie à l'âge du bronze, incluant les troubles physiques et les maladies qui dominèrent durant cette période. Dans de nombreux cas, il a été possible de faire des diagnostics précis, et même de révéler des pans entiers d'histoire médicale, ainsi que le montre l'exemple impressionnant de l'enfant de Lidar Hüyük. L'éventail et la fréquence des maladies infantiles sont d'un intérêt particulier pour l'étude des conditions de vie pendant l'âge du bronze, comme c'est le cas des populations de Jelšovce. La population de la période Nitra (2200-1900 av. J.-C.) vivait évidemment dans des conditions infiniment plus favorables que celle de la culture d'Únětice (1900-1700 av. J.-C.). Les conditions de vie se sont apparemment détériorées d'une manière significative en quelques siècles seulement et, probablement, sur une période très courte de deux à trois cents ans. Cela se reflète non seulement dans la fréquence croissante de troubles nutritionnels, mais aussi, dans le taux de maladies infectieuses. Actuellement, les raisons qui sont à la base de ces changements n'ont pas toutes été identifiées. Une augmentation de la population et un changement associé au biotope (c'est-à-dire la destruction de l'environnement par l'homme) feraient l'objet de discussions. Le témoignage de la chirurgie crânienne (la trépanation) et l'analyse des causes ayant entraîné cette opération se révèle d'un très grand intérêt. Dans de nombreux cas, ces opérations étaient accomplies délibérément comme de réelles mesures de sauvetage d'une vie humaine, faisant suite à un traumatisme crânien. L'exemple de la population d'Ikiztepe du début de l'âge du bronze (2600-2400 av. J.-C.) en est une illustration éclatante.

BIBL. : Schultz, 1982, 1994, 1995 ; Schultz *et alii*, 1998 ; Teschler-Nicola et Schultz, 1985 ; Windl *et alii*, 1988.

Vêtements et bijoux

Gisela Schumacher-Matthäus

Le vêtement a tout d'abord une fonction utilitaire, celle de protéger le corps – et cela vaut même en été dans de nombreuses régions de l'Europe de l'âge du bronze. Selon le degré de civilisation, le vêtement est aussi expression de raffinement et joue un rôle de représentation sociale. Il en est de même pour les bijoux.

Le caractère fragmentaire de nos connaissances concernant le vêtement à l'âge du bronze résulte en premier lieu des conditions dans lesquelles les informations sont parvenues jusqu'à nous. Seules des conditions favorables liées à la nature des sols ont permis que soient préservées des matières organiques,

2   Statuettes datant de l'âge du bronze, provenant du cimetière de Cîrna en Roumanie.

1   Vêtement de la jeune fille d'Egtved, Jutland, Danemark, 1370 avant J.-C.

étoffes et cuir. Certes, des débris isolés de tissus attestent que les hommes de cette époque savaient en fabriquer, sans pour autant permettre d'affirmer que ces textiles servaient à confectionner des vêtements, et si c'était le cas, à quoi ressemblaient ces derniers.

L'homme des glaces de la fin du néolithique découvert par hasard, est mort il y a environ cinq mille ans au lieu-dit Hausalbjoch dans le sud du Tyrol[1] et portait des jambières, un pagne et des chaussures en cuir, un justaucorps et un bonnet en fourrure et une cape en fibres végétales (se reporter à l'essai de Walter Leitner, p. 24).

L'étude du vêtement à l'âge du bronze à partir de spécimens authentiques est possible presque uniquement grâce à des objets découverts dans des sépultures des régions nordiques[2]. La femme de Borum Eshøj portait une blouse moulante et une longue jupe à plis en laine ; à Egtved, une jeune fille d'une vingtaine d'années était revêtue d'une blouse en laine et d'une jupe courte en cordelettes de laine (voir l'article de Jørgen Jensen, p. 108). L'homme de Trindhøj était habillé d'une blouse, avec une ceinture, une cape et un chapeau.

D'autres types de monuments livrent également quelques informations. C'est ainsi que l'on a découvert, dans des tombes, mais également dans des habitations de la civilisation de Žuto-Brdo/Gîrla-Mare, sur le cours inférieur du Danube, des statuettes d'argile dont les ornementations gravées donnent des informations sur les vêtements et les bijoux[3]. Dans la plupart des cas, elles représentent des femmes, plus rarement des hommes.

3   Cueilleuses de safran sur une fresque d'Akrotiri, Théra (Cyclades, Grèce).

4   Défense de sanglier sertie dans un fil de bronze, La Colombine, Yonne, France, âge du bronze final (cat. 108).

On note des différences dans le vêtement et le costume à l'intérieur de cette région, qui peut à première vue sembler homogène. C'est ainsi qu'on rencontre simultanément des statuettes de femmes dont la tête est recouverte d'un foulard, d'autres qui n'en portent pas : le tablier ne semble avoir été représenté (et porté) qu'à l'est des Portes de Fer. Les pièces de vêtements et les broderies sont complétées par des colliers et des plaques de poitrine, des pendentifs et des appliques cousues. Une grande variété de ces ornement a été découverte dans des sépultures ou dans des dépôts de bronze.

Nos connaissances s'enrichissent par l'étude de statuettes en argile, en bronze, en faïence, par des objets en ivoire sculpté et par des sceaux provenant des zones de civilisations minoenne et mycénienne[4]. Cependant, les monuments ne nous donnent pas d'informations sur les vêtements de la vie quotidienne. Des jupes à volants, ces espèces de boléros qui laissent les seins dégagés, costume que l'on trouve dans les palais et les sanctuaires, sont autant d'indices d'une mode vestimentaire liée à un culte et portée à la Cour. Les fresques de Cnossos, d'Aghia Triada, de Pseira, de Mycènes, de Pylos et de Tirynthe, mais surtout celles d'Akrotiri sur l'île de Théra, nous informent sur les couleurs de ces vêtements[5]. La mode masculine n'est guère représentée dans ce type de monuments. Les hommes portent souvent un simple pagne. Les tuniques en tissu ou en fourrure sont l'apanage des prêtres ou d'autres dignitaires.

Nous possédons pour toutes les civilisations de l'âge du bronze des informations sur les bijoux[6]. La plupart du temps, ils sont faits en bronze ou dans un autre métal précieux, ils présentent des variantes régionales et nous informent sur les statuts sociaux. Les sépultures où les corps ont été ensevelis nous renseignent sur la manière dont ces bijoux étaient portés et sur leur répartition selon les sexes (en règle générale, les femmes ont des sépultures plus richement pourvues que les hommes). Statuettes et fresques complètent les informations.

On rencontre une grande diversité de variantes régionales dans l'utilisation de colliers : anneaux ou chaînes massives (certaines sont ornées de perles faites dans divers matériaux), boucles et pendants d'oreilles, anneaux (ou spirales) portés au bras, au doigt mais aussi à la cheville. On rencontre rarement

5   Dépôt avec ornements féminins, Wierzchowo, Szcecinek, Koszalin, Pologne, âge du bronze final (cat. 121).

des formes hybrides. La fonte du bronze permettait une grande diversité des formes. Des pendentifs splendides, des diadèmes, des ceintures en bronze sont l'expression d'une position sociale élevée. Leur long séjour dans le sol a recouvert ces objets d'une patine qui en modifie l'aspect mais autrefois leur éclat était proche de celui de l'or.

Épingles, fibules et ceintures nous livrent d'importantes informations sur la manière dont les vêtements étaient attachés et sur la solidité des tissus employés. Malgré leur fonction utilitaire, leur aspect décoratif est indiscutable.

---

1. Winiger, 1995, t. II, p. 119-187.
2. Broholm et Hald, 1961 ; Broholm, 1961.
3. Letica, 1973, p. 6-26 ; Schumacher-Matthäus, 1985, p. 6-26 ; Chicideanu-Sandor et Chicideanu, 1990, p. 53-75.
4. Evans, 1921-1935 ; Sapouna-Sakellarakis, 1995, t. I, 5 ; Matz et Pini, 1964.
5. Immerwahr, 1990 ; Doumas, 1995.
6. « Considérations générales » chez Müller-Karpe, 1980, t. IV.

LE CHEVAL À L'ÂGE DU BRONZE

Ute Luise Dietz

On n'est pas encore parvenu à établir de manière certaine où et quand le cheval fut domestiqué ; ce fut vraisemblablement à la fin du néolithique, dans les steppes herbeuses d'Eurasie. Au IIIe millénaire, le cheval était très répandu en Europe. Il servait en premier lieu d'animal de boucherie, même si, à la fin de l'âge du bronze, on retrouve des tabous alimentaires qui permettent de conclure qu'il jouissait d'un statut privilégié parmi les animaux domestiques. Sa force est utilisée en premier lieu pour tirer les chariots ; les rares allusions à des chevaux utilisés comme montures sont très controversées. Les premiers véhicules à roues sont de lourds chariots à quatre roues, tirés par des bœufs. Comme ces animaux ont la tête plus basse que le garrot et que le joug était solidement attaché aux cornes, ils pouvaient peser dessus de tout leur poids et déplacer des charges plus lourdes que les chevaux, faisant quant à eux partir l'effort du poitrail.

Les représentations les plus anciennes d'attelages d'équidés sont sumériennes (milieu du IIIe millénaire avant J.-C.) et montrent des chariots, aux roues pleines et massives, auxquels sont attelés quatre équidés à longues oreilles (probablement des hybrides d'onagres). Ces roues furent bientôt remplacées par des modèles plus légers à segments évidés, jusqu'au moment où, à la fin du IIIe millénaire, la roue à rayons réunit une stabilité suffisante et un poids minimal. Cette évolution eut peut-être lieu simultanément dans les steppes eurasiennes et à l'est de l'Anatolie.

La vitesse obtenue avec des chevaux et des véhicules légers oblige à diriger l'équipage à partir du chariot lui-même. À l'âge du bronze, une grande variété de types de harnais fut développée, on en retrouve la trace à travers des garrots en forme de disques, de plaquettes ou de tiges (cat. 46-48). À la fin de la période, c'est un harnais à bridon relativement simple qui s'impose.

L'entretien d'un char de combat était compliqué : il fallait d'abord choisir des chevaux qui puissent former un attelage, il fallait les dresser et les entraîner régulièrement ; s'ajoutait à cela l'approvisionnement de base en fourrage et en eau pour les animaux. Le char lui-même réclamait des soins attentifs, car ses

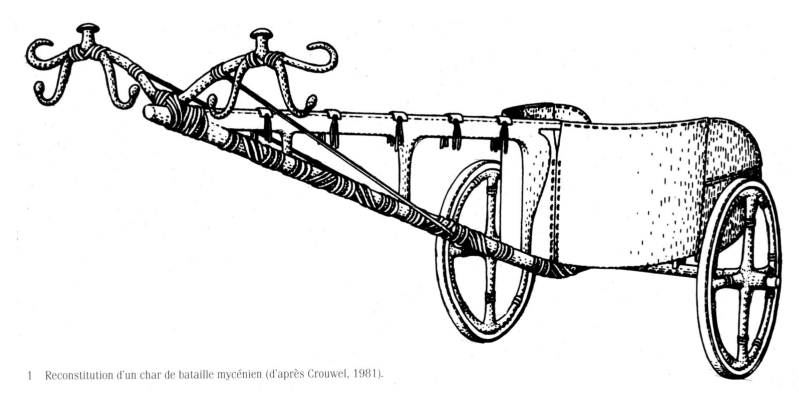

1 Reconstitution d'un char de bataille mycénien (d'après Crouwel, 1981).

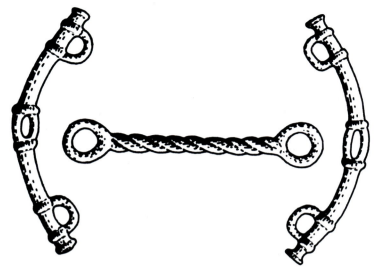

2   Bridon complet composé d'un levier et de deux barres, Vaudrevanges (Wallerfangen), Sarre, Allemagne.

divers éléments étaient, en règle générale, faits en matières organiques et donc soumis à une usure rapide. L'utilisation du char était possible à grande échelle au sein d'unités de cavalerie spécifiques dans les plaines sèches du Proche-Orient, en revanche, les chars légers à deux roues ne furent utilisés dans l'Europe de l'âge du bronze que de manière très limitée (cat. 40). Les conditions étaient en effet problématiques dans des plaines aux sols humides ou sur des pentes boisées et on peut en conclure que les transports s'effectuaient au moyen de chariots tirés par des bovins.

Dans la Grèce de l'époque mycénienne, le char léger était utilisé pour les parades et les déplacements de loisirs, ainsi que pour les courses de chars. Dans les entreprises guerrières, les chars ne servaient qu'à parcourir la ligne de combat pour impressionner l'ennemi ; le combat à proprement parler s'effectuait à pied. On trouve également, dans le reste de l'Europe, des traces d'élevage de chevaux ou des indices de connaissance de la roue à rayons ; cheval et roue sont des motifs décoratifs fréquents dès l'âge du bronze moyen, et surtout tardif, sur des objets de culte ou des objets d'utilisation quotidienne (cat. 39). Sur les scènes rupestres d'Europe du Nord et du Sud, on trouve des représentations de chars à deux ou à quatre roues tirés par des chevaux. Cependant, les véhicules les plus légers étaient sans doute plutôt des objets de prestige symbolisant le contact avec le monde « civilisé », mais dépourvus de toute fonction pratique, ou bien ils étaient liés au domaine du culte et de la mythologie. Les chars des dieux sont connus dès l'époque sumérienne ; la mythologie grecque nous a transmis par exemple la figure d'Hélios conduisant un attelage. Le char solaire de Trundholm (cat. 167), où un seul cheval est attelé à un disque en bronze doré à la feuille, l'ensemble étant monté sur un char à six roues, est peut-être à placer dans un contexte analogue. Les chars chaudrons répondaient sans doute eux aussi à des fonctions rituelles, leur signification en tant qu'objets de culte est soulignée par des petits oiseaux aquatiques incrustés (cat. 174, 176).

Au début du premier millénaire avant J.-C., on voit apparaître les premiers guerriers à cheval. Des représentations d'Asie Mineure montrent des cavaliers dont les chevaux sont encore guidés par le « conducteur de char ». Lors des campagnes des Cimmériens et des Scythes vers l'Asie Mineure, l'époque des grandes armées de chars de combat est définitivement révolue. Or, justement à cette époque-là, attelages et voitures font partie du mobilier funéraire déposé dans les tombes des représentants des couches supérieures de la société ; l'aurige, en l'honneur de qui avait été fabriqué le char et entreprise l'édification d'un monument funéraire (en général, un tumulus), se distinguait nettement du cavalier.

3   Reconstitution d'une bride de l'âge du bronze final, avec des barres à étriers (d'après une exemple de Crailsheim).

La défense de sanglier sertie de bronze de Karlsruhe-Neureut

Rolf-Heiner Behrends

Au début de 1988, le service des monuments historiques du Bade-Wurtemberg, circonscription de Karlsruhe, a été informé de la découverte de deux objets en bronze de caractère exceptionnel qui ont pu être récupérés : il s'agissait d'une grande chaîne en bronze et d'une défense de sanglier sertie d'un fil de bronze. Les circonstances de leur découverte dans une gravière située au nord-ouest de Karlsruhe, dans le quartier de Neureut, nous sont connues.

Il n'a cependant pas été possible d'établir rétrospectivement la profondeur à laquelle ces objets avaient été découverts. Mais on a pu déterminer l'emplacement de la découverte avec une précision qui a permis de fournir des informations sur leur position approximative : les deux objets proviennent d'un ancien bras du Rhin asséché à une époque qui demeure indéterminée. Ils étaient sans doute assez proches l'un de l'autre et l'absence de patine semble indiquer qu'ils ont été déposés dans une eau courante. Il faut en conséquence considérer qu'ils ont été trouvés dans un fleuve et y voir des objets votifs. L'hypothèse selon laquelle d'autres objets de caractère comparable ont été perdus pendant l'exploitation de la gravière ne peut être écartée.

La défense de sanglier mesure à peine vingt centimètres de longueur. L'émail dentaire de la face externe a pour l'essentiel disparu, vraisemblablement lors du contact avec la drague, c'est également l'endroit où le sertissage de bronze est le plus endommagé. La face interne est, au contraire, bien mieux conservée. La racine de la dent est recouverte d'un manchon de bronze en feuille dans lequel sont également incrustés des fils de bronze du sertissage, ce qu'établit clairement le cliché aux rayons X. Les fils suivent un arrangement relativement compliqué qui permet

1 Défense de sanglier de Karlsruhe-Neureut (Allemagne) trouvée en 1988, âge du bronze moyen (cat. 107).

de conclure à une technique artisanale très évoluée. Les plus épais sont pour partie constitués d'un tissage de fils plus fins.

À des boucles de fil fixées au bas de l'ensemble sont accrochés des pendentifs en queues d'hirondelles dont dix-sept sont conservés, faits en feuille de bronze. Leurs œillets sont très usés, ce qui indique qu'ils ont été beaucoup portés. Ces bijoux ne permettent pas de dire de quelle manière ils l'étaient. Des exemplaires découverts dans des tombes de femmes du centre de la France indiquent qu'ils étaient accrochés à hauteur de la ceinture.

Les découvertes françaises donnent aussi des indications grossières quant à la datation possibles des objets de Karlsruhe-Neureut, qui remontent au début du bronze final. Mais les sertissages de fil des objets découverts en France sont travaillés d'une manière beaucoup plus rustique, et les pendentifs en queue d'hirondelle de Karlsruhe indiquent une fabrication sans doute plus tardive. On doit donc pouvoir dater cet exemplaire de la période ancienne ou moyenne du bronze final.

BIBL. : Behrends, 1993, p. 88 et sq.

Chapitre 3
VIE ET MORT DES HÉROS
Jørgen Jensen

◁ Casque à cornes, Viksø, Frederiksborg, Zélande, Danemark, âge du bronze final (cat. 177).

Vie et mort des héros

Jørgen Jensen

Les héros guerriers de la mer Égée

Dans ses poèmes héroïques, Homère ne se lasse pas d'évoquer la fascination qu'exercent sur les hommes de l'âge du bronze les armes dont s'équipent les héros. Au chant XIX (vers 395 et suivants) de *l'Iliade* par exemple, il décrit le départ d'Achille après la mort de son ami Patrocle dans les termes suivants :

« Prenant alors en main le fouet brillant et facile à manier, Automédon s'élança sur le char. Achille, après lui, monta tout équipé, resplendissant sous les armes comme le brillant Hypérion. »

Les poèmes d'Homère retentissent encore du lointain souvenir de la splendeur des armes grâce auxquelles les rois de Mycènes et les héros exhibaient leur pouvoir. Les poèmes homériques décrivent certes avant tout la lutte des fantassins qui se développa tout particulièrement au XIIIe siècle avant J.-C., lors de la disparition de la civilisation mycénienne. Mais ils gardent le souvenir des éléments essentiels de la stratégie des souverains mycéniens, c'est le cas du char de combat à deux roues. Les tablettes en linéaire B montrent les immenses ressources mobilisées par les souverains pour entretenir dans leurs palais parfois des centaines de chars légers de combat. Un important personnel de fonctionnaires veille à les maintenir en état de marche, gère le stock de roues de secours, d'axes, de nacelles, et s'assure de la présence en nombre suffisant d'hommes et de chevaux. Des traces iconographiques, par exemple sur des stèles placées au-dessus des tombes à fosse de Mycènes, établissent que le char symbolise le statut social des représentants de l'élite. Il a cependant aussi une fonction d'instrument de combat, c'est un élément fondamental de l'armée – il est d'ailleurs possible que des archers y prennent place, comme c'est le cas au Moyen-Orient, en Inde et en Chine.

Les poèmes, inscriptions et découvertes archéologiques donnent également des indications sur l'armement des héros, décrivant par exemple leurs boucliers. Jusqu'à une période située aux environs de 1200 avant J.-C., les guerriers utilisent le grand bouclier en forme de huit (cat. 18) qui masque presque entièrement le corps ou bien un bouclier plus petit, rectangulaire et bombé, mais quasi de la taille d'un homme. Les boucliers ont avant tout un rôle défensif, ils ne permettent guère au guerrier de se servir de ses bras pour se battre. Pour le combat, le bouclier est sans doute associé à de longues lances qui aident à se défaire de l'ennemi en combat rapproché. Puis est développé un javelot de plus petite taille, que l'on peut lancer devant soi à une courte distance.

Souvent, les guerriers nobles portent un casque fait de dents de sanglier qui témoigne de leur rang. Sa fabrication nécessite l'utilisation des défenses d'environ quarante sangliers. Il s'agit sans doute d'une invention mycénienne. Ce casque apparaît dès le XVIe siècle avant J.-C., on le voit représenté sur des vases peints, des fresques (cat. 52), ainsi que sur des petits objets en ivoire sculpté (cat. 51). Le casque en dents de sanglier est un attribut porté seulement par les guerriers du plus haut rang. Les poèmes homériques en ont conservé le souvenir. Ulysse orna sa tête d'un tel casque lorsqu'il combattit devant les murailles de Troie (*Iliade*, chant X, vers 261 et suivants).

2 Objets découverts à Hadjúsámson, commune de Hadjú-Bihár, Hongrie (cat. 147). ▷

1 Casque en défenses de sanglier provenant d'une tombe à chambre funéraire de Spata, en Attique, Grèce (cat. 5).

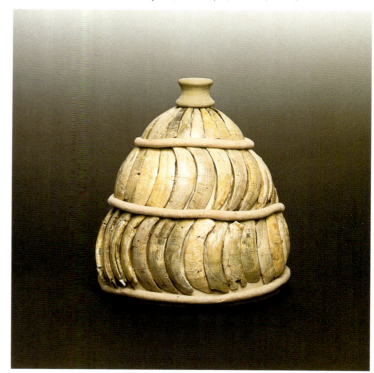

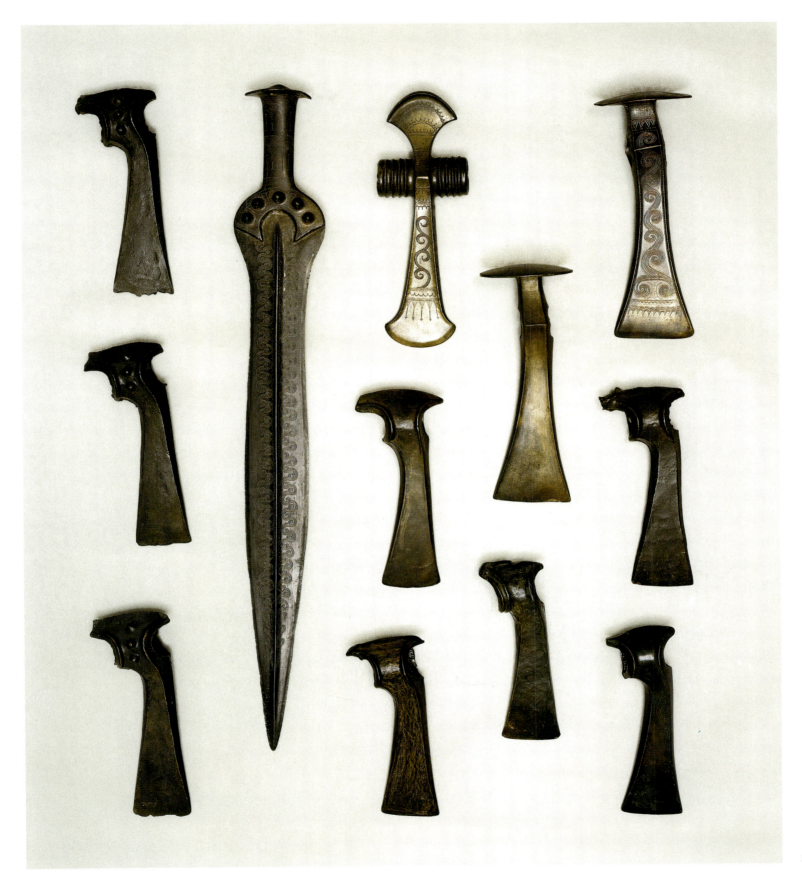

3 Vase aux guerriers de Mycènes, vers 1200 avant J.-C.

« Mérion donna à Ulysse un arc, un carquois, une épée ; il lui mit sur la tête un casque fait en cuir ; l'intérieur en était solidement tendu par des courroies nombreuses ; à l'extérieur, de blanches dents de sangliers aux crocs éclatants çà et là s'incrustaient en grand nombre, habilement et bellement rangées ; le milieu était garni de feutre. »

Les plus nobles d'entre les guerriers portent aussi parfois des armures métalliques et des jambières en bronze. Ce type d'équipement est vraisemblablement destiné au combat de chars. Mais c'est à l'épée et au poignard (cat. 102, 103) qu'il revient tout particulièrement d'exprimer la dignité du héros, ils

4 Cuirasse en bronze de Marmesse, Haute-Marne, France, âge du bronze final, IXe-VIIIe siècle avant J.-C. (cat. 134).

91

en sont les *insignia dignitatis*. Aucune arme ne manifeste mieux l'autorité d'un chef. Le pommeau sculpté avec art est fait de métaux précieux et la lame s'orne souvent de splendides incrustations – on parle de « peinture sur métal ». De telles armes de parade sont réservées aux guerriers les plus nobles.

C'est surtout après leur mort que les héros guerriers nous apparaissent dans leur pleine splendeur. Dans les tombes à fosse de Mycènes, ils sont ensevelis avec leur fastueux équipement. Les visages des souverains défunts sont recouverts de masques en or. Autour du corps sont déposés des épées et des poignards dont les lames et les poignées sont décorées de scènes de chasse faites d'incrustations d'or et d'argent. On trouve aussi des gobelets d'or et d'argent (cat. 100), des récipients en cristal de roche, des coffrets en or et en ivoire ainsi que des centaines de disques d'or ornés de rosaces, de spirales ou de motifs animaliers qui peuvent aussi être cousus sur des vêtements.

Ce déploiement d'une splendeur presque excessive se poursuivit jusqu'au XIIIe siècle avant J.-C. Le célèbre vase aux guerriers de Mycènes montre l'apparence qu'avaient des héros guerriers de la dernière époque de cette extraordinaire civilisation de l'âge du bronze. On y voit six guerriers barbus s'avancer, coiffés d'un casque à cornes – peut-être partent-ils à la bataille. Leur cuirasse couvre le torse jusqu'à la taille d'où part une jupette bordée de languettes, sans doute en cuir. Il portent des jambières en cuir ou en bronze, ainsi qu'une lance et un bouclier rond et léger, dont le bord inférieur présente une découpe en demi-cercle. Il s'agit d'un nouveau type de fantassins. Leur équipement reflète très vraisemblablement les évolutions des techniques de combat au cours de la dernière période, catastrophique, de la civilisation mycénienne. À cette époque-là, les héros guerriers des rives de la mer Égée utilisent au combat des armes très proches de celles qui sont alors en usage dans de nombreuses régions du continent européen (cat. 101).

Cette ressemblance frappante sera étudiée plus loin dans le détail. Mais jetons d'abord un regard vers le Nord et les vastes régions du centre et du nord de l'Europe, dans lesquelles s'était également développé, au cours du IIe millénaire avant J.-C., un style de vie aristocratique.

Les débuts de la civilisation du bronze
À l'approche du IIe millénaire avant J.-C., les modes de vie dans les régions des Alpes septentrionales ont presque partout changé. En parallèle, les échanges de cuivre et de bronze entre les membres de ces communautés ont pris une importance sans cesse croissante. Des régions très éloignées des gisements naturels sont maintenant intégrées à la civilisation du bronze. Les besoins en métal augmentent, et puissance, richesse et statut social trouvent une expression nouvelle. Dans les régions regorgeant de gisements métallifères, on voit apparaître des personnages puissants, qui sont après leur mort ensevelis dans des tumulus de très importantes dimensions. Les offrandes funèbres sont somptueuses et abondantes et comprennent des armes en bronze et d'autres objets précieux – souvent faits dans des matières peu courantes comme l'or et l'ambre.

Dès le IIIe millénaire avant J.-C., au nord des Alpes, la place de l'individu dans la société se modifie. Chaque société est constituée d'individus et de groupes, et le culte funéraire de l'âge de pierre a réservé à ces derniers une place toute particulière, en édifiant par exemple de grandes sépultures collectives mégalithiques. Au cours du IIIe millénaire, on assiste à une revalorisation de l'individu, ce qui explique que l'on ait de plus en plus recours à des sépultures individuelles. Peu après le début de l'âge du bronze, on dépose en outre dans les tombes des objets précieux en métal – ou faits dans d'autres matières précieuses comme l'ambre – reflétant ainsi la position sociale qu'occupait le défunt au cours de sa vie.

Aux environs de 2000 avant J.-C., on utilise des métaux dans trois grandes régions d'Europe. Dans le sud-est de la zone centrale des Carpates ; dans les zones atlantiques, ce sont plus exactement des régions comme la Bretagne et le Wessex (se reporter à l'essai de Jacques Briard, p. 102 ; cat. 124, 126, 127) qui se distinguent par leur richesse en métaux ; et dans le Nord, ce sont les contrées de l'Allemagne moyenne avec la civilisation dite d'Únětice, situé au nord de Prague (voir l'article de Helle Vandkilde, p. 103 ; cat. 139). Les bases de la prospérité de la civilisation d'Únětice reposent sur les riches gisements d'or, de cuivre et de zinc qui mènent au développement d'un artisanat particulièrement raffiné du travail des métaux. Les groupes de peuplement d'Únětice sont puissants, leur influence s'est étendue à l'Irlande, à la Bretagne, à l'Angleterre et aux régions de la mer Baltique. On a pu relever en contrepartie la manifestation en Europe centrale d'influences venant des régions atlantiques.

Même si les bases de la richesse sont différentes selon les régions, les symboles du pouvoir sont partout étonnamment similaires. Cela s'explique par le fait que les pays situés au nord des Alpes ont évolué vers un système cohérent de reproduction et d'imitation. Le bronze constitue l'échelle de valeur commune et, en de nombreux endroits du continent, s'est développé un mode de vie dans lequel production et échange de denrées prestigieuses jouent un rôle capital. Même les régions du continent pauvres en métaux, comme celle des rives de la Baltique, se trouvent désormais intégrées à la civilisation du bronze. La base de cette intégration est très certainement l'ambre (cat. 22-24) qui, de plus en plus souvent, apparaît dans les zones méridionales des rives de la Baltique.

Dans de vastes parties de l'Europe, au début du IIe millénaire avant J.-C., il existe des poignards, des hallebardes, des haches, qui témoignent toujours, si l'on s'appuie sur la cohérence des découvertes, d'un statut social élevé. La hallebarde illustre bien ce type de découvertes. On en trouve de la péninsule Ibérique à la Hongrie, de l'Irlande à l'Italie et de la Scandinavie à la péninsule des Balkans. Elle connaît en quelque sorte une diffusion internationale et que ce soit en Irlande, en Allemagne, au Danemark ou en Bretagne, elles sont toujours liées à des cérémonies. En outre, elles permettent dans la plupart des régions de souligner la position des élites dans l'échelle sociale.

Aux environs de 1700 avant J.-C., les aspects principaux de l'évolution culturelle se déplacent. Le centre que constituait la civilisation d'Únětice disparaît, vraisemblablement à la suite de problèmes d'approvisionnement, dans le centre de l'Allemagne, en cuivre du Harz au moment même où la production augmente de manière importante dans la région des Carpates. Au cours des siècles qui suivent, le bassin des Carpates devient le centre d'où rayonnaient les échanges unissant des régions très éloignées en particulier le nord et le sud de la Scandinavie, et le nord de l'Allemagne.

L'âge du bronze moyen. Le culte du guerrier, l'épée et les premières roues à rayons

Après 1700 avant J.-C. se développe, au nord des Alpes un vaste ensemble culturel dominé, contrairement aux débuts de l'âge du bronze, non par des concentrations de pouvoir mais par un style de vie aristocratique. Les tombes de guerriers sont l'expression la plus évidente de cette évolution. Les régions nordiques (le sud de la Scandinavie) font alors partie intégrante de la culture européenne du bronze. Au Nord comme au Sud, le culte des morts prescrit que les puissants soient ensevelis dans des tumulus, les offrandes funéraires sont constituées par leurs armes les plus splendides, elles les accompagnent dans leur voyage vers l'au-delà (voir l'essai d'Andreas Boos, p. 106 et celui de Jørgen Jensen, p. 88 ; cat 112-116).

C'est l'époque d'un important renouvellement des techniques militaires de cette grande région transalpine, dont il faut chercher l'origine dans les régions méridionales et orientales du continent. On utilise désormais simultanément l'épée et la lance. L'une des premières épées que découvrent les guerriers d'Europe centrale est la splendide épée à poignée pleine de type Hajdúsámson, Hongrie. Ces armes, fabriquées dans la région des Carpates, se retrouvent très loin dans le Nord, jusqu'au sud de la Scandinavie, où des fondeurs locaux les reproduisent. En maintes contrées, aux tout débuts de la diffusion de ces premières épées, se développe une production locale. Dans les régions situées au nord du continent – sud de la Scandinavie, nord de l'Allemagne –, on commence à fabriquer des épées dont les poignées sont décorées d'ornements en spirales (cat. 114). Un peu plus au sud, comme au sud de l'Allemagne, on préfère des poignées d'épée de forme octogonale.

L'épée, symbole de puissance et de rang social, est aussi l'arme essentielle du guerrier. Deux éléments fondamentaux permettent de juger de sa valeur : la situation correcte de son centre de gravité et la qualité de la soudure de la lame avec la poignée. Fabriquer une épée parfaite est alors un véritable défi pour le fondeur de bronze. Pour fondre le métal, on a recours à un moule en pierre ou en argile, puis la pièce fondue est retravaillée et la poignée est recouverte, le cas échéant, d'une couche de bois, de corne ou d'os. Une épée s'accompagne en outre d'un fourreau en bois (cat. 116), éventuellement garni de ferrures métalliques. Les meilleures épées sont sans doute produites dans des ateliers spécialisés et vraisemblablement fabriquées par des compagnons voyageurs.

On distingue deux types d'épées : l'épée à poignée pleine et l'épée à poignée à languettes. Le plus ancien type d'épée, relativement courte, a une large lame recourbée redoutable. Par la suite, les lames deviennent plus longues et plus étroites, ce qui permet aussi de les manier comme des poignards. Elles s'élargissent à nouveau à la fin de l'âge du bronze, ce qui laisse supposer qu'on recommence à les utiliser pour porter des coups.

Dans l'ensemble des régions du nord de l'Europe, on a découvert des épées dans de nombreuses tombes de guerriers. Cela prouve l'importance du guerrier dans ces sociétés (cat. 112, 113, 116). En outre, les tombes de guerriers les plus richement garnies se rencontrent aux intersections d'un réseau de voies de

5   Figurine du guerrier à genoux, trouvé à Grevensvænge, Danemark, âge du bronze final, X^e-IXe siècle avant J.-C. (cat. 183).

6   Casque en bronze de Blainville, Meurthe-et-Moselle, France (cat. 130).

communication qui recouvre alors l'ensemble du continent européen et facilite le commerce et l'échange de matières premières très demandées, comme l'or, le cuivre, le plomb et l'ambre. Il permet également la diffusion de certains objets, des rives de la mer Égée vers le centre et le nord de l'Europe où l'on se les approprie de façon sporadique. C'est aussi le chemin suivi par des gobelets qui sont fabriqués à l'origine autour de Mycènes et servent parfois à indiquer le statut social de guerriers disparus, ou par des chaises pliantes, datant du XIVe siècle avant J.-C., qui ont été trouvées dans les cercueils en chêne du nord de l'Allemagne et du Danemark, et dont les modèles proviennent indiscutablement des rives de la mer Égée. Enfin, les roues à quatre rayons témoignent elles aussi des emprunts faits à la technologie de ces contrées.

Les premières roues à rayons apparaissent aux environs de 1600 avant J.-C. dans le bassin des Carpates. On en trouve aussi en Scandinavie, un peu plus tardives – vers 1400 avant J.-C. –, entre autres dans un contexte cultuel, avec le char solaire de Trundholm au Danemark (cat. 167). C'est à peu près de cette époque que datent les dalles gravées provenant d'une tombe de chef située près de Kivik dans le sud de la Suède, dont celle qui porte des représentations d'un char de combat attelé avec des chevaux, fragment iconographique possible d'une cérémonie religieuse. Dans ces régions nordiques, les chars ne sont pas utilisés comme chars de combat, en particulier ceux qui possèdent des roues à rayons, qui jouent plutôt un rôle cultuel et symbolisent le statut social.

L'âge du bronze tardif

La civilisation princière de Mycènes continue à se développer dans toute sa splendeur jusqu'au XIIIe siècle avant J.-C., puis s'achève dans une crise qui amène son effondrement. Celle-ci, qui s'étend sur plusieurs générations, touche de vastes secteurs des régions orientales du bassin méditerranéen. En Anatolie, c'est l'écroulement de l'Empire hittite tandis que l'Égypte traverse elle aussi une crise économique et politique, et, aux environs de 1200 avant J.-C., la civilisation mycénienne disparaît. Suit une époque obscure, qualifiée d'âges sombres, qui dure plus de trois cents ans.

On ignore quelles furent les causes exactes de cette crise dans la partie orientale du bassin méditerranéen. Les symptômes en sont bien mieux connus. Pour les civilisations de l'âge du bronze du continent européen, elle a eu entre autres pour

conséquences la diffusion dans des régions plus vastes de toute une série de savoir-faire spécialisés qui étaient auparavant le monopole des palais des bords de la mer Égée. L'étude des armes des élites guerrières de l'Europe du Centre et du Nord confirme cette observation.

Au XIIIe siècle avant J.-C., ces bouleversements eurent en Grèce et dans le bassin méditerranéen des effets importants sur les armes et les techniques de guerre. Désormais, des fantassins particulièrement mobiles prennent part eux aussi aux combats, sans doute nombreux de cette époque. Leur équipement de base est adapté au combat rapproché. On les retrouve parfaitement sur le vase aux guerriers de Mycènes (ill. 3). Les nouveaux combattants ou au moins leurs chefs, des aristocrates, sont de mieux en mieux armés. Au cours des IXe et VIIIe siècles avant J.-C., les armes défensives sont améliorées, en particulier les casques, les cuirasses et les jambières. Après 1300 avant J.-C., les armes que l'on trouve dans les parties occidentales du Moyen-Orient, dans les régions de l'Égée et dans l'Europe du Centre et du Nord ont des traits communs manifestes. On peut sans doute y voir une conséquence des contacts qui existent entre les élites des différentes régions, mais aussi des confrontations militaires sans doute nombreuses qui les opposent. L'influence est d'ailleurs réciproque et est particulièrement évidente dans un vaste secteur qui englobe l'Italie du Nord et du Centre, la Croatie et la Serbie, des parties de l'Allemagne du Sud, l'Autriche, la Hongrie, la Transylvanie, la Moravie et la Slovaquie. Des tombes de guerriers, garnies d'un somptueux mobilier, témoignent aujourd'hui des échanges de nature culturelle et artisanale en vigueur entre les régions d'Europe centrale et de Méditerranée orientale.

Cela explique que les guerriers d'Europe centrale puissent dès lors arborer de splendides armures en bronze, comme le révèle une tombe de guerrier richement pourvue à Čaka en Slovaquie. On y a déposé une armure de bronze martelé, qui a été fabriquée sur place d'après un modèle des régions de la mer Égée. Au Moyen-Orient, on connaît les armures en métal depuis le XVe siècle avant J.-C., et peut-être même depuis plus longtemps encore. Elles sont très vite adoptées par les héros guerriers et, au XIIIe siècle, on voit apparaître ces précieux équipements défensifs dans les régions situées au nord-est des Alpes et dans les Carpates. Quelques siècles plus tard, on les retrouve en Europe de l'Ouest, d'où proviennent les élégantes armures de Fillinges (Haute-Savoie), de Saint-Germain-du-Plain (Saône-et-Loire) et de Marmesse (Haute-Marne ; cat. 133-135) qui n'ont vraisemblablement été fabriquées qu'au VIIIe siècle avant J.-C., elles aussi selon des modèles méditerranéens. Les armures s'accompagnent parfois de jambières en bronze (cat. 128, 129). Les conducteurs de chars les utilisent dès le début de l'époque mycénienne, alors que les fantassins ne les adoptent, semble-t-il, qu'au cours du XIIIe siècle avant J.-C. À la même époque, on commence à les utiliser également dans le nord des Alpes, mais elles sont moins répandues que les armures.

Tout comme les armures, les casques en métal sont une invention du Moyen-Orient, qui avait gagné les régions de la mer Égée au cours de la période mycénienne tardive. Au XIIIe siècle avant J.-C., les casques parviennent aussi en Europe centrale et en Europe du Nord. On en connaît différents types : des casques en bonnet, en cloche, à crête, etc. Dans les périodes précédentes, les guerriers portaient de gros bonnets en feutre qui les protégeaient des coups. On a retrouvé des bonnets de ce genre dans des tombes à cercueil en chêne danoises. Dans les régions situées au nord des Alpes, on a exhumé un nombre relativement important de casques en bronze. On peut les diviser en deux groupes, répartis de part et d'autre d'une ligne qui va de Hambourg à l'Adriatique en passant par Salzbourg. À l'est de cette ligne, on ne trouve que des casques en cloche comme celui de Sehlsdorf dans le Mecklembourg (cat. 132). À l'ouest de cette ligne, on trouve des casques à crête du type de celui de Blainville (Meurthe-et-Moselle). Au VIIIe siècle avant J.-C., c'est surtout en Italie que l'on trouve des casques en bonnet et des casques à crête richement décorés.

Les casques à cornes en bronze de Viksø au Danemark sont d'un type bien particulier (cat. 177). Ces deux casques danois représentent une trouvaille archéologique unique, mais des exemplaires comparables ont dû exister ailleurs, entre autres en Sardaigne où l'on peut les voir sur des figurines en bronze. Une figurine de guerrier à genoux retrouvée également au Danemark porte un casque à cornes (cat. 183). On a trouvé des statuettes comparables dans d'autres régions du bassin méditerranéen, en particulier en Syrie et à Chypre.

Vers la fin du XIIIe siècle avant J.-C., en Grèce, on commence à utiliser le bouclier rond. Au nord des Alpes, il l'a sans doute été de manière plus précoce. On connaît par la tombe de Hagenau (voir l'essai d'Andreas Boos, p. 106) des boucliers de ce type, en bois à ferrures métalliques. Par la suite, ils sont en bronze. On en connaît de deux sortes : les boucliers ronds et les boucliers ovales dits aussi de Herzsprung (cat. 149-

152). On a mis au jour de très nombreux boucliers ronds en Angleterre et en Écosse, mais on en a trouvé également en Irlande, au Danemark et en Allemagne moyenne. Des boucliers du type de Herzsprung sont retrouvés au Danemark, en Suède, en Allemagne du Nord et en Bohême, en Irlande – où ils sont en cuir et en bois. Dans le midi de la France et la péninsule Ibérique, ils sont représentés sur des stèles, associés à d'autres armes, ce qui indique qu'ils étaient utilisés par une élite de guerriers (voir les articles de Susana Oliveira Jorge, p. 114 et p. 137 ; cat. 97, 98). Ils ont pu être importés des régions orientales de la Méditerranée par des marchands phéniciens.

La plupart des armes évoquées jusqu'ici ont été développées dans les régions situées à l'est du bassin méditerranéen, mais il en va autrement pour les épées. Dès le début de l'âge du bronze moyen, elles constituent les armes les plus nobles des guerriers européens. L'épée à poignée à languette représente un type d'épée bien particulier, très courant en Europe centrale et du Nord à la fin du XVe siècle (cat. 112). Autour de 1200 avant J.-C., on en voit apparaître une variante tardive non seulement en Grèce (cat. 101), mais aussi à Chypre, au Moyen-Orient et en Égypte. Cette épée a semble-t-il été développée dans le bassin des Carpates, d'où elle s'est répandue vers le sud, car elle était sans doute supérieure, comme arme offensive, aux épées de la région de la mer Égée, où des exemplaires ont été découverts entre autres à Mycènes.

Après le XIIIe siècle avant J.-C., la culture du héros guerrier – dont l'apogée coïncide avec la civilisation de Mycènes – se répand dans l'Europe du nord des Alpes, en s'adaptant bien entendu aux conditions locales. L'utilisation du char comme objet cultuel et symbole du pouvoir que l'on retrouve dans ces régions en est une preuve.

Le char de combat à deux roues, qui fut à l'origine un symbole du statut social des souverains de Mycènes, atteint, dans un certain nombre de cas isolés, les régions situées au nord des Alpes (cat. 40). Mais il y évolue rapidement de manière autonome. Aux XIIIe et XIIe siècles, on développe un char à quatre roues tiré par deux chevaux. Au cours des siècles qui suivent, il est utilisé en guise de char de cérémonie, sans plus aucun but militaire. Néanmoins, ce char à quatre roues, associé à des armes et à des gobelets et des vases, prend une grande importance comme symbole du statut social de l'élite guerrière de plus en plus dominante à l'âge du bronze dans les contrées de l'Europe centrale et du Nord et qui connaît son plein épanouissement au début de l'âge du fer, au milieu du premier millénaire avant J.-C. (voir les essais de Christopher Pare, p. 125, et de Henrik Thrane, p. 127).

7   Bouclier, Danemark, âge du bronze final, XIe-Xe siècle avant J.-C. (cat. 149).

B$_{IBL.}$: Ahlberg, 1971 ; Bader, 1990 ; Borchhardt, 1972 ; Catling, 1956 ; Chenorkian, 1989 ; Clarke, Cowie et Foxon, 1985 ; Clausing, 1997 ; Coles, 1962 ; Gedl, 1980 ; Goetze, 1984 ; Gräslung, 1967 ; Hencken, 1959, 1971 ; Hüttel, 1982 ; Kossack, 1974 ; Merhart (von), 1969 ; Mohen, 1987 ; Pare, 1992 ; Paulík, 1968 ; Sandars, 1985 ; Schauer, 1975, 1978, 1980, 1982, 1984a, 1986a et b ; Treue, 1986.

Sépultures et pratiques funéraires dans le bassin égéen

Katie Demakopoulou

L'architecture et les pratiques funéraires à l'âge du bronze égéen, telles que les fouilles des monuments funéraires et des cimetières nous les révèlent, prouvent clairement l'importance de la dimension sociale de cette période. En dépit de variantes observées dans les modes de sépulture, il existe généralement une similitude considérable des approches de la mort chez les habitants des différentes régions de l'Égée préhistorique. En outre, les différents types de sépultures et de pratiques funéraires découvertes en Égée au cours de la période néolithique perdurent à l'âge du bronze.

Depuis le début de l'âge du bronze, c'est à l'inhumation que l'on a le plus souvent recours : les crémations demeurent exceptionnelles jusqu'à la fin de cette période, qui voit alors cette pratique augmenter graduellement. La dépouille est normalement placée à l'intérieur de la tombe dans une position repliée, ou, plus rarement, surtout durant l'âge du bronze, couchée sur le dos. La position contractée peut avoir eu dans certains cas un sens rituel, ou être due également à un manque d'espace. Les morts sont accompagnés d'offrandes, dont la qualité varie selon le statut social de la personne. Les tombes des bébés et des jeunes enfants n'en comportent pas, en principe. On trouve souvent dans les tombes des traces de rituels

1 Vue du cercle de tombes A de Mycènes, XVI⁰ siècle avant J.-C.

qui s'expliquent par une consommation de nourriture ou de boisson par les parents du défunt, avant ou après l'inhumation. Les fouilles montrent que d'autres cérémonies en l'honneur des morts sont organisées dans les cimetières. Des espaces sont ménagés dans les sépultures familiales pour les décès à venir. On y allume des feux, à caractère rituel, peut-être pour des fumigations. Pour faire de la place, les parents ne répugnent pas à rassembler les os dans des fosses ou à les empiler dans les coins des tombes, voire même à les jeter. Ils enlèvent également un grand nombre d'offrandes. Il semble qu'après la décomposition du corps le mort n'inspire plus de respect, à quelques exceptions près. Rien n'a été toutefois découvert qui permette d'imaginer l'existence d'un véritable culte des morts.

Les sépultures sont soit isolées soit organisées en cimetières, à l'intérieur ou à l'extérieur des habitats. Les Cyclades et la Crète connaissaient déjà les vastes cimetières organisés au début de l'âge du bronze. Dans les Cyclades, les tombes du cycladique récent étaient normalement des cistes de forme rectangulaire ou trapézoïdale, réalisées en pierre ou avec des dalles. Ce type de tombe a été découvert dans la plupart des Cyclades, qu'il s'agisse de petites ou de grandes nécropoles. Le plus important est celui de Chalandriani sur l'île de Syros, qui comporte six cent cinquante sépultures. Celles-ci renferment un ou deux corps, et, en principe, un nombre d'offrandes plus ou moins grand, des vases en argile ou en pierre, des objets en métal, des bijoux, des armes, et les fameuses figurines cycladiques (cat. 35, 110, 164-166). Ce type de sépulture se rencontre sans interruption dans les Cyclades jusqu'à la fin de l'âge du bronze, même si avec le temps sont apparues de véritables constructions, parfois creusées dans la roche.

En Crète, on a mis au jour de très vastes nécropoles, ainsi qu'un matériel funéraire riche, datant surtout de l'âge du bronze ancien et moyen. En ce qui concerne le début de l'âge du bronze, deux types prédominants de monuments funéraires construits sont connus : les tombes circulaires et les « tombes maisons » rectangulaires. Ce sont invariablement des tombes familiales destinées à un usage répété. Elles sont présentes dans les cimetières organisés, dont les plus connus sont celui de Foúrni à Arkhánes, et ceux de Mália, Palaikastro, Zákro et Mochlós. Les tombes de Mochlós étaient si grandes et si élaborées, si richement dotées d'offrandes constituées de bijoux en or (cat. 213, 214) et d'autres objets précieux, qu'elles semblent avoir été réservées à un groupe appartenant à l'élite. Les tombes d'Arkhánes contenaient aussi des offrandes en abondance. Outre ces deux types de monuments funéraires, il existe des tombes cistes ou de simples fosses, qui ne renferment en général qu'un seul corps.

En Crète, durant la période des premiers palais, au début du minoen moyen (2000-1700 avant J.-C.), une structure, célèbre pour les découvertes de valeur qui y ont été faites, fut érigée dans le cimetière de Mália, à Chrysolakkos, qui devait être un ossuaire royal. La seconde période palatiale de la fin du minoen moyen (1700-1450 avant J.-C.) compte moins de tombes connues en Crète que lors des premières périodes. Les tombes à chambre de la région de Cnossos renferment une profusion d'offrandes, et les premiers cimetières de Mochlós

2   Tasse en or mise au jour dans la tombe à fosse 5, cercle de tombes A, Mycènes, Argolide, Grèce, âge du bronze final (cat. 100).

et d'Arkhánes servent toujours. Dans les cimetières crétois du minoen récent, toutefois, on avait recours principalement à des cercueils en terre cuite *(larnakes),* de la forme de coffres en bois rectangulaires.

En Grèce proprement dite – à Manika en Eubée, et à Aghios Kosmas en Attique –, on a mis au jour d'importantes nécropoles de tombes en cistes, des sépultures creusées dans le rocher, ou de simples fosses datant du premier âge du

3   Entrée du « trésor d'Atrée » à Mycènes, XIVe siècle avant J.-C.

bronze. Les tombes contenaient de multiples traces d'ensevelissement et une grande quantité d'offrandes, certaines provenant des Cyclades. Des cimetières plus petits ou des tombes individuelles dans des cistes ont été identifiés à Thèbes, à Tirynthe, à Élis, à Perachora et à Aghios Stephanos. La plupart renfermaient toute une variété d'objets en offrande.

Des tombes garnies de riches offrandes, datant de la seconde phase de l'âge du bronze ancien, ont été découvertes à Leukas (cat. 215) et à Thèbes. Le trésor de Thyréatis, un ensemble de bijoux en or maintenant au musée de Berlin, vient probablement d'une tombe de cette période.

Des cimetières de l'âge du bronze moyen ont été trouvés dans toute la Grèce continentale : ils se composent de tombes en cistes, de simples fosses, et souvent de sépultures dans des pithos. L'un des plus grands et des plus connus est celui d'Asine, dont les tombes regorgeaient d'offrandes. Des tumulus furent également créés, renfermant un nombre important de sépultures individuelles dans des cistes, des fosses ou des pithos. Ils ont été trouvés principalement en Messénie, mais aussi en Attique et en Argolide.

Vers la fin de l'âge du bronze moyen, les tombes deviennent en Grèce plus élaborées, avec des offrandes plus somptueuses, qui révèlent une stratification sociale croissante et l'émergence de familles aristocratiques dirigeantes. Les plus fameuses sont les tombes à fosse de Mycènes, qui existent de la fin du XVIIe au début du XVe siècle. Elles ont la forme de grands puits rectangulaires creusés dans le soubassement rocheux, entourés par deux cercles de tombes : le cercle A, à l'intérieur de l'acropole de Mycènes, et le cercle B, situé un peu à l'écart du premier. Les trésors qu'elles contiennent en ont fait l'ensemble de tombes le plus riche et le plus important de l'Égée préhistorique découvert à ce jour (cat. 100, 102-104, 168, 203). Des tombes à fosse similaires, mais ne renfermant pas la même abondance d'offrandes, ont été trouvées à Argos, à Thèbes, et dans l'île d'Égine. La tombe d'Égine est considérée comme la plus ancienne et date de la seconde phase de l'âge du bronze moyen.

Les monuments les plus importants de l'architecture funéraire mycénienne sont cependant les tombes en tholos, qui ont été trouvées à travers toute la Grèce du sud du Péloponnèse et des Cyclades jusqu'en Thessalie et en Épire. On pense que ce sont des tombes royales, et on les associe aux sièges du pouvoir – Mycènes, Tirynthe, Midéa (Dendra), Pylos, Vaphio et Orchomène, pour ne citer que les exemples les plus connus. Les tholos comportent un couloir d'accès (le dromos), une entrée, et une chambre qui est invariablement de forme circulaire. La chambre, souvent décorée, est construite en blocs de pierre en encorbellement, donnant ainsi à la tombe sa forme caractéristique de ruche. Parmi les tombes à coupole les plus célèbres, celle d'Orchomène, appelée « trésor de Minyas », et celle de Mycènes, le « trésor d'Atrée », datent toutes deux de la période mycénienne récente (XIVe siècle avant J.-C.). Les murs et le plafond décorés de leurs salles latérales et la façade somptueusement ornée de la tombe de Mycènes démontrent le caractère luxueux de leur construction. Les énormes linteaux et la hauteur de l'édifice constituent également des réalisations impressionnantes de la technologie mycénienne.

Les tombes à chambre creusées dans la roche tendre à flanc de coteau représentent un type d'architecture funéraire plus simple. On les trouve en grand nombre en Égée, en Crète, et même en Asie Mineure (à l'est) et en Sicile (à l'ouest) durant la pleine période mycénienne, ce qui indique l'étendue de la pénétration mycénienne à la périphérie de son monde. Elles sont également précédées d'un dromos en pente conduisant à la chambre mortuaire, de forme rectangulaire ou elliptique avec un toit bas et voûté. Des fosses sont creusées dans le sol, et des niches, dans les murs ; des bancs sont disposés le long des parois pour recevoir les corps et les offrandes. Ce sont là des tombes familiales, utilisées pour des inhumations multiples sur une longue période de temps. Elles appartiennent en général à des ensembles de sépultures plus vastes, dont les plus célèbres et les plus riches se trouvent en Argolide. Le cimetière de Tanagra en Béotie est également très connu, avec ses tombes renfermant plusieurs cercueils en terre cuite, décorés de scènes de procession et de lamentations rituelles des pleureuses, comme sur les vases attiques géométriques (fig. 4).

Les cistes continuèrent à être utilisées conjointement avec les tombes à chambre, où elles ont été trouvées. La construction de ces tombes, la richesse et la profusion du mobilier funéraire – vases en pierre et en argile, ustensiles précieux, armes, figurines, sceaux et objets d'ivoire (cat. 5, 16, 17, 21, 43, 44, 51, 58, 59, 72, 159, 160-163) – révèlent une structure sociale complexe. Elles semblent avoir été destinées à la population

4   Larnax de la tombe à chambre n° 6, Tanagra, Béotie, Grèce, âge du bronze final, XIIIe siècle avant J.-C. (cat. 109).

urbaine ordinaire du monde mycénien, bien que certaines d'entre elles, dont celles de Mycènes et de Dendra, aient contenu des offrandes de valeur comparable au matériel des tombes royales. Des tombes de cette catégorie ont continué à être construites jusqu'à la fin de la civilisation mycénienne, moment où les simples cistes et les fosses sont devenues le type prédominant dans les grandes nécropoles (le Céramique à Athènes, les cimetières de Salamine, d'Argos…).

BIBL. : Cavanagh et Mee, 1998 ; Dickinson, 1994 ; Hägg et Nordquist, 1990 ; Kilian, 1988 ; Laffineur, 1987 ; Pelon, 1976.

Les princes de l'Atlantique

Jacques Briard

Les ressources en cuivre, en étain et en or ont favorisé le développement de la métallurgie en Europe occidentale et particulièrement dans les îles Britanniques et en Armorique dès la fin du IIIe siècle avant Jésus-Christ. L'exploitation des minerais, le contrôle des échanges d'objets fabriqués sera à l'origine de sociétés dirigées par des élites affirmant leur notoriété par des objets de prestige. Les premières « chefferies » se développent dans les sociétés chalcolithiques de Grande-Bretagne. Des sépultures individuelles comportent des poignards en cuivre, des gobelets campaniformes, des bijoux d'ambre et des brassards d'archers ornés de clous en or. Les lunules en or de type irlandais et les hallebardes en cuivre, ainsi que quelques gobelets en or comme celui de Rillaton illustrent le développement des symboles de pouvoir et des objets d'échange de prestige. Au bronze ancien, de véritables sociétés princières se mettent en place des deux côtés de la Manche, celle du Wessex en Grande-Bretagne et celle des tumulus armoricains en Bretagne.

Dans le Wessex, des tombes comme celles de Bush Barrow (à Wilsford) accumulent des haches et des poignards en bronze ou en cuivre arséniés, des appliques en or et même un sceptre, en os et ivoire, muni d'une masse en pierre, des objets symbolisant le pouvoir. L'élite de la société n'est pas seulement masculine. Une des tombes de Normanton est celle d'une princesse, qui fut enterrée dans ses vêtements de laine avec des armes en bronze, des disques d'ambre sertis d'or et une superbe hallebarde miniature à lame d'ambre et manche en or. Le jais est également utilisé pour des coupes comme celle de Farway Down. La poterie comprend des brûle-parfum et de la vaisselle. Des perles cannelées en fritte ou en pâte de verre bleue inspirées de modèles égyptiens caractérisent le contenu des cistes de femmes. Le grand monument astronomique de Stonehenge (Wiltshire, Angleterre) atteint sa forme définitive avec le grand cercle extérieur de trilithes (se reporter à l'essai de Chris Scarre, p. 155). Sur certains piliers, les gravures de haches et de poignards datent du bronze ancien, époque qui voit l'émergence de nouvelles structures d'occupation de l'espace agraire, du type de celles qui furent étudiées dans la région de Dartmoor.

En Bretagne, une trentaine de grands tumulus attestent du partage du territoire entre « princes d'Armorique ». Leurs tombes imposantes comme celle de la Motta à Lannion comprennent des haches et des poignards en cuivre et en bronze, des bijoux d'ambre et d'or et de superbes pointes de flèches en silex, tous objets de prestige. Deux tumulus, à Saint-Fiacre et à Saint-Adrien, ont livré de petits gobelets en argent qui laissent supposer des communications avec la péninsule Ibérique, que confirme l'existence de grandes lames d'épées à languette, communes

1. Mobilier funéraire de la tombe de Clandon Barrow, Winterborne St. Martin, Dorset, culture du Wessex, Grande-Bretagne, XIIIe siècle avant J.-C. (cat. 124).

aux deux régions. À côté des grands tumulus princiers, de nombreuses sépultures plus modestes ont également été retrouvées, dont certaines contenaient des perles en pâte de verre – ainsi que ces ensembles de cistes et de tombelles très pauvres. Les monuments mégalithiques furent réutilisés, aménagés en tombes individuelles et parfois, comme à Saint-Just, complètement désaffectés et transformés par les populations de l'âge du bronze, afin de servir à d'autres rites religieux que ceux du culte de la déesse-mère néolithique, dédiés cette fois au soleil, au cheval, à la roue et au guerrier.

Les inhumations princières dans la culture d'Únětice

Helle Vandkilde

La première partie de l'âge de bronze en Europe centrale était plutôt, du point de vue technique, un âge de pierre comportant un emploi restreint d'outils de métal dans la plupart des régions. Ce n'est que dans la seconde phase du début de l'âge de bronze, vers 2000 avant J.-C., que l'usage d'objets en cuivre et les connaissances en métallurgie se répandirent en s'intégrant complètement dans la vie sociale. L'émergence d'un véritable âge du fer en Europe centrale peut être reliée à la découverte du sulfure de cuivre dans les gisements alpins et la région limitrophe germano-bohémienne, et, plus particulièrement, aux nouvelles capacités techniques d'emploi de ces minerais si complexes. À la même époque, l'alliage avec de l'étain devint de plus en plus courant. Néanmoins, ressource encore rare, l'étain était seulement ajouté en quantités très variables, allant de 30 à 70 % dans la composition de l'objet fabriqué. Un âge du bronze indiscutable – offrant un alliage bronze et étain standard – n'apparut pas avant la fin de sa phase initiale, soit environ 1700 avant J.-C. Bien que nos connaissances sur les techniques de la métallurgie primitive aient considérablement évolué ces dernières décennies, notre compréhension de leur contexte social n'a pas suivi le même rythme.

Des témoignages archéologiques – relevant de la culture matérielle prise dans un contexte funéraire, sacrificatoire et domestique – suggèrent généralement une différenciation sociale de plus en plus grande dès le début de l'âge de bronze. Celle-ci semble suivre de près l'utilisation croissante de métal et les innovations dans la métallurgie. Vers 2000 avant J.-C., la situation sociale devint particulièrement complexe avec la manifestation, dans les domaines funéraires et/ou sacrificiels, des différences et la démonstration, parfois ostentatoire, de possession de richesse et de pouvoir social. Cependant, des différences régionales existaient, et deux groupes, très dissemblables au regard de l'organisation sociale, résidaient le long du Danube, en dessous des Alpes

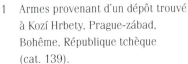

1   Armes provenant d'un dépôt trouvé à Kozí Hrbety, Prague-zábad, Bohême, République tchèque (cat. 139).

orientales riches en cuivre, et dans la Saxe-Thuringe (au centre de l'Elbe et de la Saale), entourée de collines regorgeant de minerais de cuivre, d'étain et d'or. Les formes d'expression techniques, le degré et la forme de l'inégalité sociale diffèrent évidemment de façon marquée entre ces deux régions centrales ; néanmoins, il est difficile de coller des étiquettes sociales précises sur ces différences.

La hiérarchie sociale était précisément en déploiement manifeste dans la Saxe-Thuringe de la civilisation d'Únětice de 2000 à 1700 avant J.-C. Cette région, en particulier la zone située autour de la ville actuelle de Halle, se démarquait tout à fait du reste de l'Europe centrale : des richesses en métaux en quantités énormes étaient offertes aux dieux dans des endroits sacrés, s'inscrivant ainsi dans ce qui a dû faire partie d'événements rituels et sociaux importants (cat. 139). Opulence et autorité sociale étaient exhibées surtout lors de telles célébrations sacrificielles, tandis que les activités funéraires étaient en général plus modestes. Quelques objets personnels en métal ou, très souvent, des poteries seules accompagnaient le défunt, qui était inhumé parmi ses proches dans un cimetière composé de tombes plates.

Comparé à ce modeste et traditionnel contexte funéraire, un petit rassemblement de six ou sept tumulus géants enfermant des sépultures richement meublées de chambres funéraires en poutres de chêne massif est une complète surprise. Quelques hommes adultes, issus de familles de haut rang, furent de toute évidence glorifiés à leur décès ; et la différence avec le peuple inhumé très simplement était montrée de toutes les façons possibles. Il semble que ces hommes aient occupé une position sociale prééminente et extrêmement privilégiée, et la hiérarchisation de la société de la fin de la civilisation d'Únětice en Saxe-Thuringe ne peut guère être mise en doute. La somme de travail colossale investie dans ce type de construction funéraire, l'ameublement abondant et la riche ornementation du corps prouvent que les personnes inhumées se trouvaient bien au sommet de la vie sociale et politique. Quant à leur équipement personnel – armes, ustensiles, ornementations –, il présente des ressemblances frappantes avec celui qui était offert aux dieux ; cela pourrait suggérer que ces personnes étaient aussi des chefs religieux.

Les tombes princières de Leubingen (dans le bassin de Thuringe, près de Sömmerda) et de Helmsdorf (dans le district de Halle, près de Hettstedt) étaient en parfait état de conservation ; ce sont également les inhumations de ce type les mieux documentées. Les fouilles eurent lieu en 1877 et en 1906-1907, et, pour l'époque, les publications sont remarquables. La dendrochronologie nous a montré que le chêne utilisé pour les chambres funéraires fut abattu respectivement vers 1942-1900 et 1840-1800 avant J.-C. Des analogies dans la construction et le contenu confirment la date de construction de l'ensemble du groupe de tombes princières durant les premiers siècles du IIe millénaire avant J.-C.

Le tertre de Leubingen a un diamètre de trente-quatre mètres et dépasse les huit mètres de hauteur. À l'intérieur du monticule de terre, un énorme cairn central composé de plaques de pierres imbriquées recouvrait une chambre en bois de forme triangulaire, ou de tente, d'une surface au sol d'environ quatre mètres sur deux. Le toit était fait d'une couche de chaume. Le corps d'un adulte était étendu sur le sol, le visage tourné vers l'extrémité nord de la chambre et, en travers de ses hanches, à angle droit, gisait un autre corps plus frêle d'adolescent, ou peut-être d'enfant. On ne sait rien du statut de l'homme adulte mais, de toute évidence, c'est le personnage principal, et les objets trouvés dans la chambre semblent lui appartenir. À ses pieds, du côté gauche, une jarre de stockage sphérique, rustiquée sur sa demi-panse inférieure, était placée dans un dispositif en pierre. Du côté droit de ses jambes et de ses pieds, plusieurs objets étaient soigneusement répartis par petits groupes : un grand pic sinueux et une pierre à aiguiser. De plus, on pouvait trouver une série d'armes en bronze et des outils : une hallebarde avec un manche en bois, trois petites lames de couteau, deux haches à rebord et trois gouges. Des bijoux en or étaient disposés à droite de son bras : deux grandes épingles de robe en œillet, une perle en spirale, un bracelet massif et deux anneaux torsadés pour les doigts ou les cheveux.

La splendeur des imposants tertres funéraires de la région moyenne de l'Elbe-Saale est unique en Europe centrale de cette époque. Cependant, un écho inattendu et qui incite à la réflexion apparaît aux confins du Nord-Est, à Łęki Małe (Koscian) sur la rivière Warta à Poznán (cat. 122). Onze tertres funéraires s'y trouvaient alignés le long d'une vallée fluviale, parmi lesquels quatre sont toujours visibles. Avec l'emplacement fortifié voisin de Bruszczewo, ils représentent une communauté de la civilisation d'Únětice inscrite dans un environnement culturel – par ailleurs étranger – qui semble être un comptoir commercial pour l'échange de métaux. Le plus petit tertre – faisant vingt-quatre mètres de diamètre – fut exhumé en 1953. La tombe bipartite originelle composée de bois, de pierre et d'argile renfermait deux corps. L'un, de sexe masculin, était doté d'une hallebarde au manche en métal, d'une large lame de couteau triangulaire, d'une hache à

2 Détail de la stèle d'Anderlingen, Rotenburg/Wümme, Basse-Saxe, Allemagne, âge du bronze ancien (cat. 96).

rebord et d'une épingle vestimentaire munie d'une tête spiroïdale en bronze et d'une spirale en or. Un corps féminin portait deux anneaux massifs en bronze autour des chevilles. En outre, il y avait cinq pots et des restes d'outils en bois. Une seconde tombe vers l'ouest du monticule contenait un corps, auprès duquel étaient disposés un couteau à manche de métal, une hache à rebord, une gouge, deux épingles de robe à œillet, deux perles d'ambre, trois anneaux torsadés en or et cinq pots. Les datations au carbone 14 confirment le caractère contemporain des inhumations de Łęki Małe et de Saxe-Thuringe. Les ressemblances dans l'expression des techniques et des rituels funéraires suggèrent des communications poussées entre les élites de ces deux régions reculées, probablement amplifiées par l'existence de liens familiaux.

BIBL : Becker *et alii*, 1989a ; Von Brunn, 1959 ; Clarke *et alii*, 1985 ; Coles et Harding, 1979 ; Fischer, 1956 ; Gedl, 1980 ; Grössler, 1908 ; Hachmann, 1972 ; Höfer, 1906 ; Jahn, 1950 ; Machnik, 1977 ; Matthias, 1976 ; Müller, 1982 ; Müller-Karpe, 1980 ; Otto, 1958 ; Shennan, 1993, 1994 ; Simon, 1990b ; Vandkilde, 1986 ; Zich, 1996.

LA TOMBE DU CHEF DE GUERRE DE HAGENAU ET AUTRES TOMBES DE GUERRIERS DE RANG SIMILAIRE

Andreas Boos

La tombe du chef de guerre de Hagenau, près de Regenstauf, dans le canton de Ratisbonne (Haut-Palatinat), qui fut explorée en 1975 par un pilleur de tombes, offre la collection d'armes la plus riche qu'on ait découverte dans le sud de l'Europe centrale dans une tombe de guerrier de l'âge du bronze. Le tumulus, disposé dans une nécropole de grandes dimensions datant de l'âge du bronze et de l'âge du fer, renfermait, à côté d'une inhumation plus tardive datant de l'époque de Hallstatt (sépulture à incinération), une chambre funéraire en pierre qui contenait un squelette orienté selon un axe nord-sud et était accompagné de nombreuses offrandes. Malgré les conditions inadaptées dans lesquelles les fouilles furent menées, la cohérence de cet ensemble ne saurait être mise en doute.

Les offrandes sont plus précisément : une longue épée à languette et une autre plus courte, un poignard à languette trapézoïdale, une hache à talon de taille moyenne, quatre pointes de flèche à douille, une splendide épingle à vêtement, un crochet qui faisait sans doute partie du baudrier, deux anneaux en spirales en or, une paire de bracelets massifs et une paire de bracelets annulaires, trois alênes – peut-être des aiguilles à tatouer ? –, un rasoir, une lame en jaspe (silex en plaques) ainsi qu'un grand récipient à bossettes et à col cylindrique, enfin treize épingles

1 Mobilier funéraire d'une tombe de chef, Hagenau, Haut-Palatinat, Allemagne, âge du bronze moyen (cat. 112).

d'ornement de petite taille et trente plus grandes à tête renflée et creuse. Alors que la forme de la plupart des objets est caractéristique des sépultures en tumulus du Haut-Palatinat et de Bohême à l'âge du bronze, on remarque la singularité de certains d'entre eux tels que le grand vase en céramique, le crochet de ceinture primitif et surtout l'épingle à vêtement à disque dentelé de 52 centimètres de longueur. Elle unit la mode des épingles de ce type provenant de l'est de la France et du sud-ouest de l'Allemagne à celle des disques ornés originaires de Bohême et de Basse-Autriche. Comparée aux autres objets découverts dans cette sépulture, cette épingle peut être considérée comme particulièrement élaborée et permet de situer l'ensemble funéraire à la période moyenne et tardive de l'âge du bronze, lors de la transition entre l'âge du bronze C2 et l'âge du bronze D1, c'est-à-dire à une période qui se situe vers 1300 avant J.-C.

Plus encore que les anneaux d'or, très répandus en Bohême, l'armement, d'une extraordinaire richesse, permet d'affirmer que le défunt était un chef ou un prince. L'épée à longue lame du type Asenkofen fut brisée en quatre morceaux avant d'être ensevelie, alors que l'épée courte, qui provient sans doute d'un exemplaire plus long de même genre, était intacte. Le poignard et la hache complètent cet ensemble d'armes offensives d'un guerrier de haut rang ; les pointes de flèche indiquent en outre qu'il utilisait également l'arc. Les quarante-trois clous ornementaux pourraient provenir des ferrures d'un bouclier en bois qui aurait été déposé sur ou sous le récipient.

La tombe du chef de guerre de Hagenau, et son ensemble d'armes, est représentative d'un groupe de riches tombes de guerriers de la période du bronze moyen et tardif telle qu'elle s'est développée au sud de l'Europe centrale. La présence d'une épée est une de leurs caractéristiques, et elle va de pair pour la période du bronze C1 avec celle du poignard et de la hache ou de l'une au moins de ces deux armes offensives. Dès le bronze C2, poignard et hache sont rarement présents, et à la période D de l'âge du bronze, on ne les trouve plus que de façon exceptionnelle. En revanche, les tombes renferment en outre, de plus en plus souvent, une lance ou un couteau de chasse, utiles en forêt. Cette tendance à ajouter des couteaux s'intensifie au début de la période des champs d'urnes (période A de l'époque dite de Hallstatt). L'incinération prend dès la période D de l'âge du bronze une place égale à celle de l'inhumation, habituelle jusqu'alors. Avant que ne se développe la période des « champs d'urnes » à proprement parler, ces deux rites funéraires demeurent en géné-

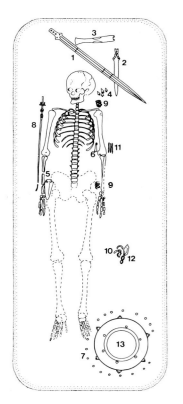

2 Tombe de Hagenau, Allemagne. 1. Grande épée à languette ; 2. épée plus courte à languette ; 3. hache à ailerons ; 4. pointes de flèche ; 5. poignard à bouton ; 6. boucle de ceinture ; 7. clous décoratifs ; 8. épingle en or ; 9. bracelet spiralés en or ; 10. bracelet en or ; 11. aiguilles de tatouage ; 12. rasoir ; 13. vase en céramique.
Échelle : 1/12 envion (reconstitution d'après H. Böhmer).

ral liés l'un et l'autre, associés à des sépultures en tumulus.

Même si les épées ont également eu pour rôle de symboliser un statut social, l'ajout d'autres armes souligne la fonction militaire de ces riches guerriers et chefs de guerre, qui résident de préférence près des endroits stratégiques, à l'intersection des artères principales de circulation et d'échanges commerciaux, des itinéraires qui se sont déplacés au cours des siècles. Ces chefs contrôlent et dominent les échanges de biens et sont en conséquence ouverts aux influences les plus variées, ce qui leur attribue un pouvoir économique leur permettant d'acquérir des biens ou des marchandises inhabituelles, témoins de l'évolution des cultures.

BIBL. : Rieckhoff, 1990, p. 70, 194 *et sq.* ; Schaich, 1989, p. 54, 60 *et sq.*, n° 104, tableau 67-71 ; Stary, 1980, p. 46-97 (liste des tombes renfermant des épées du bronze C1 à Hallstatt A2).

Tombes à cercueils en chêne de l'âge du bronze en Europe du Nord

Jørgen Jensen

Dans le nord de l'Allemagne et au sud de la Scandinavie, au début de l'âge du bronze – entre 1700 et 1100 avant J.-C. environ –, on enterrait les morts selon les rites funéraires en vigueur, dans des cercueils fabriqués dans des troncs de chênes évidés. Après l'inhumation, on édifiait au-dessus du cercueil un tertre de dimensions parfois imposantes. Pour un diamètre moyen de vingt mètres, ces tumulus atteignaient une hauteur de trois ou quatre mètres. Mais des tumulus de plus de trente mètres de diamètre n'étaient pas rares, et certains étaient encore plus étendus. Rien qu'au Danemark, on dénombre environ quarante mille tumulus datant de l'âge du bronze ancien (ill. 1).

Dans la grande majorité des cas, les matières organiques se décomposaient peu de temps après l'inhumation. Cependant, des conditions naturelles et chimiques particulières à l'intérieur du tumulus ont permis dans certains cas que le cercueil en chêne et son contenu soient préservés jusqu'à nos jours. Ces cercueils en chêne, vieux de plus de trois mille ans, font partie des vestiges les plus étonnants de l'âge du bronze dans le nord de l'Europe. Ils sont presque tous conservés au musée national du Danemark à Copenhague.

Dans quelques cas bien particuliers, le cœur du tertre édifié par accumulation de plaques d'herbes contenait beaucoup d'eau ce qui, grâce à une atmosphère pauvre en oxygène, aboutit à la constitution d'une couche riche en fer autour du cœur du tumulus. Elle isola complètement le contenu, empêchant la décomposition des cercueils qu'il renfermait.

Au cours du XIXe siècle, des archéologues danois exhumèrent plusieurs cercueils en chêne datant de l'âge du bronze en

1   Le Danemark possède environ 40 000 tumulus du début de l'âge du bronze et de sa période moyenne. Ils furent presque tous édifiés en un laps de temps relativement court allant de 1700 à 1100 avant J.-C.

2   Chaise pliante provenant d'une sépulture avec cercueil en chêne du tumulus de Guldhøj dans le sud du Jutland (Danemark). D'après la méthode dendrochronologique, elle date d'environ 1381 avant J.-C. Elle a été fabriquée d'après des modèles venus d'Égypte ou des rives orientales de la mer Égée.

très bon état de conservation. Un grand nombre d'entre eux furent découverts dans le sud du Jutland, près de la frontière avec le Schleswig-Holstein. Les tumulus les plus célèbres de cette contrée sont ceux de Guldhøj, Store Kongehøj (cat. 116) et Trindhøj. On y a mis au jour un grand nombre de sépultures bien conservées d'hommes. Les morts avaient été enterrés vêtus de leurs habits de tous les jours. Ils portaient un bonnet, un pourpoint, une coiffe ronde, et de nombreux bijoux et armes avaient été ensevelis avec eux ; d'autres offrandes funéraires ont également été trouvées, comme des coupes en bois décorées de

3 Cercueil en chêne de la tombe sous tumulus de Borum Eshøj dans le Jutland (Danemark). Le mort était âgé de vingt à vingt-deux ans. La méthode dendrochronologique a permis d'établir que la tombe a été édifiée aux environs de 1345 avant J.-C.

dessins réalisés avec des rivets d'étain, ou bien une chaise pliante en bois de frêne, dont le siège en peau de loutre avait disparu. On rencontre le pendant de ces chaises pliantes sur les côtes est de la Méditerranée.

Ces cercueils en chêne ont pu être découverts au XXe siècle, grâce à des méthodes de fouille modernes. En 1921, près d'Egtved, à l'est du Jutland, une tombe de femme extraordinairement bien conservée a été mise au jour. Le cercueil, long de deux mètre cinquante, contenait la dépouille d'une jeune fille âgée de seize à dix-huit ans. Le corps était revêtu d'une blouse en laine à manches mi-longues et d'une jupe faite de bandelettes de laine (voir l'essai de Gisela Schumacher-Matthäus, p. 79 et ill. 2 du même essai). La jeune fille avait les cheveux coupés courts, portait à la taille une ceinture agrémentée d'un disque de bronze et ses poignets s'ornaient de bracelets. À ses pieds se trouvait un petit récipient en écorce qui avait contenu une boisson fermentée. Il y avait en outre dans le cercueil un petit sac d'étoffe contenant les restes calcinés d'un enfant âgé de six à huit ans.

En 1936, une autre tombe de femme fut mise au jour près de Skydstrup dans le sud du Jutland. Le cercueil était décomposé, mais le corps d'une jeune fille ainsi que ses vêtements étaient très bien conservés. La jeune fille était âgée de seize à dix-huit ans au moment de sa mort. Ses longs cheveux blonds étaient noués en une coiffure compliquée et retenus par un filet en crins de cheval. Son buste était vêtu d'une blouse à manches mi-longues brodées. La morte était recouverte de la taille aux pieds d'une « jupe » cousue dans une pièce d'étoffe de laine. On ignore comment cette jupe était autrefois portée. La pièce de lainage pouvait être enroulée deux fois et demi autour du corps et allait des aisselles aux chevilles. À la base du cercueil, on a trouvé des pièces d'étoffe qui avaient entouré les pieds ainsi que les restes de sandales en cuir. La morte portait pour seul bijou une paire de pendants d'oreilles en or en forme d'anneaux ; un peigne en corne était passé dans sa ceinture.

On a procédé, au cours des dernières années, à la datation par la méthode dendrochronologique des cercueils en chêne, c'est-à-dire qu'on a établi l'âge des cercueils en comptant les cernes du bois dont ils sont faits (voir à ce sujet l'article de Kjeld Christensen, p. 110). Dans certains cas, l'aubier du tronc avait été préservé, ce qui a permis de déterminer avec précision la date de l'abattage de l'arbre. On a ainsi pu dater l'ensevelissement de la jeune fille d'Egtved de l'été 1370 avant J.-C. Selon cette méthode de datation, la plupart des autres cercueils en chêne ont également été enterrés au XIVe siècle avant J.-C. On ne dispose jusqu'à présent d'aucun élément permettant d'expliquer pourquoi les cercueils en chêne du Danemark ou d'Allemagne du Nord remontent à cette période relativement courte d'environ six cents ans (de 1700 à 1100 avant J.-C.). Mais cette précision était importante, car nous savons désormais que ces cercueils de l'âge du bronze des pays nordiques datent de la période qui fut, en Grèce, celle de l'apogée des palais mycéniens.

BIBL. : Boye, 1896 ; 1986 ; Breuning-Madsen, 1997 ; Broholm et Hald, 1935, 1939, 1940 ; Jensen, 1998 ; Randsborg, 1996 ; Thomsen, 1929.

DATATION PAR LA DENDOCHRONOLOGIE DES CERCUEILS EN CHÊNE DE L'ÂGE DU BRONZE TROUVÉS AU DANEMARK

Kjeld Christensen

Ces dernières décennies, le recours à des méthodes scientifiques modernes a permis de trouver de nouvelles informations relatives aux cercueils en chêne de l'âge de bronze découverts au Danemark (voir l'essai de Jensen, p. 108). Dans de nombreux cas, la dendrochronologie – une méthode de datation se basant sur les cernes de croissance des troncs d'arbre – a été employée avec succès pour déterminer avec le plus d'exactitude possible l'âge des cercueils en chêne. Chaque année, la croissance du chêne est marquée par un cerne nouveau dont la largeur dépend des conditions climatiques de l'année en question : les bonnes années offrant de larges anneaux, les mauvaises, des anneaux serrés. Ces variations de croissance forment un motif unique, une sorte de carte de la vie de l'arbre, intimement liée à un espace temporel spécifique. Les profils d'espaces annulaires de divers arbres sont ainsi comparables entre eux et datables, sur la base du motif des anneaux. Grâce aux spécimens d'arbres existants, aux bois des charpentes des vieilles maisons ou à celui provenant de fouilles archéologiques, etc., il est possible de dresser un profil composite d'espace annulaire : une «chronologie de base» émerge, qui remonte même plus loin dans le temps que l'âge des arbres, et qui, à son tour, est utilisée pour dater un bois dont l'âge est inconnu.

Quoique la coutume d'inhumation dans des troncs de chênes évidés ait été largement répandue en Europe du Nord, la majorité des cercueils en chêne datant de l'âge de bronze a été retrouvée au Danemark en parfait état de conservation, dans une aire géographique relativement restreinte pour la plupart (voir la carte). Actuellement, la chronologie de base danoise ne remonte qu'aux environs du début de l'ère chrétienne, tandis qu'en Allemagne, celle des troncs de chênes remonte à 7000-8000 ans, fournissant ainsi un moyen efficace de dater le bois de sites préhistoriques. Il y a quelques années, un effort de collaboration avec les musées danois fut engagé par l'Allemagne afin de dater les cercueils en chêne de l'âge du bronze. Environ trente-cinq cercueils en chêne furent analysés. Néanmoins, comme l'indiquent le diagramme et la liste des dates (ci-après), d'ultimes résultats ne furent obtenus que pour dix-huit cercueils, dans treize différents tumulus. Sachant que les cercueils furent retrouvés dans des états de conservation divers, l'année d'abattage des arbres ne pouvait être déterminée qu'avec une précision variable. Les cercueils furent probablement écorcés avant l'inhumation, car nulle trace d'écorce n'était visible, quel que soit le cercueil. Néanmoins, sur nombre d'entre eux, l'aubier – la couche de bois la plus vivante et la plus jeune, située à la périphérie du tronc sous l'écorce – était intact et, dans de nombreux cas, on pouvait démontrer avec une forte probabilité que l'anneau qui se trouvait directement sous l'écorce avait également été préservé. En ce qui concerne ces cercueils, l'année d'abattage de l'arbre a pu être établie avec précision (atteignant un niveau A d'exactitude dans la liste des datations ci-après). Pour les cas où seule la partie d'aubier était préservée, la date d'abattage pouvait être déterminée avec une marge d'incertitude de quelques années (niveau B). Pourtant, très fréquemment, l'aubier était totalement absent même lorsque, selon les rapports, il était encore là au moment des fouilles. Pour les cas où il était possible de montrer que l'aubier, moins résistant, s'était seulement décomposé depuis la mise au jour et que l'anneau annuel le plus jeune qui ait été sauvegardé se trouvait à la limite du duramen et de l'aubier, la date de l'abattage pouvait encore être déterminée avec une assez bonne précision (niveau C). Mais pour les cas où tout l'aubier et probablement même une partie du duramen manquaient, la datation était beaucoup moins sûre (niveau D).

D'après le diagramme, les cercueils en chêne les plus anciens furent inhumés vers 1400 avant J.-C. ou peu après, tandis que le plus récent – dont la date d'abattage n'est hélas que très hypothétique – date de 1300 à 1250 avant J.-C. Il apparaîtrait ainsi que tous les cercueils analysés furent fabriqués sur une période de cent cinquante ans. Toutefois, fait encore plus surprenant, les arbres utilisés pour la fabrication de la plupart des cercueils – quinze des dix-huit exemplaires analysés provenant de dix des tertres funéraires (sur un total de treize) – furent abattus entre 1390 et 1340 avant J.-C., c'est-à-dire dans un espace temporel de cinquante ans seulement. Seuls trois cercueils furent fabriqués sans équivoque à une date plus récente. Pour quelques cas, plusieurs cercueils en chêne provenant du même tertre funéraire furent analysés. Trois d'entre eux, originaires du tertre de Guldhøj, purent être datés de 1389 avant J.-C., indiquant ainsi qu'ils furent inhumés tous trois la même année. Les cercueils des tombes A et C furent même construits dans le même tronc d'arbre. Le tertre funéraire d'Eshøj renfermait deux cercueils qui pourraient avoir été fabriqués la même année, vers 1351 avant J.-C. ; l'aubier du cercueil de la tombe B étant absent, il est possible aussi que les chênes aient été abattus en différentes années. Parmi les trois cercueils sauvegardés provenant du tertre funéraire de Trindhøj, celui de la tombe C datait des environs de l'an 1347 avant J.-C. ; les autres pourraient avoir été fabriqués à peu près en même temps, bien que le cercueil A soit vraisemblablement un peu plus ancien de quelques années, et le cercueil B un peu plus récent lui aussi de quelques années que le cercueil C.

Il est étonnant que la majorité des cercueils en chêne de l'âge du bronze ne couvre qu'une période de cinquante ans, alors que la coutume d'inhumation des morts dans des troncs de chêne évidés a prévalu pendant six siècles au moins. La raison en est inconnue, tout comme l'explication du fait que, bien que le rituel de l'enterrement ait été largement répandu dans une grande partie de l'Europe du Nord, la plupart des cercueils n'ont été retrouvés que dans une zone réduite au Danemark. Cependant, ces incertitudes n'altèrent en rien cette conclusion remarquable : certaines personnes enterrées dans ces cercueils datés doivent s'être connues de leur vivant. Cette possibilité apparaît presque indubitable lorsque l'on considère les hommes des tertres funéraires de Barde et de Mulbjerg, par exemple, inhumés sur une période de huit ans et distants d'environ seize kilomètres, et les hommes de Hennekesdam et Trondhøj, de la tombe C, ensevelis à environ douze kilomètres de distance. Chacun d'entre eux pourrait fort bien avoir rencontré la jeune fille d'Egtved, vêtue d'une jupe de cordage retenue par sa ceinture à boucle. La méthode de datation par la dendrochronologie nous permet ainsi de nous rapprocher de la vie et des activités des gens de la préhistoire.

BIBL. : Jensen et Christensen, 1991 ; Glob, 1974 ; Haupt, 1987 ; Jensen, 1998a et 1998b ; Randsborg, 1996 ; Schweingruber, 1983 ; Vandkilde *et alii*, 1996.

Carte : carte du Danemark indiquant la localisation des tertres funéraires où les cercueils retrouvés ont été ensevelis.

Diagramme : chaque barre représente un cercueil (un arbre) et indique ses anneaux annuels. Dans les cas où le cercueil (le tronc d'arbre) n'était pas préservé dans son intégralité, les anneaux manquants approximatifs en direction du duramen et de l'écorce sont signalés. Le petit diagramme montre la répartition annuelle de l'abattage des arbres ayant servi pour les cercueils.

Liste : le nombre de cercueils ainsi que le nom des sites et l'année d'abattage sont indiqués, avec le degré d'exactitude de la datation.

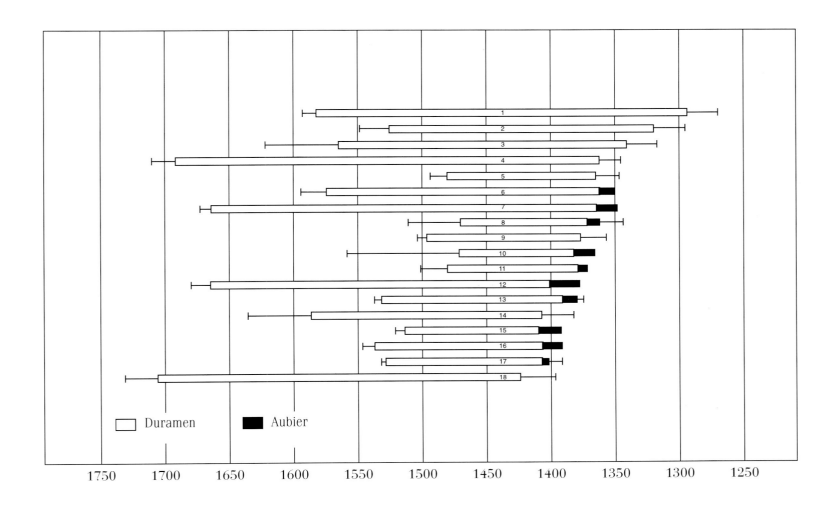

Diagramme de la datation des cercueils en chêne de l'âge du bronze.

1. Nybøl — abattu postérieurement à 1268 avant J.-C. (D)
2. Nøragerhøj — abattu postérieurement à 1295 avant J.-C. (C)
3. Rønhøj — abattu vers 1315 avant J.-C. (C)
4. Trindhøj, tombe B — abattu postérieurement à 1333 avant J.-C. (D)
5. Borum Eshøj, tombe B — abattu vers 1345 avant J.-C. (C)
6. Trindhøj, tombe C — abattu en 1347 avant J.-C. (A?)
7. Hennekesdam, Jels — abattu en 1348 avant J.-C. (A)
8. Borum Eshøj, tombe A — abattu vers 1351 avant J.-C. (B)
9. Trindhøj, tombe A — abattu postérieurement à 1356 avant J.-C. (D)
10. Muldbjerg — abattu en 1365 avant J.-C. (A)
11. Storhøj, Egtved — abattu en 1370 avant J.-C. (A)
12. Storehøj, Barde — abattu en 1373 avant J.-C. (A)
13. Lille Dragshøj — abattu vers 1373 avant J.-C. (B)
14. Fladshøj — abattu postérieurement à 1377 avant J.-C. (D)
15. Guldhøj, tombe C — abattu en 1389 avant J.-C. (A)
16. Guldhøj, tombe A — abattu en 1389 avant J.-C. (A)
17. Guldhøj, tombe B — abattu vers 1389 avant J.-C. (B)
18. Mølhøj — abattu postérieurement à 1396 avant J.-C. (D)

(A) : année probable d'abattage déterminée avec précision (l'anneau externe était apparemment préservé).

(B) : année approximative d'abattage, avec une marge d'imprécision de plus ou moins dix ans (la partie d'aubier était préservée).

(C) : année supposée d'abattage (l'anneau annuel préservé le plus récent était probablement près de l'aubier).

(D) : première année d'abattage possible, datation approximative (seule le duramen était préservé, la distance à l'aubier est incertaine).

Stèles et statues-menhirs de l'âge du bronze en péninsule Ibérique : discours de pouvoir

Susana Oliveira Jorge

Les stèles de la région de l'Alentejo-Algarve

À l'âge du bronze moyen, dans le sud-ouest de la péninsule Ibérique (de 1700 à 1300-1200 av. J.-C. environ), des stèles portant des décors sculptés firent leur apparition dans la région de l'Alentejo-Algarve. Ces monuments, dont le style rompt avec les stèles et les statues-menhirs de la tradition chalcolithique (voir notre essai sur le site de Cabeço da Mina, p. 137), sont constitués de blocs de pierre ou de monolithes aux contours anthropomorphes diffus, avec, exécutées en relief ou plus rarement gravées, des armes. La figuration explicite du corps humain est absente (ill. 2). Les épées, les hallebardes et les haches prédominent parmi les armes, de même que quelques éléments plus énigmatiques, comme celui que l'on appelle l'objet « en forme d'ancre ». Ces blocs ou monolithes, habituellement interprétés comme des pierres tombales (Gomes et Monteiro, 1977, p. 309) peuvent aussi avoir été érigés près des tertres funéraires pour symboliser la position sociale des personnes enterrées à cet endroit.

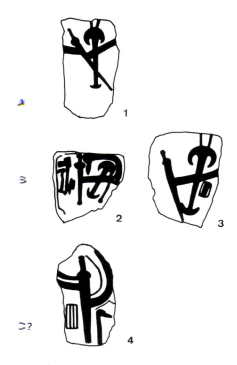

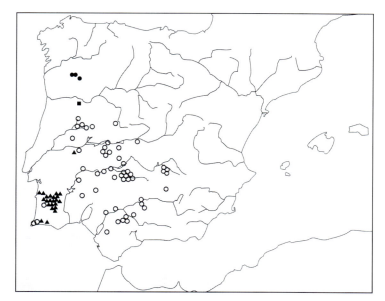

1 Répartition, sur la péninsule Ibérique, des stèles et des statues-menhirs de l'âge du bronze, mentionnées dans le texte.
■ Stèle de Longroiva.
▲ Stèles sculptées du type de l'Alentejo.
○ Stèles gravées du type de l'Extremadura.
● Statues-menhirs de Trás-os-Montes.

2 Reproduction schématique des stèles sculptées du type de l'Alentejo (dessins de M. A magro Basch, 1966). Groupes A, B, C : typologie selon Gomes et Monteiro, 1977 et Gomes, 1995.
1. Herdade de Defesa Santiago do Cacém (Setúbal) ; H. 116 cm.
2. Assento, Santa Vitória (Beja) ; H. 90 cm.
3. Pedreirinha, Santa Vitória (Beja) ; H. 90 cm.
4. Trigaxes (Beja) ; H. 72 cm.

Selon Gomes et Monteiro (1977) et Gomes (1995), une analyse iconographique des stèles du type de l'Alentejo fait apparaître une double « matrice » pour la catégorisation des objets. Le premier groupe (groupe A) est constitué de stèles de taille assez importante avec, au centre, l'objet « en forme d'ancre », représenté soit seul (ill. 4), soit en combinaison avec une longue épée et/ou une hallebarde du type de Montejícar (Gomes, 1995, p. 135 ; ill. 2A). Selon Gomes, ce groupe est le plus ancien (vers 1600-1500 av. J.-C.) et le plus répandu.

Le second groupe (groupe B ; ill. 2B) se caractérise par la représentation simultanée de plusieurs armes sur la même pièce: en plus des épées et des hallebardes, déjà rencontrées dans le premier groupe, apparaissent aussi des haches, des gouges et d'autres objets. L'objet en forme d'ancre tend maintenant à se perdre dans la composition d'ensemble (ill. 5). Gomes (1995, p. 135) date ce groupe de la période située entre 1500 et 1300 avant J.-C., et le circonscrit à une partie de l'Alentejo, la région des environs de Beja.

Gomes (1994 et 1995) distingue un troisième groupe (ill. 2C), composé de « stèles » plus petites, caractérisées par une prédominance des représentations d'épées. L'épée apparaît seule ou combinée à d'autres objets à caractère symbolique – des hallebardes, une paire de sandales –, gravés ou en relief. Ce groupe est présent dans la même région que le groupe B, bien que dans une phase plus tardive (1300-1200 ou 1100 av. J.-C.).

D'après le développement de Gomes, l'importance croissante de l'épée, qui a supplanté le premier symbole de l'objet en forme d'ancre, montre le « poids grandissant des fonctions politico-militaires [...] à la fin de la seconde phase de l'âge du bronze dans le Sud-Ouest » (Gomes, 1995, p. 135).

Si l'on considère l'ensemble des stèles décrites ci-dessus, il est possible de faire deux brèves remarques :

1. Le contexte archéologique des stèles du type de l'Alentejo est trop peu connu pour tenter d'établir une chronologie exacte, ou même de suggérer un schéma de développement fondé sur des attributs internes. Nous savons qu'elles datent de l'âge du bronze moyen dans le Sud-Ouest, mais il n'existe aucune preuve archéologique pour le classement chronologique de chaque ensemble. Quoi qu'il en soit, même si les groupes typologiques représentent une forme de développement diachronique, le même schéma ne saurait être en aucun cas tenu pour vrai pour l'ensemble de la région où furent découvertes les stèles. Des différences régionales ont pu exercer une influence décisive sur la présence ou l'absence de certains objets, ou sur la fréquence plus ou moins grande de leurs représentations picturales.

Il est en outre nécessaire d'expliquer la nature et le poids symbolique de l'objet en forme d'ancre, qui, dans des contextes particuliers ou au cours de cérémonies rituelles, a pu revêtir une importance équivalente, voire supérieure, à celle des armes. Dans tous les cas, les deux thèmes de l'arme et l'objet en forme d'ancre sont des représentations métaphoriques : leur sens spécifique s'enracine comme dans une langue, tandis que leur forme fait appel à un éventail de références hautement contextuelles, qui varient selon l'espace et le temps. Pour cette raison, tenter de bâtir un développement non seulement typologique mais aussi et surtout social sur la base d'une « visibilité » plus ou moins grande de ces symboles paraît pour le moins problématique.

2. Les stèles laissent entrevoir en fait une certaine prise de distance par rapport à la tradition chalcolithique :

• En principe, la forme humaine n'est même pas suggérée dans le contour des monolithes ou des blocs de pierre. La stèle de Tapada da Moita, à Portalegre (S. Jorge Oliveira, 1986) constitue ici une exception : la partie supérieure de la pierre est travaillée d'une façon qui semble vouloir mettre l'accent sur des « épaules ». L'épée et l'objet en forme d'ancre sont tenus par des sangles qui traversent les épaules comme sur une authentique statue-menhir dans le sens donné par D'Anna (1998). La stèle de Tapada da Moita représente par conséquent l'intersection de deux conceptions sculpturales : d'un côté, une statue-menhir où sont suggérés des contours anthropomorphes et, de l'autre, une « stèle panoplie » (Gomes et Monteiro, 1977, p. 305) sur laquelle seules les armes sont représentées.

• En dépit de l'absence du contour anthropomorphe explicite dans la grande majorité de ces pièces, leur structure et leur composition sont marquées d'une évidente ambiguïté : les armes et l'objet en forme d'ancre sont maintenus par des sangles ou combinés avec elles, ces sangles se croisent sur la face sculptée d'une manière qui évoque subtilement une « attitude » anthropomorphique. Malgré cette subtilité de la composition, l'accent a été mis manifestement sur la représentation d'objets spécifiques au détriment de celle de l'être humain, comme si le plus important était de mettre en évidence la possession de certains objets. Le statut privilégié de leurs détenteurs – personnes enterrées dans des tertres à proximité de ces manifestations physiques du pouvoir – se trouve ainsi suggéré dans un contexte funéraire. Le désir de montrer de telles possessions apparaît tout aussi clairement dans la composition des stèles, largement standardisée. Ce groupe est en fait l'ensemble le plus formellement homogène de statues-menhirs et des stèles préhistoriques de la péninsule Ibérique.

La stèle de Longroiva

La stèle de Longroiva (Guarda) est un monument bien connu (ill. 7), qui date de l'âge du bronze ancien et moyen, dans le nord de la péninsule Ibérique (de 2000 à 1300 av. J.-C.). Elle a été trouvée dans la vallée d'un affluent de la rive ouest du Douro au

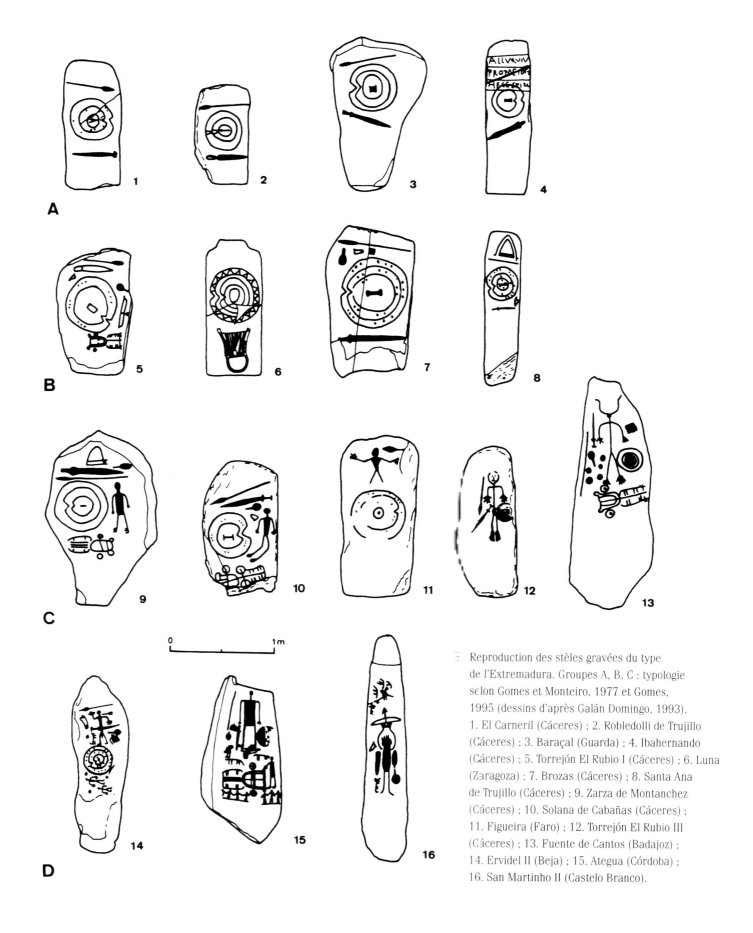

Reproduction des stèles gravées du type de l'Extremadura. Groupes A, B, C : typologie selon Gomes et Monteiro, 1977 et Gomes, 1995 (dessins d'après Galán Domingo, 1993).
1. El Carneril (Cáceres) ; 2. Robledolli de Trujillo (Cáceres) ; 3. Baraçal (Guarda) ; 4. Ibahernando (Cáceres) ; 5. Torrejón El Rubio I (Cáceres) ; 6. Luna (Zaragoza) ; 7. Brozas (Cáceres) ; 8. Santa Ana de Trujillo (Cáceres) ; 9. Zarza de Montanchez (Cáceres) ; 10. Solana de Cabañas (Cáceres) ; 11. Figueira (Faro) ; 12. Torrejón El Rubio III (Cáceres) ; 13. Fuente de Cantos (Badajoz) ; 14. Ervidel II (Beja) ; 15. Ategua (Córdoba) ; 16. San Martinho II (Castelo Branco).

nord du Portugal. Malheureusement, le contexte archéologique de sa découverte n'est pas renseigné. Il est clair toutefois qu'elle appartient à une tradition sculpturale plus ou moins contemporaine, mais sensiblement différente de celle des stèles de l'Alentejo.

La stèle de Longroiva est constituée d'un large bloc de granit, dont le sommet est travaillé de telle façon que le contour de la partie supérieure corresponde à la tête de la silhouette anthropomorphique gravée sur l'ensemble de la face endroit. La composition, sur le côté le plus lisse de la pierre, est dominée par la silhouette gravée d'un homme. Le visage est indiqué par des yeux, un nez, une bouche et peut-être une oreille. Le corps, revêtu d'une sorte de tunique, est rectangulaire et terminé, dans la partie inférieure de la stèle, par quatre traits verticaux qui représentent les jambes. Il se peut que la silhouette ait été pourvue d'une barbe, derrière laquelle se dessine un très large cou, et un collier avec un pendentif semi-circulaire. Le personnage tient plusieurs armes, toutes identifiables typologiquement : hallebarde du type Carrapatas, attribué à l'âge du bronze ancien dans cette région, arc, et poignard à la lame triangulaire (V. et S. Oliveira Jorge, 1993). Dans la mesure où la partie saillante de la pierre coïncide avec la tête de l'homme, le bloc dans son ensemble devait à coup sûr être destiné à représenter une personne précise, comme pour une véritable statue-menhir. En dépit de sa lisibilité limitée à l'une de ses faces, celle que l'on nomme la « stèle de Longroiva » présente indubitablement un contour anthropomorphique qui la distingue des stèles ou des blocs gravés du type de l'Alentejo, et confirme sa ressemblance avec le groupe hétérogène des statues-menhirs de la péninsule Ibérique.

Il est à noter que, dans la région où fut trouvée la stèle de Longroiva, mais sur l'autre rive du Douro, de nombreuses stèles-menhirs d'« affiliation méditerranéenne » furent également découvertes, datant des périodes du néolithique récent ou du chalcolithique (voir notre essai déjà cité, p. 137). Ces pièces de petites dimensions, où ne figurent pas d'armes, ont peut-être été les précurseurs régionaux des stèles du type de celle de Longroiva. Malgré sa spécificité formelle, Longroiva appartient probablement au domaine des grandes stèles et statues-menhirs qui montrent un personnage masculin armé (Almagro-Gorbea, 1993). Aperçu à distance, ce monument pouvait assurément avoir « incarné » une personne socialement haut placée (V. et S. Oliveira Jorge, 1993 ; p. 38). Au niveau régional, Longroiva marque une rupture avec la conception sculpturale antérieure de la représentation du pouvoir.

Les stèles gravées de l'âge du bronze final

À l'âge du bronze final (milieu du IIe millénaire-IXe siècle avant J.-C.), des stèles gravées, conçues pour être dressées, apparaissent dans des régions d'Espagne, en Extremadura et en Andalousie occidentale particulièrement. Ces monuments peuvent avoir constitué des « marqueurs » territoriaux le long des routes qui reliaient l'arrière-pays du Sud-Ouest à sa périphérie méridionale (Oliveira Jorge, 1998). À l'opposé des stèles de Longroiva ou de Tapada da Moita, ou même de celles de l'Alentejo (bronze ancien et moyen), ces pièces ne manifestent aucune intention anthropomorphe quelle qu'elle soit. En outre, leur conception ne montre rien qui puisse suggérer, même de façon très implicite, une identification possible avec une silhouette humaine. En d'autres termes, dans ces blocs de pierre, le côté gravé fonctionne principalement comme le support d'une composition relativement autonome (ill. 3), qui montre les objets soit de façon individuelle, soit en combinaison avec des représentations anthropomorphes. Selon Gomes et Monteiro (1977) et Gomes (1995), ces pièces peuvent être divisées typologiquement en cinq groupes, ce qui, selon Gomes, témoigne d'un long développement chronologique et culturel.

Les pièces du type A (ill. 3) présentent en leur centre un bouclier rond avec une entaille en forme de V, surmonté d'une lance semblable à une barre ; sous le bouclier se trouve une épée. Ce type est prédominant dans les provinces espagnoles de Caceres et de Badajoz, bien que des exemples en aient été trouvés dans le Beira Alta (ill. 3, A3). Gomes (1995) date ces pièces des XIIe-XIe siècles avant J.-C.

Le type B (ill. 3) fait figurer les armes mentionnées plus haut en les combinant avec des casques (ill. 3, B8), des lyres (ill. 3, B6), des arcs, des chariots, des miroirs, des peignes et des fibules (ill. 3, B5 et B7), objets qui évoquent une « influence méditerranéenne ». Ce type de pièce se rencontre dans la même zone que le précédent, mais il est plus répandu, notamment vers le sud. Selon Gomes (1995), il a son origine au Xe siècle avant J.-C.

Le type C (ill. 3) se caractérise par la représentation de la figure humaine, qui tend à dominer la composition même lorsqu'elle est associée avec des armes et d'autres objets, comme les chariots, les miroirs ou les casques (ill. 3, C9 à 13). Les dimensions plus ou moins grandes de la représentation humaine et son

4 Stèle d'Alfarrobeira (Silves) ;
   H. 1,70 m.

5 Stèle de Santa Vitoria (Beja) ;
   H. 0,95 m.

6 Stèle de Tapado da Moita (Castelo de Vide) ;
   H. 2,14 m.

centrage (relatif) au sein de la partie sculptée dotent ce type C, répandu dans le sud de l'Andalousie et en Algarve, d'un large éventail de variantes. Gomes (1995) le date des Xe-IXe siècles avant J.-C.

Le type D (ill. 3) est constitué de blocs de pierre portant des représentations humaines (des guerriers ?) au centre de la composition. Comme pour la stèle d'Ervidel II (ill. 3, D14 et ill. 8), avec les personnages sont gravées des panoplies entières d'armes et d'autres objets appartenant à la sphère « proto-orientalisante » ; ces pièces se rencontrent à Grenade, en Alentejo, ou à Beira Baixa (ill. 3, D14 à 16). Gomes (1995) les rattache aux IXe-VIIIe siècles avant J.-C.

Ce schéma d'évolution associe l'émergence d'un personnage de guerrier et la représentation croissante d'armes et d'objets d'origine méditerranéenne, ce qui exprimerait la position sociale du chef à travers les liens qu'il entretient avec le commerce méditerranéen. Selon Gomes, les stèles de cette phase finale avaient une « fonction mémorielle » dans le contexte des « sociétés proto-statales » (Gomes, 1995).

Il convient de faire quelques brèves remarques à propos de ce modèle d'évolution.

1. Ici aussi, et pour les mêmes raisons que dans le cas des stèles de l'Alentejo, la chronologie proposée doit faire l'objet d'une réflexion sérieuse. Elle paraît n'être rien de plus qu'une construction théorique qui reste encore à démontrer.

2. La présence de silhouettes humaines dans les groupes C et D constitue sans doute une distinction formelle d'importance. Les groupes A et B présentent seulement des armes et d'autres objets, comme si l'objectif crucial – à l'instar des stèles de l'Alentejo – était avant tout de montrer que l'on possède certains

Les statuettes nuragiques en bronze

Fulvia Lo Schiavo

Les statuettes en bronze nuragiques sont des offrandes votives que l'on a mis au jour principalement dans les sanctuaires, les temples à puits et les sources sacrées, en même temps que des armes et des ornements – présents adressés aux dieux. Elles étaient fixées à l'aide de plomb en fusion versé dans des fissures naturelles ou dans des orifices ménagés spécialement dans les pierres.

Elles nous donnent un merveilleux aperçu, inhabituel en protohistoire, d'une société «photographiée» sous tous ses aspects : chefs tribaux, guerriers avec épée et bouclier, ou arc et carquois, nobles, femmes couvertes d'élégantes capes décorées ou assises sur des tabourets, avec des personnages masculins allongés dans leurs bras (la Pietà d'Urzulei, Nuoro). Situés apparemment plus bas dans l'échelle sociale, bergers et fermiers offrent du pain plat, présentent des jarres, portent des moutons sur leurs épaules, chevauchent des bœufs, brandissent des béquilles, tandis que les femmes transportent des corbeilles sur leur tête…

Une grande variété d'animaux est représentée : animaux domestiques – bœufs, moutons, porcs, chiens, coqs, colombes – et sauvages – renards, sangliers, mouflons, cerfs. Ils servaient parfois à décorer les hautes proues des bateaux, à d'autres moments, ils constituaient des trophées de chasse. Des êtres imaginaires, hommes ou animaux, sont également reproduits : «héros guerrier» avec quatre yeux et quatre bras, ou le centaure de Nule (Lo Schiavo, 1996).

Les statuettes stupéfient encore par l'abondance de leurs détails et leur vigueur expressive. On y discerne de nombreuses influences orientales, et de nouvelles fouilles viennent enrichir en quantité et en variété leur iconographie. Parmi les exemples récents, les plus remarquables sont la statuette (ill. 1) du guerrier chef de tribu portant une lance et conduisant un bélier tenu en laisse par les cornes (animal totémique ou offrande pour le sacrifice), qui provient du sanctuaire nuragique de Serra Niedda, Sorso, près de Sassari, en Sardaigne [Rovina, 1986, 1990], ainsi qu'une figurine (ill. 2) représentant un groupe composé d'un homme ayant à ses pieds un autre homme, sans doute un ennemi vaincu, et, dessus, un bélier (peut-être s'agit-il là aussi d'un animal totémique). Cette pièce a été trouvée dans le sanctuaire nuragique de Nurdòle, Orani, près de Nuoro en Sardaigne (Fadda, 1991).

Les objets rituels et domestiques sont également représentés : tabourets, jarres, boîtes (en bois), corbeilles, haches et poignards au «manche en gamma». Plus impressionnantes encore et se rattachant certainement au symbolisme propre de ces sites sont les reproductions miniatures en bronze ou en pierre des nuraghi à une ou à quatre tours. Des têtes de bélier et de taureau sculptées dans la pierre viennent orner la maçonnerie en pierre de taille des sanctuaires, comme en Sardaigne à Santa Vittoria, Serri (Nuoro), Serra Niedda, Sorso (Sassari), Cuccuru Mudeju, Nughedu San Nicolò (Sassari), Gremanu, Fonni

1 Statuette en bronze du sanctuaire nuragique de Serra Niedda, Sorso (Sassari, Sardaigne). Elle représente un guerrier chef de tribu portant une lance et tenant un bélier en laisse par les cornes. (Avec l'aimable autorisation de la Surintendance pour l'archéologie de la province de Sassari et Nuoro.)

construction navale durant la période nuragique : l'exactitude du rendu des proportions de la coque et des détails techniques est impressionnante (Lo Schiavo, 1997).

La chronologie des figurines en bronze est un problème qui sera résolu à travers l'étude des contextes pouvant être datés, et l'analyse du procédé de production (technique de la cire perdue). Il est de plus en plus fréquent de rencontrer des preuves matérielles, cohérentes, d'une création qui aurait démarré à l'âge du bronze final ; il ne fait pas de doute que des relations avec la technologie métallurgique et le commerce cypriotes, à partir du cycladique récent III (LC III, 1400-1100 av. J.-C.) au moins, ont influencé fortement la production nuragique de l'âge du bronze final (Lo Schiavo, Macnamara et Vagnetti, 1985).

Les épées votives nuragiques, trouvées dans les trésors et les sanctuaires avec des épées à la garde en collerette en forme de feuille et que tiennent également dans leurs mains des guerriers miniatures nuragiques, datent la réalisation de ces miniatures des XIe et Xe siècles avant J.-C. (Lo Schiavo, 1991 et 1994). Une figurine en bronze masculine tenant une lance est réunie à des colliers d'ambre du type «Allumiere» protovillanovien dans une tombe de la même date à Antas, Villaperucciu (Cagliari) [Ugas et Lucia, 1987] ; la statuette fragmentaire d'un chef a été trouvée dans un nuraghe, abandonné avec son village à la fin de l'âge du bronze final à Sa Mandra'e Sa Giua, Ossi (Sassari) [Ferrarese Ceruti, 1985] ; de nombreuses offrandes votives, incluant trois figurines en bronze, avaient été déposées à la source sacrée de Su Tempiesu, Orune (Nuoro), qui fut détruite par un glissement de terrain à la fin du Xe siècle avant J.-C. (Fadda et Lo Schiavo, 1992).

Au début de l'âge du fer ancien, de nombreuses figurines en bronze (personnages, carquois votifs, corbeilles miniatures, tabourets, «boutons», etc.) parviennent en Étrurie et jusqu'à la nécropole de Pontecagnano, à Vallo di Diano, à la suite d'échanges commerciaux, de mariages, ou comme cadeaux. Certaines, dont des bateaux votifs en bronze, furent à coup sûr soigneusement conservées en tant qu'objets prestigieux et précieux, dans les tombes et les dépôts votifs villanoviens et orientalisants, tels les sanctuaires d'Hera Lacinia à Capo Colonna (Crotone) [Spadea, 1996] et de Gravisca dans le Latium.

2 Statuette en bronze du sanctuaire nuragique de Nurdòle (Nuoro, Sardaigne). Il s'agit d'un groupe de deux hommes, dont l'un est aux pieds de l'autre dans une attitude de vaincu, et au-dessus duquel se trouve un bélier. (Avec l'aimable autorisation de la Surintendance pour l'archéologie de la province de Sassari et Nuoro.)

(Nuoro) [Lo Schiavo, 1999]. Les personnages – de grandes statues en pierre d'archers et de boxeurs, sans doute les protagonistes héroïsés des jeux sacrés – n'ont été trouvés jusqu'ici qu'à Monte Prama, dans la péninsule de Sinis près d'Oristano (Tronchetti, Mallegni et Bartoli, 1991 ; Lo Schiavo, 1999).

La centaine, et plus, de bateaux votifs en bronze manifeste clairement l'intérêt porté à la navigation et l'aptitude à la

BIBL. : Fadda, 1991 ; Fadda et Lo Schiavo, 1992 ; Ferrarese Ceruti, 1985 ; Lo Schiavo, 1991, 1994, 1996a et 1996b, 1997, 1999 ; Lo Schiavo, Macnamara et Vagnetti, 1985 ; Rovina, 1986, 1990 ; Spadea, 1996 ; Tronchetti, Mallegni et Bartoli, 1991 ; Ugas et Lucia, 1987.

LES TOMBES À CHAR
DE L'ÂGE DU BRONZE FINAL

Christopher F. E. Pare

Au début de l'âge du bronze final (XIIIe siècle avant J.-C.), l'Europe fut soumise à un processus crucial de changements économiques et sociaux. La production et la consommation de bronze augmentèrent massivement ; les échanges sur de longues distances s'intensifièrent (entre la zone nordique, l'Europe centrale et la Méditerranée, par exemple) ; les avancées technologiques se répandirent plus largement à travers l'Europe (métal en feuilles pour la production des armures et des récipients pour boire, systèmes égéens de métrologie, gamme complexe d'outils, d'armes et d'ornements) ; un nouveau langage symbolique fut adopté, indiquant la progression de croyances religieuses (oiseaux aquatiques, disques solaires), et des tombes destinées à l'élite firent leur apparition dans divers groupes culturels régionaux. Toutes ces innovations trouvent leur expression dans une série de tombes à char découvertes au nord des Alpes, en Suisse, en Allemagne méridionale et en Autriche ; dix-sept exemples peuvent être attribués aux XIIIe et XIIe siècles avant J.-C. Certaines, comme celles de Hart-sur-Alz et de Poing (au sud de la Bavière) contiennent un ensemble typique de mobilier funéraire de l'élite, comprenant un char, une épée, et un service à boire pour les festins, caractéristiques des sépultures de très haut rang à l'âge du bronze final (culture d'Urnfield) et à l'âge du fer ancien (culture de Halstatt). Cette continuité dans la représentation des statuts sociaux élevés se reflète dans les chars eux-mêmes : une étude récente de C. Clausing (1997) a attiré l'attention sur des détails de construction prouvant l'existence d'une tradition ininterrompue dans la production des chars, qui s'est étendue sur huit cents ans entre le XIIIe et le VIe siècle avant J.-C. Outre les tombes, des traces de cette tradition se rencontrent également dans les dépôts d'objets en bronze.

La plupart des chars trouvés dans les tombes ont été sérieusement endommagés par les bûchers des crémations. Toutefois, une analyse détaillée d'exemples mieux préservés fait apparaître clairement que certains au moins comportaient quatre roues à

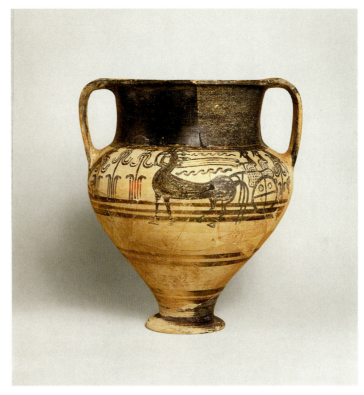

2   Cratère amphoroïde, Nauplie, tombe à chambre B,
    âge du bronze final (cat. 44).

1   Maquette de char, Mycènes, tombe à chambre,
    âge du bronze final (cat. 43).

3 Amphore avec scène de char (détail),
   Slovaquie, âge du bronze moyen (cat. 39).

rayons (cat. 41, 42). Leur décoration est mieux documentée : de nombreux fragments parvenus jusqu'à nous montrent qu'ils étaient pourvus d'une quantité d'éléments décoratifs en bronze incluant souvent le symbole de l'oiseau aquatique. Pour résumer ce que nous indique le matériel archéologique à notre disposition, les chariots étaient des véhicules à quatre roues, élaborés et lourds, tirés par deux chevaux ; ils n'étaient pas faits pour servir dans les combats et ressemblent bien plus à des véhicules de cérémonie.

Des fouilles menées au cours de ces dernières années dans des cimetières, à Münchsmünster et à Zuchering (Bavière) ont mis en lumière la complexité du rituel funéraire. Une partie des restes calcinés des chars était placée dans des « dépôts funéraires », séparés des tombes elles-mêmes. Le corps devait avoir été brûlé sur le bûcher de la crémation avec le char, mais seuls quelques fragments de celui-ci étaient sélectionnés pour entrer dans la composition du mobilier funéraire.

Ainsi, dans la tombe E de Großmugl (Basse-Autriche), des fouilles effectuées en 1938 mirent au jour environ trente fragments de barres en bronze (longues de 9,8 à 10,3 cm) et au moins onze clous rivés (longs de 18,7 à 19,7 cm), qui se trouvaient dans un char réceptacle enfoui sous une urne contenant un couteau de bronze et une alêne. De nombreux trésors en bronze étant interprétés par la recherche moderne comme des offrandes votives inscrites dans le déroulement de l'activité cultuelle, il semble que le rituel funéraire ait impliqué des pratiques connexes.

Ces pratiques rituelles complexes prirent encore plus d'importance au cours des stades plus avancés de l'âge du bronze final. On ne connaît que peu de tombes à char des XIe, Xe et IXe siècles avant J.-C., et elles ne contiennent que quelques éléments. Un tumulus, fouillé en 1838 dans le Lorscher Wald (Hessen), recèle un fragment de barre, tandis que celui de Mühlheim-Lämmerspiel (Hessen) possède un clou décoratif, et celui de Pfullingen (Wurtemberg), quatre éléments provenant de l'extrémité arrière d'un char réceptacle. Étant donné la continuité mentionnée dans la construction des chars et la représentation du statut social, on peut être sûr que des chars de cérémonie étaient toujours en usage ; cependant, des changements dans les croyances religieuses et l'idéologie du pouvoir ont eu pour conséquence une raréfaction des incinérations ensevelies avec un char.

Après ces siècles de coutumes funéraires plus simples, dans lesquelles le rôle dominant des élites avait fini par être nivelé, la fin du dernier âge du bronze et la période de transition vers l'âge du fer virent resurgir les sépultures élaborées correspondant à un statut social élevé. Quelques-unes de ces tombes, qui contenaient souvent des épées, des équipements pour les chevaux et des ustensiles en bronze, étaient extrêmement riches et possédaient des chariots cérémoniels. On peut citer l'exemple de Lusehøj, une tombe à épée dans un immense tumulus, situé au sud-ouest de Fünen (Danemark ; voir l'essai de Henrik Thrane, p. 127), et le tumulus n° 8 de Wehringen (près d'Augsbourg, en Bavière), avec un char à quatre roues semblable à celui de Lusehøj, une épée en bronze, une coupe en or et un service richement décoré en poterie. Au cours de l'âge du fer ancien (vers 725-475 avant J.-C.), l'usage des chars funéraires pour les élites s'est progressivement répandu. À ce jour, environ deux cent cinquante exemples sont connus en Europe centrale.

Bibl. : Clausing, 1997 ; Pare, 1987, 1992.

Les tombes princières de l'âge du bronze final dans les pays nordiques

Henrik Thrane

On rencontre dans la zone occidentale de la Baltique une série de tombes remarquables, à la fois par leur contenu et par le travail qui fut nécessaire à leur édification. Malheureusement, elles furent pour la plupart fouillées il y a si longtemps qu'elles ne livrent plus que quelques rares informations précises. Le tumulus monumental de Kivik (75 m de diamètre), situé à bonne distance des autres tombes, sur la côte est de la Scanie, remonte au XIIIe siècle avant J.-C. Des dalles gravées, mal conservées, constituant une ciste proposent un ensemble iconologique unique, dont l'élément étranger le plus facile à identifier est un char de type mycénien tiré par des chevaux. Les rares vestiges d'offrandes funéraires indiquent qu'il s'agit d'objets marquant le rang du défunt. Le tumulus de Trudshøj, près de Skallerup, contenait le célèbre chaudron sur roues gravé de motifs d'oiseaux, qui fait partie d'un ensemble plus étendu de tombes d'hommes du XIIe siècle avant J.-C., auquel appartient la tombe de Peckatel (Meklembourg) avec son tout aussi célèbre chaudron sur char miniature (cat. 176).

Les tombes de Korshøj, Banie et Håga remontent aux XIe et Xe siècles. Banie, en Poméranie, offre un mélange intéressant de bronzes locaux et d'autres objets venus du Nord (Zélande), déposés dans une urne indiquant des influences plus méridionales. Le rituel funéraire témoigne des mêmes influences.

Korshøj, situé près de Vester Skjerninge au sud de l'île de Fionie contenait un seau de bronze provenant d'Europe centrale et un couteau de la région de Banie, ainsi que plusieurs objets en or – entre autres une épée en bronze plaquée d'une feuille d'or –, qui rappellent beaucoup le contenu du tumulus dit « du roi Björn » près de la vallée de la rivière Håga, Uppland, en Suède. Les fouilles y furent réalisées en 1904 par Oskar Almgren, et c'est l'une des tombes sur lesquelles on est le mieux renseigné. À la base de ce tumulus, on a retrouvé une couche de charbon de bois de cinq mètres de diamètre ainsi que des offrandes funéraires rassemblées sur un périmètre de un mètre et demi sur trois mètres et demi. Il est possible qu'elles soient tombées là d'un cercueil en chêne. Les os carbonisés d'un individu d'âge moyen et de corpulence fragile reposaient sur un tronc de chêne, auprès d'eux se trouvaient une épée à poignée recouverte d'une feuille d'or et vingt-neuf clous décoratifs en or, une fibule plaquée d'or, quatre boutons doubles en or et deux en bronze, deux rasoirs dont l'un possède un manche incrusté d'un fil d'or, deux pinces en bronze et les pendentifs d'un pectoral (?). La tombe était recouverte d'une couche de troncs de chêne. Au-dessus s'élevait un tertre en pierre (3,20 m de hauteur sur 45 m de diamètre), recouvert à son tour d'une couche de terre qui amenait le tertre à une hauteur totale de huit mètres pour un diamète de quarante-cinq mètres. Au cœur du tumulus, des ossements d'au moins trois autres personnes, deux hommes et une femme, et des os de bœufs, de moutons, de deux porcs et plusieurs mâchoires de chiens ont été retrouvés, tous ayant subi un traitement analogue, on peut donc en conclure qu'il s'agit des restes d'un festin funéraire.

Les objets en bronze et en or proviennent manifestement du sud de la Scandinavie, leur parenté avec l'ensemble de Korshøj est frappante.

Quelques riches tombes de Fionie, du Holstein et du Brandebourg datent des IXe et VIIIe siècles avant J.-C. On possède peu d'informations sur le contexte dans lequel fut trouvée et rassemblée une riche collection de bronzes des tumulus de Kaiserberg près d'Albersdorf dans la région de Dithmarschen (côte ouest du Holstein), mais ces objets rappellent beaucoup ceux de Fionie. À proximité de Voldtofte (au sud-ouest de la Fionie), plusieurs tumulus renfermaient de remarquables ensembles d'objets en or et en bronze ; les deux tombes de Lusehøj sont, à cet égard, d'un intérêt tout particulier. On possède peu d'informations pour l'une d'elles qui fut mise au jour en 1861. Une ciste renfermait un chaudron en bronze importé d'Europe centrale qui avait servi d'urne. Le couvercle en bronze était scellé au moyen d'un goudron fait d'écorce de bouleau incrusté d'une quantité de petits morceaux d'ambre. Dans l'urne, on a trouvé deux rasoirs, deux garrots en or et deux en bronze, ainsi qu'une fibule en or et une fine étoffe en fibres d'orties tissées. À côté de l'urne ont été découverts trois gobelets en bronze, qui avaient été enveloppés – ainsi que l'urne – dans un lainage et des lanières en cuir de bœuf, et une hache décorée. C'est la tombe la plus riche de la période du bronze final des régions du nord de la Baltique.

C'est seulement entre 1973 et 1975 que des fouilles menées à Lusehøj ont livré des informations sur l'environnement de la tombe fouillée en 1861. Elle faisait partie d'un tumulus fait de plaques d'herbe, empilées sur une hauteur de six mètres et un diamètre de trente-six mètres, qui avaient dû être prélevées sur des zones de pâturage s'étendant sur plus de sept hectares. On y a trouvé une seconde tombe datant de la même époque. Il s'agissait, dans ce second cas, d'un simple trou comblé par les débris d'un bûcher de crémation. La fosse était recouverte d'une natte en paille entourée d'une barrière de trois mètres sur un mètre soixante-dix. Le tumulus était érigé au-dessus et autour de cette barrière, renfermant elle-même une série de barrières disposées en rayons et qui ont sans doute servi de tracés de repérage au cours de la construction. Les offrandes funéraires en or et en bronze, très endommagées par le feu, étaient en partie fondues avec les os d'un adulte, dont le crâne était de grande taille, et le charbon de bois disposé dans la fosse. Une épée, une chaîne de cérémonie et plus de quatre cents petits rivets destinés à une ceinture en cuir, une bague en acier et de nombreux clous, anneaux et ferrures appartenant éventuellement toutes à la caisse d'un char ont pu être identifiées.

Le site d'habitation découvert près de Voldtofte, à un kilomètre soixante à l'est de Lusehøj, est unique à tant de titres qu'on a pu y voir la résidence des chefs qui dominaient le sud-ouest de la Fionie et sont enterrés à Lusehøj. Les indices les plus étonnants de l'importance du site de Voldtofte sont d'une part les fragments de crépi mural recouvert de peintures d'une maison qui a pu être mise au jour, et la preuve que les fameux cors en bronze rituels, les lurs (cat. 198, 199), de l'âge du bronze final furent bien fondus ici. C'est le seul cas où l'on peut établir l'hypothèse d'une relation entre une résidence et une tombe princières.

À douze kilomètres au sud-est de Voldtofte, près de Håstrup, un autre grand tumulus d'un diamètre de trente-huit mètres et dont on ignore la hauteur a récemment été mis au jour. Un ensemble de petits tumulus du VIIe siècle avait été recouvert finalement d'un grand tumulus. Une ciste y avait été disposée qui renfermait une importante collection de petits rivets en bronze destinés à une ceinture en cuir (comme à Lusehøj), un rasoir, un ensemble de pinces à épiler en fer ainsi qu'une aiguille, une perle de verre venant du sud-est de l'Europe et des étoffes du style de celles de Vače et originaires elles aussi du Sud-Est. Ce coffre se trouvait sur un bûcher édifié selon les mêmes caractéristiques que celui de la tombe de Lusehøj (c'est-à-dire selon un dispositif reposant sur trois piliers). D'autres tumulus contemporains du sud de la Fionie attestent que le bronze final avait conservé les traditions de la période de Lusehøj.

Mais le monument le plus important, le tumulus dit « du roi Hinz », se trouve près de Seddin, dans la partie occidentale de la région de Priegnitz. Une tradition orale remarquable y est attachée. Le haut monticule, s'organisant autour d'une chambre funéraire centrale en pierre, mesure onze mètres de hauteur sur quatre-vingt-dix mètres de diamètre, elle a été mise au jour en 1899. Le tumulus avait été édifié au-dessus d'une chambre en pierre large de deux mètres à pseudo-voûte. Les murs étaient recouverts d'un crépi d'argile jaune peint en rouge. Les traces de peinture sont peu nombreuses mais il semble qu'il s'agissait d'un décor de lignes décrivant des arabesques ou des méandres. Dans un grand vase en argile se trouvaient l'urne en bronze, une amphore importée d'Europe centrale avec un couvercle et une tasse en bronze, un couteau et une hache à douille. Les os carbonisés sont ceux d'un homme âgé de trente à quarante ans, ainsi que ceux de martres et d'hermines (fourrures ?). Dans la chambre, il y avait trois ou quatre urnes, dont deux contenaient des restes d'ossements de femmes ainsi que des objets en bronze et en fer, mais la relation entre ces vestiges n'est pas claire. Une épée de type local faisait sans doute partie des éléments de cette sépulture royale. On connaît d'autres grands tumulus de la même période dans les cimetières tumulaires du voisinage, entre autres Kemnitz I et Stralendorf, autour de Seddin (Mecklembourg).

Malheureusement, les tombes de cette région, plus de trois cents, n'ont donné lieu à aucune fouille importante ni publication finale. Les tombes riches remontent au Xe siècle avant J.-C. et vont jusqu'au VIIe siècle. La période la plus prestigieuse les concernant est celle des IXe-VIIIe siècles, mais la plupart d'entre elles ne sont qu'un pâle reflet du tumulus de Seddin lui-même. Les tombes princières ont en commun leur caractère monumental et la richesse de leur mobilier. La sépulture à crémation traditionnelle du bronze final – qui était destinée à abriter des cendres – telle qu'on la rencontre dans le sud de la Scandinavie ou au centre de la Suède ne contient pas d'objets métalliques. Entre un tiers et la moitié d'entre elles contiennent un ou deux objets métalliques, en général des petits objets en bronze de facture très simple. Les objets en or massif, comme des tumulus de Lusehøj, Korshøj et celui du « roi Björn », ou des placages à la feuille d'or sur des boutons ou des poignées d'épées sont remarquablement absents des sépultures ordinaires.

Presque toutes les sépultures en tumulus sont des tombes d'hommes adultes ; celles abritant des hommes sont marquées par des épées ou des haches. Elles recèlent des objets rares ou exotiques qui ont sans doute une fonction de symboles d'un statut social, tels des récipients en bronze d'origine lointaine ou, dans

1–2   Mobilier funéraire de la tombe princière du tumulus dit « du roi Hinz », West Prignitz, Allemagne, IXe-VIIIe siècle avant J.-C.

les tombes plus récentes, des objets en or ou en fer. Le caractère monumental des grands tumulus doit être interprété comme reflétant le désir des familles de donner à leur puissance une expression de pérennité et cela, dans un contexte où justement ce pouvoir était menacé. Le grand tumulus de Čaka en Slovénie, solidement protégé, est à peu près contemporain de Kivik et rappelle fortement le rituel funéraire si abondamment décrit par Homère (l'Iliade, XXIII, 233 et XXIV, 782). L'écho de ces temps héroïques est perceptible de Kivik – avec le char de combat à deux roues – à Lusehøj, où les ossements sont enveloppés dans des linges ; les tombes renfermant un char cultuel pourraient apporter un autre lointain écho à cette tradition. Si l'on met à part Seddin, le sud-ouest de Fionie et Albersdorf, la faible durée de cette tradition et sa discontinuité sont frappantes. La richesse qui s'exprime à travers ces sépultures ne semble pas avoir duré plus d'une ou deux générations. Le centre du pouvoir s'est ensuite déplacé. La faible distance qui sépare Voldtofte de Håstrup pourrait signifier que la richesse était localement liée à l'accès aux échanges par la Baltique. Le large réseau de commerce, qui approvisionnait en métaux précieux indispensables les territoires des civilisations nordiques, fut sans doute à l'origine de la pratique de l'ensevelissement des princes, avec des symboles de leur statut social qui jouent un rôle si important dans les tombes.

Quant l'or puis le bronze devinrent rares, les conditions qui avaient présidé à l'édification des tombes princières disparurent elles aussi, et il fallut attendre quatre ou cinq siècles avant que des sépultures princières comparables ne réapparaissent. On y trouva à nouveau des chars donnant une indication précieuse sur le rang de la personne ensevelie.

BIBL. : Almgren, 1905 ; Eggers, 1936 ; Hänsel et Hänsel, 1997 ; Kossack, 1974 ; Menke, 1972 ; Metzner-Nebelsick, 1997 ; Randsborg, 1993 ; Thrane, 1966, 1984, 1994 ; Wüstemann, 1974.

Chapitre 4
LE MONDE DES DIEUX À L'ÂGE DU BRONZE
Christiane Éluère

◁ Le char du soleil de Trundholm, Højby, Holbæk, Zélande, Danemark,
  âge du bronze moyen, XIVe siècle avant J.-C. (cat. 167).

LE MONDE DES DIEUX À L'ÂGE DU BRONZE

Christiane Éluère

Nous ne pouvons identifier avec précision quels étaient les dieux des Européens de l'âge du bronze. Seuls quelques noms nous ont été transmis par le monde mycénien et paraissent préfigurer le panthéon grec quelques siècles plus tard (avec Zeus, Héra, Poséidon, Athéna, Dyonisos, etc.). Cette présence de théonymes grecs dans le linéaire B prouverait pour certains une ancienneté et une pérennité dans la religion. Toutefois, quelques dieux – tels qu'Apollon, curieusement – ne sont pas encore mentionnés.

Si nous nous plaçons au début de l'époque envisagée, c'est-à-dire au début du IVe millénaire, un « instinct » de la religion – prise au sens large, c'est-à-dire la crainte ou la croyance en des forces supérieures, en un au-delà – n'est alors sans doute pas nouveau puisqu'il existe déjà depuis le paléolithique moyen et qu'il est inhérent à l'état d'*Homo sapiens*. Cette aspiration existentielle est une constante universelle, toutefois elle se manifeste, selon l'époque et l'environnement, sous des aspects variés qui en deviennent significatifs : « Les images symboliques comme représentations de l'archétype sont distinctes de l'archétype en soi. L'archétype en soi est un facteur obscur, une disposition qui, à un moment donné du développement de l'esprit humain, commence à agir, mettant en place des figures déterminées » (Jung, 1968, p. 239-240).

La recherche des expressions privilégiées d'une vie spirituelle à l'âge du bronze devrait donc nous aider à mieux comprendre cette époque grâce aux préoccupations exprimées par les hommes de cette époque et aux refuges intellectuels qu'ils inventèrent pour combattre leurs angoisses. C'est un temps où apparaissent les longs voyages, les expéditions plus ou moins hasardeuses pour le trafic de matières premières précieuses plus diversifiées – comme la collecte et l'acheminement de l'ambre de la Baltique –, ou la prospection, plus concurrentielle, des minerais. C'est l'époque des métaux natifs extraordinaires comme l'or, celle de la science métallurgique, avec les phases de transformation du cuivre et du bronze et la production d'un nouveau type d'armement et d'outillage, une époque où adviennent de nouvelles formes de pouvoir tandis que des notions plus précises de territoire à défendre se font jour, une époque enfin, où émergent des classes sociales plus nuancées, où l'artisanat spécialisé prend de l'importance et où apparaît le phénomène citadin… Toutes ces transformations contribuent à provoquer un bouleversement des valeurs traditionnelles économiques et sociales qui « balisaient » auparavant le monde du néolithique, d'essence plus rurale et statique.

De nature très variée – des tatouages d'Ötzi, l'homme des glaces (voir l'essai de Walter Leitner, p. 24) aux monuments de pierre de l'Atlantique ou aux fresques des palais crétois –, les témoignages livrés par l'archéologie révèlent l'omniprésence d'un monde divin, création propre à l'âge du bronze, et l'émergence de certains thèmes récurrents à travers toute l'Europe.

La multiplication des lieux naturels sacrés

En dehors de grottes sacrées dans lesquelles on officie et où l'on dépose des offrandes, de vastes sanctuaires à ciel ouvert s'épanouissent alors, liés à la fascination de l'homme pour une nature qui peu à peu lui devient moins hostile. La sacralisation de certains paysages terrestres qu'il peut cerner, transformer – déboiser, cultiver, irriguer, entretenir par des troupeaux… –, parcourir à pied, à cheval, en chariot ou même à skis atteint également les endroits difficiles d'accès, comme la montagne. Les sanctuaires rupestres alpins du mont Bégo, du val Camonica et de la Valteline sont les exemples les plus spectaculaires d'accession aux lieux divins, qui requiert une exigence d'effort : « Le chemin difficile et dangereux recoupe la réalité rituelle de la montagne-sanctuaire » (Neumann, 1953).

Les sanctuaires de plein air, du moins les sources sacrées, sont évoqués dans *l'Odyssée* : « […] un olivier s'éploie, et l'on trouve tout près la sainte grotte obscure et charmante des Nymphes que l'on appelle aussi des Naïades : on y voit […] leurs sources d'eaux vives ». Lorsque Athéna présente à Ulysse le sol d'Ithaque : « […] voici l'antre voûté, voici la grande salle où tu vins, tant de fois, offrir une parfaite hécatombe aux Naïades ! », celui-ci invoque alors les nymphes en ces termes : « Ô vous, filles de Zeus, ô Nymphes, ô Naïades, que j'ai cru ne jamais revoir, je vous salue…! Acceptez aujourd'hui mes plus tendres prières. Bientôt comme autrefois, vous aurez nos offrandes […]. »

L'eau exerce aussi une fascination chez les peuples de l'Europe non méditerranéenne et nous connaissons quelques exemples précis de fontaine sacrée comme celle de Saint-Moritz en Suisse. Par ailleurs, nombreuses sont les offrandes d'armes dans les rivières ou les dépôts votifs confiés aux milieux humides du nord et de l'ouest de l'Europe (cat. 119 à 121).

Les sanctuaires minoens sont consacrés aux montagnes ou aux grottes. Des statuettes votives, des sacrifices d'animaux brûlés en témoignent. De nombreux autels de campagne sont érigés au minoen final, en liaison avec des éléments naturels comme des arbres sacrés. Les premiers sanctuaires construits remontent au XVIe siècle. Le phénomène des sanctuaires de montagne est moins important dans le monde mycénien. Des représentations font allusion à des arbres, des taureaux. Les sanctuaires architecturés du monde mycénien observés à Tirynthe – le centre cultuel de Mycènes –, dans le sanctuaire de Phylakopi (à Mélos) ou dans celui des « haches doubles » à Cnossos... ne paraissent pas différents des autres maisons ; ils s'en distinguent par un nombre important de figurines déposées sur une banquette, à l'intérieur d'une pièce centrale munie d'un grand foyer, la salle principale du mégaron. Des constructions particulières sont plus rarement observées dans l'Ouest, c'est le cas par exemple du temple orné de cornes sculptées en bois, mis au jour à Bargeroosterveld (Drenthe).

La variété et la richesse des offrandes

Les offrandes peuvent être multiples et sont de nature très différente : des aliments, des céréales, des plantes, des laitages, des animaux, peut-être aussi des êtres humains, ou des évocations de certains statuts sociaux ou familiaux comme peuvent l'avoir été ces longues tresses de cheveux trouvées au Danemark. Ce sont surtout les tablettes mycéniennes qui nous livrent des informations : des épices, du vin, de l'huile, du miel, du blé, de la laine, des vases et des bijoux en or (voir ci-après), des animaux et même des hommes – dont on ne sait s'il s'agit de sacrifices ou d'esclaves attachés au service du dieu – étaient régulièrement comptabilisés dans les archives des sanctuaires. Grâce aux mêmes sources, on sait que des festins cérémoniels étaient également organisés.

Des objets ou des motifs « cultuels »

Les figurations bien identifiées de ces dieux de l'âge du bronze sont fort rares, il semble y avoir des représentations féminines et masculines ; ces dernières sont moins traditionnelles qu'aux époques précédentes et sont liées à cette ère nouvelle où le guerrier et le métal jouent un rôle prépondérant. Il faut avoir conscience de la nuance qui doit accompagner l'attri-

1 Statue féminine d'Aghia Irini, temple de Kéa, île cycladique de Keos, Grèce (cat. 153).

bution au monde religieux de figurines en terre cuite (dieux ? orants ?), alors que cette appartenance ne fait pas de doute en ce qui concerne les œuvres monumentales que sont par exemple les stèles et les statues-menhirs réparties en particulier dans le sud-ouest de l'Europe (voir à ce sujet l'essai de Susana Oliveira Jorge, p. 114) et dans tout l'arc alpin.

De nombreux objets sont classés comme « cultuels », soit qu'ils présentent des caractères morphologiques ou décoratifs particuliers, soit qu'ils sont trouvés dans un milieu se rapprochant du concept de sanctuaire. Ils sont sans doute porteurs, à travers leur iconographie, des bribes d'une mythologie, ou encore évoquent les cérémonies où leur rôle de médiateurs favo-

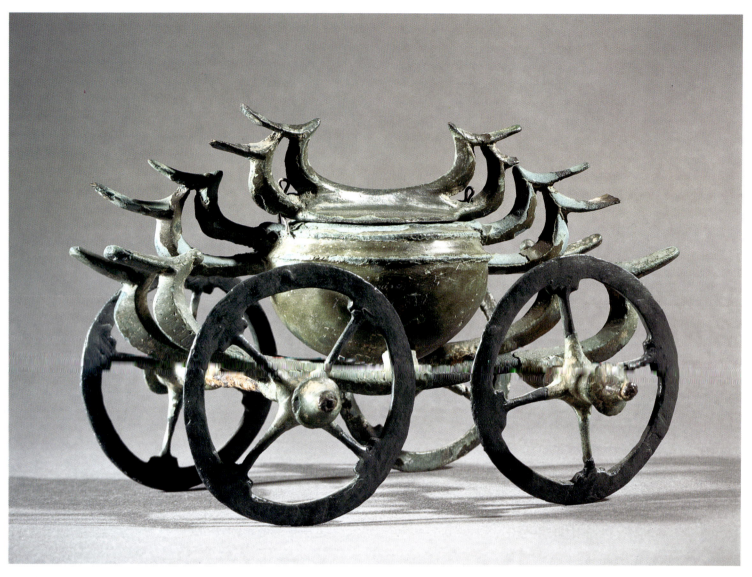

2 Récipient en forme de wagon cultuel à décor de protomés d'oiseaux, Orastie, Hunedoara, Roumanie, âge du bronze final (cat. 174).

risait la transmission des prières. La nouvelle mobilité de l'homme est sans doute une préoccupation sous-jacente que l'on découvre au travers des représentations de véhicules à roues et d'oiseaux migrateurs.

Parmi ces objets, on rassemble de nombreuses représentations de véhicules : surtout les chars miniatures, souvent conduits par des oiseaux, cygnes ou canards. Ces chars, qu'ils soient en argile ou en bronze, portent parfois un personnage central comme pour le char de Dupljaja (Serbie).

Ce char miniature est tiré par trois oiseaux (cat. 174-176) ; le personnage principal est une idole à tête d'oiseau au vêtement décoré de symboles solaires : le type de char, comme le célèbre char en bronze et en or de Trundholm (cat. 167) représentant un cheval attelé à un grand disque solaire, l'ensemble étant monté sur un socle à six roues, le symbole essentiel devait être l'envol, qui permet de quitter la terre pour retrouver l'au-delà ou le pouvoir du soleil. Le cheval, qui est une toute récente conquête de l'homme, facilite les longs voyages. Le soleil est également associé au feu nécessaire aux métallurgistes.

Le soleil est un thème récurrent, semble-t-il, sur les récipients ou les appliques en or de forme circulaire, ornés le plus souvent de cercles concentriques estampés. Un autre thème du voyage cyclique est celui de la barque solaire, embarcations schématiques – bateaux miniatures ou gravures rupestres – portant des personnages, guerriers, lutteurs, musiciens ou astre solaire. Elle décore rasoirs et récipients en bronze, de la

Scandinavie à l'Italie et à l'Europe centrale (cat. 188). Les innovations comme la roue ou le char, tiré d'abord par des bœufs puis par des chevaux, sont donc peu à peu assimilées et intégrées dans le monde religieux et dans les rites cérémoniels (cat. 38 à 42, 46 à 48).

Bien que leur signification nous échappe en grande partie, on observe une mise en scène de personnages, d'animaux et de signes : dans le monde mycénien par exemple, des processions (personnages chargés d'offrandes, pleureuses) apparaissent notamment sur les bagues sigillaires, les fresques et les décors peints de sarcophages comme celui de Tanagra (Grèce), tandis que dans le Nord, les dalles de pierre piquetées du monument funéraire de Kivik (Suède) déploie une iconographie semblable.

Les scènes de labours sont un autre thème fréquemment représenté, notamment dans l'art rupestre du val Camonica et du mont Bégo. Ces représentations évoquent des traces de rituels concrets reconnus par l'archéologie. À Snave dans l'île de Fionie, au Danemark, sous un vaste tumulus, le sol a été labouré avant d'être sacralisé par l'inhumation. À Saint-Martin-de-Corléans, un labour rituel semble avoir concouru également à l'aménagement du lieu cultuel.

Les poignards, les haches, les hallebardes, les roues, les pendentifs à double spirale sont des objets de métal qui ont une valeur symbolique : on les retrouve aussi bien gravés sur les monuments que rassemblés sous forme d'offrande (par exemple, des dépôts de pendentifs à double spirale à Stollhof en Autriche) ou figurés sur les stèles de Sion, du val Camonica, sur les statuettes féminines en terre cuite de Roumanie (cat. 156); haches et poignards sculptés à Stonehenge en Angleterre, dépôts de poignards en or de Persinari en Roumanie (cat. 146), haches doubles en or à Arkalochori en Crète (cat. 169), hallebardes sculptées sur les stèles du Portugal, dépôts de hallebardes en bronze en Allemagne centrale, et tant d'autres exemples.

Certains animaux jouent un rôle parmi les forces de la nature : les bovidés sont prépondérants dans les gravures rupestres au mont Bégo, alors que les cervidés et les bouquetins sont plus fréquents au val Camonica, et certains animaux considérés comme divins se retrouvent sur des pendeloques, des broches à rôtir en bronze et jusqu'au chariot de Strettweg en Autriche ou le bol en or de Zurich, tous deux datés du début de l'âge du fer. Le thème du domptage du taureau ou du combat contre les animaux sauvages sont fréquents dans le monde créto-mycénien (cat. 180). Celui de la chasse mythique est commun aux divers peuples.

3   Haches cultuelles, Zélande, Danemark, âge du bronze moyen (cat. 173).

Dans le nord de l'Allemagne (cat. 181), en Zélande (Danemark) et au Bohuslän (Suède méridionale), des mises en scène apparaissent dans l'art rupestre : scènes d'accouplement rituel, personnages ithyphalliques liés au culte du guerrier – grand dieu à la lance, personnages brandissant la hache, scènes de combat de héros au casque à cornes (cat. 177) évoquant les bovidés – et scènes de labours liées aux rites de la fertilité.

Les figurations humaines sont souvent schématisées ou partielles : les idoles de Los Millares sont réduites à des yeux, les pétroglyphes aux figures anthropomorphes aux bras écartés sont filiformes. Les statues-menhirs ont des attributs stéréotypés mais bien reconnaissables (cat. 95).

La maîtrise de l'espace céleste avec les débuts de l'astronomie

La poursuite de l'utilisation et de l'aménagement de monuments mégalithiques à vocation astronomique, tel Stonehenge, est l'occurrence la plus fréquente dans les îles Britanniques. Des symboles astraux sont figurés dans des contextes divers : le soleil, sur les gravures du val Camonica et de la Valteline, les roches gravées de Scandinavie ; le soleil et la lune apparaissent aussi sur les bagues sigillaires mycéniennes. Les spirales, motif du mouvement sans fin, sont un thème décoratif adopté dans toute l'Europe, dans l'ornement des épées par exemple.

L'appropriation progressive du monde céleste se reflète donc à travers cette symbolique à laquelle sont souvent associés

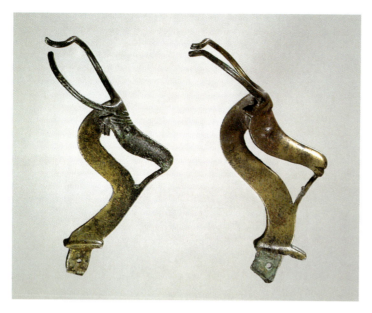

4 Figurines du dépôt votif de Fårdal, Jutland, Danemark, âge du bronze final (cat. 184).

les motifs de cercles concentriques estampés qui ornent de très nombreux objets à destination cultuelle, comme ces ensembles composés de récipients en or.

Une probable croyance en un au-delà

Comment interpréter les dépôts de mobiliers funéraires ? Dans certaines tombes, comme celle de Leubingen par exemple, faut-il expliquer l'abondance de matériel (plusieurs haches, hallebardes, poignards…) comme un signe de la distinction sociale d'un mort prestigieux ou comme garantie pour s'assurer d'une vie ultérieure ? La même question peut être posée pour les tombes en forme de bateau du nord de l'Europe ou les masques d'or recouvrant les visages des défunts rois de Mycènes… Quel fut par ailleurs le rôle joué dans l'espace religieux par les chefs de territoire ? Étaient-ils également investis d'un quelconque pouvoir spirituel ? D'autre part, le choix de l'emplacement des sépultures n'est pas un hasard ; il existe en Bretagne des espaces sacrés souvent réutilisés, déjà fréquentés au néolithique. Ainsi, à travers plusieurs générations, les tombes individuelles ont remplacé les tombes collectives installées dans les monuments mégalithiques.

Un autre changement dans le rite funéraire est le passage de l'inhumation des morts à leur incinération. Il est probablement révélateur de croyances nouvelles en plus des contingences sociales qu'il implique. De petites urnes en bronze se rapprochent de la forme des chariots cultuels et sont montées sur roulettes et ornées du thème de l'oiseau prêt à s'envoler.

Un autre phénomène est à noter à la fin de l'âge du bronze, il s'agit de l'importance croissante accordée aux rites des dépôts votifs au détriment de l'ostentation rituelle entourant la sépulture…

En conclusion, les peuples de l'âge du bronze, qu'ils soient d'une région ou d'une autre, devaient partager des croyances assez voisines sur l'existence de l'«âme», l'omniprésence de dieux – peut-être même aussi de démons –, qu'ils recherchaient dans les éléments de la nature, dont ils faisaient des intermédiaires privilégiés – animaux, lieux, matière, organisation de rites – pour établir des liens d'appartenance et pour pouvoir communiquer avec eux. Et une sorte de mythologie paraît se mettre en place alors avec, sous-jacents, les quatre éléments essentiels : le feu, l'eau, la terre et l'air.

BIBL. : Jung, 1968, p. 239-240 ; Neumann, 1953.

Un sanctuaire de la préhistoire récente de la péninsule Ibérique avec des « stèles » : Cabeço da Mina (Vila Flor au Portugal)

Susana Oliveira Jorge

Le site de Cabeço da Mina

La vallée fluviale de la Vilariça, un affluent du Sabor situé dans le bassin hydrographique du Douro, est l'un des paysages les plus saisissants de la région du Haut-Douro au Portugal. Entre la Serra de Bornes, les plateaux de Carrazeda de Ansiães et la Sierra de Cardanha, s'ouvre du Nord au Sud une *vega* large et fertile au climat nettement méditerranéen. Ses caractéristiques climatiques et phytogéographiques en font un lieu privilégié dans le nord de la péninsule Ibérique.

À l'entrée nord de la vallée de la Vilariça, mais déjà tout près de la *vega*, se dresse, au milieu d'un paysage ondoyant, une petite colline, relativement peu impressionnante. Les habitants du lieu l'appellent Cabeço da Mina. Reconnu officiellement comme site archéologique depuis les années 1980, Cabeço da Mina a été l'objet d'une attention accrue seulement ces derniers temps, à l'occasion d'une étude préliminaire[1] et de son élévation au statut de monument national[2].

Comment définir ce site du point de vue archéologique ?

Nos connaissances reposent sur trois types d'informations : a) l'analyse de nombreuses « stèles » en granit et en schiste (fragmentaires et entières) découvertes au moment du labourage du terrain ; b) les données obtenues à partir des excavations préliminaires dans la zone entourant la colline ; et c) l'évaluation des photographies aériennes du Cabeço[3].

La combinaison de ces différents types d'informations nous permet de dresser les conclusions suivantes :

1. Cabeço da Mina présente la plus importante concentration de stèles/statues-menhirs anthropomorphes de ce type trouvées sur la péninsule Ibérique. Cette assertion peut même être étendue au sud de la France, où des statues-menhirs d'un type comparable ont également été découvertes[4]. À présent, nous avons connaissance d'un total de plus de cinquante exemplaires, parmi lesquels vingt et un sont gravés.

2. Les stèles/statues-menhirs de Cabeço da Mina n'ont pas été trouvées dans des endroits dispersés au hasard ; elles sont concentrées dans des zones spécifiques de la colline.

3. Les excavations préliminaires et les photographies aériennes sont en faveur de l'hypothèse avancée il y a quelque temps sur la base des informations fournies par les propriétaires qui ont cultivé cet endroit : le sommet de la colline était entouré de pierres formant un cercle ; dans ces pierres étaient intégrées des stèles/statues-menhirs de tailles et de formes variées. Ces

1 Le site de Cabeço da Mina (colline brun clair au centre) dans la vallée de la Vilariça (Portugal).

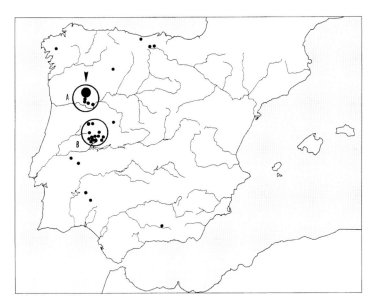

2 Localisation de Cabeço da Mina (gros point noir) sur une carte montrant la répartition des stèles/statues-menhirs du même type sur la péninsule Ibérique. Les pièces sont concentrées dans deux régions : Trás-os-Montes et Haut-Douro (A), et Salamanque et Cáceres (B) (Adapté de Almagro Gorbea, 1993.)

excavations ont révélé qu'une partie de ce cercle fait en pierres diverses pouvait s'être effondré. Il s'agit de monolithes de granit, de dalles de schiste et de fragments de quartz[5].

4. Si l'hypothèse d'un cercle en pierres de cette nature est confirmée, nous pouvons admettre l'existence d'une enceinte de pierres entourant la colline, dans lesquelles étaient incorporées les « stèles »/statues-menhirs. En d'autres termes, ce dispositif présente l'apparence d'un sanctuaire, se détachant bien dans le paysage et à l'écart de tout établissement connu[6].

5. Compte tenu de cette découverte, à l'évidence importante, il reste beaucoup à faire. Avant tout, il semble nécessaire de mettre en œuvre un programme préliminaire de prospections géophysiques, et de sondages de contrôle, de façon à avancer rapidement à l'étape suivante : la fouille méticuleuse du probable premier sanctuaire, comportant des stèles/statues-menhirs de ce type, qui fût découvert dans la péninsule Ibérique, et peut-être même dans toute l'Europe de l'Ouest.

Les statues-menhirs décorées

Une étude récente des vingt et une pièces décorées de Cabeço da Mina[7] permet d'examiner brièvement leur contexte iconographique et leur datation.

1. Les pièces constituent des statues-menhirs ou des « stèles », au sens défini par D'Anna[8]: de petite dimension, elles ont une hauteur d'environ vingt à quatre-vingt centimètres.

2. Sur ces dalles de granit ou de schiste figurent des représentations du corps humain. Celles-ci ne sont pas « visibles » par un contour clairement anthropomorphe mais par la présence de motifs anatomiques et/ou des attributs complémentaires gravés sur l'une ou plusieurs faces du bloc. L'éventualité (tout à fait concevable) que les pièces aient été assorties d'un « décor » peint, qui pouvait compléter ou même remplacer la gravure, n'a pas été examinée, aucune trace de pigment n'a été d'ailleurs découverte sur les exemples étudiés à ce stade.

3. Parmi les pièces analysées, les motifs anatomiques sont peu nombreux ; ce sont principalement des représentations du visage très schématiques (ill. 3, I : trois exemples ; IIIA : un exemple ; IIIC : un exemple). Dans un seul cas, on trouve un bras, des jambes et des organes génitaux, en plus des deux yeux, d'un nez et d'une bouche (ill. 3, IIIB). Il conviendrait de noter également que la figuration d'une bouche a bien été trouvée seulement sur le dernier exemple. À cet égard, ce qui a été découvert à Cabeço da Mina diffère des autres pièces de la Péninsule, habituellement dotées d'une bouche, d'une chevelure, et de mains[9].

4. Les attributs complémentaires, très schématisés, sont prédominants. Les plus courants sont les « ceintures », qui apparaissent sur la grande majorité des pièces décorées. Elles sont figurées par une simple ligne horizontale, ou par deux lignes parallèles horizontales qui, pour certaines, délimitent une rangée de chevrons (ill. 3, IIA1 ; IIB ; IIIA ; IIIB ; IIC ; IIF).

5. Parmi les attributs complémentaires, on trouve des colliers à trois, quatre ou sept rangs (ill. 3 ; IIA1 ; IIA2 ; IIIB ; IIIC), ainsi qu'un ornement (?) curviligne faisant tout le tour de la sculpture (ill. 3 ; IIF ; IIG ; IIIA), et un ornement (?) en forme d'X délimité par des parallèles horizontales (ill. 3 ; IID ; IIE). Une pièce (ill. 3, 10) présente des motifs circulaires difficiles à expliquer.

6. Les armes ne sont pas figurées.

7. De même que pour les stèles/statues-menhirs comparables de la péninsule Ibérique[10] ou du sud de la France[11], nous pouvons noter avec D'Anna que les « caractéristiques anatomiques » sont indiquées « avec retenue », et qu'« il n'y a pas de représentation explicite des organes sexuels[12] ». Il est difficile dans ces conditions de présumer du contenu symbolique des pièces selon leur identité sexuelle (masculine, féminine, ou autre). Selon certains, les œuvres munies de collier seraient

féminines[13]. C'est là probablement un préjugé ethnocentrique, dans la mesure où, dans de nombreuses sociétés connues, ce type de bijoux est aussi porté par les hommes dans des circonstances particulières. Il paraît plus sage pour le moment de ne pas avancer d'hypothèses à cet égard, pour éviter des interprétations exposées aux controverses, d'autant qu'à Cabeço da Mina prédominent les représentations schématiques.

8. Notre tentative de typologie (ill. 3) se fonde sur la division des pièces en trois groupes. Le groupe I: pièces dont l'identification anthropomorphe repose sur la présence des yeux (autrement dit, le visage est réduit à l'un des éléments anatomiques); le groupe II: pièces qui se distinguent par des ceintures, des colliers, et des motifs curvilignes ou en forme d'X (insignes?); le groupe III: pièces dont l'identification anthropomorphe se fonde sur la combinaison du visage avec des ornements et/ou des éléments vestimentaires.

Bien que l'abondance des attributs dans les trois groupes permette de discerner une tendance à une complexité accrue, et que, d'un point de vue purement formel, le groupe III résulte d'une combinaison de visages, d'ornements et d'éléments vestimentaires, il représente néanmoins plus que la simple somme des attributs des groupes I et II.

La catégorisation suggérée ici est le résultat nécessaire d'une méthode particulière de sélection et de classement de ces attributs. Il est certain que d'autres typologies ont également leur place, qui accorderaient, par exemple, une importance plus grande au visage, aux colliers, aux motifs curvilignes, aux ceintures ou aux dessins en X.

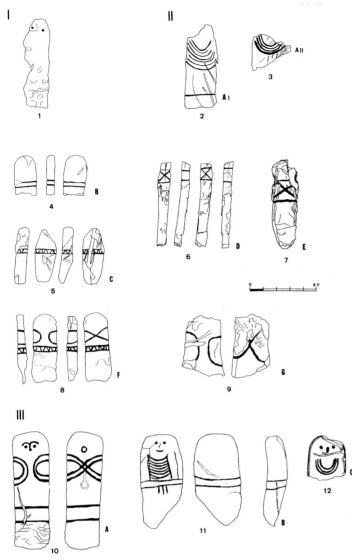

3 Typologie des stèles/statues-menhirs de Cabeço da Mina selon le système développé par l'auteur (dessins d'après Sousa, 1996).

I. Personnage humain avec un rendu schématique des yeux.

II. Personnage humain avec un rendu schématique des ornements :

A. Colliers (AII) ; collier et ceinture (AI), cette dernière est figurée par une simple ligne horizontale.
B. Ceintures représentées par deux lignes parallèles horizontales.
C. Ceintures représentées par deux lignes parallèles horizontales avec chevrons.
D. Deux lignes parallèles horizontales délimitent un motif en forme d'X sur deux des quatre côtés du bloc.
E. Même motif qu'en D, gravé sur un côté d'une plaque de schiste avec un vague contour anthropomorphique (entailles latérales sculptées).
F. Ceinture comme dans C, combinée avec un motif curviligne dessinant la forme d'un huit à l'horizontale.
G. Simple motif curviligne comme en F.

III. Personnage humain avec un rendu schématique du visage, des ornements, et des autres attributs corporels :

A. Visage composé des yeux, des sourcils, d'un nez, combinés avec un double motif curviligne et peut-être une ceinture ; le revers présente des motifs circulaires.
B. Visage composé d'yeux, d'un nez, d'une bouche, combinés avec des colliers, le contour probable d'un bras, et une ceinture ; sous la ceinture apparaissent des éléments qui peuvent être interprétés comme des ornements, ou la représentation schématique de jambes et d'organes génitaux.
C. Visage composé d'yeux et d'un nez, combinés avec des colliers ; la partie basse de la pièce n'a pas été conservée.

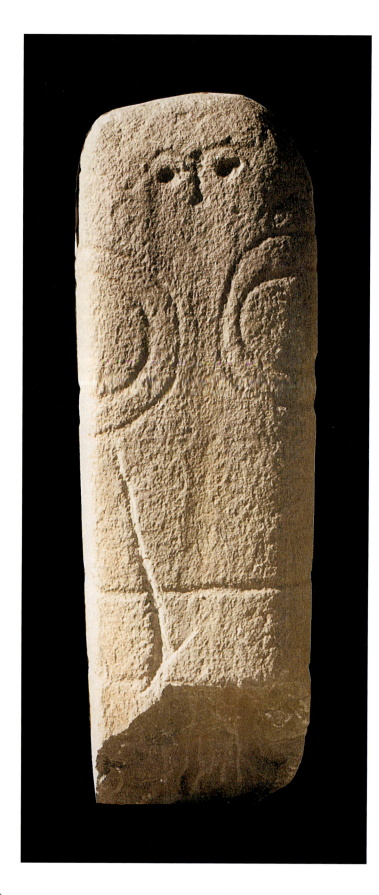

4 Statue/menhir de Cabeço da Mina (type IIIA) ; H : 85 cm.

La chronologie des « stèles »/statues-menhirs

La chronologie de Cabeço da Mina ne peut être déterminée que par l'examen de son contexte archéologique. Rappelons d'abord, cependant, ce que nous savons déjà des « stèles »/statues-menhirs, ou des pièces similaires rencontrées en péninsule Ibérique dans des contextes mégalithiques et autres environnements préhistoriques, de façon à rendre plus aisée la solution du problème. Il ne faut pas perdre de vue les facteurs énumérés ci-après.

1. Des motifs présents sur les pièces de Cabeço da Mina apparaissent également sur d'autres exemples tirés de contextes mégalithiques, en particulier ceux de datation plus tardive, comme Chã do Brinco[14] ou Boulhosa[15].

2. Sur les pièces de Cabeço da Mina, par ailleurs, ne sont pas gravées les armes qui apparaissent dans de nombreux contextes depuis le début de l'âge du bronze[16]. À peu de distance de Cabeço da Mina, au sud du Douro[17], fut découverte la fameuse stèle de Longroiva, datant de l'âge du bronze ancien, qui présente à la fois des armes et le visage humain.

3. Malgré leur spécificité, les pièces de Cabeço da Mina possèdent un lien formel avec les autres stèles/statues-menhirs, trouvées surtout dans la partie occidentale de la Péninsule, en particulier celles des provinces de Cáceres et de Salamanque. Particulièrement importantes à cet égard sont les célèbres pièces d'Hernán Pérez[18] ou de Ciudad Rodrigo[19] qui, à l'image de pièces des groupes établis d'après Almagro-Gorbea, B2, B3, et B4[20], semblent appartenir à une « famille typologique » de contexte méditerranéen (ill. 2, B).

Pour toutes ces raisons, il paraît plausible de dater la phase initiale de l'occupation de Cabeço da Mina entre le néolithique final et le chalcolithique (4000-3000 av. J.-C.).

Il est probable que le lieu fut réutilisé à une période ultérieure, dont la date est pour le moment impossible à déterminer. La preuve de cette réutilisation peut être trouvée dans la gravure d'un équidé, apparemment plus tardive que le reste de la stèle sur laquelle elle a été découverte (ill. 3. 6), dont elle diffère notamment par le style. Sa présence au mileu des stèles de ce type est en effet étrange.

On ignore, bien entendu, pendant combien de temps ce sanctuaire fut en usage, si son plan est le résultat d'un simple processus de conception/exécution, ou s'il a subi des modifications architecturales, etc. Dans tous les cas, il représente un complexe très visible, occupant une position stratégique dans une région fertile et probablement à forte densité de population. C'est pourquoi il est possible d'affirmer qu'il a dû posséder, durant un laps de temps considérable, une forte signification symbolique pour la population locale ou pour les voyageurs qui traversaient le territoire dont il constituait un point de référence.

En conclusion, on proposera une remarque et une hypothèse : il existe une brèche dans notre information, entre le groupe de stèles/menhirs trouvées à l'est de Trás-os-Montes et du Haut-Douro, et celui de Salamanque/Cáceres, régions de la péninsule Ibérique où se rencontre la plus forte concentration de ces monuments. Au vu de la proximité des deux régions, et de l'existence d'un ancien « corridor » naturel à la périphérie occidentale de la Meseta[21], il est concevable que dans un proche avenir des découvertes similaires seront faites dans la région sud du Douro. Cette hypothèse présente un grand intérêt, en particulier si nous considérons que les qualités spécifiques du paysage de Cabeço da Mina se retrouvent, même à une échelle moindre, dans d'autres vallées, des deux côtés du Haut-Douro portugais[22].

1. Sousa, 1996 ; Sousa, 1999.
2. Information aimablement communiquée par O. Sousa.
3. Sousa, 1996, p. 41-52, 72-92.
4. D'Anna, 1977a ; D'Anna *et al.*, 1977B, p. 179-193 ; D'Anna, 1998, p. 48-55.
5. Sousa, 1996, p. 80-83.
6. Selon Sousa (1996), aucun matériel se rapportant à la sphère domestique n'a été trouvé à Cabeço da Mina, bien que divers habitats préhistoriques, peut-être contemporains de Cabeço da Mina, aient été trouvés dans le secteur environnant.
7. Sousa, *ibid.*, 1996, p. 41-52, stat. XLIII-LIX.
8. D'Anna, 1998, p. 49.
9. Almagro-Gorbea, 1993, p. 123-139, fig. 5, B2, B3, et B4.
10. Almagro Basch, 1966 ; Almagro-Gorbea, 1972, p. 83-124 ; Bueno Ramirez, 1984, p. 5-18 ; Barceló, 1988, p. 51-85 ; Almagro-Gorbea, 1993.
11. Voir n. 4 ci-dessus.
12. D'Anna, 1998, p. 50.
13. D'Anna, 1998 ; Almagro-Gorbea, 1993.
14. Silva, 1993, p. 29-43.
15. Oliveira Jorge et Oliveira Jorge, 1993, p. 29-43.
16. Alors que l'on rencontre des représentations d'armes dans l'art mégalithique de la péninsule Ibérique (voir P. Bueno Ramirez et R. Balbin Behrmann, « La péninsule Ibérique », *l'Art des mégalithes peintes et gravées*, Dossiers d'archéologie, 230, 1998, p. 76-83), elles sont rares et peu caractéristiques de cet « univers » artistique.
17. Voir n. 15 ci-dessus.
18. Almagro-Gorbea, 1972.
19. Bueno Ramirez, 1993, p. 11-14 ; Almagro-Gorbea, 1993.
20. Almagro-Gorbea, 1993, p. 132, ill. 5.
21. Oliveira Jorge (S.), 1993A, p. 208.
22. Oliveira Jorge (S.), 1993B, p. 196 ; Sousa, 1996, p. 92.

BIBL. : D'Anna, 1977, 1997, 1998 ; Almagro-Gorbea, 1972, 1993 ; Barceló, 1988 ; Almagro Basch, 1966 ; Oliveira Jorge S., 1993 ; Oliveira Jorge V. et Oliveira Jorge S., 1993 ; Ramirez, 1984, 1993 ; Ramirez et Behrmann, 1998 ; Silva, 1993a, 1993b ; Sousa, 1996, à paraître.

Les sanctuaires rupestres en Europe

Emmanuel Anati

Des aires d'art rupestre à ciel ouvert apparaissent dès le paléolithique supérieur. Parmi les exemples les plus anciens, il existe deux de ces lieux sacrés, fréquentés pendant des millénaires, qui se trouvent aux deux confins est et ouest de l'Europe, à Gobustan, dans la province de l'Azerbaïdjan sur la mer Caspienne, et dans la vallée du fleuve Côa au Portugal. Ils sont contemporains des grottes ornées des régions franco-cantabriques.

On connaît deux grands ensembles d'art rupestre dans les phases prénéolithiques en Espagne. L'un, appelé le « Levant », est centré dans la région de Valence et recèle surtout des peintures, l'autre est en Galice et présente principalement des gravures. À la même époque, on remarque dans l'aire alpine – le val Camonica, dans la région de Brescia – et dans le massif montagneux du Tôtes Gebirge en Autriche, non loin de Salzbourg, les premières manifestations importantes d'art rupestre, tandis qu'apparaissent, dans le nord et le centre de la Suède et de la Norvège ainsi qu'en Finlande et en Carélie, les premiers exemples d'art rupestre de type dit « nordique », et, en Anatolie, les gravures dites de type « épi-paléolithique ». Au néolithique, à partir du VIe millénaire avant Jésus-Christ, les lieux de culte que l'on peut définir comme des sanctuaires se mettent à proliférer et présentent une diversité typologique notable. Dans les Balkans, dans les cultures de Vinča et de la Tisza – un affluent du Danube –, des sites archéologiques avec des milliers de statuettes votives ont été mis au jour. Les premiers monuments qui constituent ce que l'on appelle la civilisation mégalithique ont été érigés le long de la zone atlantique, du Portugal et de l'Espagne à la France et à l'Irlande.

On a retrouvé dans le sud du Portugal et la vallée du Danube, près des Portes de Fer, les vestiges les plus archaïques d'un art monumental tridimensionnel – qui est la manifestation artistique la plus ancienne que l'on connaisse en Europe –, constitués de statues-menhirs, ces monuments de pierre souvent décorés de signes anthropomorphes ou de symboles.

Les sanctuaires, qui présentent des concentrations remarquables d'art rupestre, souvent accumulées voire superposées pendant des millénaires, se développent en Galice espagnole, dans la vallée du fleuve Tage du Portugal, dans le Bohuslän (en Suède) et dans d'autres provinces du sud de la Scandinavie, dans le val Camonica près du lac d'Iseo, et dans la Valteline, non loin du lac de Côme. À une phase plus avancée ou finale du néolithique apparaissent aussi dans les grottes des peintures rupestres à caractère sacré, à Porto Badisco – dans la province de Lecce (Italie) – et à Magoura, près de Belogradchik en Bulgarie. L'existence, complexe, de tels types variés de sanctuaires, notamment rupestres, est déjà bien établie au début de l'âge des métaux.

Au chalcolithique et pendant l'âge du bronze, aux IIIe et IIe millénaires avant Jésus-Christ, plusieurs zones particulières d'Europe développent leurs sanctuaires rupestres. Dans des aires déterminées et bien circonscrites, qui peuvent couvrir un diamètre de 100 km et plus, se multiplient les sites présentant des concentrations grandioses d'art rupestre. Le val Camonica compte plus de trois cent cinquante mille gravures, la Valteline, qui en est une émanation, vingt-cinq mille. En Scandinavie, dans le Bohuslän suédois, on en dénombre environ cent vingt mille. Sur le mont Bégo, dans les Alpes maritimes françaises, il y en a quatre-vingt mille, et, dans les diverses localités de la Galice espagnole, plus de vingt-huit mille. Des concentrations rupestres mineures sont répandues, notamment dans la péninsule Ibérique, les îles Britanniques, l'aire des Alpes et la région du Caucase.

1 Val Camonica (Italie du Nord), Foppe di Nadro, gravure rupestre du bloc 30 : deux bâtiments ayant l'apparence d'entrepôts, âge du bronze final (d'après *Scolpito nel Tempo*, 20, fig. 30).

Tous ces sites sont autant de témoignages du temps et de l'énergie considérable mis par l'homme au service de son aspiration artistique, qui marque durablement sa présence.

Dans toutes ces régions, rares sont les restes d'habitats. Il s'agirait peut-être d'aires sacrées où affluaient les gens, comme à un pèlerinage, sans toutefois y habiter. Les grands sites d'art rupestre se différencient typologiquement en secteurs variés, dont on suppose qu'ils étaient gérés chacun par un clan ou un ordre sacerdotal. Comme pour les temples et les monastères de l'Inde, de la Chine ou du Népal, on peut avancer l'hypothèse que plus les moines ou les prêtres étaient renommés, plus ils s'attiraient des fidèles, développaient leur doctrine et leur enseignement.

Grâce aux vestiges archéologiques, et à travers l'art rupestre en particulier, quelques-unes des fonctions de ces sanctuaires sont identifiables, variant de l'un à l'autre, d'une période à l'autre, selon le type de culte. D'une façon générale et préliminaire, on reconnaît, dans l'évolution des thèmes, plusieurs cultes constants qui perdurent du néolithique jusqu'à l'âge du fer, et d'autres, au contraire, qui sont prééminents pendant des périodes plus brèves.

Des récurrences saisonnières d'exaltation du cycle de la nature et de célébration probable des solstices apparaissent au long des millénaires. Le culte des morts et celui des ancêtres est aussi un élément qui se perpétue. Du néolithique jusqu'au début de l'âge du bronze, on note, spécialement dans le val Camonica, une prédilection pour les cultes tournés vers les forces de la nature, parmi lesquels le soleil occupe un rôle majeur. Au chalcolithique, une vision cosmique se développe, que nous pourrions qualifier de panthéiste et dans laquelle l'univers est vu comme un corps cosmique formé par le ciel, la terre et les enfers : la tête représentant le ciel, le buste, le corps et la zone pubienne, le monde chthonien.

À cette période, dans les zones d'art rupestre du val Camonica et de la Valteline sont produites également des statues-menhirs. Un changement thématique implique des influences culturelles se répandant progressivement des Balkans aux régions alpines, gagnant la France et l'Espagne. Dans un tel contexte, le travail du cuivre notamment se diffuse, avec pour modèles des armes originaires d'Europe orientale. Sont introduits aussi les premiers véhicules à roues, d'origine similaire : des chariots tirés par des bœufs. Au chalcolithique et à l'âge du bronze se développe le culte des armes et des objets en métal –

2   Val Camonica (Italie du Nord), Capo di Ponte, Masso di Cemmo, n° 2 : gravure rupestre (détail) représentant des cerfs, âge du bronze final-âge du fer ancien.

qui sont figurés en grande quantité et possèdent une signification spécifique –, qui finit par perdre de son importance après avoir atteint un certain sommet au bronze ancien. À l'âge du bronze, une fonction fondamentale reconnue à ces aires sacrées est une fonction d'instruction et d'initiation. Plusieurs des surfaces historiées sont comparables à des tableaux noirs d'école, où l'on peut lire que les sites devaient être proches des lieux où se déroulaient les rites d'intronisation.

Dans le cours de l'âge du bronze, une grande importance devait être accordée aussi à l'évocation des mythes des origines. Des êtres mythiques dotés de caractéristiques récurrentes sont représentés. Des associations de pictogrammes et d'idéogrammes révèlent des aspects d'une conceptualité complexe, probablement liée à une recherche « alchimique » de la transformation de la matière – telle qu'elle existe dans les arts du feu – ou bien aux phénomènes naturels comme la foudre, la pluie, le changement de temps, le cycle des saisons.

Dans les sanctuaires rupestres de la Scandinavie méridionale, de nombreuses figurations de bateaux semblent évoquer un grand voyage mythique à partir d'une hypothétique terre d'origine. Dans le groupe de Galice, au nord-ouest de la péninsule

3   Val Camonica (Italie du Nord), Foppe di Nadro, bloc n° 6 : gravure rupestre représentant un combat à l'épée entre deux guerriers.

Ibérique, des signes indicateurs de territoires se réfèrent probablement aux étapes d'un itinéraire, peut-être d'une grande migration. Dans le val Camonica et au mont Bégo se trouvent des figurations topographiques qui décrivent des lieux hypothétiques, sans que l'on comprenne s'il s'agit du monde des vivants ou du monde des morts, d'hommes ou d'esprits.

Dans plusieurs sites se développe le culte, apparu au néolithique, des animaux totémiques très récurrent dans les représentations : le cerf au val Camonica, l'élan en Scandinavie, le bovidé symbolisé par le bucrane au mont Bégo. Un autre aspect des cultes dont ces sanctuaires rupestres étaient le théâtre concerne la divination, mise en évidence par des figurations réticulées, labyrinthiques, faites de méandres et de spirales. Étrangement, ces formes sont similaires à celles utilisées encore aujourd'hui pour les pratiques divinatoires dans des milieux tribaux d'Asie et d'Afrique.

On note le développement, à la fin de l'âge du bronze, des deux cultes qui s'épanouiront ensuite au cours de l'âge du fer. Le premier est le culte des esprits, d'apparence anthropomorphe et monstrueuse, particulièrement évident dans le val Camonica où l'on a pu reconnaître des catégories d'esprits bénéfiques et maléfiques. L'existence d'un tel culte est également attestée dans l'art rupestre de la Galice, du sud de la Suède et dans diverses provinces mineures de l'art rupestre comme la région de Derryinablaha en Irlande. L'autre culte est celui du héros assimilé à un demi-dieu ; il persiste dans des mythologies protohistoriques parvenues jusqu'à nous, telles que les mythologies grecque et germanique.

Au-delà de l'âge du bronze, le sanctuaire rupestre du mont Bégo s'éteint peu à peu, de même que ceux de Galice et du Levant espagnol. Le groupe du sud de la Scandinavie connaît un net recul. Dans certaines zones comme dans le val Camonica, on note un accroissement des gravures rupestres, qui s'accompagne d'une période de renouveau au premier âge du fer. À côté d'un déclin progressif marqué par une certaine décadence dans la qualité des représentations, le culte commémoratif du héros, qui exalte les gloires du passé, acquiert, dans l'aire alpine ou en Scandinavie, une place primordiale.

Les sanctuaires rupestres jouaient un rôle important comme stimulateur du développement intellectuel, et remplissaient une fonction sociale essentielle en tant que lieux de réunion ou d'alliances, où se déroulaient les grandes cérémonies, les pèlerinages, le culte des morts, les initiations, et peut-être aussi les mariages et d'autres événements de nature sociale. Ainsi, de même que les lieux de pèlerinage actuels de Lourdes à Bénarès, ces sanctuaires devaient être de grands marchés et d'importants centres commerciaux.

On a retrouvé sur ces mêmes sites les instruments qui servirent aux hommes à exercer leur art, outils tranchants et pointus pour graver la pierre, pigments pour la colorer, broyeurs et bâtonnets pour diluer les préparations. Sur les rochers historiés, on retrouve, gravées par endroits, des « structures » qui semblent être à caractère religieux : ainsi ce petit temple découvert à Luine dans le val Camonica, l'alignement d'orthostates près des Massi di Cemmo, également dans le val Camonica, des restes de décoration architecturale dans la Valteline ou d'imposants alignements au mont Bégo. À l'intérieur des sanctuaires rupestres, des traces d'anciens sentiers demeurent, qui ne semblent conduire nulle part, mais contournent un rocher ou une colline. Le long de ces chemins, dont les pierres furent méticuleusement mises sur les côtés, on trouve des rochers à cupules, des accumulations de pierres et d'autres traces d'actions humaines dont les motivations ne sont pas toujours perceptibles. On a pensé que de telles voies servaient à retracer des voyages mythiques, des itinéraires réels ou imaginaires, empruntés par des processions ou des danseurs.

Les sanctuaires rupestres, que l'on rencontre des bords de l'Atlantique à la mer Caspienne, révèlent une sorte d'unité conceptuelle propre au continent européen à l'âge du bronze et révèlent en même temps la présence d'une vie intellectuelle et spirituelle très riche dans les quatre coins du continent.

Les statues-stèles chalcolithiques de la région alpine

Raffaele C. de Marinis

Les statues-menhirs, les statues-stèles et les stèles anthropomorphes sont les premières sculptures monumentales en pierre de l'Europe préhistorique. Leur apparition, aux IVe et IIIe millénaires avant J.-C., sur une vaste zone géographique allant de la mer Noire à la péninsule Ibérique, et de la Grèce et l'Italie à la Grande-Bretagne et à l'Allemagne, est caractéristique du chalcolithique. Si répandue et durable qu'ait pu être l'habitude d'ériger des pierres d'apparence phallique ou anthropomorphe, et si évident que soit l'ancrage du phénomène des statues-stèles dans les traditions mégalithiques locales en de nombreuses régions de l'Europe de l'Ouest, les similitudes fréquentes et parfois même surprenantes entre les différents groupes régionaux suggèrent la présence d'un phénomène unique, transculturel, se manifestant dans un large éventail de cultures matérielles et spirituelles à un moment particulier de l'âge chalcolithique, qui a commencé au début du IIIe millénaire avant J.-C.

La fin du IVe millénaire et le début du IIIe millénaire en Europe ont représenté une période de grand changement. D'importantes innovations techniques, incluant la métallurgie, la charrue, la roue et l'attelage des bovins, ainsi que de nouvelles formes d'élevage, comme le pâturage, l'agriculture laitière alpine, et l'utilisation des animaux pour des produits secondaires tels que le lait et la laine, ont eu pour résultat de modifier les relations à l'intérieur des sociétés d'individus – développement d'une hiérarchie et concentration du pouvoir dans les mains de chefs –, et entre les communautés – compétition pour les matières premières, guerre. De tels changements n'ont pu que laisser leur marque dans le domaine de la religion, de l'idéologie et de la pratique du culte, et c'est dans ce contexte que la diffusion rapide des statues-stèles à travers l'Europe doit être interprétée. La région des Alpes en Italie du Nord, incluant une partie des Apennins (Garfagnana et Lunigiana), représente sans aucun doute un des exemples les mieux documentés de ce phénomène, pour lequel l'interprétation des découvertes est possible non seulement sur la base des conditions locales, mais aussi dans un contexte sémantique plus large. Les études les plus récentes suggèrent une division du chalcolithique italien du Nord en trois périodes : le chalcolithique I (vers 3400/3300-2900/2800 av. J.-C.), le chalcolithique II (vers 2900/2800-2500/2400 av. J.-C.), et le chalcolithique III (vers 2500/2400-2200 av. J.-C.), la dernière phase correspondant à la période campaniforme. Deux zones culturelles peuvent être identifiées dans les deux premières périodes, qui se sont développées sur une durée de presque mille ans : la culture de Remedello, près de Brescia dans la vallée du Pô, et Tamins-Carasso-Isera, phase V, dans la région des Alpes et des Basses-Alpes. Des témoignages archéologiques de la seconde ont été trouvés à proximité d'établissements comme ceux de Castel Grande di Bellinzona, Breno dans le val Camonica, Isera et Romagnano (niveau Q) dans le Trentin. Les céramiques de cette culture sont des récipients cylindriques à base plate, coniques avec une pointe émoussée ; elles sont ornées de bandes. D'autres présentent des rangées d'impressions (celles que L.H. Barfield désigne comme *white ware*) ou sont ornés d'un bord ondulé et de trous.

Ces groupes sont aussi à l'origine de nombreuses tombes collectives dans de petites grottes ou des anfractuosités rocheuses (on les appelle des «abris»), connus dans la littérature comme «cultura di Civitate». L'abri de val Tenesi à Sasso di Manerba, près du lac de Garde, et celui de Cavallino sur le mont Covolo font partie des exemples remarquables de cette culture.

La culture de Remedello, près de Brescia – documentée en particulier grâce aux cimetières et, de façon secondaire, aux établissements – se caractérise par des inhumations individuelles dans des tombes peu profondes. La majorité des hommes adultes étaient enterrés sur le côté gauche dans la position fœtale, accompagnés d'une collection d'armes comprenant des poignards, des haches et des pointes de flèches, tandis que les femmes étaient allongées sur le dos, tournées vers l'est le plus souvent, sans objets funéraires, excepté tout au plus un récipient en céramique. Cette culture produisait des poignards avec des lames de silex en forme de feuille de laurier – un type d'armes exporté vers le nord des Alpes, où on le rencontre dans les établissements de la culture Cham. Par ailleurs, l'existence de la métallurgie a été mise en évidence dès la première phase des nécropoles de Remedello : les objets en métal comprennent des poignards de cuivre arsénié avec des lames triangulaires et des pommeaux en forme de croissant, caractéristiques du chalcolithique récent (période II). Durant cette phase, les populations stables des Alpes se mirent à pratiquer le pâturage régulier en montagne, comme le démontrent, d'une part, la réutilisation

1 Stèle d'Arco VI, Trentin, IIIe millénaire avant J.-C.

systématique des abris rocheux pour les activités métallurgiques, l'élevage des animaux et les rituels funéraires à la fin du IVe millénaire, et, d'autre part, le grand nombre d'objets trouvés en altitude. Les populations des plaines, à cette époque, devaient avoir été assez mobiles, l'agriculture pastorale avec ses changements de lieux saisonniers étant typique de la période. Ce fait permet d'expliquer à la fois la simplicité des habitats et l'importance des nécropoles, qui constituaient un point de référence symbolique, sauvegardant les traditions et assurant la continuité de la communauté.

Pareille fonction peut aussi être attribuée à un petit nombre de lieux de culte, qui, comme Lunigiana, sont situés plus loin au sud, dans la région alpine, et se caractérisent par des statues-stèles et des dessins sur les rochers. Plusieurs groupes clairement définis peuvent être différenciés dans des secteurs spécifiques : Trentin-Haut-Adige, val Camonica et Valteline, val d'Aoste et Valais, Lunigiana et Garfagnana. La récente découverte de deux statues-stèles à Vestignè près de Dora Baltea, dans le Piémont, révèle l'existence d'un groupe additionnel.

Trentin-Haut-Adige

Le groupe de la région de l'Adige consiste en dix-huit statues-stèles, dont six furent trouvées à Arco (Trentin) et quatre à Lagundo près de Merano. Le reste provient de différents endroits, dans la vallée de l'Isarco : Tötschling, Velturno, S. Verena et Aica di Fié, et aussi Revò dans le val de Non, Termeno au sud du lac de Caldaro, et Laces dans le val Venosta. L'existence d'une stèle supplémentaire trouvée il y a quelque temps à Corces près de val Silandro avait été également signalée, mais elle est aujourd'hui perdue.

Les monuments peuvent être répartis en trois catégories selon leur iconographie, leur forme et leur taille : mâle, femelle, et asexué. Tous ont leur face postérieure décorée d'une bande verticale rectangulaire ou d'un motif à damiers, qui peut être interprété comme une cape ou un manteau. Les onze exemples du type mâle se caractérisent par une hauteur d'un ou deux mètres et une forme rectangulaire ou légèrement trapézoïdale ; dans quelques cas, peu nombreux, on note les traces d'une tentative pour rendre la tête et les épaules, ainsi qu'une forme en T esquissant des sourcils et un nez. Au-dessus de la ceinture faite d'une série de boucles, une composition de haches, de hallebardes et de poignards apparaît dans la région de la poitrine (Termeno, S. Verena, Arco I [ill. 3, 5] et II [ill. 2], Lagundo B et Laces) ; à titre de variante, un poignard seul, à l'horizontale, peut parfois aussi être placé directement au-dessus de la ceinture (Lagundo C et D).

Le type féminin (quatre exemples) est plus petit et présente la forme d'une ogive, avec deux seins en relief. Une large bande de lignes courbes au-dessus de la ceinture peut être interprétée comme un collier à plusieurs rangs ou comme une sorte de manteau (Lagundo A, Arco III, IV [ill. 4], et peut-être V bien que sa partie soit fortement érodée).

Le troisième type, dont nous avons deux exemples (Arco VI [ill. 1] et Revò), est classé comme asexué, ne possédant pas de traits permettant de l'identifier sexuellement. En outre, la forme du visage évoque légèrement un U.

À l'exception du fragment découvert lors des fouilles de Velturno, toutes les stèles ont été trouvées dans des positions secondaires, sorties de leur contexte original. En conséquence, elles ont été datées à l'origine sur la base de l'analyse typologique des objets représentés sur leur surface, du poignard de Remedello en particulier. Des investigations récentes reposant sur la stratigraphie horizontale de la nécropole de Remedello et les données du carbone 14 qui en découlent montrent que ce poignard est caractéristique de la seconde phase de l'âge chalcolithique, c'est-à-dire de la période située entre 2900/2800 et 2500/2400 avant J.-C.

Le monument de Velturno, malheureusement préservé sous la forme de fragments seuls, montre un poignard à fourreau, caractéristique non pas de Remedello, mais de la culture campaniforme. Le fragment de stèle avait été réutilisé dans la structure d'une tombe mégalithique pour une plateforme triangulaire avec une base incurvée, où ont été trouvés également des perles en calcaire et en stéatite provenant d'un collier, des pointes de flèches en silex, et des ossements humains calcinés ; dans une seconde structure, plus petite, on a découvert les fragments d'un gobelet incisé de losanges décoratifs. La datation par le radiocarbone a confirmé son attribution à la culture campaniforme. Deux phases dans la décoration sont cependant discernables sur le fragment de stèle de Laces : la première rappelle la composition des armes et de la ceinture à boucles caractéristique des stèles masculines d'Arco et de Lagundo, tandis que la seconde et la dernière phase possèdent un lien avec l'art rupestre du val Camonica, avec ses représentations d'animaux (incluant un cervidé), ses silhouettes anthropomorphes, et ses deux symboles solaires.

Deux petites stèles, trouvées par un heureux hasard sur deux sites dans les monts Lessini (Vérone), peuvent être distinguées des types décrits ci-dessus. Elles sont hautes d'environ trente centimètres et s'apparentent à la forme asexuée ; l'une, cependant, laisse deviner un phallus et un visage où s'imprime la forme d'un T (Spiazzo di Cerna), l'autre une courbure en relief et deux cavités oculaires (Sassina di Prun).

De nombreux spécialistes affirment que les statues-stèles du Trentin-Haut-Adige, à l'instar des groupes de stèles européens comparables, constituaient des représentations commémoratives d'ancêtres plus ou moins mythiques et héroïsés, ou un panthéon déjà établi. Outre l'information utile qu'elles apportent sur les vêtements de cérémonie au IIIe millénaire avant J.-C., la figuration précise qu'elles donnent des bijoux et des armes peut également être considérée comme la preuve de l'existence d'une stratification sociale déjà en place à cette époque, les différences de statut s'exprimant à travers le type et le nombre d'armes, ainsi que les éléments du costume. La juxtaposition des stèles masculines, féminines et d'autres asexuées, observée dans le groupe de l'Arco, a été interprétée comme le signe d'une différentiation dans les rôles et les statuts sociaux, non seulement des individus, mais des familles entières. Dans tous les cas, il n'est pas vain de considérer que la relation entre le phénomène des statues-stèles et les déplacements saisonniers des bergers du chalcolithique a été mise en évidence par les découvertes de la vallée d'Isarco et du val Venosta.

2 Stèle d'Arco II, Trentin, IIIe millénaire avant J.-C.

Le val Camonica et la Valteline

La typologie des monuments du val Camonica est irrégulière : ils se composent de blocs rocheux grossièrement taillés (Borno 1, 3, 4-6 ; Bagnolo 1, 2 ; Ossimo 1, 2, 5-8), de stèles en forme de dalles (Cemmo 3, 4 ; Ossimo 4, 9, 10, 12, 14), de compositions monumentales sur de larges blocs (Cemmo 1, 2 ; Montecchio di Darfo ; Foppe di Nadro), et de parois rocheuses verticales (Capitello dei Due Pini ; Roccia del Sole di Paspardo). Les découvertes sont concentrées dans deux régions du val Camonica : dans la vallée centrale près de Capo di Ponte (Cemmo et Paspardo) et, surtout, sur le plateau d'Ossimo-Borno. Là, le long des terrasses orientales qui dominent l'accès au plateau, plus de trente monuments ont été trouvés, ainsi que de nombreux fragments d'autres stèles disposées en groupes à des intervalles de quelques centaines mètres.

Dans la Valteline, une douzaine de stèles ont été découvertes sur quelques sites à proximité de Teglio (Caven, Valgella, Cornàl, Ligone, Castionetto), tandis qu'une seule stèle était trouvée à Tirano (ill. 7).

Alors que la plupart de ces objets ont été mis au jour dans des positions secondaires, les fouilles de F. Fedele à Ossimo-Anvoia ont permis d'identifier la position originale de trois stèles, leur côté décoré faisant face à l'est, sur le site de ce qui devait être un sanctuaire de plein air. Le fait que nombre des monuments aient été trouvés à la même place conduit à penser qu'ils constituaient à l'origine des éléments de ce sanctuaire, où étaient également érigés des groupes additionnels de blocs de pierre ornés.

Dans cet ensemble, les caractères anthropomorphes sont suggérés uniquement par la disposition des images et, occasionnellement, par le traitement sculptural de la partie supérieure de la pierre, où les épaules sont accentuées d'une façon très schématique. Dans la plupart des cas, la représentation n'est pas celle d'une personne individuelle avec ses attributs ; pareil groupe traduit plutôt un programme de composition et une signification symbolique claire, qui nous fournit une base pour différencier ces stèles des monuments des autres groupes alpins. Un autre trait caractéristique est la répétition dans le procédé ornemental, observée sur une période de temps donnée. Les motifs sont souvent reproduits de façon répétitive sur la même surface, créant des sortes de palimpsestes que l'on ne peut lire qu'avec difficulté. Les stèles, les blocs décorés et les groupes de monuments en pierre du val Camonica représentent une phase nettement définie de l'âge chalcolithique, appelée la période III de l'art rupestre du val Camonica. Cette phase peut être divisée en deux périodes principales.

La première appartient au chalcolithique II (Remedello, phase II, 2900/2800-2400 avant J.-C.) et se caractérise par des figurations d'armes – le poignard de Remedello apparaît très fréquemment, mais on rencontre également des haches en cuivre ou en pierre polie et des poignards avec des lames en forme de feuilles de laurier –, d'animaux et de formes symboliques. Parmi ces symboles, qui occupent en général la partie supérieure de la composition, le motif solaire est aussi présent, constitué d'un rectangle avec des franges latérales, comparable à la cape aux bandes verticales des statues-stèles du Trentin. En revenant à la sphère du sacré et du féminin, nous trouvons des guirlandes curvilignes, qui représentent peut-être des colliers ou des pectoraux, des pendentifs avec des doubles spirales et des motifs en forme de peigne. Les symboles apparaissent seuls ou en groupe

3   Stèle d'Arco I, Trentin, IIIe millénaire avant J.-C.

sur la même surface, pour traduire, peut-être, l'idée d'une, de deux ou trois divinités.

La seconde phase (IIIA2) nous fait entrer dans la période campaniforme, avec l'émergence d'un nouveau poignard similaire au type Ciempozuelos (Espagne) et d'une hallebarde dont la contrepartie exacte a été trouvée à Villafranca Veronese. La différence stylistique se manifeste dans la disparition des symboles et leur remplacement par des figures anthropomorphes. Parmi ces dernières, la plus intéressante montre une tête couronnée par un disque solaire.

Quelques représentations sont communes aux deux périodes, bien que différentes dans de nombreux détails. Ce sont des scènes de labours, qui apparaissent normalement dans la

4   Stèle d'Arco IV, Trentin, IIIe millénaire avant J.-C.

partie inférieure de la composition et sont associées à la sphère religieuse car elles reproduisent des symboles solaires ou des figures anthropomorphes revêtues de couronnes solaires. Le labourage rituel de Saint-Martin-de-Corléans dans la région de la vallée d'Aoste, allié à la délimitation et à l'établissement d'un périmètre sacré, vient confirmer cette interprétation. Les monuments du val Camonica et de Valteline ne doivent pas être interprétés comme la manifestation d'un culte des ancêtres; ils ne possèdent pas non plus les qualités qui indiquent une fonction funéraire. Une analyse systématique de leur composition révèle la présence de conceptions religieuses exprimées dans un langage symbolique auquel André Leroi-Gourhan a donné le nom de «mythogramme». Dans ce langage, les objets ne sont pas représentés selon une séquence linéaire temporelle et spatiale, comme pour les pictogrammes ou le discours verbal. Les stèles et les blocs de roche constituent l'expression d'un culte des images, qui s'est manifesté à l'origine à travers des attributs symboliques, et plus tard par des références anthropomorphiques. L'objet du culte semble avoir été un couple divin ou une triade, dans lesquels la divinité féminine est toujours présente, bien que le dieu masculin du soleil bénéficie de la prééminence. Les monuments du val Camonica et de la Valteline manifestent une sorte de syncrétisme; les éléments nouveaux qui s'y ajoutent, comme le soleil ou les armes, et qui sont peut-être le résultat d'une influence indo-européenne, préfigurent déjà les transformations idéologiques de l'âge du bronze. Le culte d'une divinité féminine demeure toujours présent, vestige des cultures néolithiques plus anciennes.

Le culte du soleil, qui trouve généralement son origine dans les cycles saisonniers d'une nature renaissante, symbolise la primauté de l'élite masculine. L'émergence de ces nouvelles constellations de pouvoir est concomitante du développement de nouvelles formes d'agriculture pastorale et de nouvelles technologies comme la charrue, la roue, la charrette et la métallurgie, ainsi que de l'échange de produits pour l'acquisition du minerai.

Le val d'Aoste et le Valais

De nombreuses statues-stèles ont été trouvées à Saint-Martin-de-Corléans (Aoste), où F. Mezzena mit au jour un vaste périmètre sacré qui avait été utilisé au cours de différentes périodes, comme l'attestent les produits de ces fouilles.

La première phase est représentée par une rangée de trous pour des poteaux, d'environ trente-cinq mètres de longueur, et courant du nord-est au sud-ouest; certains contenaient des crânes de béliers et de bœufs. Un examen au carbone 14 de leur remblai carbonisé a révélé deux phases d'utilisation, datant de la dernière période du néolithique et de la première période du chalcolithique. La fouille de fosses rituelles le long d'un axe parallèle à celui des trous mit au jour des offrandes de meules et de grains; on découvrit en outre une surface labourée d'environ

5   Stèle d'Arco I (détail), Trentin, IIIe millénaire avant J.-C.

deux mille cinq cents mètres carrés avec des dents humaines semées dans les sillons. Enfin, deux plates-formes polygonales en dalles de pierre et en gravier et plus de quarante stèles anthropomorphes furent trouvées dans l'alignement de la rangée de trous. Les stèles étaient érigées sur trois rangs : le premier sur le site des dents, s'étirant sur vingt-cinq mètres en direction du sud-ouest, dans l'axe des trous, le second à dix mètres environ au sud-est, toujours dans le même alignement, et le troisième formant un angle droit avec le second, et s'étendant aussi loin que la ligne de trous elle-même.

Mezzena a montré comment la disposition des trous, le labourage rituel, les fosses et les stèles manifestaient à l'évidence l'existence de pratiques rituelles liées principalement aux rythmes saisonniers de l'agriculture et du gardiennage des troupeaux, ainsi qu'au culte des dieux et des héros représentés sur les stèles. Cette religion fut supprimée avec l'arrivée du peuple de la période campaniforme (chalcolithique III), qui transforma le site en un lieu de sépulture après avoir détruit le sanctuaire antérieur.

La troisième phase est en effet marquée par la démolition des stèles, qui furent rasées et partiellement réutilisées pour l'érection des monuments funéraires. Deux plates-formes illustrent à l'évidence les transformations de cette période : sur l'une, triangulaire et longue de quinze mètres avec son sommet au nord-ouest, ont été construits à la fois un dolmen pourvu d'une entrée latérale et d'une aile (tombe II), et une vaste chambre ronde (sept mètres cinquante de diamètre) contenant une tombe à fosse centrale (tombe IV) ; l'autre, qui est de forme ronde (trois mètres de diamètre), a reçu une ciste centrale en pierre (tombe V) et un dolmen du type « allée couverte ». Dans une quatrième phase, on a érigé trois nouvelles tombes avec des cistes rectangulaires, qui utilisent vraisemblablement des stèles entières ou fragmentaires. Le matériel de la grande tombe dolmen et des autres tombes montre que le site était utilisé sans discontinuer depuis l'âge du bronze ancien (AI). Les stèles d'Aoste, sur lesquelles on a encore très peu publié, ont en général deux ou trois mètres de hauteur. Elles sont à peu près rectangulaires ou trapézoïdales, et plus larges à leur sommet. Leur silhouette anthropomorphe résulte du traitement sculptural du bord supérieur, qui peut présenter soit une protubérance incurvée au centre, semblable à une tête, et des épaules arrondies, soit un point à angle vif faisant saillie vers le haut.

Alors qu'un petit nombre d'entre elles sont des menhirs anthropomorphes sans décor, la majorité des quarante pièces possède une ornementation en bas relief sur l'avant. Un premier type montre de longs bras (avec des avant-bras pliés proportionnellement plus courts), un collier en V avec un pendentif à double spirale au milieu de la poitrine, une ceinture faite d'une bande horizontale et d'une frange, et, en dessous, un poignard horizontal pourvu d'une lame triangulaire, et d'un pommeau en croissant.

Le second type paraît plus fréquent. Il se caractérise par un corps presque rectangulaire avec une protubérance en demi-cercle pour la tête, nettement détachée des épaules, et un visage aux traits en forme de T. Les bras sont pliés à angle droit et les mains se touchent, divisant la surface décorée en deux parties. Sur les stèles masculines, la zone des bras comporte à gauche

6   Rocher avec des pétroglyphes d'hommes recouvrant des représentations de bovidés, de cerfs et de hallebardes. Capo di Ponte, bloc n° 3, val Camonica, Italie.

7   Stèle avec des bovidés et des armes, de Tirano-Lovero, Valteline, Italie.

une hache sans son manche, à droite, un arc avec une paire de flèches. Au-dessus apparaît un collier torsadé ou la bande du col d'un vêtement. Le vêtement lui-même est soigneusement décoré d'un motif géométrique à carreaux, qui se poursuit un peu sous les bras. Un objet semi-circulaire en forme de bourse, décoré de la même façon, est suspendu à l'extrémité inférieure de la ceinture frangée.

Les stèles féminines, quant à elles, se caractérisent non seulement par l'absence d'armes, mais aussi par la représentation d'un collier à rangs multiples couvrant la poitrine, et d'un corsage orné de bandes courbes composées de triangles à pointillés, qui remplit tout l'espace entre les bras; sous les bras, la longue robe est entièrement recouverte de bandes horizontales décorées de losanges, de demi-cercles, de triangles à pointillés et de chevrons.

Nombre de ces éléments apparaissent aussi sur les stèles du Petit-Chasseur à Sion (Valais). Elles ont été trouvées dans un cimetière caractérisé par un dolmen à entrée latérale – érigé sur une plate-forme triangulaire (M VI) et datant de l'époque de la culture de Saône-Rhône (chalcolithique moyen, IIIe millénaire – qui utilise une stèle anthropomorphe plus ancienne. Le dolmen fut profané par le peuple de la culture campaniforme qui à son tour eut recours à ce site pour ses propres tombes (dans lesquelles on découvrit des becs de cloche). Avec d'autres stèles anthropomorphes, il construisit de petits dolmens sans plate-forme (M I, V, XI) et des cistes (M II, III, VII-X), qui peuvent avoir été utilisés jusqu'au début de l'âge du bronze ancien. Les vingt-neuf stèles trouvées à cet endroit, toutes en position secondaire, sont antérieures à la période campaniforme, où elles furent détruites et réemployées comme matériau de construction.

Ces stèles se divisent clairement en deux types. Les stèles du type A sont grandes (plus de deux mètres de hauteur) et plus ou moins rectangulaires, avec des épaules larges et une petite protubérance pour la tête. Elles ont des avant-bras courts et pliés; leurs attributs sont un pendentif à double spirale, une ceinture qui se présente comme une simple bande, et un poignard du type Remedello. Les stèles du type B sont de deux sortes. Celles de la première version, qui atteignent trois mètres cinquante de hauteur, sont trapézoïdales avec une tête large et bombée, et un visage aux traits en forme de T. Les bras, pliés, forment un angle droit avec l'épaule, et les mains sont jointes. Un motif géométrique de damier à la figuration dense occupe l'espace entre les bras et se prolonge au-dessous. Dans un seul cas (M 1), un arc est représenté à titre d'attribut. Les stèles de la seconde version, plus larges, avec une hauteur inférieure à deux mètres, sont rectangulaires ou légèrement trapézoïdales avec une tête bombée, des traits en forme de T, et des bras pliés à angle droit. Elles comportent deux sortes de décors, associés à des attributs différents. Un arc et une flèche, une bourse et un poignard à la lame en forme de feuille de laurier se combinent à des motifs de damier pour représenter des personnages masculins. Les stèles sans armes, mais portant des colliers, des ceintures avec des boucles à œillet, et des décors de losanges, de triangles ou de lignes brisées, peuvent être interprétées comme féminines.

L'attribution du type A à la période préBeaker est due à la présence du poignard de Remedello. Une date similaire est probable pour les stèles du type B, compte tenu de leur réutilisation dans les dolmens à entrée latérale. Selon Gallay (1995), les statues-stèles continuèrent à être érigées tout au long de la période campaniforme, jusqu'au début de l'âge du bronze ancien, bien que seuls demeurent les trous où elles étaient fichées. L'édification des stèles et leur réemploi pour la construction de nouvelles tombes ont probablement constitué un élément de rite complexe, pratiqué sans discontinuer depuis le temps de la culture de Saône-Rhône jusqu'au début de l'âge du bronze ancien. Les stèles représentaient, semble-t-il, les chefs d'une société et ont été détruites à leur mort pour servir à la construction de tombes monumentales. Le culte des ancêtres – fondateurs des clans des couches sociales supérieures – se poursuivit sur plusieurs siècles durant l'âge du bronze ancien, lorsque des cairns furent érigés dans le périmètre des dolmens et des offrandes déposées dans de grands récipients à bandes décorées.

Leur raffinement, leur grande qualité esthétique, leur sens remarquable de la composition, la richesse et la variété des représentations font des statues-stèles et des stèles anthropomorphes de la région alpine un groupe nettement défini parmi les monuments comparables de nombreuses autres régions d'Europe. Comme des études récentes l'ont montré, et en particulier les fouilles de F. Fedele à Ossimo, la plupart des stèles n'étaient pas destinées à un usage funéraire, et leur érection n'avait pas de lien avec les tombes. Le Petit-Chasseur à Sion, dans le Valais suisse, constitue à cet égard l'unique exception, tandis qu'en Aoste les stèles paraissent plus anciennes que la construction des tombes. Les monuments étaient disposés en rangées, parfois peu distants les uns des autres, parfois plus espacés, orientés à l'est face au soleil levant (Ossimo, mais aussi Cemmo I et Lagundo). Ces stèles et leurs sites ont dû posséder une signification symbolique et topographique extraordinaire, en particulier comme périmètres sacrés – souvent des zones de faible niveau sur le bas-côté des terrasses, encadrées par un terrain plus haut –, reliés à une organisation territoriale (lieux d'assemblées tribales, sites pour l'échange des marchandises, limites des secteurs de pâturage, sources, gués).

BIBL.: Casini, 1995; Casini *et al.*, 1996; Fedele, 1995; Gallay, 1995; Ratti, 1994; *Valle d'Aosta*, 1997.

Les roches gravées dans les pays nordiques

Torsten Capelle

Au nombre des témoignages les plus impressionnants et en même temps les plus mystérieux de l'époque qui a précédé l'écriture figurent des milliers de roches gravées que l'on trouve dans le nord de l'Europe : il s'agit des représentations gravées sur une pierre polie (et plus rarement également peinte) d'instantanés multiples de vie que l'on ne connaîtrait pas sans la pérennité de ces dessins.

La diversité des motifs est extrême : symboles, armes, vêtements, êtres humains, animaux, chariots et bien d'autres encore – qui, parfois, sont constitués en petites scènes. On a découvert dans des tombes de petits objets en bronze gravé de représentations souvent similaires, ce qui permet d'établir qu'ils datent de la même époque, c'est-à-dire des débuts de l'âge du bronze.

Dans le sud de la Scandinavie prédominent des scènes qui correspondent surtout aux activités de populations sédentaires se livrant à la culture et à l'élevage d'animaux domestiques (charrues, bovins, chevaux, chars), alors que plus au nord, les nombreuses représentations de cerfs, d'élans, de poissons sont à mettre plus particulièrement en relation avec la chasse, activité essentielle dans ces régions. Les innombrables représentations de bateaux, différenciés par des détails très précis, sont une caractéristique de la région tout entière (ill. 4). Ils expriment clairement qu'il s'agit d'une population de navigateurs tournés vers les échanges à longue distance. On y trouve très souvent des bateaux d'un parfait réalisme dans des sillons peu profonds creusés par la glace et par où s'écoulent les eaux de pluie et de fonte des neiges (ill. 3).

Il s'agit soit d'images en à-plat, soit de simples contours gravés sur la pierre brute. Le dessin est rarement bâclé ou malhabile, ce qui aurait permis de conclure que leurs auteurs ne leur accordaient guère d'importance. La plupart témoignent bien au contraire du plus grand soin apporté à leur exécution, ils sont très réalistes et donc d'une grande lisibilité. Malgré leur caractère souvent schématique, ils présentent des éléments de stylisation individuels, c'est-à-dire qu'ils proposent des raccourcis en style télégraphique qui reviennent à donner une plus grande densité au message. Ce faisant, ils accèdent à la dimension d'œuvre d'art.

Chaque représentation est l'aboutissement d'un travail considérable. Leur réalisation a donc répondu à une nécessité tout à fait impérieuse. Nous ne connaîtrons sans doute jamais des représentations comparables réalisées à la même époque sur des supports différents et périssables, comme le bois.

Dans le nord de l'Allemagne ainsi qu'au Danemark – mais pas à Bornholm – les dessins se rencontrent sur des roches isolées que

1   Procession avec haches, Tanum, Bohuslän, Suède.

2   Silhouette humaine dansant, Järrestad, Scania, Suède.

3   Surface rocheuse près de Hemsta, Uppland, Suède. Les navires ont été exécutés sur un canal naturel de drainage de l'eau.

l'on pouvait donc déplacer – même difficilement – pour les déposer sur des tombes ou les apporter sur d'autres lieux de culte. En Suède et en Norvège en revanche, on les trouve sur des surfaces rocheuses aplanies par les glaciers, horizontales ou en pente douce et accessibles sans difficultés sur un terrain découvert. Elles y apparaissent souvent groupées.

Les diverses roches gravées n'offrent pas des compositions conçues comme des ensembles. Il s'agit au contraire de surfaces décorées peu à peu, leurs motifs ne forment pas des compositions structurées et peuvent même se chevaucher sans tenir compte les uns des autres. Ils ne respectent pas la perspective et présentent des proportions, des orientations et des tailles relatives qui peuvent varier pour un même dessin. Malgré leur quasi-pérennité et sans que l'on puisse leur attribuer de destination pratique évidente, ces motifs semblent destinés à fournir une information utilitaire ou bien font penser à des graffitis analogues à des pictogrammes – et l'on peut en cela les comparer à des témoignages épigraphiques plus tardifs ou même à des séquences de bandes dessinées.

Il est malheureusement impossible d'établir à qui s'adressaient ces témoignages illustrés, les plus importants de la préhistoire européenne. Ces dessins ne sont en aucun cas nés pour leur pur et simple intérêt esthétique. S'agissait-il d'informations gravées dans la roche et comparables à des récits peints, ou comme cela a souvent été prétendu, de messages à contenu religieux, ou les deux à la fois ? Sur ce point, l'imagination a le champ libre.

Cet univers pictural fascinant, où se côtoient symboles solaires, scènes de chasse chargées de signification magique ou scènes de récoltes et de processions, offre à la fois des images de la vie quotidienne d'un intérêt purement archéologique et des représentations de fêtes et de cérémonies religieuses. Il reflète souvent de manière cryptée l'essence même de ce temps-là, accessible sans aucune difficulté pour le témoin de l'époque (alors que l'homme actuel n'y accède sans doute que de manière imparfaite) et où la vie et la mort étaient perçues comme présentes au même degré.

Les dessins figurant sur des roches isolées destinées à être déposées sur des tombes ou placées à l'intérieur étaient certainement dédiés aux morts et à eux seuls (l'exemple le plus éclairant est celui de Kivik). Les autres dessins n'étaient pas chargés d'un rôle éventuellement occulte et magique. Ils furent bien au contraire livrés sans réserve aux regards de la postérité, ils devaient être visibles aux yeux de tous, élément affirmé de la vie aux débuts de l'âge du bronze. Le message laissé n'a cependant été déchiffré que de manière très imparfaite par notre époque en dépit du niveau de décryptage de l'information.

4   Bateau à Stora Viggeby, Uppland, Suède.

Du mégaron à Stonehenge (Wiltshire, Angleterre)

Chris Scarre

L'Europe de l'âge du bronze n'était pas un pays de temples. Une comparaison avec les territoires asiatiques situés juste au sud et à l'est montre que peu de monuments européens sont capables de rivaliser avec les temples de l'Égypte pharaonique ou les ziggourats de Mésopotamie. Cela ne veut pas dire que la religion et le rite n'aient pas joué un rôle crucial dans la société de l'âge du bronze en Europe, comme ce fut le cas dans l'ensemble des sociétés prémodernes. L'architecture rituelle ne peut pas constituer une échelle infaillible pour mesurer la profondeur et l'importance des croyances religieuses et mythologiques.

Le terme de « temple » pose un problème si l'on considère à notre classification moderne du monde, qui nous fait isoler le rituel du quotidien, et construire des structures spécifiques pour abriter les activités rituelles et religieuses. Ce compartimentage de la vie, cette séparation du rituel d'avec le quotidien n'est pas caractéristique de la plupart des sociétés traditionnelles telles que l'anthropologie nous les a fait connaître ; ce n'était probablement pas non plus le cas des différentes régions de l'Europe de l'âge du bronze. Dans *l'Odyssée* (chant VII, 136-138), par exemple, Homère donne la preuve de l'existence de rituels domestiques. Lorsqu'Ulysse pénètre dans le palais du roi Alkinoos, il « trouva, coupe en main, les rois de Phéacie ; doges et conseillers étaient en train de boire au Guetteur rayonnant [Hermès, dont la baguette endort ou réveille les humains] ; c'est à lui qu'en dernier, avant d'aller dormir, ils faisaient leur offrande ». Rite, religion, cérémonie et banquet convergent ainsi, dans un contexte qui est à la fois domestique et religieux.

Cela ne veut pas dire qu'il n'existait pas d'édifices spécifiquement religieux – les temples – dans l'Europe de l'âge du bronze. Loin de là. Le monde de *l'Odyssée* – pour autant qu'il reproduise le monde mycénien de l'âge du bronze récent en Égée – était centré sur les villes et les palais, dont le mégaron (le mot est repris d'Homère, qui désigne ainsi la grande salle des palais royaux d'Ulysse et de Nestor) constituait le cœur. Cette forme architecturale de base, dont on peut retrouver la trace dès l'âge du bronze ancien en Grèce continentale, consistait en une salle rectangulaire allongée et un porche. La pièce principale avait un foyer central circulaire entouré de quatre piliers en bois massif supportant un étage. On peut imaginer que les libations et autres rituels domestiques prenaient place dans un tel environnement. La régularité du plan du mégaron fait elle-même penser au rituel et au cérémonial. Le mégaron ne constitue pas cependant le premier lieu du culte mycénien ; depuis les années 1960, une série de temples a été mise au jour sur le continent grec et dans les îles. Modestes dans leur taille et leur architecture, ils ont été identifiés comme sanctuaires à partir de figurines de terre cuite pouvant représenter des croyants, des offrandes votives (sous la forme de bétail), ou même des divinités. La statuette connue comme la Dame de Phylakopi est l'une des candidates à ce titre de divinité. Étant donné la continuité attestée de la religion grecque de l'âge du bronze à la période classique, il est tentant de voir dans ces figures les précurseurs de dieux et de déesses bien connus. En termes de structure, cependant, les sanctuaires de l'âge du bronze ont peu de choses en commun avec les temples grandioses de la période classique.

Un schéma similaire – un rituel se déroulant dans le cadre de la maison, avec en outre des « temples » spécifiques de taille modeste – se rencontre aussi dans la région des Balkans, au nord de l'Égée. Nous avons déjà remarqué que le grand foyer central – souvent richement décoré – était un élément clé du mégaron standardisé. À Wietenberg, en Transylvanie, un vaste foyer circulaire d'un mètre cinquante se tenait en plein milieu de l'établissement. Il était bordé sur son pourtour d'une ornementation excisée en bandes concentriques, composée de spirales et d'entailles. Les entailles, selon certains, peuvent avoir constitué une forme de calendrier, auquel cas la signification rituelle du foyer est très claire. Un peu plus au nord, à Sălacea, ont été trouvés les restes d'un édifice rectangulaire, interprétés comme ceux d'un modeste « temple ». Il avait la forme d'une pièce rectangulaire (ou peut-être de deux) avec des autels surélevés, en argile, sur chacun des murs latéraux, et un porche ouvert en façade. À l'instar des exemples mycéniens, l'identification du bâtiment de Sălacea à un sanctuaire repose essentiellement sur le matériel trouvé sur place : les neuf « idoles » en argile placées sur chacun des autels latéraux.

Il est plus rare de découvrir des traces de temples plus loin vers l'ouest, au nord de la zone alpine. L'art rupestre nord-italien du val Camonica inclut, il est vrai, des représentations de bâtiments, dont certains sont interprétés par Emmanuel Anati, le grand spécialiste de val Camonica, comme des édifices rituels

1 Le « temple » de Stonehenge, néolithique récent.

spécifiques ou des sanctuaires (voir son essai sur « Les sanctuaires rupestres en Europe », p. 142). Anati analyse la gravure d'une maison à Coren del Valento comme une structure rituelle, sur la base des motifs en « cornes de taureaux » qui décorent la longue poutre marquant l'espace sous le toit. Il existe de nombreuses « huttes » gravées dans le val Camonica, et beaucoup d'entre elles présentent la même structure lourde en haut avec une base étroite et des étages saillants. Il est peut-être logique de voir dans les lignes droites et obliques la charpente en bois de la maison, et dans la forêt de lignes du sommet du toit les ornements du pignon ou une indication du matériau de la toiture. Cependant, malgré les éléments décoratifs occasionnels (les cornes de taureaux dans cet exemple), ces « huttes » réunissent peu d'éléments pour nous convaincre de leur identité de structures rituelles spécifiques. Elles posent également l'importante question de savoir si les artistes du val Camonica représentaient la vie quotidienne, ou s'il s'agit là de scènes légendaires ou mythologiques.

Bargeroosterveld, dans la province de Drenthe, au nord des Pays-Bas, offre un témoignage plus solide des structures rituelles de l'âge du bronze. C'est là que se trouvait un petit édifice, au milieu d'un marais, à deux cent cinquante mètres de la terre ferme la plus proche (ill. 2). Le site était délimité par un cercle de pierres dépassant de la surface du marais, avec, à l'intérieur du cercle, deux larges planches parallèles disposées à faible distance l'une de l'autre, munies de pitons pour les maintenir en place, et de mortaises pour y insérer des montants. Des vestiges d'extrémités courbes en chêne, conservées grâce à leur imprégnation d'eau, laissent supposer qu'il y avait là une structure élaborée avec des surplombs en forme de cornes, indiquant de façon évidente la destination plutôt cultuelle du lieu.

La localisation de la structure de Bargeroosterveld dans un marais est significative d'elle-même. Elle participe de l'intérêt croissant des populations de l'âge du bronze récent et de l'âge du fer, en Europe du Nord, à l'égard des contextes aquatiques. Le dépôt de trésors, incluant des pièces métalliques, des bateaux, et même des corps humains, en est la preuve. Si ces dépôts constituaient des offrandes aux dieux, alors les dieux et l'eau devaient être associés, et le temple de Bargeroosterveld était bien situé dans un lieu « rituel ». Trois trésors d'objets métalliques ont été effectivement découverts pas très loin du site de Bargeroosterveld, confirmant son importance. Si l'on cherche la signification qui se cache derrière ces activités, il est tentant de se tourner vers ce que les écrivains romains – Tacite particulièrement – nous disent des croyances religieuses et des pratiques rituelles des peuples germaniques des Ier et IIe siècles après J.-C. Il écrit tout d'abord que « leurs lieux sacrés sont les bois et les bosquets » (Germanie, VII) ; les archéologues à la recherche de temples en bois doivent s'attendre à des déceptions. Plus loin, à propos des Langobardi, Tacite se réfère à un bois sacré particulier, sur une île de l'océan, où un char sacré était réservé aux processions lors de certaines fêtes ; à la fin de chaque fête, le char était lavé dans un lac sacré par des hommes qui étaient eux-mêmes par la suite noyés dans le lac (Germanie, XL). Les bois sacrés figurent aussi en très bonne place dans les descriptions des peuples celtiques de la Gaule par César, Strabon et Pline. C'est une situation qui peut faire l'objet d'une projection à rebours dans l'âge du bronze, et qui peut s'appliquer de façon équivalente au Ier et au IIe millénaire en Europe du Nord. En effet, une société sans temples n'est pas pour autant une société sans croyances ou sans pratiques religieuses.

Si le bois est le matériau de construction naturel dans la plupart des régions de l'Europe du Centre et du Nord, nous retrouvons, en Europe de l'Ouest – sur les bords de l'Atlantique – un pays où règne la pierre. Les plus grands monuments rituels préhistoriques qui s'y rencontrent – des tombes mégalithiques et aux cercles et alignements de pierres debout – appartiennent à la période qui précède l'âge du bronze. Les impressionnantes structures de pierre de Stonehenge (Wiltshire, Angleterre), elles-mêmes – datées jusqu'à il y a peu de l'âge du bronze ancien –, ont été repoussées vers le néolithique final à la suite de nouvelles découvertes (ill. 1). Mais si les pierres de Stonehenge ont commencé à être apportées sur le site et érigées au cours du siècle qui suit 2550 avant J.-C., il est tout à fait clair que cela n'a marqué en aucune manière la fin de l'histoire de Stonehenge. Dans un premier temps, des ajustements mineurs ont continué d'être apportés dans la disposition des pierres, et la phase finale, le creusement des trous en Y et en Z (peut-être l'ébauche d'une nouvelle installation de pierres qui n'a jamais été terminée) n'eut pas lieu avant 1600 avant J.-C. environ. Nous ne devons pas imaginer, par conséquent, que le site de Stonehenge, à l'instar de nombreux monuments célèbres de ce type, fut simplement construit et abandonné ; il demeura certainement un centre d'une grande importance rituelle longtemps après que les derniers monolithes eurent été traînés sur trente kilomètres vers le nord à partir de Malborough Downs. C'est ce que montre, outre les changements apportés à Stonehenge même, le groupe de tertres funéraires de l'âge du bronze qui ceinturent l'horizon autour du site ; témoignage éloquent, s'il en était besoin, de la fascination continue exercée par cet impressionnant « temple » préhistorique.

Le voyage du mégaron jusqu'à Stonehenge couvre une énorme distance en termes de temps, d'espace, et de variabilité culturelle. Sur une très vaste échelle, nous pouvons peut-être distinguer deux principales catégories de sanctuaires ou de foyers rituels dans l'Europe de l'âge du bronze. Le premier type concerne des bâtiments recouverts d'un toit, qui ne se différencient pas des maisons ordinaires, tout en intégrant la plupart du temps des traits bien particuliers. Ces sanctuaires représentent sans aucun doute un simple développement de l'habitat domestique et des cultes centrés sur le foyer, pratiqués couramment au moins depuis la période néolithique et au-delà. On les rencontre dans les établissements, et ils sont particulièrement présents, comme nous l'avons vu, dans l'Europe de l'Est et du Sud-Est. L'importance symbolique du foyer comme point central de la maison est ainsi l'un des premiers ingrédients du rituel européen tel qu'il apparaîtra plus tard.

Le second type de lieu rituel regroupe des structures construites comme celles de Stonehenge et de Bargeroosterveld et les bosquets et les lacs sacrés dont parlent les écrivains clas-

2 Reconstitution du « temple » de Bargeroosterveld (Drenthe, Pays-Bas).

siques : ce sont essentiellement des lieux de plein air, à l'écart des habitats, où les gens étaient mis en contact avec les éléments naturels comme le vent et l'eau, ou (dans le cas de Stonehenge) avec le firmament, les saisons, et les mouvements du Soleil et de la Lune.

Le très petit nombre de bâtiments clairement identifiés comme rituels ou religieux dans l'Europe de l'âge du bronze s'explique ainsi de diverses manières. D'un côté, les rituels peuvent avoir pris place dans des habitations ordinaires, ou en plein air, dans des bosquets ou au bord des lacs et des rivières. De l'autre, on est confronté à la difficulté d'identifier de façon sûre les édifices rituels, même là où ils existaient, dans la mesure où le rituel faisait partie de la vie quotidienne et où les sociétés de l'âge du bronze n'éprouvaient pas obligatoirement la nécessité d'édifier des sanctuaires ou des temples spécifiques.

Quoi qu'il en soit, nul ne peut douter de l'activité rituelle et de la croyance religieuse ; les nombreux objets cultuels, les précieux articles déposés en quantité dans les rivières et les marécages, et les milliers de tumulus de l'âge du bronze en sont les preuves multiples.

Les idoles du Danube de l'âge du bronze récent

Henrietta Todorova

La sculpture d'argile constitue un étonnant témoignage archéologique de l'Europe de la Préhistoire. C'est au cours du néolithique qu'elle s'est diffusée le plus largement, les idoles d'argile n'apparaissant que rarement après 4000 avant Jésus-Christ. Il fallut attendre 1300-1200 avant notre ère pour que la sculpture d'argile joue, à nouveau, un rôle important dans les cultures du sud-est de l'Europe. Dans la région du Danube, les découvertes se concentrent autour de la Porte de Fer, dans l'aire géographique de la culture Žuto-Brdo-Kirna pendant l'âge du bronze récent. Cette culture, contrepartie du sud-est de la culture d'Urnfield, occupa le nord-est de la Serbie, le sud-ouest de la Roumanie et le nord-ouest de la Bulgarie. Les découvertes archéologiques proviennent principalement des cimetières de tombes à crémation, dans lesquelles des urnes savamment décorées, des plats, des coupes, des tasses et des sculptures d'argile furent mis au jour. Les idoles représentent des figures féminines stylisées ne dépassant pas quinze à vingt centimètres (cat. 156) de hauteur. La jupe est longue, en forme de cloche et creuse, tandis que la partie supérieure du corps est plate et arrondie, suggérant des bras qui se rejoignent sur le ventre. La tête et le cou sont modelés de façon schématique en une forme tronconique plate. Les sculptures ont leur surface polie de noir, de brun ou de gris foncés et sont abondamment couvertes de riches motifs décoratifs faits de cannelures incrustées de blanc. Cette décoration évoque un costume féminin composé d'un collier, d'une fibule à la poitrine, d'une ceinture à la taille et d'un long galon (tresse) dans le dos, etc. Avec leurs volutes, leurs spirales, leurs angles, leurs svastikas, leurs cercles, leurs points, leurs rhomboïdes hachurés, leurs rayures et leurs triangles, les différents motifs de la jupe répètent les décorations des céramiques de la région. La puissance esthétique de ces idoles, due en grande partie à leur ornementation, a manifestement été recherchée par leurs créateurs. Dans la région danubienne, bien que les figures féminines soient prédominantes, on trouve également des silhouettes masculines représentées sous la forme de sculptures zoomorphiques (oiseau aquatique, notamment) et anthropozoomorphiques. Le système de pensée qui sous-tend la production des sculptures danubiennes semble s'apparenter très fortement à celui qui a inspiré la sculpture mycénienne, leur contemporaine et de petite taille.

La fonction de ces idoles féminines est difficile à déterminer. Le fait qu'elles accompagnaient leur propriétaire dans la tombe exclut leur identification avec des divinités (les dieux n'étaient pas enterrés avec de simples mortels). D'ailleurs une fresque mycénienne représentant une déesse, probablement Cybèle, la montre tenant une telle sculpture dans sa main – ou, pour être plus précis, sur l'un de ses doigts – ce qui souligne la fonction magique importante de ces idoles.

Dans ce contexte, il convient de citer une histoire relatée dans l'Ancien Testament, plus ou moins contemporaine de notre découverte. La Genèse évoque les célèbres idoles d'argile, les téraphim, que Rachel déroba à son père Laban et qui valurent à Jacob d'être poursuivi par son beau-père (chap. XXXI). Le rôle protecteur de ces idoles qui comptaient parmi les possessions propres de Laban y est explicitement mentionné.

S'il apparaît que les sculptures d'argile de l'âge du bronze final constituaient également des biens privés, les interprétations les concernant peuvent désormais aller dans ce sens.

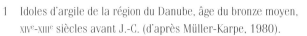

1   Idoles d'argile de la région du Danube, âge du bronze moyen, XIVᵉ-XIIIᵉ siècles avant J.-C. (d'après Müller-Karpe, 1980).

Les idoles cycladiques en marbre : témoins silencieux d'une société insulaire à l'âge du bronze ancien en Égée

Marisa Marthari

Les figurines en marbre blanc appartiennent aux objets utilisés par les petites communautés disséminées dans les Cyclades au centre de l'Égée, là où ce que l'on appelle la culture cycladique s'est développée durant le IIIe millénaire avant J.-C. (âge du bronze ancien). Le monde cycladique à ses débuts faisait partie des microcosmes qui prospéraient en Égée avant l'apparition des formations étatiques avec leurs palais et leurs systèmes d'écritures : c'est-à-dire avant l'émergence de la Crète minoenne et de la Grèce mycénienne, durant le IIe millénaire avant J.-C. (âge du bronze moyen et récent).

L'abondance du marbre blanc dans les Cyclades, à Paros et à Naxos en particulier, fut l'un des facteurs qui incitèrent à la création des premières sculptures. Les autres matériaux, comme le plomb, l'ivoire, l'os et les coquillages, n'étaient utilisés que rarement pour fabriquer des figurines similaires. Nous ne connaissons pas avec certitude les autres facteurs qui ont conduit à la production des figurines cycladiques, dans la mesure où, jusqu'à ces dernières années, l'organisation économique et sociale des communautés qui les avaient créées était encore obscure.

Notre ignorance en la matière ne facilite pas les tentatives de compréhension du sens et de l'usage de ces sculptures primitives. Les approches faites jusqu'à présent en matière d'interprétation se divisent en deux catégories : celles qui lient les figurines à la religion et en font des représentations de divinités, et celles qui les associent à la vie de tous les jours.

Dans le contexte de la première catégorie, les figures féminines – la majorité des statuettes cycladiques – ont été considérées comme des images de la « déesse de la Fertilité » (Thimme, 1977), ou d'une déesse liée au soleil ou identifiée à lui (Goodison, 1989). D'après la seconde catégorie, les idoles étaient, tout au long de la vie d'une personne, des objets chargés de propriétés magiques, et elles accompagnaient leur propriétaire dans la tombe (Doumas, 1983).

Quoi qu'il en soit, les idoles cycladiques proviennent principalement des cimetières. Jusqu'à ces dernières années, on tenait ce type de contexte pour purement fortuit, dans la mesure où un très petit nombre d'habitats datant de l'âge du bronze ancien à ses débuts et dans sa période d'épanouissement avait été mis au jour dans les Cyclades, et où les quelques statuettes trouvées étaient de petite taille et en mauvais état. Toutefois, les habitats fouillés récemment, en particulier celui de Skarkos sur l'île d'Ios, ont montré que les statuettes découvertes dans ce type d'endroit sont des pièces de petite taille, schématiques, et non pas de grandes figurines anthropomorphes. Skarkos (ill. 1) est un habitat bien préservé avec des constructions à deux étages, couvrant une surface d'environ un hectare, et révélant une organisation assez complexe, qui a prospéré durant la phase d'épanouissement du premier âge du bronze (période du groupe de Keros-Syros). Cette découverte vient à l'appui de l'interprétation selon laquelle la fonction principale des grandes figurines cycladiques de type réaliste était d'accompagner les morts en jouant le rôle de divinités funéraires.

La typologie des figurines cycladiques établie par Renfrew en 1969 (voir aussi Renfrew, 1991 et ill. 2) est encore généralement acceptée, bien que leur corpus présente plus de variations que ne l'admet leur classification en types généraux et en variantes. Les noms conventionnels donnés aux types et aux variantes proviennent du site sur lequel des exemples représentatifs ont été trouvés lors des fouilles.

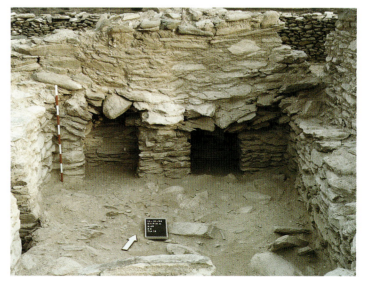

1 Constructions sur le site de Skarkos (cycladique ancien II), île de Ios.

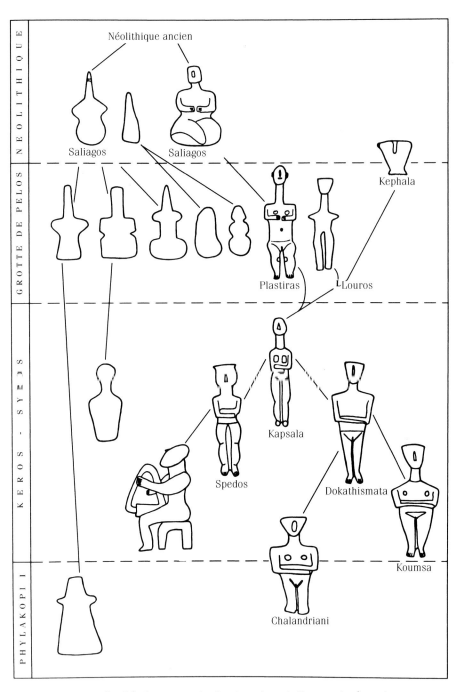

2   Développement des figurines du cycladique ancien à partir de leurs prototypes néolithiques (d'après Renfrew, 1991, 91, fig. 5).

Les figurines cycladiques sont en général sculptées dans la pierre, mais de nombreux détails sont rendus au moyen d'incisions et de couleurs (peintures rouge et bleu foncé). Sur de nombreuses idoles, les yeux, la bouche, les cheveux, les doigts, les bijoux étaient peints, de même que l'ornementation en couleurs de la face et du corps, et les tatouages (ill. 4). Les figurations peintes ont été conservées dans très peu de cas, en raison de la nature éphémère de la peinture, circonstance qui est souvent à l'origine de l'idée trompeuse que l'on se fait de l'aspect d'origine des figurines.

Il semble qu'il y ait eu deux tendances de la sculpture cycladique, qui se sont fait jour dès la période néolithique, vers 4800 avant J.-C. : la tendance naturaliste et la tendance abstraite. Elles se rencontrent aux côtés l'une de l'autre durant presque tout l'âge du bronze ancien, lequel se divise en trois périodes.

La plus ancienne (cycladique ancien I, ou période du groupe Grotta-Pelos, 3100-2700 av. J.-C. environ) vit l'émergence des traits caractéristiques de la société cycladique, incluant les cimetières de tombes en cistes, les vases en marbre (cat. 110), et les figurines. Il existe deux types principaux de figurines : les figurines abstraites, les idoles-violons (ill. 3), où le corps humain est figuré par la forme de cet instrument (cat. 166), et le type de Plastiras, plus réaliste, bien qu'un peu maladroit. Les statuettes du type de Plastiras sont debout sur leurs pieds, leurs jambes sont séparées sur toute leur longueur. Les bras sont croisés sous la poitrine, au-dessus de la taille, et les doigts se touchent. Les oreilles, le nez et plus rarement la bouche sont rendus en relief, tandis que les yeux sont, dans certains cas, incrustés. Le nombril, les épaules et les rotules sont souvent marqués, ainsi que les chevilles. Certaines portent une sorte de chapeau sur la tête (cat. 164). Lorsque l'on passe à la période suivante, vers 2700 avant J.-C., le type de Louros fait son apparition, qui combine abstraction et réalisme. Ce sont des statuettes debout, aux jambes divisées, avec de simples excroissances pour les bras, et une tête où ne sont indiqués ni le nez ni les autres traits du visage. Les trois types mentionnés ci-dessus n'ont généralement pas plus de trente centimètres de hauteur, et se rencontrent dans le centre et le sud des Cyclades (Paros, Naxos, Thêra et Amorgos).

Durant la période d'épanouissement de l'âge du bronze ancien (cycladique ancien II ou période du groupe Keros-Syros, vers 2700-2200 avant J.-C.), le monde cycladique parvint au sommet de son développement. Les contacts avec le reste de l'Égée sont si importants que Renfrew parle d'un « esprit international ». À la fin de cette période, en effet, qui coïncide avec la phase du groupe Kastri, il y eut une intensification des contacts entre les Cyclades et l'est de l'Égée.

Les types prédominants sont alors des figurines relativement réalistes, aux bras croisés, et le type schématique d'Apeiranthos. Dans les figurines aux bras croisés, la tête est inclinée vers l'arrière, le nez fait nettement saillie, la bouche, les yeux et les oreilles ne sont que rarement représentés en relief. Les seins sont rendus de façon plastique, et le triangle du pubis est marqué par une incision. Les jambes sont souvent complètement réunies, séparées seulement par un sillon. La plante des pieds est en pente, dirigée vers le sol de même que les orteils, ce qui a fait dire à quelques spécialistes que ces figurines étaient représentées dans une position allongée. La plupart donnent du féminin une image petite ou moyenne. Certaines, cependant, sont des représentations impressionnantes, grandeur nature, qui atteignent un mètre cinquante de hauteur. Ces ouvrages, qui relèvent du domaine de la sculpture à grande échelle, étaient utilisées, selon une interprétation, comme représentations divines dans les « sanctuaires » (Renfrew, 1991, p. 95-105).

Le type aux bras croisés connaît de nombreuses variantes. Les figurines de Kapsala (ill. 4) ont une tête ovale, les genoux distinctement pliés, et les jambes séparées juste en dessous des genoux. Certaines sont debout sur le sol, leur plante de pied est incurvée ou plate, les autres semblent se tenir sur leurs orteils, comme les figurines des autres variantes. Leur silhouette n'est pas très mince vue de profil. Les figurines de Spedos se distinguent par leurs courbes fortement marquées. Leur tête est en forme de lyre. Ce type comprend un nombre très important de représentations (cat. 165). Les idoles de Dokathismata sont fines, plates, avec des contours angulaires et une tête triangulaire. Celles de Chalandriani, relativement maladroites en comparaison des autres, possèdent un sternum presque rectangulaire, une tête triangulaire, un cou épais et de longues jambes. Certaines ont leur avant-bras gauche sous le droit, alors que dans les autres variantes, c'est toujours l'inverse. Les figurines de Koumasa sont larges au niveau des épaules, étroites au niveau des pieds, fines et plates vues de profil, avec un long cou. Elles se rencontrent seulement en Crète, et l'on a supposé qu'elles étaient des imitations de celles de Spedos, dont des exemples avaient été découverts, importés de Crète.

Quelques figurines du type « aux bras croisés », représentent un groupe particulier. Ce sont des images d'hommes et de femmes assis sur de simples tabourets ou sur des trônes élaborés. Les statuettes masculines sont des joueurs de harpe (ill. 5), ou bien des hommes tenant à la main une coupe à boire. Ces figurines particulières incluent aussi des musiciens debout jouant du pipeau, et des compositions à deux ou trois. Un groupe est constitué de chasseurs-guerriers, qui présentent les caractéristiques de la variante de Chalandriani. Ils portent un baudrier en bandoulière diagonale et tiennent un poignard.

Les idoles du type « aux bras croisés » ont été trouvées dans la plupart des Cyclades, en Crète, où était fabriquée la variante de Koumasa, et également en Grèce continentale, où elles ont peut-être été importées à partir de l'archipel cycladique. Selon certains spécialistes, les figurines cycladiques ont dû circuler comme produits de prestige dans diverses régions de l'Égée.

3 Figurine en forme de violon, en marbre, sur laquelle des traces de peinture rouge sont encore visibles, Kimolos, Cyclades (cat. 166).

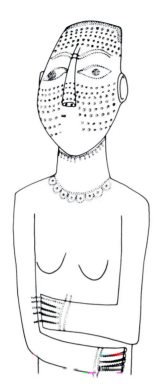

4   Figurine aux bras croisés de la variante de Kapsala, avec des détails peints (d'après Getz-Preziosi, 1987a, p. 55, fig. 29).

Au type Apeiranthos schématique peuvent être attribuées des statuettes présentant une variété de silhouettes de ce modèle, alors que dans certains cas la tête a une forme et une inclinaison en arrière comme dans les figurines du type aux bras croisés.

Durant la dernière période de l'âge du bronze ancien (cycladique ancien III, ou période du groupe Phylakopi I, vers 2200-2000 avant J.-C.), des changements importants peuvent être observés dans les Cyclades. Plusieurs des plus anciens habitats furent abandonnés. D'autres, vastes, firent leur apparition à la suite de la nucléarisation de sites plus petits. Les éléments les plus caractéristiques du premier monde cycladique, les vases en marbre et les figurines, cessent d'exister. Un seul type, tout à fait schématique, le type de Phylakopi, continue d'être réalisé mais n'a plus grand-chose à voir avec le premier type schématique d'Apeiranthos, aux statuettes dotées d'une tête assez réaliste.

Les types de figurines sont attribués à des périodes du IIIe millénaire sur la base du contexte de ces exemples découverts lors des fouilles de tombes, un très petit nombre d'entre elles ayant pour l'heure été trouvé sur les sites d'habitats stratifiés. On n'a pas eu recours au classement chronologique en sous-périodes des différentes variantes du type aux bras croisés, compte tenu de son étude presque entièrement typologique. Au début du XXe siècle, les conceptions esthétiques de l'art moderne ont amené le public à apprécier l'art simple, abstrait, « primitif ». Les statuettes cycladiques furent alors considérées pour la première fois comme des œuvres d'art et devinrent très recherchées sur le marché international de l'art. Les collectionneurs et les musées européens et américains en firent l'acquisition par les voies du commerce illicite des antiquités dans les Cyclades tandis que les contrefaçons commençaient. Le fait que des spécialistes dans les années 1960 et 1970 aient traité les figurines cycladiques à l'égal d'œuvres du « grand » art eut des conséquences sur la recherche archéologique elle-même, entre autres choses, dans la mesure où cela contribua à donner une idée exagérée de l'art du monde cycladique ancien, dont l'organisation sociale était très peu connue.

5   Joueur de harpe (H. : 22,5 cm) provenant d'une tombe de l'île de Keros, Musée archéologique national, Athènes.

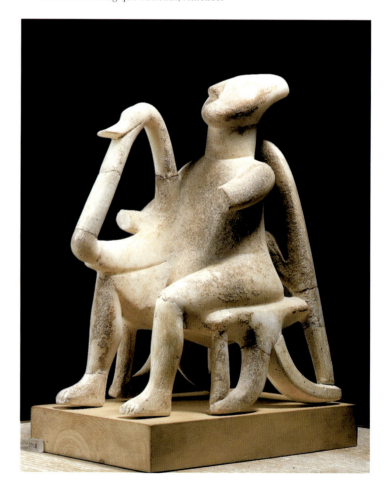

À cet égard, l'avis de Getz-Preziosi (1987a, 1987b), qui attribuait des groupes d'œuvres à des «maîtres» spécifiques, ainsi qu'on les appelle (Gill et Chippindale, 1993; Broodbank, 1992; Cherry, 1992; Marangou, 1990), fut d'une importance critique. Il paraît plus probable que ces groupes, toutefois, sont le reflet de traditions sculpturales ayant évolué dans des contextes chronologiques ou locaux restreints (ateliers). Les structures sociales des Cyclades au IIIe millénaire avant J.-C., que nous commençons à mieux connaître grâce à des fouilles récentes d'habitats, n'offrent pas de certitude quant au postulat du «maître», bien qu'il ne soit pas impossible, évidemment, que certains graveurs de marbre travaillant dans les îles au IIIe millénaire avant J.-C. fussent plus talentueux et célèbres que les autres.

Grâce aux fouilles d'habitats importants menées ces dernières années à la fois dans les Cyclades elles-mêmes, comme à Skarkos sur l'île d'Ios, sur les côtes et dans les îles égéennes, comme à Palamari sur l'île de Skyros, près de l'Eubée, à Poros sur la côte septentrionale de la Crète, et à Liman Tepe (Klazomenai) dans la baie de Smyrne en Asie Mineure, notre connaissance des systèmes d'échange et de l'organisation sociale du IIIe millénaire égéen ne cesse de s'étendre. Nous attendons de ces investigations qu'elles offrent les moyens de mieux interpréter ces objets singuliers de la culture cycladique, incluant les figurines, les vases en pierre (cat. 110), les «poêles à frire» en argile dont certaines représentent des bateaux (cat. 35), les outils d'obsidienne (cat. 12), les dalles aux graffitis figuratifs (cat. 74), etc. À l'inverse, nous pouvons désormais examiner les figurines cycladiques sous des angles qui peuvent mieux mettre en lumière la complexité des sociétés égéennes au IIIe millénaire avant J.-C., dans la mesure où il est maintenant possible de comprendre les axes fondamentaux de leurs fonctions.

L'étude des statuettes – non seulement d'un point de vue artistique, mais aussi en relation avec les types qu'elles illustrent: chasseurs-guerriers, musiciens, porteurs de coupes, femmes enceintes ou parturientes –, associée aux dernières données provenant des fouilles et pour autant que les matériaux le permettent, met à notre disposition ces témoins silencieux qui, pour la première fois, ont la chance de faire entendre leur voix et de nous parler du monde qui leur a insufflé la vie.

BIBL.: Broodbank, 1992; Cherry, 1992; Doumas, 1983; Getz-Preziosi, 1987a et 1987b; Gill et Chippindale, 1993; Goodison, 1989; Marangou, 1990; Renfrew, 1969, 1991; Thimme, 1997.

LES IVOIRES SCULPTÉS DU BASSIN ÉGÉEN

Jean-Claude Poursat

L'art des ivoires – figurines en ronde bosse, éléments plaqués ou incrustés sur des meubles ou objets de toilette sculptés – est l'une des productions les plus originales de l'art égéen de l'âge du bronze. Avec la gravure des sceaux, c'est le principal art du relief dans une période où la statuaire de grande dimension reste presque inconnue. Il est le témoin des relations entre l'Égée et l'Orient – l'ivoire d'hippopotame ou d'éléphant était importé de Syrie ou d'Égypte –, et la richesse iconographique des ivoires sculptés, qui associent des thèmes proprement égéens et des influences orientales, leur valeur comme objets de prestige dans les sociétés égéennes du IIe millénaire avant Jésus-Christ leur confèrent un intérêt particulier.

L'art des ivoires se développe surtout au bronze récent (après 1600 environ av. J.-C.). Auparavant, l'ivoire d'éléphant est quasiment inconnu dans le bassin égéen ; c'est l'ivoire d'hippopotame, utilisé tout au long de l'âge du bronze, ou simplement l'os qui sont employés dans la Crète prépalatiale, vers la fin du IIIe millénaire, pour la fabrication de sceaux, souvent sculptés en forme d'animaux, de petites figurines et de pièces d'incrustation. Même pendant la période des premiers palais minoens (2000-1700 av. J.-C.), les objets en ivoire demeurent très rares. Ce n'est qu'à l'époque de l'apogée des seconds palais en Crète et de l'essor de la puissance mycénienne, révélée par les riches tombes des cercles funéraires de Mycènes (cercles A et B, 1650-1500 av. J.-C.), que l'importation d'ivoire se développe dans le cadre de relations nouvelles qui s'instaurent entre les princes de Mycènes ou de Crète et les souverains orientaux : l'ivoire faisait sans aucun doute partie des présents de prestige qui s'échangeaient lors de ces relations. Plusieurs défenses d'éléphant étaient entreposées dans le palais de Zakros, en Crète, au moment de sa destruction, vers 1450 avant Jésus-Christ ; les textes inscrits en grec mycénien (dit « linéaire B », écriture déchiffrée en 1952) du palais de Pylos en Messénie confirment la présence d'ivoire brut. L'épave d'un navire des environs de 1300 avant Jésus-Christ, retrouvée au sud de l'Anatolie à Ulu Burun près de la côte, contenait des pièces d'ivoire d'éléphant et d'hippopotame ; elle fournit un témoignage précis sur le commerce de l'ivoire au XIIIe siècle entre l'Orient et l'Égée. L'existence d'ateliers palatiaux d'ivoiriers est, d'autre part, bien attestée à Cnossos et à Zakros en Crète, à Mycènes et à Thèbes en Grèce continentale.

Des figurines d'ivoire en ronde bosse, plus ou moins proches des types cycladiques, sont sculptées en Crète dès la fin du IIIe millénaire. Cette tradition conduit, à la période des seconds palais minoens (1700-1450 av. J.-C.), aux figurines du palais de Cnossos, représentant des acrobates bondissant au-dessus de taureaux qu'ils s'efforcent de maîtriser (ill. 1) ; une statuette récemment découverte, le kouros de Palaikastro, représentant

1 *Acrobate du palais de Cnossos* (v. 1550 av. J.-C., musée d'Héraklion, inv. 3, L. 29,5 cm).

un personnage masculin debout, de près de cinquante centimètres, au corps sculpté dans l'ivoire d'hippopotame, et orné d'éléments en pierre et en métal précieux, est sans doute le meilleur exemple de cette technique chryséléphantine. En Grèce continentale, au bronze récent, sont représentées principalement des figures féminines, vêtues du costume minoen traditionnel avec la jupe à volants : les ivoiriers de Mycènes produisent des chefs-d'œuvre, comme le groupe composé de deux femmes accroupies et enlacées, un enfant sur leurs genoux (ill. 2), qui fut trouvé sur l'Acropole, ou une magnifique tête masculine, qui devait appartenir à une statuette de grande dimension, découverte dans la maison de la Citadelle.

2 *Le Trio de Mycènes* (1400-1200 av. J.-C., Athènes, Musée national, inv. 7711, H. 7,8 cm).

3 *Tête de guerrier de Mycènes* (1400-1200 av. J.-C., Athènes, Musée national, inv. 2468, H. 8,2 cm).

C'est surtout sous la forme de plaques à décor en relief ou de motifs d'incrustation découpés que l'ivoire est utilisé dans le bassin égéen. Il n'existe que de très rares ivoires sculptés en relief avant la période des cercles A et B de Mycènes. Un pommeau d'épée, orné de quatre lions en relief, du cercle A, est l'un des exemples les plus anciens. Les premiers objets de toilette en ivoire à décor sculpté apparaissent dans les tholos – tombes voûtées de plan circulaire – de Mycènes ou de Messénie. C'est l'afflux d'ivoire d'éléphant, dans le courant du XVe siècle semble-t-il, qui favorise le développement de nouvelles formes décorées qui ne pouvaient jusqu'alors être réalisées dans les canines d'hippopotame : les pyxides (boîtes à fard ou à onguent), fabriquées à partir d'une section de défense évidée et pourvue d'un fond rapporté et d'un couvercle ; les grands peignes à manche rectangulaire sculpté à double registre, ornés d'une rosette au centre du registre supérieur ; les manches de miroir en forme de colonne ou de palmier, qui enserrent un disque de métal entre deux plaquettes d'ivoire ; des coffrets très plats, de petite taille, servant vraisemblablement de coffrets à bijoux, ornés sur les côtés et le couvercle d'appliques d'ivoire rectangulaires complètent cette série d'objets dits de toilette. Jusqu'à la fin du XIIIe siècle, la plupart des découvertes proviennent des principales tholos et de tombes à chambre de Grèce continentale et de Crète, où mobilier et pièces de toilette accompagnent le mort : citons en exemple la pyxide ornée de scènes de combats de griffons et de cervidés provenant d'une tombe de l'agora d'Athènes, ou les peignes décorés de sphinx et de crocodiles de la tholos de Spata en Attique. Les mêmes usages s'introduisent en Crète : une pyxide de Katsamba, port de Cnossos, présente l'une des plus belles scènes de capture de taureaux sauvages, avec des personnages en relief qui évoquent l'acrobate de Cnossos ; un peigne du même site, orné de sphinx aux ailes déployées, reprend l'un des motifs les plus fréquents de l'art des ivoires.

Aucun des meubles décorés d'ivoire n'a été conservé : seules ont subsisté les pièces d'ivoire appliquées ou les éléments d'incrustation qui devaient se détacher sur la couleur plus foncée du bois ; mais des tablettes d'argile inscrites en linéaire B trouvées dans le palais de Pylos dressent un inventaire de tables, de trônes et de repose-pieds ornés de plaques sculptées ou d'incrustations d'ivoire dont le scribe nous précise les motifs variés : lions, palmiers, coquillages, casques de guerriers ; d'autres tablettes de Pylos et de Cnossos mentionnent aussi des éléments

 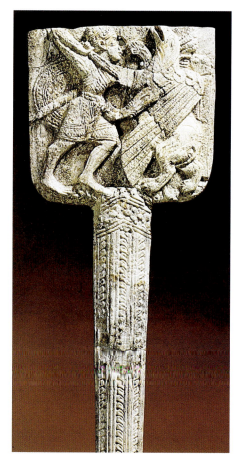

4 *Plaque d'Arkhánes* (1400-1350 av. J.-C., musée d'Héraklion, inv. 366, H. 3,2 cm).

5 *Miroir d'Enkomi* (vers 1200 av. J.-C., Londres, British Museum, inv. 97.4-1.872, H. 20 cm).

d'ivoire dans le décor des chars. Deux bâtiments proches de la Citadelle de Mycènes, la maison des Boucliers et la maison des Sphinx, étaient probablement les entrepôts-ateliers où l'on adaptait les pièces d'ivoire aux meubles qu'ils devaient décorer : les boucliers en ivoire, particulièrement nombreux dans l'une et des plaques ornées de sphinx dans l'autre ont donné leur nom à ces bâtiments.

Dans ce cadre décoratif spécifique, les ivoiriers traitent quelques thèmes et motifs privilégiés. Une partie des représentations est issue des arts majeurs de l'époque, fresques ou sceaux. Le type de la femme assise sur des rochers, qui apparaît sur une plaque découpée en haut relief de Mycènes, copie un schéma que les fresques minoennes puis mycéniennes reproduisent fréquemment ; on retrouve un motif identique sur un sceau de l'Acropole de Mycènes. D'autres décors sont plus particulièrement associés aux ivoires. Les repose-pieds de trônes sont ornés de grands boucliers en forme de huit et de têtes de guerriers coiffés du casque à dents de sanglier (ill. 3) ; sphinx et crocodiles consti- tuent le décor favori des peignes et des manches de miroir présentent le thème original de femmes penchées l'une vers l'autre, tenant parfois un miroir à la main. Un style animalier original se développe avec les représentations de lions, de sphinx et de griffons, les combats d'animaux qui ornent pyxides ou éléments de coffret ; sur toutes ces œuvres, les artistes mycéniens réussissent à donner, par un relief au modelé subtil, une impression de volume et de profondeur.

Caractéristiques de l'art mycénien, ces ivoires sculptés de la fin du bronze récent permettent de suivre les progrès de l'expansion mycénienne dans le bassin égéen aux XIVe et XIIIe siècles. Plusieurs riches tombes crétoises, postérieures à 1400 avant Jésus-Christ, mises au jour à Arkhánes près de Cnossos, dans la région de La Canée et la région de Réthymno dans l'ouest de la Crète, ont livré de remarquables ensembles d'ivoires, des plaques de repose-pieds ou de trône (ill. 4), des peignes et des coffrets, semblables à ceux trouvés dans des tombes continentales : ces pièces tendent à confirmer une domination mycénienne sur l'île à cette époque. Plus lointaines, des découvertes isolées d'ivoires mycéniens révèlent les contacts établis avec d'autres parties du monde méditerranéen : une tête de guerrier casqué en ivoire a été découverte en Sardaigne, une autre à Chypre.

Des ivoires de style mycénisant, qui s'inspirent de manière plus ou moins directe de l'iconographie mycénienne et proviennent d'ateliers chypriotes d'Enkomi, de Kition ou de Paphos, ont été trouvés à Chypre même, à Délos dans le bassin égéen et jusqu'à Ougarit sur la côte syrienne et Megiddo en Palestine. Un groupe d'ivoires gravés, ornés principalement de scènes de combats d'animaux, qui associent étroitement des thèmes égéens et la technique orientale de l'incision, apparaît ainsi à Chypre dans la seconde moitié du XIIIe siècle ; les animaux présentent une stylisation très caractéristique qui sera reproduite sur certains ivoires sculptés de Grèce continentale. La production, vers la même époque, d'ivoires cypriotes à décor en relief correspond sans doute à une influence accrue de l'art mycénien, où la technique de la sculpture en relief était habituelle. Un couvercle de pyxide de Ras Shamra montre une « maîtresse des animaux », proche de certaines pièces trouvées à Mycènes ; sur une plaque de Délos, une représentation sur fond de bouclier d'un guerrier en pied tenant une lance doit être attribuée aussi à cet art chypro-égéen du dernier tiers du XIIIe siècle. Un peu plus tardifs, datant du début du XIIe siècle, plusieurs très beaux manches de miroir de type oriental, provenant d'Enkomi (ill. 5) ou de Paphos, sont décorés de scènes animales ou de luttes entre un guerrier et un lion ou un griffon.

Ces ivoires cypriotes vont transmettre à l'Orient, à la fin de la période mycénienne, certains éléments de l'iconographie égéenne, qui survivront en Syrie-Palestine jusqu'à l'époque archaïque, aux IXe et VIIIe siècles, sur les ivoires de Nimroud et de Samarie par exemple. Art palatial, l'art des ivoires disparaît en effet dans le monde égéen vers 1200, en même temps que les palais mycéniens eux-mêmes.

LES DÉPÔTS D'OR À L'ÂGE DU BRONZE

Christiane Éluère

Les circonstances d'apparition des premières utilisations de l'or à travers l'Europe

Le travail de l'or est apparu en Europe à des moments divers, dans bien des cas, dès le néolithique final (péninsule balkanique, sud de la France, par exemple), alors qu'il apparaît dans la plupart des autres régions au chalcolithique (Europe centrale et Europe occidentale en général), parfois son utilisation est plus tardive (bronze ancien dans les îles Britanniques et en Scandinavie, bronze moyen dans la péninsule italienne).

Il est clair que dès sa première utilisation, l'or a servi à souligner le pouvoir de certains personnages, en particulier masculins. Le meilleur exemple en est le cimetière de Varna qui, dès le milieu du Ve millénaire, en témoigne de façon spectaculaire avec une accumulation exceptionnelle d'objets en or accompagnant certains défunts : non seulement des bijoux (pendentifs anthropomorphes, perles, appliques, ornements d'oreilles ou d'autres parties du visage), mais des pectoraux, des sceptres, des diadèmes, des armes comme des arcs, trouvés dans des tombes d'hommes ; tous ces objets montrant déjà la valeur symbolique conférée à ce métal inaltérable et facile à mettre en forme. Ce concept de l'or comme insigne du pouvoir se retrouve dans les premiers dépôts d'armes en or en Europe centrale (lames de poignards, haches). Si l'on se tourne vers le monde atlantique, c'est souvent dans le contexte des tombes de guerriers de la civilisation campaniforme que l'on trouve les premiers bandeaux ou de petites appliques décorant peut-être le vêtement ou l'équipement du défunt.

Les récipients en or

Se pose le problème de savoir si l'usage des objets de types similaires était le même à travers toutes les régions d'Europe. Si l'on prend comme exemple une catégorie d'objets comme les récipients en or, on s'aperçoit que le contexte de découverte est en apparence assez différent. En Europe occidentale, quelques tasses à anse en métal précieux (cat. 227) apparaissent au bronze ancien et sont déposées dans des tombes de « chefs » (tasse en or de Rillaton dans le sud de l'Angleterre, tasses en argent de Saint-Adrien, dans les Côtes-d'Armor), alors que la plus grande masse des récipients en or appartenant au bronze moyen ou au début du bronze final, concentrés surtout en Europe centrale, ont été trouvés apparemment en dehors de milieux funéraires, souvent associés par paires (Villeneuve-Saint-Vistre en Haute-Marne, Axtroki dans le Pays basque), voire avec d'autres en bronze (dépôt d'Unterglauheim en Bavière, cat. 204). On les trouve en de nombreux exemplaires, rassemblés en dépôts votifs ou en offrandes rituelles comprenant des bijoux, des fils enroulés… (ainsi le trésor de Caldas de Reyes, près de La Corogne, le trésor d'Eberswalde, dans la région de Francfort-sur-Oder).

Dans le monde mycénien, les récipients en or semblent pour la majeure partie être au contraire déposés dans les tombes les plus riches (cat. 100). Ils sont ornés différemment : alors que les récipients d'Europe centrale sont systématiquement ornés de motifs estampés circulaires très abstraits que l'on considère souvent comme des représentations symboliques liées au soleil ou à une conception de l'univers, ceux du monde créto-mycénien peuvent comporter des décors très figuratifs, quelque eux aussi chargés de symboles. L'exemple le plus connu pourrait être les gobelets trouvés dans une tombe de Vaphio (scènes de capture de taureau). D'autres récipients sont ornés de motifs récurrents, comme les oiseaux sur les anses de la « tasse de Nestor » ou les spirales et les motifs floraux trouvés sur d'autres vases.

L'or des tombes

Les premiers ors se trouvent dans des tombes où l'intention de souligner le rôle social du défunt est évidente. Cela est manifeste dans les cas déjà cités ci-dessus et aussi pour les tombes sous tumulus de la culture du Wessex en Angleterre (cat. 124), ou celles des « princes d'Armorique » – manches de poignards décorés de clous d'or incrustés (cat. 126), récipients, pendentifs – ou du groupe d'El Argar en Espagne (spirales, diadèmes).

C'est au cours du bronze moyen et au bronze final que peu à peu, en Europe non mycénienne, la quantité d'or déposée dans les tombes se raréfie et se limite à quelques anneaux et feuilles de placage : en cela, les tombes de ces époques au Danemark ou en Suède nous livrent de beaux exemples de poignées d'épée plaquées d'or.

1 Les six récipients en or du dépôt de Borgbjerg, Zélande, Danemark, âge du bronze récent (cat. 230).

2–4   Dépôt de Radeni, Neamt, Roumanie, 1800–1600 avant J.-C. (cat. 225).

Les objets en or massif semblent donc très nettement réservés aux dépôts rituels. L'or des mortels ne paraît pas aussi important que celui que l'on réserve aux dieux, à moins que ces dépôts ne représentent par la même occasion la richesse d'une communauté.

Dans le monde mycénien, les concepts semblent différents puisque de volumineux objets d'or sont déposés dans les tombes autour du milieu du IIe millénaire, notamment dans les tombes des princes mycéniens ; il suffit d'évoquer les masques funéraires ou tel devant de cuirasse en or, les grands diadèmes, les bracelets et les appliques en grand nombre probablement cousues sur des supports organiques (étoffes, cuirs de vêtements ou tissus de linceuls).

Cependant, il faut noter que ces objets volumineux sont la plupart du temps en or martelé en feuille. Ils sont donc d'un poids relativement modeste par rapport aux bijoux annulaires des « dépôts » occidentaux.

Les offrandes de colliers d'or votifs dans l'Ouest

Dans des zones comme l'Irlande, les îles Britanniques, la côte atlantique française et l'ouest de la péninsule Ibérique, les dépôts d'or sont exceptionnellement nombreux et représentent un poids important de métal précieux. Dès le bronze ancien, une production typiquement britannique est illustrée par des appliques discoïdes utilisées par paires, et surtout par les lunules – colliers d'or martelés en forme de croissant – qui sont diffusées de part et d'autre de la Manche, en Irlande surtout, souvent en plusieurs exemplaires. Jamais trouvées en milieu funéraire, ces parures très fines ont parfois été déposées dans des coffrets de bois, comme à Killymoon (comté de Tyrone). Alors que les lunules sont encore des objets légers, un autre groupe de parures sont produites au bronze moyen et récent : les torques, ces colliers torsadés, dont le plus long mesure 1,5 m et a été trouvé à Plouguin dans le Finistère, en Bretagne. Ces colliers, dont les plus connus sont ceux de Tara en Irlande et de Cesson dans les Côtes-d'Armor ne pèsent pas plus de 400 grammes.

Sur toute la façade atlantique, nombreux sont les bracelets d'or massif, lisses, à section semi-cylindrique, losangique, quadrangulaire, qui furent déposés en offrande. Très tôt, dès le bronze ancien, on les trouve, par exemple, dans le dépôt de Caldas de Reyes (près de La Corogne en Galice), puis de nombreux exemplaires en Bretagne, dans les Pays de la Loire et dans le sud-ouest de la France. Eux aussi pèsent de 200 à 300 grammes d'or le plus souvent. En Irlande et dans les îles Britanniques, il n'est pas rare de trouver ces dépôts de bracelets, tels que la douzaine d'exemplaires découverts à Downpatrick (comté de Down). Un type de bracelet caractéristique de l'Europe centrale, et qu'on retrouve dans les dépôts d'or comme celui de Biia (Magyarbénye) en Roumanie, a les extrémités spiralées.

Ces dépôts de bracelets à spirales sont très fréquents en Hongrie (Bodrogkeresztúr), en Roumanie, en Serbie (Bilje, région d'Osijek). Les bracelet en or ont dû avoir une signification particulière à l'âge du bronze. On le trouve aussi dans certaines tombes exceptionnelles comme les tombes « princières » du bronze ancien de Leubingen et de Helmsdorf en Saxe. Cette tradition de parer certains morts d'un bracelet en or se poursuit dans le nord de l'Europe. Les bijoux les plus remarquables sont cependant ceux trouvés en Bretagne, dans le dépôt – disparu – du Vieux-Bourg, dans les Côtes-d'Armor, qui comportait des colliers et des bracelets massifs d'un poids total de huit kilos); ceux découverts au Portugal (le torque d'Evora [cat. 222], pesant 2,13 kg, et celui de Sintra sont les plus connus de la série) et en Espagne (colliers de Berzocana). Ces colliers sont tous munis d'un système de fermeture ce qui signifie donc que, malgré leur poids, ils étaient destinés à être portés, sinon par des humains, peut-être par des statues. Par ailleurs, ils sont tous ornés de motifs géométriques incisés, propres à l'expression décorative de l'ouest de l'Europe.

L'or, symbole solaire ?

L'or est un métal inaltérable et doté d'une qualité de brillance remarquable. Sa couleur jaune a aussi contribué à son association instinctive à l'astre solaire. On sait, du moins certains indices le laissent-ils supposer, que les croyances des gens de l'âge du bronze étaient très liées aux phénomènes naturels. Le soleil, lié au cycle des saisons, au jour et à la nuit, dut tenir une large place dans ces croyances.

Aussi n'est-il pas étonnant de retrouver des « allusions » iconographiques à l'astre solaire sous forme de quelques appliques discoïdes ornées de points et de lignes au repoussé, telles que celles qui furent retrouvées en Irlande, dans les îles Britanniques et dans le nord de l'Allemagne (disque de Glüsing). Ces disques peuvent aussi être de grande dimension (de dix à vingt centimètres de diamètre), si l'on évoque, par exemple, le char solaire de Trundholm (cat. 167), symbole même de l'âge du bronze. Un cheval en bronze précède, dans une sorte de procession rituelle, un grand disque de bronze plaqué de feuilles d'or partiellement disparues, qui mettent en valeur, sur l'une des faces du disque, un décor concentrique de motifs géométriques ciselés sur le support en bronze. L'ensemble est monté sur six roues à rayons.

5   Lunule du dépôt votif de Kerivoa, Bourbriac, Côtes-d'Armor, France, âge du bronze ancien, 1800 avant J.-C. (cat. 220).

Il faut mentionner aussi tous ces décors de cercles estampés, si fréquents notamment pour orner les récipients en or du monde de l'Europe occidentale. Les grands « cônes » trouvés à Avanton dans la Vienne (cat. 231), à Ezelsdorf en Bavière (cat. 232), à Schifferstadt en Rhénanie-Palatinat (cat. 233) ou en Suisse sont tous ornés de motifs de ce type, déclinés en cercles concentriques, en rouelles, etc. Toute la famille des récipients, comme ces petites tasses en or si répandues entre l'Allemagne du Nord et l'Europe centrale, souvent trouvées par paires, est décorée de la même manière, et le fond des récipients présente parfois un grand motif étoilé. On peut se demander si tous ces récipients n'étaient pas utilisés pour des libations réservées à un culte solaire.

En conclusion, il apparaît que les concepts de base associés à l'or semblent largement partagés par des différents groupes de toute l'Europe. Certains particularismes, liés peut-être au culte réservé aux « princes » dans le monde mycénien et à des croyances communautaires en Europe occidentale, constitueraient les seules différences.

LE CÔNE D'OR DE BERLIN : UNE COIFFURE DE CÉRÉMONIE DE L'ÂGE DU BRONZE TARDIF

Wilfried Menghin

Les cônes d'or livrent les témoignages sans doute les plus impressionnants de l'exercice d'un culte en Europe à l'âge du bronze. Depuis la découverte du premier spécimen dans les environs de Schifferstadt près de Spire (cat. 233)[1], on s'est beaucoup interrogé sur leur fonction – couvre-chef, récipient ou objet destiné à recouvrir le sommet d'un poteau ? L'état dans lequel se trouvaient les exemplaires retrouvés en 1884 à Avanton, près de Poitiers (cat. 231), ou à Ezelsdorf, près de Nuremberg en 1953 (voir l'essai de Tobias Springer, p. 176, et cat. 232) a plus contribué à obscurcir la question qu'à la clarifier[2]. S. Gerloff a été la dernière à s'en occuper. Elle avance des arguments convaincants pour interpréter ces cônes comme des couvre-chefs[3] faits dans une seule feuille d'or. Cette thèse trouve une confirmation grâce à un cône de métal doré, appelé le « cône d'or de Berlin », dont l'existence était inconnue jusqu'alors, et dont les Musées d'État de Berlin ont pu faire l'acquisition en décembre 1996 pour le musée de la Préhistoire et de l'Histoire ancienne (cat. 234)[4].

Ce dernier cône, qui était sans doute un objet de culte, nous est parvenu dans un état de conservation tout à fait exceptionnel et, surtout, il est entier et son ornementation est d'une extrême finesse. Il s'agit d'un cône pointu fait d'une seule pièce, d'une hauteur de 74,5 cm, avec une calotte détachée et une collerette horizontale en feuille d'or aussi fine qu'une feuille de papier. Elle est subdivisée en vingt et une zones horizontales, composées de bandelettes travaillées au repoussé et de rangées d'un motif de bossettes avec des ornements en relief dessinant des cercles concentriques de nombre et de taille différents et qui ne se superposent pas. La pointe est une étoile aux branches très allongées, au nombre de six, séparées par un motif régulier de bossettes. La quatrième zone horizontale en partant du haut est une frise ornementale de demi-lunes à plat avec un point à l'intérieur et un motif d'yeux en amande dessous, en vis-à-vis. Le passage du corps du cône à la calotte est marqué par une bande de cannelures verticales et parallèles. La collerette, large de 5,3 cm, est séparée de la calotte, haute de 10 cm, par un pli dans lequel a été inséré un bandeau en bronze ; elle est renforcée sur le bord par un anneau en bronze de forme ovale, torsadé, de 30,7 cm sur 29,5 cm.

Haut de 74,5 cm, ce cône pèse 490 grammes avec l'anneau de bronze qui en assure la stabilité et renforce la collerette, pour une épaisseur moyenne de 0,06 mm. L'exemplaire de Berlin confirme de manière indiscutable la thèse, jusqu'à présent controversée dans les milieux spécialisés, selon laquelle ces cônes d'or sont des objets destinés à servir de coiffure[5]. Avec son pourtour ovale de 20,3 cm sur 17,5 cm, la haute calotte enchâssée dans son anneau de bronze, pourvu d'une garniture intérieure de cuir ou de feutre – disparue depuis longtemps – correspond au tour de tête d'un homme adulte. Les motifs ornementaux en défoncé de la collerette s'expliqueraient seulement par le fait que le porteur de cette haute coiffure cylindrique se tenait en position surélevée et que l'ornementation devait apparaître, vu de dessous, en positif.

Les quatre cônes cylindriques connus ont des points communs qui résident dans leur forme, le symbolisme de leur décoration, la technique qui a présidé à leur fabrication et surtout le contexte dans lequel ils ont été découverts. Les exemplaires de Schifferstadt (cat. 233), d'Avanton (cat. 231) et d'Ezelsdorf (cat. 232) ont été, pour la plupart, découverts isolés et par hasard, hors de tout contexte archéologique. Ils font partie des objets enfouis à l'âge du bronze et il faut y voir des offrandes aux dieux au sens large du terme. Certains objets de culte, qu'il s'agisse de ces chapeaux en or qui rappellent la mitre ou d'objets rituels en or ou en bronze, ont été, pour des raisons inconnues, écartés de leur fonction rituelle pour être livrés à jamais aux forces souterraines, en un lieu secret ou sacré[6].

Bien que nous ignorions le lieu, le moment et les circonstances dans lesquels le « chapeau » d'or de Berlin a été découvert – il provient semble-t-il d'une collection privée suisse anonyme rassemblée sans doute au cours des années 1950 ou 1960 –, son excellent état de conservation semble indiquer qu'il se trouvait déposé dans des conditions analogues à celles qui ont été rapportées pour le « chapeau d'or de Schifferstadt[7] ». Le cône d'or de Berlin, cerclé lui aussi sans doute à l'origine d'une garniture intérieure en matière organique disparue, semble également

---

1   Cône d'or de Schifferstadt (Allemagne), XIVᵉ-XIIIᵉ siècle avant J.-C. (cat. 233).

avoir été enterré verticalement dans un sol constitué d'humus. On y observe que deux plis latéraux indiquant une compression sur sa tige et un troisième sur la calotte, comme si la pression de la terre qui le recouvrait ne l'avait déformé que progressivement. C'est là une hypothèse qu'étaye la présence de traces de corrosion uniquement sur le revêtement extérieur, alors que l'intérieur du cône est recouvert d'une couche régulière de patine.

Ces quatre chapeaux de cérémonie ont tous été réalisés dans une feuille d'or qui a été travaillée sans raccord et étirée par emboutissage et retreinte, ce qui suppose des aptitudes tout à fait particulières dans le travail du métal et des connaissances exceptionnelles de la part des orfèvres de l'âge du bronze. Selon les études expérimentales de M. Fecht pour établir les techniques de fabrication utilisées, les ornements étaient exécutés de l'extérieur à l'aide de divers poinçons ou matrices en creux en bronze ou en matériau organique. L'ornementation des zones et les motifs en relief ont été exécuté en utilisant un gabarit pour marquer la surface. C'est ainsi que le cône d'or d'Ezelsdorf a requis vingt poinçons différents de bossettes, dix de rouelles et un autre pour la crête ornementale. Pour le cône d'or de Berlin, toutes les investigations techniques les plus fines restent à faire.

Les motifs ornementaux les plus fréquents représentent des disques ou des cercles que l'on interprète généralement dans le contexte de la civilisation de l'âge du bronze comme des symboles solaires. Une étoile à branches longues couronne la pointe des cônes d'Avanton, d'Ezelsdorf et de Berlin ; on retrouve le motif de l'œil sur ceux de Schifferstadt, d'Ezelsdorf et de Berlin, en remarquant que, pour ce dernier, les bosses en amande sont séparées les unes des autres. Seul le cône d'or d'Ezelsdorf présente deux zones ornées de cônes miniature et d'une frise en relief constituée de roues à huit rayons, alors que les demi-lunes horizontales avec point central – qui représentent peut-être des barques solaires fortement stylisées – ne se retrouvent que sur celui de Berlin.

La signification des divers motifs ornementaux et la question de savoir si leur nombre ou leur combinaison, et ceux des zones ornementées et des bandes de séparation correspondent à un système reposant sur une pictographie cosmique ou figurent

2 Cône d'or de Berlin, chapeau de cérémonie de l'âge du bronze, métal repoussé avec ornements en bosses, Xe-VIIIe siècle avant J.-C. (cat. 234).

un calendrier ne pourra être tranchée que par des études fondées sur des observations morphologiques liées à la civilisation à laquelle ces cônes appartiennent. Mais il est certain que les cônes en or occupaient une place privilégiée dans un culte de l'âge du bronze au XIVe au VIIIe siècle avant J.-C. et qu'ils étaient portés comme coiffures de cérémonie des prêtres et des rois-prêtres d'une religion archaïque dont nous ne pouvons déchiffrer la signification que de manière partielle. Le cône d'or de Berlin ne nous livre aucune information sur la date de sa fabrication, l'utilisation qui en fut faite, les raisons de son ensevelissement rituel ni surtout sur le moment où eut lieu cette cérémonie.

Même si le lieu de son enfouissement et les circonstances de sa découverte nous étaient connus de manière certaine, nous ne pourrions plus guère espérer retrouver les objets qui accompagnaient éventuellement ce cône d'or, tels que les haches à talons de bronze qui accompagnaient le cône d'or de Schifferstadt. Des détails techniques comme l'anneau de bronze torsadé qui borde la collerette, la qualité de travail du métal estampé, la finesse de l'ornementation ainsi que sa comparaison avec des motifs ornementaux de type comparable, trouvés dans des ensembles qu'il est possible de dater avec une meilleure précision, permettent cependant d'envisager de le situer à la fin de l'âge du bronze, entre le Xe et le VIIIe siècle avant J.-C.

1. Lindenschmitt, 1858, tab. 1 ; Schauer, 1986b, p. 2 ; n. 16 ; p. 24 *et sq.* ; p. 52 *et sq.* ; tab. 1.
2. Schauer, 1986, p. 2 *et sq.*
3. Gerloff, 1995, p. 153 *et sq.*
4. Menghin, 1997, p. 7 *et sq.*
5. Voir chez Schauer, 1986b, p. 61 *et sq.* et Menghin, son article de 1977 qui s'appuie sur Raschke, 1954, p. 1 *et sq.* ; Menghin et Schauer, 1977, p. 17, ainsi que la correction apportée par Gerloff, 1995, p. 175 *et sq.*
6. Hänsel et Hänsel, 1997, t. IV, p. 15 *et sq.*
7. Schauer, 1986, p. 2, n. 16 : « Le chapeau d'or de Schifferstadt devait être déposé verticalement sur une pierre plate et sa pointe était enfouie à une faible profondeur sous la surface du champ. Trois haches à talon en bronze étaient appuyées contre le cône. »

BIBL. : Gerloff, 1995 ; Hänsel, 1977 ; Lindenschmit, 1858 ; Menghin, 1997 ; Menghin et Schauer, 1997 ; Raschke, 1954 ; Schauer, 1986.

LE CÔNE D'OR D'EZELSDORF-BUCH, UN CHEF-D'ŒUVRE DE L'ORFÈVRERIE DE L'ÂGE DU BRONZE

Tobias Springer

Découverte

Au printemps de 1953, des ouvriers arrachaient des souches d'arbres sur une prairie située à Buch, une commune de Postabauer-Heng (canton de Neumarkt, Haut-Palatinat, Bavière), sur le versant sud du Brentenberg et tout près d'Ezelsdorf (commune de Burgthann, canton de Nuremberg-Land, Franconie). Un objet métallique (cat. 232) était pris dans les racines à une profondeur de seulement huit centimètres et gênait le travail. Il fut brisé et dégagé sans aucune précaution. Ce n'est que lorsque ces fragments métalliques extrêmement minces se mirent à briller d'un reflet doré au soleil de midi qu'ils furent rassemblés. Un dentiste établit en les faisant fondre qu'il s'agissait d'or. L'inventeur s'adressa alors à Georg Raschke, responsable à ce moment-là des collections préhistoriques et primitives du Musée national germanique. Ce dernier fut immédiatement en mesure d'interpréter les ornements circulaires caractéristiques. La pointe du cône étant relativement bien conservée, il fut possible d'en déduire la forme particulière de l'objet. Des objets analogues déjà connus – le cône d'or de Schifferstadt, canton de Ludwigshafen, Rhénanie-Palatinat, découvert en 1835 (cat. 233), ainsi que celui d'Avanton, Vienne, découvert en 1844 (cat. 231) – permirent d'établir des rapprochements. Raschke eut la possibilité de se porter acquéreur des fragments de feuille d'or (280 g), et des fouilles ultérieures permirent de mettre au jour d'autres fragments d'un poids de trente grammes ainsi que des fragments de deux anneaux en bronze, l'un large, l'autre plus étroit. Les fragments furent retrouvés jusqu'à une profondeur de quatre-vingts centimètres[1].

1 Le cône d'or d'Ezelsdorf-Buch (Bavière), Xe-VIIIe siècle avant J.-C. (cat. 232).

Détermination de la fonction de l'objet

Le cône d'Ezelsdorf-Buch avait été à ce point brisé et lors de sa découverte que ses divers fragments, dépourvus de la rigidité donnée à la pièce entière par les zones décoratives travaillées au repoussé, et qui étaient semblables à de la tôle ondulée, paraissaient beaucoup trop fragiles pour pouvoir provenir d'un couvre-chef. On se contenta donc en général d'une interprétation qui en faisait la pointe d'un poteau rituel[2]. Seule S. Gerloff, qui elle aussi cherche à établir la fonction de l'objet, vient d'avancer des arguments convaincants en faveur de la thèse selon laquelle il s'agirait d'un couvre-chef[3]. Peu de temps après la publication de sa contribution, ses hypothèses trouvèrent une confirmation avec l'acquisition, en décembre 1996, par les Musées d'État de Berlin pour le musée de Préhistoire et d'Histoire primitive, d'un cône d'or dont on ignorait jusqu'alors l'existence (voir l'essai de Wilfried Menghin, p. 172)[4].

Bien que l'on ne dispose pas d'informations sur le cadre dans lequel elle avait été faite, cette découverte contribua dans une large mesure à éclairer la question. Il s'avéra par exemple que le chapeau de Berlin n'est pas seul à présenter un renforcement de la base de la calotte mais que le « chapeau » d'or de Schifferstadt, qui, pour sa part, fut toujours désigné ainsi, avait possédé une bordure formée d'une collerette torsadée dont ne subsiste que les traces.

Cela permet également d'interpréter les fragments d'un second anneau[5] plus étroit, découvert par Raschke et portant en partie trace d'une bordure en feuille d'or, ainsi qu'une petite baguette en bronze de 32 mm de longueur, 2,80 mm de largeur et 1,40 mm d'épaisseur comme restes de l'hypothétique renforcement du bord de la collerette du cône d'Ezelsdorf[6]. On n'a pas réussi à retrouver de morceaux de la collerette elle-même. Il est permis de supposer qu'elle n'a pas été détachée avant l'ensevelissement mais seulement entre la découverte et les examens complémentaires. Le métal semble en tous cas avoir été arraché violemment et non pas détaché soigneusement.

Si l'on se penche sur la fonction de ces objets comparables, il est important de rappeler que la base du cône de Berlin est ovale. Ses dimensions – 20,3 cm sur 17,5 cm – correspondent, même en tenant compte de la présence d'une garniture intérieure, au tour de tête d'un adulte. Le cône d'Ezelsdorf était lui aussi de forme globalement ovale, avec un diamètre de 21 cm, ce dont on n'avait pas pu se rendre compte à cause de l'interprétation qui suggérait qu'il avait couronné le sommet d'un poteau

2 Fragments de la calotte du cône d'Ezelsdorf-Buch avec morceaux de l'anneau de stabilisation et fragment d'un bandeau beaucoup plus étroit, partiellement serti d'une tresse d'or qui pourrait provenir du renforcement du bord de la collerette (en bas au milieu).

3 Partie de la calotte et bas de l'anneau de stabilisation du cône d'Ezelsdorf-Buch. L'alliage d'or est déchiré le long de l'anneau.

rituel et de la déformation de l'anneau brisé en plusieurs fragments. Le chapeau d'or de Schifferstadt a un diamètre tout à fait comparable de 18,10 cm à la base de la calotte.

Description

Le cône d'Ezelsdorf mesure 88,30 cm de hauteur et pèse dans son état actuel 310 g. Si l'on tient compte des parties manquantes, on peut évaluer son poids d'origine à 331,40 g. Le matériau employé présente une épaisseur de seulement 0,078 mm,

stabilisé par des renflements horizontaux qui avaient été relativement déformés lors de la découverte et de la reconstitution de l'objet.

À l'origine, le cône était sans doute un peu moins haut (fig. 1), mais devait mesurer au moins 72 cm, si l'on tient compte des indications fournies par la personne qui l'a découvert (l'ensemble était enterré sous 8 cm de terre et jusqu'à une profondeur 80 cm) et par les investigations qui suivirent (certains fragments se trouvaient à 80 cm de profondeur). Le cône, qui atteint dans son état actuel une hauteur de 73 cm, mesure 10 cm de diamètre au niveau de l'évasement de la calotte. Cette dernière mesure 15 cm de hauteur pour un diamètre de 21 cm. Le cône d'or d'Ezelsdorf, tout comme les autres cônes connus, a été fabriqué dans un unique lingot d'or, de la taille approximative d'une boîte d'allumettes, étiré jusqu'à atteindre la hauteur du cône sans aucune soudure. Même avec les moyens techniques actuels, il s'agit d'une véritable prouesse dans le travail artisanal du métal, qui suppose habileté et savoir-faire. Selon les études de M. Fecht concernant la technique de fabrication, l'ornementation a été réalisée après-coup, de l'extérieur, au moyen de poinçons en bronze ou en matière organique, produisant des bosses et des renflements au repoussé. Les zones agrémentées de motifs ornementaux ont été obtenues par grattage à l'aide d'un calibre. Vingt motifs différents ont été utilisés, six types de roues et un décor pour la pointe.

Les disques et les cercles sont les motifs ornementaux principaux, et on peut y voir des symboles solaires. Une étoile à dix branches couronne la pointe du cône. Dessous, on dénombre jusqu'à sa base cent cinquante-quatre champs décorés. À côté de variations du motif du cercle et des côtes dont le sens profond nous demeure caché, on remarque sur le cône trois motifs particuliers : des petits ovales allongés, des petits cônes en miniature et des roues. La transition entre le corps du cône et la calotte s'accomplit, comme pour le cône de Berlin, par une bande de cannelures verticales de 30 mm de largeur, qui prolonge la crête décorative[7].

◁ 4   Cône d'or d'Ezelsdorf-Buch : détail avec motif de cônes et de roues.

5   Cône d'or d'Avanton (Vienne, France), XIVe siècle avant J.-C. ▷
    (cat. 231).

Datation

On est surpris par les différences de rythme dans la succession et la combinaison des motifs décoratifs des différents cônes. Le chapeau d'or de Schifferstadt est décoré de motifs très sobres. Le cône d'Avanton est certes couronné d'une étoile et ses ornementations sont très finement dessinées, mais il est globalement plus sobre et plus uniforme que celui de Schifferstadt. Le cône de Berlin frappe par une répartition très claire de motifs par ailleurs nettement plus variés, tandis que celui d'Ezelsdorf présente, par la richesse et la variété de ses éléments décoratifs un caractère vivant presque baroque. Il est évident que de telles variations typologiques permettent de conclure que ces objets ont été fabriqués à des époques différentes.

Si l'on établit des comparaisons entre le style de ces cônes et celui d'objets décorés dont la datation est plus facile à établir en les rapprochant d'autres objets découverts dans le même gisement – ainsi les haches à talon qui accompagnaient le chapeau d'or de Schifferstadt –, il est possible d'établir que ces objets datent d'une période qui se situe entre les XIVe et VIIIe siècles avant J.-C. Le cône d'Ezelsdorf a sans doute été fabriqué à la fin de l'âge du bronze, entre le Xe et le VIIIe siècle avant J.-C., c'est peut-être le plus récent des chapeaux de cérémonie actuellement connus.

Interprétation de motifs particuliers

Dans la zone décorée numéro 92 du cône d'Ezelsdorf, nous observons un motif en forme d'ovale allongé, qu'on peut interpréter comme un œil stylisé. On le rencontre également de façon isolée sur les cônes de Schifferstadt et de Berlin. L'œil représente ici l'observateur, c'est notre organe essentiel pour percevoir le soleil. dans la cent vingtième zone, une frise composée de vingt et une roues de voiture à huit rayons, représentées de manière très réaliste, court autour du cône. La roue, symbole solaire, exprime le mouvement de l'astre. Sept zones plus haut et quinze zones plus bas, les bandes décoratives sont constituées de cônes miniatures dont les bases sont placées côte à côte. À ce jour, ce motif n'a été rencontré que sur le cône d'or d'Ezelsdorf, il servait sans doute dans une perspective magique à augmenter la force symbolique de l'objet. Dans la représentation du cône se trouve certainement l'idée que la force du soleil est transmise à celui qui porte le chapeau puis aux fidèles par l'intermédiaire du cône. On ne peut exclure qu'à l'inverse le « magicien » ait cherché à influer par des forces magiques sur le cours du soleil.

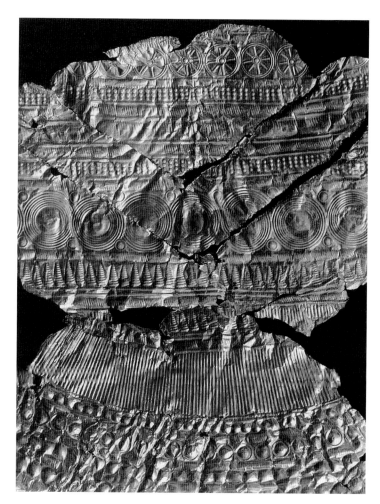

6   Les fragments découpés en V montrent comment le cône était plié avant d'être réduit en pièces par le coup de bêche. La pliure se trouvait dans l'axe du sommet du V.

Lieu et condition du dépôt

Quand, pourquoi et comment les cônes d'or ont été remis à la terre demeure une énigme. Un point commun aux découvertes dont font partie non seulement ces cônes, mais aussi divers autres objets en or – calottes, récipients, disques, tous ornés de manière similaires par des motifs circulaires – est qu'ils ont la plupart du temps été enfouis seuls. Rarement en effet d'autres objets ont été découverts à proximité, et, plus rarement encore, ces objets particuliers ont fait partie d'offrandes funèbres[8]. Cela permet de supposer qu'ils étaient destinés au culte mais sans appartenir en propre à des individus particuliers. Habituellement, les dépôts, que l'on peut interpréter comme étant dédiés à des personnalités particulières, renferment des objets précieux à usage personnel. Les objets de culte ne constituent pas en premier lieu des offrandes, on peut imaginer que leur enfouissement à la fin de la période à laquelle appartient l'ensemble de ces objets découverts est contemporain de l'extinction des conceptions religieuses dont ils relevaient. Les objets trouvés en même temps donnent au plus une limite postérieure, et même s'ils étaient eux aussi objets de culte – comme il est possible de l'imaginer pour les haches de Schifferstadt –, on peut tout autant supposer un important écart entre le moment de leur fabrication et celui de leur enfouissement.

Le compte rendu des circonstances dans lesquelles le cône de Schifferstadt a été découvert, l'état de conservation du cône de Berlin et le fait que des fouilles ultérieures à Ezelsdorf aient permis de mettre au jour des fragments du cône enterrés à une profondeur de 80 cm permettent de supposer qu'ils ont tous été enfouis verticalement. Étant donné l'épaisseur de ses parois, variant de un à deux millimètres et demi, le cône de Schifferstadt a pu résister à la pression de la terre. Malgré son bon état de conservation, celui de Berlin présente sur toute sa longueur en deux endroits opposés deux marques de pliage dues à la pression de la terre. Le cône d'Ezelsdorf semble lui aussi, avant d'avoir été haché menu, avoir subi des compressions analogues. Des photos avant restauration permettent de distinguer une découpe en forme de V qui ne peut avoir été produite par un coup de bêche que si la pliure passait exactement par le sommet de l'angle formé par le V et que si les deux côtés de l'angle étaient superposés au moment du coup.

Aussi regrettable que puisse être le mauvais état dans lequel se trouvait le cône d'Ezelsdorf-Buch, sa perfection permet de mettre en évidence des aspects de la culture de l'âge du bronze que les objets découverts plus couramment ne permettrait même pas d'imaginer.

1. Raschke, 1954, p. 1 *et sq.* L'orthographe correcte est « Ezelsdorf », et non « Etzelsdorf » chez Raschke.
2. Schauer, 1986.
3. Gerloff, 1995, p. 153 *et sq.*
4. Menghin, 1997, p. 261 *et sq.*
5. Raschke, 1954, p. 1 et 3.
6. Fecht, « Handwerktechnische Untersuchungen », dans Schauer, 1986, p. 82 *et sq.*
7. Fecht, *ibid.*, p. 83 et p. 101 *et sq.*
8. Schauer, 1986, p. 51 *et sq.*

Bibl. : Fecht, 1986 ; Gerloff, 1995 ; Menghin, 1997 ; Raschke, 1954 ; Schauer, 1986.

Chapitre 5
LA NAISSANCE DE L'EUROPE
Katie Demakopoulou

◁ Fragment de cratère, Argos, Argolide, Grèce, période archaïque, VIIe siècle avant J.-C. (cat. 9).

La naissance de l'Europe

Katie Demakopoulou

L'âge du bronze égéen (vers 3300-1000 avant J.-C.)[1] a vu l'évolution de grandes civilisations, dont le renom et l'influence transcendèrent leurs étroites limites géographiques. Des événements historiques majeurs se produisirent durant les deux millénaires de l'âge du bronze, qui apportèrent des changements dans presque toute la Méditerranée. On pense que le IIe millénaire en particulier a joué un rôle très important dans la formation des grandes civilisations. Des développements amorcés au IIIe millénaire ont conduit à l'apparition des sociétés palatiales égéennes, dont sont issues les civilisations historiques de la Grèce et du monde occidental en général.

Les civilisations « avancées » les plus anciennes de la préhistoire en Égée furent la civilisation minoenne, qui s'épanouit en Crète, et la civilisation mycénienne née en Grèce continentale et constituée sous l'influence catalytique de la Crète. Ces deux civilisations sont qualifiées d'« avancées » dans la mesure où elles furent les premières sur le sol européen à imiter le modèle des sociétés orientales politiquement stratifiées, et à développer un système économique et administratif complexe. Elles sont caractérisées par leurs palais et leurs centres urbains, leur organisation sociale et politique, la pratique des arts monumentaux, la croissance technologique, et, par-dessus tout, la connaissance de l'écriture, qui fut créée pour servir le système d'administration palatial et faciliter le contrôle de la production et de la redistribution des marchandises.

L'apogée de la civilisation minoenne se situe vers la fin du IIIe millénaire, lorsque les premiers palais furent érigés en Crète. La civilisation mycénienne – du nom de son centre le plus important, Mycènes – apparut en Grèce au début du XVIe siècle avant J.-C. après la construction des seconds palais en Crète. La Grèce mycénienne entra rapidement en relations avec les territoires d'Europe du Nord-Ouest et du Centre, avec l'intention première d'acquérir des métaux. Les très nombreux colliers d'ambre baltique, trouvés dans les principaux centres mycéniens et surtout dans le Péloponnèse, étaient à l'évidence importés d'Europe septentrionale, et confirment ces relations au travers desquelles la Grèce a créé un modèle culturel dans son environnement européen. Les orientations culturelles et sociales établies alors apportèrent des changements dans l'Europe entière. Avec la civilisation mycénienne, l'Europe a acquis une personnalité propre, singulière et a dessiné les traits communs à tout son territoire.

Les centres des sociétés minoenne et mycénienne étaient les palais, sièges des monarques où était concentrée l'autorité politique, militaire et religieuse. C'est à partir des palais que l'économie était gérée, puisque les produits de la culture de la terre, de l'élevage et du commerce y étaient regroupés pour y être enregistrés et redistribués. L'écrit fut d'abord utilisé dans l'Égée préhistorique pour garantir ce contrôle étroit de la production.

La Crète fut le premier pays européen à disposer d'un système d'écriture. Entre la fin du IIIe millénaire et celle du IIe millénaire, trois écritures furent inventées et mises en usage sur l'île : l'écriture hiéroglyphique, le linéaire A et le linéaire B. En plus de leurs autres fonctions, les vastes palais étaient responsables de l'administration de l'économie et de la distribution des produits des zones fertiles où ils étaient érigés : Cnossos, Phaistos, Malia et Chania pour les plus importants. C'est ainsi que le besoin d'un système de comptabilité se fit sentir en Crète, lequel fut mis en place sur le modèle du système politique des territoires de l'Est, et fut transmis plus tard à la Grèce mycénienne.

Les systèmes d'écriture les plus anciens sont l'écriture hiéroglyphique et le linéaire A, qui se développèrent et furent utilisés de manière parallèle durant la première période palatiale en Crète. Ce sont des écritures syllabiques qui font appel aux idéogrammes pour prendre note rapidement d'informations concernant certains objets ou êtres vivants, et disposent de chiffres reposant sur le système décimal (cat. 82-86). Le linéaire A continua d'être en usage pendant la période des seconds palais en Crète et gagna également quelques îles égéennes. Ni l'écriture hiéroglyphique, ni le linéaire A n'ont encore été déchiffrés.

Après la destruction des palais minoens vers le milieu du XVe siècle avant J.-C., le linéaire A tomba en désuétude, et une nouvelle écriture, le linéaire B, commença à être diffusée largement en Égée. Cette écriture est issue du linéaire A, dont elle retient la plupart des signes syllabiques et des idéogrammes, ainsi que le système numérique. Elle a été déchiffrée en 1952 par Michael Ventris. Les Mycéniens semblent l'avoir adoptée pour écrire leur propre langue, qui était une forme primitive du grec.

En Crète, le linéaire B était utilisé par les Mycéniens, qui obtinrent le contrôle de l'île à partir de la seconde moitié du XVe

1   Ornement découpé en relief, Delphes, sanctuaire d'Apollon, Phokis, Grèce, période archaïque, seconde moitié du VIe siècle avant J.-C. (cat. 11). Scène inspirée d'Ulysse s'évadant de la caverne du cyclope Polyphème.

siècle. Les centres palatiaux mycéniens de Grèce continentale imitèrent le modèle crétois et eurent recours au même système de comptabilité pour gérer le mouvement des produits d'une réserve à l'autre. Des tablettes d'argile avec des listes en linéaire B, de grandes jarres de stockage et des sceaux revêtus d'inscriptions dans la même écriture ont été trouvés à Cnossos, Mycènes, Tirynthe, Midea, Pylos, Thèbes et Orchomène (cat. 76-79, 87, 88). Le plus important dépôt de tablettes de linéaire B a été trouvé dans les palais de Cnossos et de Pylos. Thèbes a également produit un grand nombre de tablettes et de sceaux en argile.

Les sceaux et les cachets, qui apparurent pour la première fois à l'âge du bronze ancien (cat. 80, 81, 89, 157), constituent des preuves supplémentaires de l'existence d'une autorité centrale qui contrôlait la production et la distribution des marchandises par l'intermédiaire de ses officiels. La fréquence des échanges de produits entre les sociétés égéennes et entre ces sociétés et les autres parties de la Méditerranée est attestée également par des poids en plomb trouvés sur différents sites ; ces poids indiquent l'existence d'un même système de mesure (cat. 90).

Pendant les XIVe et XIIIe siècles avant J.-C., lorsque les Mycéniens étaient tout-puissants et que des projets techniques majeurs étaient exécutés au cœur du monde mycénien, la renommée et l'influence de cette civilisation se répandirent dans presque toute la Méditerranée – au moyen d'un réseau organisé de contacts commerciaux et culturels. Le XIIIe siècle, durant lequel le style de poterie prédominant est celui de l'helladique récent (IIIB1-2), se distingue par une uniformité culturelle remarquable qui a été considérée, avec quelque exagération peut-être, comme une forme primitive de l'empire mycénien – le fameux *koinê* mycénien. Il y eut de fréquents contacts avec le Proche-Orient et la côte de l'Asie Mineure. Des relations avec Troie, par exemple,

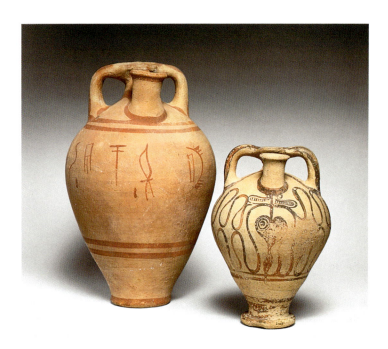

2 Jarres à étrier avec des inscriptions, Thèbes
   Grèce, âge du bronze final (cat. 7b).

sont attestées à une date très ancienne. La nature de ces contacts a fait l'objet de très nombreuses études, et en particulier la question de savoir si une campagne mycénienne conjointe contre Troie, comme le rapportent les poèmes homériques, pouvait être regardée comme un événement historique réel. Ce qui est certain, c'est que les Mycéniens ont manifesté beaucoup d'intérêt à l'égard de la région de Troie, avec sans doute l'idée de s'y procurer quelques-uns des produits qui les intéressaient.

Vers la fin du XIIIe siècle avant J.-C., après une série de destructions qui affectèrent les principaux centres mycéniens, la structure fondamentale de la civilisation mycénienne s'effondra, et le pouvoir central installé dans les palais s'affaiblit. Les systèmes d'écriture de Grèce continentale et de Crète, créés pour servir l'autorité palatiale et garantir son contrôle sur les hommes et la terre, ne survécurent pas à la destruction et à la disparition de la société palatiale mycénienne.

Au milieu du XIIe siècle, durant la période postpalatiale, la civilisation mycénienne donne à voir une dernière lueur, malgré sa fin prochaine. En dépit de l'absence d'autorité centrale, de la migration et du resserrement de la population, de nouveaux établissements fleurissent et de nouveaux styles de poteries sont créés. Il y eut une brève période de prospérité et de contacts accrus, qui n'alla pourtant pas sans quelques troubles et initiatives militaires. Les vases de cette période, de style pictural, comme celui du « guerrier », en apportent de nombreuses preuves ; ils représentent souvent des hommes armés, à pied ou avec des chars, qui vont de toute évidence au combat. Les fragments de vases trouvés récemment à Phtiotide (cat. 6) montrent des hommes armés combattant à bord de navires de guerre et non pas simplement se rendant au combat. Ces scènes rappellent celles des vases attiques de la période géométrique (cat. 7) et font le lien, dans la période de transition, entre l'âge du bronze grec et l'âge du fer. Dans le même temps, elles évoquent les héros d'Homère, qui franchirent les mers et affrontèrent toute une série de circonstances hostiles en revenant dans leur patrie. Les scènes inspirées par les poèmes homériques sont courantes dans l'iconographie de la période archaïque en Grèce (cat. 8-10). La civilisation mycénienne disparut vers la fin du IIe millénaire avant J.-C. Elle avait succédé en Égée à la grande civilisation minoenne, à qui elle devait sa formation et son orientation idéologique. Elle était aussi le précurseur du « miracle grec » des périodes archaïque et classique, et des civilisations européennes postérieures. De ce point de vue, la civilisation mycéno-minoenne, qui était un véritable amalgame culturel, religieux, et, si l'on peut dire, ethnique, se situe à juste titre au commencement de l'histoire grecque. Elle se trouve de même, pour cette raison, au commencement de l'histoire de l'Europe.

1. L'âge du bronze en Égée a duré plus de deux millénaires (3300-1000 avant J.-C. environ). En Grèce continentale, on appelle cette époque la période helladique.
HA signifie helladique ancien ; HM, helladique moyen ; HR, helladique récent. La période de l'helladique récent est aussi connue sous le nom de période mycénienne, Mycènes étant le site le plus important à cette époque.
Dans les Cyclades, l'âge du bronze est appelé période cycladique. CA signifie cycladique ancien ; CM, cycladique moyen ; CR, cycladique récent. Pour la Crète, on parle de période minoenne, en référence au roi légendaire Minos de Cnossos, et l'on évoquera le minoen ancien (MA), le minoen moyen (MM), et le minoen récent (MR). Toutes ces périodes comportent des subdivisions.

BIBL. : Chadwick, 1967 ; Davaras, 1988 ; Dickinson, 1994 ; Mee, 1984, 1988 ; Olivier, 1986 ; Ventris et Chadwick, 1973.

L'écriture et la technique : contribution de l'écriture dans la naissance de la pensée et de l'État

Louis Godart

L'écriture qui permet à l'homme de transmettre dans l'espace et dans le temps un message univoque est donc une arme formidable dans les mains de ceux qui exercent le pouvoir. Les États de Mésopotamie sont les premiers à avoir inventé l'écriture, vers 3300 avant notre ère (écriture sumérienne) ; le royaume égyptien utilisa à son tour l'écriture à partir de la fin du IVe millénaire ; les premiers États d'Occident, nés sur le sol grec, ont eux aussi, près de mille ans plus tard, compris l'importance de l'écriture pour asseoir leur autorité sur les populations qu'ils contrôlaient.

De toutes les terres d'Europe, la Crète est sans doute la première à avoir disposé d'un système d'écriture. Entre la seconde moitié du troisième et la fin du second millénaire avant notre ère, trois écritures bien distinctes qu'Arthur Evans, leur inventeur, appela respectivement l'écriture hiéroglyphique, l'écriture linéaire A et l'écriture linéaire B, sont nées et se sont développées dans l'île de Minos.

En Grèce et en Crète, comme en Mésopotamie et en Égypte, l'art de l'écriture apparaît lié à l'intégration dans un système économique et politique fondé sur la présence et le rôle des grandes résidences palatiales, d'un nombre considérable d'individus. C'est du reste dans ce contexte que naissent les premiers instruments administratifs dont les fouilles les plus récentes nous ont livré des milliers d'exemplaires.

Les scellés d'argile

À Lerne, en Argolide, vers 2350-2300 avant J.-C. à l'époque de l'helladique ancien III, et en Crète vers la fin du IIIe millénaire avant notre ère, apparaissent les premières grandes résidences attestées sur le sol grec. Il s'agit de bâtisses regroupant quatre fonctions, une fonction économique, une fonction politique, une fonction religieuse et une fonction administrative. Ces vastes constructions, appelées aussi palais, sont installées au cœur de régions fertiles comme l'Argolide, bien sûr, ou dans les plaines crétoises de Cnossos, de Mália, de Phaïstos, de La Canée ou de la vallée d'Amari. Elles contrôlent étroitement le territoire et leurs maîtres se font livrer les biens provenant des campagnes voisines pour les redistribuer à celles et à ceux qui travaillent pour le compte du palais ou les échanger contre d'autres biens.

C'est ainsi que naît l'exigence d'un système de comptabilité en mesure d'informer les responsables de ces palais sur les va-et-vient dont leurs magasins sont le théâtre. Ces derniers vont réinventer un système de contrôle que leurs prédécesseurs du Proche-Orient ou d'Égypte ont mis au point bien avant eux. Pour rendre compte des sorties de biens provenant des réserves de ces bâtiments, ils choisissent de sceller les récipients ou les pièces dont ils ont la garde avec des galettes d'argile molle dans lesquelles ils font imprimer par les demandeurs qui leur rendent visite, un nombre d'empreintes de sceaux correspondant au nombre d'unités de rations alimentaires ou de produits prélevés dans les magasins dont ils ont la garde.

À chaque opération de retrait de biens, le scellé est détaché du récipient ou de la porte sur lesquels il est appliqué, puis est déposé dans une salle d'archives. Un nouveau scellé est ensuite façonné, qui sert à clore le vase ou le local sur lequel on va l'appliquer jusqu'à la prochaine opération de prélèvement. Pour pouvoir surveiller les va-et-vient dont le magasin placé sous sa garde a été l'objet, le responsable palatial va consulter dans la salle d'archives les scellés qui y ont été déposés. Un coup d'œil aux différentes empreintes de sceaux le renseigne ainsi sur l'identité et la qualité des personnes qui ont défilé dans son magasin et leur décompte lui donne le total des rations alimentaires qui ont été retirées au fil des jours.

Ce système mis au point par les administrateurs des premières grandes résidences de la Grèce de l'âge du bronze pour contrôler la gestion des magasins palatiaux est peut-être efficace mais il est compliqué et incomplet car chaque scellé ne correspond qu'à une opération comptable. En outre, rien n'indique la nature des produits distribués et les circonstances qui entourent chaque transaction. Il importe donc de mettre au point un mode d'enregistrement plus précis des opérations comptables liées à la gestion des domaines et d'en garder une trace univoque. L'écriture devient donc une nécessité dans un monde dont le système politique et le mode d'organisation du territoire rappellent les expériences orientales.

Mais, tandis que l'expérience administrative mise au point par les responsables de magasins de Lerne demeurera sans lendemain, la Crète en revanche va jouer un rôle essentiel dans la naissance et la diffusion de l'écriture en Égée.

L'écriture d'Arkhánes

Les premiers documents écrits crétois remontent à l'époque prépalatiale, plus précisément au minoen moyen IA. Il s'agit de quelques sceaux provenant de la nécropole d'Arkhánes et d'une tombe découverte dans les environs de Rethymnon, sur la côte nord de la Crète.

Le texte gravé sur ces sceaux consiste en une série de cinq signes, appelée « formule d'Arkhánes », qui se retrouve quasiment telle quelle dans un mot attesté sur les documents votifs en linéaire A de l'époque des seconds palais (minoen récent IA et B, au point qu'il est permis de se demander si cette première écriture de l'Égée n'est pas le lointain ancêtre de ce linéaire A que nous retrouverons quelque cinq cents ans plus tard dans les couches du premier palais de Phaïstos et quelque sept cents ans plus tard dans la plupart des résidences et des sanctuaires de la Crète néopalatiale. Les documents rédigés au moyen de cette

1 Barre avec écriture hiéroglyphique, Cnossos, Crète, Grèce, âge du bronze moyen (cat. 82).

écriture d'Arkhánes sont trop peu nombreux et trop laconiques pour nous permettre de tirer le moindre enseignement sur leur nature et leur contenu.

Le linéaire A et le hiéroglyphique

Ce sont en revanche deux systèmes graphiques bien définis qui se développent dans la Crète protopalatiale : le linéaire A – dont les documents d'archives les plus anciens (il s'agit essentiellement de tablettes d'argile) ont été mis au jour dans la couche de destruction du premier palais de Phaïstos – et l'écriture hiéroglyphique crétoise, attestée jusqu'à présent principalement à Cnossos et à Mália.

Ces deux écritures ont plusieurs points communs. Elles sont syllabiques (comme l'écriture japonaise), utilisent des chiffres ordonnés selon un système décimal, et des idéogrammes pour représenter certains objets, certains produits ou certains êtres vivants. Malgré les ressemblances existant entre le hiéroglyphique crétois et le linéaire A, il ne semble pas, contrairement à ce qui a pu être avancé jadis, que la seconde de ces deux écritures dérive de la première.

Les deux systèmes ont donc coexisté à l'époque protopalatiale et il est probable, telle est du moins la leçon que l'on peut tirer des recherches faites à Mália, qu'à l'intérieur d'une même résidence palatiale certains scribes aient utilisé le linéaire A alors que d'autres recouraient au hiéroglyphique crétois. Du reste, à Petras, en Crète orientale, ont été mis au jour, aux dires de M. Tsipopoulou, des tablettes en linéaire A et un texte en hiéroglyphique dans une même couche de destruction.

Quelles que soient les raisons de la coexistence de ces deux écritures à l'époque protopalatiale (aujourd'hui, l'hypothèse que le linéaire A et l'écriture hiéroglyphique servent à noter deux langues différentes est prise sérieusement en considération), le linéaire A semble s'imposer en Crète et dans les îles de l'Égée au temps des seconds palais (entre 1600 et 1450 avant J.-C.). Il est attesté aussi bien dans les documents d'archives retrouvés dans les résidences palatiales disséminées sur tout le territoire crétois que dans des inscriptions votives sur tables à offrandes découvertes dans des lieux de culte.

L'écriture hiéroglyphique crétoise et le linéaire A ne sont ni lus, ni déchiffrés. Nous ignorons tout de la plupart des valeurs phonétiques qui se cachent derrière chaque signes syllabiques et les hypothèses avancées jusqu'ici pour proposer un déchiffrement de ces deux écritures se sont révélées erronées. Il y a plusieurs raisons à cela : le capital de signes et de groupes de signes dont on dispose pour lire et, éventuellement, déchiffrer ces deux écritures est sans doute trop restreint ; en outre, nous ne possédons aucun élément d'un bilinguisme avéré permettant une comparaison étroite entre l'une de ces deux écritures et un texte transcrit en un système graphique dont on aurait percé les secrets. Ajoutons à cela que nous ne savons pas si le hiéroglyphique et le linéaire A servaient à noter une seule et même langue, que nous ne pouvons parier sur le fait que la langue du hiéroglyphique gravé sur les sceaux était la même que celle du hiéroglyphique des documents d'archives, et que nous ignorons si les documents d'archives en linéaire A de l'époque des seconds

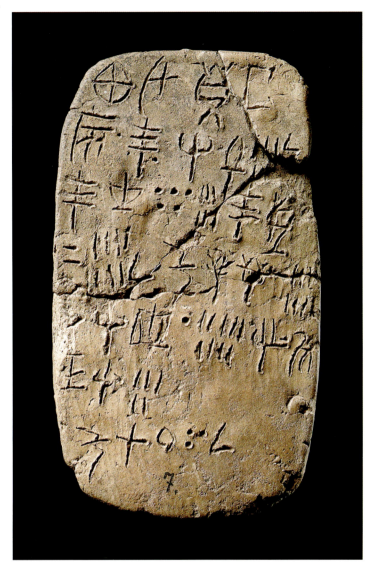

2 Tablette en linéaire A, Aghia Triada, Crète, Grèce, âge du bronze final (cat. 85).

3 Tablette en linéaire B, Pylos, palais de Messénie, Grèce âge du bronze final (cat. 87).

palais étaient écrits dans la même langue que les textes contemporains gravés sur les inscriptions votives.

Le linéaire B

Après la chute des palais minoens, au minoen récent (1450 avant J.-C.), on cesse d'écrire en linéaire A. Une nouvelle écriture, le linéaire B, s'impose dans tout le bassin égéen. Cette écriture, déchiffrée dès 1952 par le linguiste anglais Michael Ventris (1922-1956), dérive manifestement du linéaire A dont elle a gardé la plupart des signes syllabiques et des idéogrammes. Elle a été adaptée par les Mycéniens pour noter leur langue qui s'est avérée être un dialecte grec prédorien appartenant à la famille arcadocypriote. Mais quand donc ce linéaire B a-t-il été inventé par les Grecs mycéniens ?

C'est vers la fin du IIIe millénaire avant notre ère que les Grecs occupent le territoire de l'Hellade. Ces envahisseurs indo-européens ne tardent pas à entrer en contact avec les Minoens qui, dès l'époque protopalatiale, selon les documents d'archives crétois découverts à Samothrace, commencent à étendre la trame de leur empire commercial sur toute la Méditerranée orientale. Ces contacts impliquent des échanges que les Grecs sauront exploiter de manière magistrale. Occupant un territoire

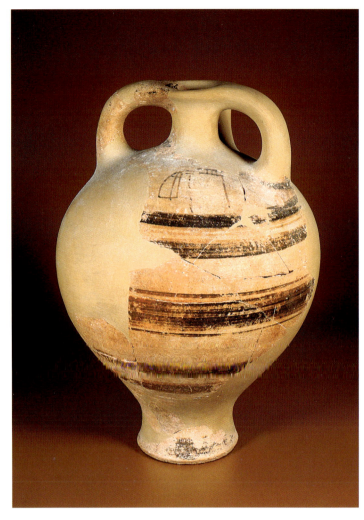

4 Jarre à étrier inscrite, Armenoi, chambre funéraire n° 146, Rethymnon, Crète, Grèce, âge du bronze final (cat. 78).

qui peut être extrêmement fertile, comme les grandes plaines de la Béotie ou du Péloponnèse, les Grecs s'enrichissent. Il en résulte que les conditions économiques et de développement liées à l'apparition de l'écriture sont réunies en Grèce continentale bien avant la fin du XIIIe siècle, date à laquelle remontent la plupart des documents d'archives des palais mycéniens continentaux (Thèbes, Mycènes, Tirynthe, Pylos, Midéa). Le démontrent en suffisance les tholos de Messénie – celles de Routsi ou du Koryphasion –, les caveaux du cimetière ouest d'Éleusis, les habitats protomycéniens de Peristeria ou de Nichoria en Messénie, Aghios Stephanos en Laconie, la colline du Ménélaïon de Sparte, celle de Tsoungiza près de Némée, les fouilles de Corinthe et de Kolona à Égine, les découvertes des habitats de Kiapha Thiti en Attique et de Thèbes en Béotie et surtout les tombes des cercles B et A de Mycènes.

On devait donc s'attendre à la découverte de documents en linéaire B sur le continent bien avant l'helladique récent IIIB. Or voilà qu'en 1994, sur l'une des collines dominant le site d'Olympie, le service archéologique grec a mis au jour, dans ce qui était sans doute un sanctuaire, un galet portant une inscription en linéaire B remontant à l'helladique moyen III. Parmi les mots gravés dans la pierre du galet, on lit *ka-ro-qo* qui correspond à l'anthroponyme grec Χαρψ ou Χαροποζ, ce qui permet d'affirmer que les gens qui fréquentaient alors le Péloponnèse, au XVIIe siècle avant notre ère, parlaient déjà le grec. Cette trouvaille sans précédent montre que les scribes mycéniens, tout comme leurs collègues minoens, écrivaient sur toutes sortes de support et non seulement sur argile, que l'écriture linéaire B pouvaient, tout comme le linéaire A, être utilisée dans des sanctuaires et, surtout, que l'utilisation du linéaire B s'est prolongée, contrairement à ce que l'on pensait, non point durant quelque deux siècles, mais plus sûrement durant près de cinq siècles.

L'étude des tablettes et des inscriptions peintes sur les vases provenant des salles, des dépôts d'archives et des magasins de Cnossos, de La Canée, de Pylos, de Thèbes, de Mycènes, de Tirynthe et de Midéa permet de cerner bien des aspects de l'organisation des États mycéniens.

La Grèce mycénienne était divisée en royaumes, à la tête de chacun d'entre eux il y avait un roi appelé *wa-na-ka*, l'αναξ de l'épopée homérique. Le territoire de ces royaumes était divisé en circonscriptions administratives que géraient des fonctionnaires locaux pour le compte du palais et donc du roi. Le monde religieux, en particulier celui des sanctuaires, jouissait d'une certaine autonomie par rapport au pouvoir central, même si les scribes palatiaux intervenaient dans l'enregistrement des biens appartenant au panthéon mycénien. Selon de nouveaux documents mis au jour entre 1993 et 1996 à Thèbes de Béotie, nombre de dieux mycéniens se retrouvent dans la religion grecque du premier millénaire – Zeus, Héra, Hermès, Artémis, Dionysos, Poséidon ou Déméter (la «Mère des blés») et sa fille Coré.

L'économie des royaumes mycéniens était très largement tributaire de l'agriculture, de l'élevage et de la transformation des produits provenant de la terre ou des troupeaux. Les relations commerciales entre les États mycéniens étaient intenses, même si les tablettes ne nous parlent que rarement de localités ou de personnes étrangères au territoire contrôlé par l'État. Les

qualité, ne parviennent pas au niveau de la production minoenne. Ces objets ne sont, sur le continent, ni aussi envahissants ni aussi omniprésents qu'ils le furent en Crète. Ces différences d'échelle en matière de distribution et de production des pierres et des bagues sigillaires sont directement liées à des différences d'usage.

À l'origine, les sceaux étaient des objets de prestige, ne trouvant que plus tardivement leur application administrative. Durant la première partie de l'âge du bronze récent, la très grande majorité des pierres et des bagues sigillaires étaient faits à partir de matériaux précieux. Des ensembles importants ont été retrouvés dans des contextes funéraires, où ils faisaient partie de riches dépôts. Dans la tombe de Vaphio (en Laconie) ont été découverts plus de quarante sceaux, dont au moins trente et un étaient associés à une sépulture. Dans ces contextes, ils avertissaient de la richesse ou des accomplissements d'individus et de familles, stratégie destinée à consolider la nouvelle structure sociale.

Il n'existe pas de preuves archéologiques de l'utilisation des sceaux dans l'administration palatiale avant la période de l'helladique récent IIIB, lorsque les niveaux de destruction des palais finirent par atteindre les cachets et les nodules. Même alors, les cachets ne semblent pas jouer un rôle aussi capital que dans l'administration minoenne. Les systèmes d'archivage et d'enregistrement mycéniens présentent en effet des différences par rapport au mode d'organisation de la Crète néopalatiale. Les tablettes d'argile inscrites en linéaire B servaient de supports principaux à l'administration, les cachets étaient secondaires. Il ne semble pas qu'il y ait eu d'importantes concentrations de cachets et de nodules semblables aux dépôts crétois, installés dans des bâtiments et des pièces séparés. À Mycènes, les trouvailles étaient disséminées à l'intérieur de la citadelle (dans la zone réservée au culte) et à l'extérieur de l'acropole, dans des ensembles architecturaux jouant le rôle de lieux de résidence, de bureaux réservés à l'administration, et de magasins de stockage des denrées. De la même façon, à Pylos et à Thèbes, on a retrouvé de petites concentrations de cachets et de nodules (aucun dépôt n'excédant cinquante ou soixante pièces) dans des archives, des ateliers et des zones de stockage. Certains nodules d'argile étaient marqués deux fois, mais aucune précaution n'était prise pour préserver l'empreinte, et les inscriptions en linéaire B étaient placées directement dessus. Ces inscriptions renseignent en général sur le type de produits transportés ou stockés. À Thèbes, par exemple, de nombreux cachets portent des idéogrammes d'animaux domestiques pouvant correspondre à des cargaisons de peaux ou de laine. En fait, il semble que durant cette période, les cachets aient surtout servi d'étiquettes indiquant le contenu ou la provenance, et, peut-être, le nom des personnes responsables de l'expédition ou du stockage des produits. Il n'existe cependant aucune corrélation manifeste entre les inscriptions et l'iconographie des tampons.

Dans la première partie de l'âge du bronze récent, l'iconographie mycénienne est fortement influencée par les modèles minoens, et les sceaux fabriqués alors demeurent en usage une longue période durant. Mais les exigences en matière d'iconographie se transformant, la décoration des sceaux devient schématique et stylisée. L'éventail des thèmes se restreint, les sujets ont tendance à devenir répétitifs, les représentations d'animaux dominent toujours. Les formes convexes en pierre tendre se propagent, mais c'est sur les bagues en or ou sur les pierres précieuses que sont reproduites presque toutes les scènes figurant des humains. Il semble que les hommes soient plus représentés que les femmes, notamment dans des scènes de chasse ou de jeu avec des taureaux. Les personnages féminins apparaissent plutôt dans des scènes religieuses, près de sanctuaires ou en procession. Hommes et femmes sont aussi des figures héraldiques entre deux animaux ou en compagnie d'un animal.

Sceaux et bagues, objets de prestige

Tout au long de la période mycénienne, les sceaux furent considérés avant tout comme des objets de prestige. Le long usage de beaucoup d'entre eux, leur nombre qui s'amenuise, ou encore des découvertes comme celle des quarante-cinq sceaux cylindriques à Thèbes qui, à bien des égards, font penser à un cadeau destiné au gouverneur local, suggèrent que leur propriété était limitée à un petit nombre d'individus et ne dépendait pas obligatoirement d'une fonction administrative de ceux-ci à l'intérieur des palais. Les résultats des fouilles menées dans les tombes confortent ce point de vue qu'un seul individu pouvait détenir plusieurs sceaux et bagues sigillaires. Le recours simultané aux sceaux et à l'écriture sur les cachets peut être le signe de ce que ces objets avaient été attribués provisoirement à des individus, des scribes par exemple, travaillant sous les auspices d'officiels de rang supérieur. La fin de l'âge du bronze final voit la production de sceaux décliner fortement. Les sceaux de l'Égée, qui avaient partie liée avec le monde de l'élite dirigeante et ses vicissitudes, disparurent avec l'effondrement du système palatial.

BIBL. : Dickinson, 1994 ; Palaima, 1990 ; Younger, 1991.

LE TEMPS D'ULYSSE

Kurt A. Raaflaub

Le titre de cet essai nous rappelle un ouvrage fameux de feu sir Moses Finley, *le Monde de l'Odyssée*, publié pour la première fois en 1956. De nombreux spécialistes pensaient alors que les poèmes homériques, *l'Iliade* en particulier, décrivaient non seulement des événements survenus à l'âge du bronze, mais aussi les sociétés qui habitaient les vastes palais de Mycènes et de Pylos et la forteresse de Troie, mise en lumière par les découvertes de Schliemann, Dörpfeld, Blegen et bien d'autres. Homère était à leurs yeux un guide pour comprendre l'âge du bronze. Une minorité se rangeait à une approche de bon sens, supposant simplement que le poète représentait la société épique sur le modèle de celle de son temps. Finley, partisan convaincu de l'histoire comparée, envisagea le problème dans une perspective qui n'était pas seulement historique, mais aussi sociologique et anthropologique. Ses conclusions, bien qu'encore controversées de nos jours, ont transformé notre compréhension du « monde de l'Odyssée », ou de la « société homérique », comme on l'appelle souvent, et ont jeté de nouvelles bases pour toute la recherche postérieure en matière de cohérence, d'historicité et de date.

Hésiode était d'avis que la société des héros décrite chez Homère et dans d'autres poèmes épiques avait existé dans un passé un peu lointain, entre l'âge du bronze et celui, contemporain, du fer *(les Travaux et les Jours)*. Au VIIIe siècle avant J.-C., au plus tard, on vénérait les anciennes tombes comme étant celles des héros, ainsi que les sites du passé et les ruines qui étaient supposés leur être liés. Les familles de l'élite établirent leur généalogie en remontant jusqu'aux héros singuliers, et les historiens du Ve siècle comme les savants d'Alexandrie essayèrent de dater et d'interpréter les événements qui leur étaient associés. En bref, dans l'Antiquité, on considérait que la guerre de Troie, les événements dramatiques impliquant les Atrides de Mycènes, Œdipe et ses enfants à Thèbes, et les familles gouvernantes de nombreuses autres cités, s'ils étaient anciens, n'en étaient pas moins historiques.

Avec la distinction moderne entre mythe et histoire, la question de la nature de la société épique est devenue un important problème. Par « société homérique », nous entendons non pas les figures héroïques et leurs actes, mais le contexte social dans lequel ces héros ont vécu, agi, excellé, souffert, et auquel ils se sont affrontés, sans omettre leurs habitudes et leurs liens avec les autres, leur éthique et leurs valeurs, leurs ambitions et leurs faiblesses. Nous ne nous préoccuperons pas directement ici de la « question de la guerre de Troie » débattue dans un autre chapitre de ce catalogue (voir l'essai de Spyros Iakovidis, p. 203), où l'auteur s'attache aux origines du mythe de la guerre de Troie, et à la possibilité que les souvenirs d'une guerre troyenne à l'âge du bronze aient constitué le noyau de l'histoire contée par Homère. Eu égard à tout ce qui reste à prouver, les certitudes apparaissent bien entendu hors de notre portée ; mais si nous pouvons établir de manière plausible que la société homérique n'est pas qu'une fiction poétique mais correspond à la réalité historique, et qu'elle peut être datée et localisée avec une probabilité satisfaisante, nous gagnerons alors une source écrite de valeur permettant d'éclairer une période de l'histoire grecque antérieure aux sources de l'épigraphie et de la littérature non épique, et pour laquelle à défaut nous serions contraints de nous appuyer entièrement ou presque sur des témoignages archéologiques. L'enjeu est donc de taille : nous prenons en main beaucoup plus qu'un passe-temps académique. (Cet essai utilise le nom d'« Homère » pour désigner le ou les poète(s) qui ont composé les monumentales épopées existantes aux alentours de la seconde moitié du VIIIe siècle ou au tout début du VIIe siècle, *l'Iliade* étant antérieure d'une génération à *l'Odyssée* ; ils sont par conséquent suffisamment proches l'un de l'autre pour être examinés comme un tout).

Au moment précisément où le livre de Finley était mis sous presse, Ventris et Chadwick publiaient leur découverte, à savoir que les tablettes d'argile trouvées dans nombre de palais de l'âge du bronze étaient inscrites dans un dialecte grec. Leur déchiffrement confirma ce que les ruines avaient déjà indiqué : les palais-forteresses de Mycènes forment un monde à part, celui des maisons des chefs homériques ; le système économique et administratif centralisé, hiérarchique, géré par les palais évoque les civilisations contemporaines (IIe millénaire) du Proche-Orient ; il est incompatible avec ce que l'on trouve chez Homère ou ce que l'on en connaît de l'histoire grecque ultérieure. Comparant les témoignages apportés par les tablettes et les poèmes épiques dans le domaine de la propriété et du métayage, Finley conclut : « Le monde homérique était tout compte fait postmycénien, et les prétendus réminiscences et vestiges sont rares, isolés et confus. Il ne suffit pas qu'Homère ne soit pas un guide fiable pour les

1   Cruche trapue, Égine, sanctuaire de Kolona, golfe Saronique, Grèce, période archaïque (cat. 10).

tablettes mycéniennes ; il n'est de toute façon et en aucune manière un guide. »

Finley insistait sur le caractère profond, total et durable de la rupture causée par la destruction de la civilisation mycénienne aux environs de 1200 avant J.-C. D'autres chercheurs repèrent une continuité dans de nombreuses sphères de la vie, au cours de ce que l'on appelle l'« âge des ténèbres » (1200-800 avant J.-C.) et jusqu'à la période archaïque (700-500 avant J.-C.). Comme souvent, la vérité se trouve quelque part entre les deux hypothèses. Une exploration archéologique récente a jeté plus de lumière sur cet âge des ténèbres ; son importance capi-

tale dans la formation de la culture des siècles postérieurs est de plus en plus reconnue. Mais les opinions se heurtent encore quant à la nature de cette période envisagée dans son ensemble, ainsi que sur des points de détail. La destruction des palaces, centres nerveux de l'économie et de la société mycéniennes, apparaît encore maintenant comme un événement traumatique aux irréversibles conséquences. L'impression générale de la « période sous-mycénienne » (1125-1050 avant J.-C.) est toujours celle d'une population très réduite habitant de petits villages disséminés, vivant dans des conditions simples et un relatif isolement. Les périodes protogéométriques et géométriques témoignent d'un nouveau démarrage dans bien des domaines ; le VIIIe siècle en particulier fut le théâtre de changements rapides, d'une véritable « révolution de structure » (Snodgrass), dans laquelle tout était ouvert au défi. La transformation du monde grec durant les quatre siècles de l'âge des ténèbres fut, prise dans son ensemble, profonde et entière. La période archaïque, pour sa part, présente des différences radicales par rapport à l'âge du bronze. Il n'est pas étonnant, dans ces conditions, que les survivances de cette époque ne se rencontrent qu'exceptionnellement chez le poète, où elles ne concernent que des aspects mineurs. Bien plus, ce sont les périodes protogéométriques et géométriques qui présentent les traits les plus proches du tableau dressé par Homère.

Ce tableau est-il suffisamment cohérent pour être historique ? C'est là une question radicalement différente. Finley y répond par l'affirmative, dans la perspective comparatiste qui est la sienne :

« Un modèle peut être bâti, imparfait, incomplet, confus, et pourtant établir un lien entre les fondements d'une structure politique et sociale et un système de valeurs approprié, d'une façon qui tienne bon devant l'analyse comparative, seul moyen de contrôle à notre disposition en l'absence de documentation externe […]. Le point crucial est que […] le modèle est si cohérent, et cela exclut aussi l'opinion commune selon laquelle ce que nous trouvons dans les poèmes est soit une fiction […] soit une œuvre composite de différentes époques […]. Un tel composé serait à l'évidence artificiel, incapable de résister à une analyse sociale attentive. »

Quelques spécialistes n'adhèrent à cela que pour une partie du tableau ; ils se concentrent sur des incohérences réelles ou ressenties, et considèrent le supposé « amalgame » d'éléments hétérogènes – empruntés à des sociétés et des époques variées et nombreuses, ou qui relèvent de la pure fiction – comme un obstacle insurmontable à l'historicité de cette société qu'ils tiennent avant tout pour le produit artificiel et habile de la tradition poétique et de l'imagination. D'autres ont réanalysé soigneusement des aspects particuliers de la société homérique (y compris les valeurs et les normes sociales, les structures et les relations sociales et économiques, la guerre, les institutions politiques et les relations entre les États, les coutumes liées aux festins) ; ils ont confirmé un degré élevé de cohérence qui, tout compte fait, l'emporte de loin sur la somme des illogismes et des contradictions, indéniables ou supposés.

Une nouvelle façon de comprendre la société homérique a surgi de ces discussions, que l'on peut résumer en trois points.

Premièrement, il est possible que des personnes, des événements, avec d'autres éléments, aient formé un noyau ancien, peut-être même historique, de traditions épiques, qui remontent peut-être à l'âge du bronze. Ces histoires se transmettant au cours du temps et étant constamment réinterprétées ont dû subir de si profondes transformations qu'il est impossible de retrouver leur contenu d'origine.

En second lieu, le tableau dressé par Homère comporte des anachronismes, des archaïsmes et peut-être quelques souvenirs authentiques des périodes mycéniennes et sous-mycéniennes, et de l'âge des ténèbres. Leur liste est courte et en constante révision. Elle se compose d'objets comme des armes en bronze, des chars de guerre, et le fameux casque en défenses de sanglier. Les explications varient concernant ces pièces. Les chars, par exemple, peuvent avoir été rappelés d'un passé lointain ; ils peuvent avoir été découverts des siècles plus tard dans des tombes de l'âge du bronze (à l'image, probablement, des casques en défenses de sanglier), ou bien avoir été observés en Anatolie, où ils étaient encore en usage au VIIIe siècle, et adaptés par les Grecs pour la chasse et la course. L'exclusion, sur un autre plan, de phénomènes « modernes » dont le poète devait avoir connaissance représente probablement aussi une archaïsation volontaire : l'écriture, attestée une seule fois, en est un exemple, l'équitation un autre, et les officiels aux affectations limitées peut-être un autre encore. Dans tous les cas, les archaïsmes jouaient leur rôle, et leur poids additionné est négligeable.

En troisième lieu, l'exagération et la fantaisie constituent des éléments importants de la poésie héroïque ; dans la plupart des cas, on les identifie aisément. Les boucliers d'Hector et d'Ajax, par exemple, sont décrits comme étant de la taille d'un homme. Ils descendent du cou jusqu'aux pieds, ils sont ronds, épais, avec plusieurs couches de peau de bœuf, et une couche extérieure de bronze. Van Wees fait remarquer à juste titre qu'il n'existe pas de parallèle historique d'un tel bouclier, et qu'il ne peut en exister : un bouclier de la taille d'un homme ne saurait être rond car il serait alors inutilement large ; et le fabriquer en bronze le rendrait trop lourd à porter. Homère est seulement en train de signifier là de manière emphatique la force et la carrure incroyables de ses héros capables de porter une telle armure. Nous devrions envisager du même œil la fabuleuse richesse qui est dévolue aux figures épiques, ou les dénombrements considérablement grossis – de l'armée à Troie ou des esclaves et de la foule qui accompagnent les différents chefs. Ces éléments fantaisistes, combinés avec les archaïsmes volontaires repérés plus haut, créent une « sphère héroïque » peuplée de personnages à la carrure plus large que dans la vie réelle, et établissent ainsi ce que Redfield appelle une « distance épique » séparant de manière consciente le monde du chant et celui des auditeurs.

Quatrièmement, selon une recherche récente, la connaissance des événements, des traditions, des objets et des motifs proche-orientaux a exercé une influence substantielle sur la narration épique et sa représentation picturale. L'importance exceptionnelle qui a été attribuée au siège des villes ou à des thèmes comme le cheval de Troie peut résulter d'une influence étrangère de ce type. Ce phénomène participe d'un éventail d'interactions plus large, atteignant une première apogée précisément à l'époque d'Ulysse, entre l'Anatolie, la Mésopotamie, le Levant et l'Égypte d'un côté, et, de l'autre, l'Égée et la Méditerranée occidentale.

En cinquième lieu, ce qui demeure, c'est la masse importante de matériel utilisé pour décrire l'arrière-plan social de l'action héroïque. Ce contexte ne fait pas l'objet d'une mise en valeur particulière, contrairement à ce qui se passe pour les grands événements, les personnes, et les objets isolés. Sa description est suffisamment cohérente pour nous autoriser à reconnaître une société qui, dans une perspective anthropologique, fait sens, comme Finley et beaucoup d'autres l'ont montré, et qui est capable de s'intégrer dans un schéma d'évolution sociale au milieu d'autres sociétés anciennes.

Nous ne devons pas perdre de vue pour autant que le poète est un artiste et non un historien ou un sociologue : son intention n'est pas de nous donner un tableau complet. Le poète sélectionne et met en valeur ce qui lui paraît correspondre à ses intentions dramatiques et interprétatives. Ce paramètre de la « sélection poétique » est souvent sous-estimé. *L'Odyssée,* par exemple, traite du retour d'un héros chez lui, et de ses efforts pour reprendre le contrôle de son foyer *(oikos)*. Bien que la communauté soit profondément atteinte par ces événements, le poète concentre toute son attention sur l'*oikos* d'Ulysse. Cela ne signifie pas pour autant, comme en ont conclu de nombreux spécialistes, que cette communauté était sans importance, à peine développée, voire même quasiment inexistante ; il ne faudrait pas en déduire non plus que l'*oikos* représentait pour le peuple homérique l'unique point de convergence identificatoire.

Cette société a dû exister dans le temps et dans l'espace en dehors des poèmes épiques. Compte tenu des traditions asso-

2 Fragment de cratère avec représentation d'un navire de guerre, Kynos, Phthiotis, Lamia, Grèce, âge du bronze final (cat. 6).

ciées à Homère, la région concernée devait être l'Ionie, au moins à l'origine. Si l'on considère toutefois les aspirations panhelléniques des poèmes, les spécificités locales ou même régionales ont sans doute rapidement cédé du terrain, pour faire place à des valeurs, des modes de vie et de comportement qui étaient familiers et importants aux yeux des Grecs, quelle que soit la région de l'Hellade.

Comment dater cette société ? La recherche en matière de tradition et de poésie orales est ici précieuse. Dans les sociétés prélittérales, la mémoire collective du passé est préservée durant trois générations au maximum, à la condition que ces souvenirs aient une importance au présent.

Même dans ce cas, les événements sont constamment réinterprétés de façon à s'adapter aux besoins et aux attentes changeants de l'auditoire. En dépit de sa nature stéréotypée, la récitation épique est extrêmement flexible et adaptable. La poésie orale repose en fait sur l'interaction entre le chanteur et son auditoire ; à chaque représentation, le récitant, usant de la diction traditionnelle, transforme un matériel préétabli en une histoire à la fois nouvelle et unique. Son succès dépend de son pouvoir d'évocation auprès du public. La capacité à distraire compte autant que le potentiel identificatoire mis en œuvre. C'est pourquoi le chant privilégie les situations conflictuelles

3 Fragment de pithos, Tênos, Xobourgo, Cyclades, Grèce, période archaïque (cat. 8).

typiques et les dilemmes ethniques. L'épopée, qui se nourrit de la conscience historique, enchâsse ces histoires dans un contexte « historique », mais celui-ci est secondaire et accessoire – peu importe qu'il se fonde sur des souvenirs vagues mais authentiques, ou sur le produit d'une « fiction historisante » artificiellement mise en relation avec les monuments d'un lointain passé. L'épopée est ainsi « historique » en apparence, mais contemporaine pour le sens. De manière à faciliter l'identification, les actions héroïques des individus sont intégrées dans un contexte social que le public connaît bien. De nombreux spécialistes sont d'avis, malgré cela, de dater la société homérique, non pas du Xe ou du IXe siècle, comme le pense Finley, mais de l'époque du poète.

Trois observations semblent le confirmer. En premier lieu, le développement en ligne directe qui conduit des institutions homériques (comme les conseils et les assemblées, le rôle des leaders ou le début des combats de masse en petites formations) à d'autres structures, attestées d'autre manière à la fin du VIIe et au VIe siècle avant J.-C. En second lieu, les épopées présentent des traits caractéristiques qui sont typiques de l'âge des ténèbres final et de la période archaïque ancienne : les héros sont situés dans le monde des premières cités, ils participent à une aventure panhellénique et ils se déplacent à l'intérieur d'un vaste monde méditerranéen porteur des premières traces de la colonisation. Enfin, la psychiatrie moderne est à même de reconnaître dans le comportement d'Achille et des autres héros des schémas spécifiques qui sont la conséquence bien connue de syndromes contractés par les soldats d'aujourd'hui au cours de leurs années de guerre (au Vietnam en particulier). Les poètes et leur public savaient d'expérience de quoi il était question dans le poème épique.

À d'autres égards, cependant, ce n'est pas là la société du VIIIe siècle finissant ou du début du VIIe siècle que nous connaissons par diverses sources. Même en tenant compte des décalages dans le temps provoqués par des ajustements normaux s'agissant de poésie traditionnelle, il est clair que le poète n'a pas souhaité donner à la société héroïque un visage contemporain manifeste. De là son effort pour préserver une « distance épique » ou un « effet d'aliénation », pour garder les éléments traditionnels et recouvrir d'une « patine » sa peinture de la société. Le contexte social de la poésie héroïque se devait d'être suffisamment moderne pour être compris, mais suffisamment archaïque pour être crédible. La société homérique a dû être, selon nous, presque contemporaine du poète, plutôt que sa contemporaine, et nous la situerions à la fin du IXe siècle et au VIIIe siècle avant J.-C., dans les limites de cet espace de temps que la mémoire collective d'un auditoire peut encore embrasser.

BIBL. : Burkert ,1992 ; Donlan, 1989 ; Finley, 1977 ; Latacz, 1996 ; Morris et Powell, 1997 ; Murray, 1993 ; Nagy, 1979, 1996 ; Patzeck, 1992 ; Raaflaub, 1997a, 1997b, 1997c, 1998 ; Redfield, 1975 ; Scully, 1990 ; Shay, 1995 ; Van Wees, 1992 ; West, 1997.

HOMÈRE, TROIE ET LA GUERRE DE TROIE

Spyros Iakovidis

L'Iliade, poème épique grec en vingt-quatre chants, est l'un des chefs-d'œuvre de la poésie de tous les temps et la source principale de l'aventure troyenne. Il fut composé au VIIIe siècle avant J.-C. par un génie qui, suivant une ancienne croyance, s'appelait Homère. *L'Iliade*, toutefois, de même que sa suite, *l'Odyssée*, n'est pas une invention littéraire. Sa composition représente le point culminant et, en même temps, la conclusion d'un long processus qui a duré des siècles. Manifestement, elle trouve son origine dans la mémoire populaire qui, d'une vérité historique, a conservé la partie essentielle que le temps et sa transmission orale ont transformée en épopée poétique. Ce cycle de narration épique a fourni au poète non seulement l'histoire, mais aussi un répertoire d'expressions appelées formules – qui se sont cristallisées en vers ou parties de vers –, prêtes à être utilisées de façon extensive dans les deux ouvrages. Elles ont assimilé des formes langagières très anciennes, des noms de lieux disparus, des objets et des modes de comportement qui sont devenus entre-temps non seulement obsolètes, mais incompréhensibles. Leur existence réelle prouve que le poète s'est inspiré d'une longue tradition orale, dont certains aspects peuvent bien remonter aux premières phases de la composition épique, à savoir le passé mycénien. Il en est ainsi pour le maniement des premiers chars en formation par Nestor dans sa jeunesse, du casque à défenses de sangliers de Mérion, des lances longues et agiles d'Achille et des épées du peuple des Abantes de l'Eubée, des gros boucliers, semblables à des tours, d'Ajax et de Périphétes, et des cnémides, ces jambières portées par les Achéens ; ces armures sont toutes typiquement mycéniennes et supposent des tactiques différentes de celles qui sont décrites dans l'épopée. En outre, de nombreux sites, dont certains portent des épithètes particulièrement évocatrices (Aipy, la solidement construite ; Énispe, la venteuse), ont été abandonnés au tournant du millénaire et n'ont pu être localisés à l'époque historique. Le titre d'*anaktes* est invariablement attribué aux chefs achéens. Ce titre est récurrent dans les tablettes mycéniennes, mais avait disparu avec la fonction au moment où les poèmes épiques furent composés. Tous ces éléments, et quelques autres encore, qui ont leur origine à une époque beaucoup plus ancienne que le VIIIe siècle avant J.-C., montrent que *l'Iliade* est fondée sur une forme lointaine de récit épique, évoquant très probablement des événements réels.

Une autre indication importante à cet égard réside dans le fait que la version finale de *l'Iliade* et de *l'Odyssée* comprend seulement une partie du cycle épique d'où elles ont été tirées, lequel fut éventuellement incorporé dans des épopées comme *Cypria*, *Ilias parva*, *Iliupersis* et *Nostoi*, dont des échos sont parvenus fortuitement jusqu'à nous par l'intermédiaire de sources littéraires postérieures et surtout par le théâtre attique. Homère n'a rien inventé, il a seulement utilisé une partie du matériel transmis par ses prédécesseurs.

L'histoire est bien connue, il s'agit d'un épisode de la guerre de Troie, qui dure depuis neuf ans. Après qu'Aphrodite eut encouragé Pâris, fils de Priam, roi de Troie, à enlever la belle Hélène, épouse de Ménélas, roi de Sparte, ce dernier appela aussitôt à son aide les anciens soupirants d'Hélène, et plus de cent mille hommes venus de vingt-deux États et principautés différents partirent en campagne contre Troie sous le commandement du frère de Ménélas, Agamemnon, roi de Mycènes. La force expéditionnaire fit le siège de Troie durant dix longues années, au terme desquelles le champion troyen, Hector, fut tué par Achille. Le poème retrace la dernière année de cette guerre et prend fin à cet endroit. Il ne mentionne pas le stratagème du cheval de Troie et le sac de la ville après quoi les Achéens prirent le chemin du retour.

Mais la légende et le mythe en ont retenu davantage : les Achéens, naviguant vers Troie, débarquèrent par erreur sur la côte de Mysie, où le gouverneur Téléphos tenta de les repousser et fut blessé par Achille. Le lendemain matin, les Achéens découvrirent leur méprise et réalisèrent que Téléphos était non seulement leur compatriote, mais aussi un parent des souverains héraclides du Dodécanèse qui se trouvaient parmi les attaquants. Ils se hâtèrent alors de se réconcilier avec lui et de soigner sa blessure. Téléphos leur donna des provisions fraîches et leur montra la route de Troie, bien que lui-même demeurât neutre dans leur querelle avec Priam.

Tout au long de l'expédition, les forces achéennes furent ravitaillées par mer, après avoir pris possession des îles de Lesbos et de Tenedos. En outre, leurs chefs tentèrent personnellement des expéditions dans des directions différentes, s'emparant de cités plus petites, comme Killa et Kolona, et les pillant. Ajax traversa la péninsule de Thrace où il força le roi Polymnestor à abandonner son alliance avec Priam. Plus tard, il fit un raid en Phrygie, où il détruisit le royaume de Teleutas et enleva sa fille, Tekmessa. Achille partit d'Ida avec les troupes d'Énée et détruisit avec sa flotte douze villes côtières et onze autres dans l'arrière-pays, parmi lesquelles Thèbes, Pedasos et Lyrnessos. La tradition laisse ainsi entendre que le siège de Troie, qui ravit l'imagination des rhapsodes grecs et devint leur sujet d'élection, ne fut pas le seul objectif des Achéens, et que la force expéditionnaire entreprit par moments ce qui fut une campagne contre le littoral nord-ouest de l'Asie Mineure.

On trouve, dans le second livre de *l'Iliade*, l'ordre de bataille de l'armée achéenne, les noms des cités et des lieux de provenance de chaque contingent, l'identité des chefs et le nombre de leurs navires. Ce « catalogue des navires », comme on l'appelle, fait partie du récit mythique dont l'origine se situe, croit-on, à l'époque mycénienne, et qui reflète véritablement l'organisation politique de la Grèce telle que les fouilles nous la montrent. Il est suivi de la liste des alliés de Priam, habitants de la Troade et de la région de l'Hellespont, peuples des rivages septentrionaux de l'Égée, des côtes de la Propontide et de la mer Noire, et, enfin, de l'ouest de l'Asie Mineure.

Pour les Grecs des temps historiques, qui connaissaient les récits traditionnels et les légendes de façon bien plus accomplie que nous, l'expédition troyenne était un fait accepté, et ses participants étaient considérés comme des personnages ayant réellement existé. Nous sommes toutefois mieux informés qu'ils ne l'étaient sur l'époque, la situation historique et les vestiges tangibles découverts, qui témoignent de ce qui s'est effectivement passé. C'est pourquoi il ne paraît pas injustifié de tenter d'examiner les preuves que nous avons à notre disposition, de façon à reconstituer aussi complètement que possible ces événements.

L'expansion achéenne en Méditerranée orientale s'est déroulée aux XIVe et XIIIe siècles avant J.-C. La distribution des marchandises mycéniennes à l'étranger indique qu'il y avait un flux constant de produits et, d'une façon plus importante mais moins évidente, de notions culturelles rayonnant à partir de la mer Égée, dont l'expansion tant en volume qu'en variété ne cessa de se confirmer, et qui eut un effet prononcé sur les voisins du Levant.

Cette civilisation était fondamentalement grecque, son centre spirituel se situait sur le continent. Elle avait cependant assimilé des éléments crétois et orientaux variés et était devenue complètement dépendante de la mer pour son expansion et son enrichissement. Elle couvrait la mer Égée, était établie dans le Dodécanèse, à Chypre et sur la côte anatolienne, regroupant de nombreuses communautés éparpillées, composées de personnes de la même nation, qui parlaient la même langue. Elle ne correspondait à aucun État achéen singulier et tout-puissant. Sa patrie était le Péloponnèse et la Grèce continentale à l'est de la chaîne du Pinde, mais elle gagna également la Crète pour le Sud, et, pour le Nord, la Thessalie et le mont Pélion. À une moins grande échelle, elle s'était étendue à l'Arcananie, à l'Épire et aux îles Ioniennes à l'ouest. Il semble qu'elle ait été divisée en quatre ou cinq États souverains et indépendants, et en plusieurs autres, plus petits, organisés en ligues et confédérations diverses. Politiquement, ces États dominaient l'Égée, mais très peu de territoires au-delà. Les établissements achéens à Milet, Iassos et Halicarnasse, ainsi qu'à Enkomi, à Kition et à Kourion peuvent difficilement être appelés colonies. C'étaient en règle générale des *emporia*, sortes de comptoirs situés à des points stratégiques le long des côtes anatolienne et levantine. Les Achéens ne menaçaient pas leurs voisins et ne leur cherchaient pas querelle. L'influence qu'ils exerçaient à l'étranger était plus culturelle que politique. Néanmoins, la tendance générale était incontestablement celle d'une expansion continue.

Telle était la situation à la fin du XIIIe siècle avant J.-C., époque à laquelle la guerre de Troie aurait commencé. La cité que les Grecs de l'époque historique connaissaient sous le nom de Troie était située à l'extrémité nord de la côte de l'Asie Mineure, sur une colline dénommée aujourd'hui Hissarlik. Elle fut fouillée pour la première fois en 1870 par Heinrich Schliemann, puis par Wilhelm Dörpfeld qui y travailla jusqu'en 1894. La recherche fut reprise dans les années 1923-1938 par Carl W. Blegen et à nouveau, en 1988, par Manfred Korfmann : ces travaux ont permis une meilleure compréhension de la stratigraphie, des industries, des contacts avec l'étranger et de la chronologie de l'endroit.

Les fouilles mirent au jour une vaste cité très ancienne, qui avait été constamment occupée depuis 3000 avant J.-C. jusqu'à la période historique. Elle avait traversé sept grandes phases préhistoriques successives, bâties les unes sur les autres, qui furent numérotées de Troie I à Troie VII.

Les cités qui se sont succédé là étaient fortifiées dès l'origine par des murs en pierre de taille solidement construits, séparant la citadelle de la ville basse. La plus imposante, la plus belle et la plus durable de toutes les cités construites vers 1800 avant J.-C. fut Troie VI. Sa civilisation avait beaucoup en commun, particulièrement dans le domaine de la poterie, avec la civilisa-

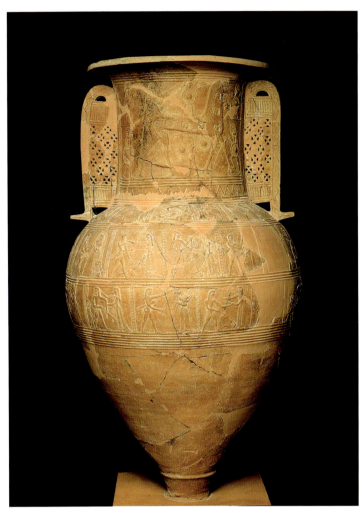

1 Pithos à décoration en relief décrivant le siège de Troie. Provient d'une tombe de Mykonos, Cyclades, Grèce ; première moitié du VIIe siècle avant J.-C. (Musée archéologique, Mykonos, inv. n° 2240).

tion contemporaine de la Grèce continentale, et l'on pense que ses fondateurs étaient de nouveaux venus, une branche des tribus qui, apparemment, se rendirent en Grèce et en Troade au cours du même mouvement général vers le sud. Les derniers niveaux contenaient beaucoup de poteries mycéniennes, fabriquées localement la plupart du temps, ce qui laisse à penser que la cité avait des contacts réguliers avec la Grèce. Cette cité riche et prospère fut détruite peu après 1300 avant J.-C. par un tremblement de terre dévastateur. Les survivants rafistolèrent immédiatement les murs et bâtirent une nouvelle cité, Troie VIIa, sur les ruines de l'ancienne. Les objets fouillés ne montrent aucune rupture culturelle entre Troie VI et Troie VIIa. Les défenses furent réparées, et renforcées : la porte sud fut dégagée des débris et reconstruite à un niveau un peu plus élevé.

Un mur plus long fut adjoint à celui qui flanquait l'entrée de la porte est, venant de l'extérieur, transformant son accès en une longue montée, étroite et bien protégée.

Il n'était pas trop tôt, manifestement, pour prendre ces mesures défensives. Les fouilles mirent au jour une cité au tissu dense, dont tout l'espace disponible était occupé, et qui avait recours à des expédients inhabituels et, semble-t-il, extrêmes. Les maisons étaient petites. En règle générale, elles recelaient des réservoirs assez volumineux, faits en argile crue, pour conserver des céréales, et des jarres de stockage enterrées dans les sols, ce qui permettait aux habitants de mettre en réserve des quantités considérables de provisions sans sacrifier un pouce de leur espace vital limité. Un ancien puits avait été nettoyé, réparé et remis en usage.

Troie VIIa semble avoir été une ville surpeuplée et ses habitants, dont le nombre fut probablement accru par les réfugiés de la ville basse, eurent à subir un siège long et difficile. La fin, lorsqu'elle survint, fut en tous points conforme à la description du poète. Citons Carl Blegen : « La couche contenant les vestiges de Troie VIIa portait partout les marques des ravages du feu […] des restes éparpillés d'ossements humains découverts dans les ruines dévastées par le feu […] indiquent à coup sûr que sa destruction s'est accompagnée de violence. On a peu de peine à imaginer, reproduit ici, le destin d'une ville ancienne prise et mise à sac par des ennemis implacables. »

On retrouva dans les ruines de la cité un certain nombre de fragments. La plus grosse partie appartient à la période de transition, de l'helladique récent IIIB à IIIC. Cela les situerait, et avec eux la fin de Troie VIIa, aux environs de 1200 avant J.-C. La tradition veut que la puissante cité de Priam ait été conquise par les Achéens trois générations avant la chute de Mycènes elle-même (Agamemnon, Oreste, Tisamenos), et la recherche archéologique montre que Troie VIIa connut un destin similaire à peu près un siècle avant la désintégration totale du monde mycénien. D'un point de vue archéologique, s'il est une strate sur la colline d'Hissarlik pour revendiquer d'avoir été la cité immortalisée dans l'épopée, c'est à Troie VIIa qu'il faut rendre justice.

Les historiens grecs ne possèdent pas d'informations en dehors de ce que la légende leur a livré. Nous disposons aujourd'hui de quelques sources plus ou moins contemporaines des événements, et par conséquent plus exactes que la poésie héroïque, vieille de plusieurs siècles. Il s'agit essentiellement de textes des archives hittites trouvées à Boğazköy (Turquie).

2–3   Bol, Éleusis, cimetière Sud, tombe n° 11, Attica, Grèce, période géométrique (cat. 7).

La côte ouest de l'Asie Mineure était située tout près de la sphère d'influence politique de la Confédération hittite – dont la capitale, Hattousa, se trouvait près de Boğazköy – qui l'avait placée sans discontinuer sous son contrôle. Le principal souci des rois du pays de Hatti était, et avait toujours été, leurs frontières du sud et du sud-est, où ils étaient confrontés à l'Égypte et à Babylone. Après la bataille de Kadesh (1287 av. J.-C.) et la paix qui s'ensuivit (1271), ces frontières avaient été stabilisées, tandis qu'un ennemi nouveau et puissant faisait son apparition à l'est, les Assyriens. Les *Annales* du roi hittite Tudhalijas IV (1250-1220 avant J.-C.) donnent une idée de son effort pour s'arranger de la menace assyrienne et pour étouffer les rébellions réitérées de l'Ouest, organisées par la confédération d'Assuwa. Il défit les rebelles au cours de deux campagnes successives, mais fut alors forcé de se tourner vers l'Est. Ce fut là, semble-t-il, la dernière tentative sérieuse de la part des Hittites pour contrôler Assuwa.

À la fin du XIIIe siècle, les Hittites s'étaient donc retirés, laissant derrière eux un vide politique, et un Assuwa vaincu mais pas anéanti. Ce devait être une région assez vaste et riche. Les mêmes *Annales* hittites énumèrent les vingt-deux pays et cités de la confédération. Deux d'entre eux (Lukia [Lycie] et Karakisha) apparaissent dans les sources égyptiennes et Lukia est mentionné dans les tablettes en cunéiforme d'Amarna. Ces références croisées ont aidé à établir la localisation de deux ou trois des endroits dont Tudhalijas donne les noms, et à déterminer qu'ils figurent sur une liste dans une séquence commençant avec Lukia au sud et se poursuivant vers le nord. Les deux derniers lieux situés par conséquent le plus au nord s'écrivent Wilushiya et Taruisha, et l'on a tenté de les identifier avec Filios (Ilios) et Troie.

Si l'équation Taruisha-Troie ne peut être balayée d'un revers de main, celle de Wilushiya-Filios est plus que douteuse. Quoi qu'il en soit, la confédération d'Assuwa semble correspondre à la partie de l'Asie Mineure située entre le Méandre et l'Hellespont, que les Achéens avaient pénétrée, sur une échelle moins vaste qu'ils ne l'avaient fait pour la côte au sud-ouest. Elle recouvre aussi la plupart des territoires des alliés de Priam.

La prise de Troie et sa mise à sac à la fin du XIIIe siècle avant J.-C. ont peut-être constitué l'un des incidents d'une expédition montée par les Achéens contre la partie septentrionale de la côte anatolienne, qui devait faire partie de la confédération d'Assuwa. C'est ce que nous montrent les résultats des fouilles, les sources historiques contemporaines et les souvenirs consignés dans l'épopée et dans la légende. Il est fort probable que les Achéens, tirant profit du vide politique créé par le retrait des Hittites, tentèrent de s'établir sur la partie de la côte qui jusqu'alors avait été hors de leur portée. Il semble qu'ils aient réussi à prendre et à piller quelques villes, mais qu'ils aient manqué leur objectif principal. Les fouilles n'ont pas mis en évidence la présence d'un établissement dans la région à l'époque du mycénien récent, et l'épopée décrit les voyages de retour du corps expéditionnaire. La campagne, apparemment, ne fut donc pas couronnée de succès, mais le siège de Troie, en éclipsant le reste de l'expédition, devint le sujet de *l'Iliade*, éternel présent fait à la civilisation.

BIBL: Burkert, 1992; Donlan, 1989; Finley, 1977; Latacz, 1996; Morris et Powell, 1997; Murray, 1993; Nagy, 1979, 1996; Patzeck, 1992; Raaflaub, 1997a, 1997b, 1997c, 1998; Redfield, 1975; Scully, 1990; Shay, 1995; Van Wees, 1992; West, 1997.

Catalogue

Les dimensions des œuvres sont données en centimètres.

Les notices ont été rédigées par :

E. B.	Eleni Banou
K. D.	Katie Demakopoulou
Ph. D.	Phanouria Dakoronia
N. D.-V.	Nicoletta Divari-Valakou
Ch. É.	Christiane Éluère
V. F.	Václav Furmánek
W. F.	Walter Fasnacht
A. J.	Albrecht Jockenhövel
J. J.	Jørgen Jensen
F. K.	Flemming Kaul
S. K.	Sophia Karapanou
Ch. K.-C.	Chaido Koukouli-Chrysanthaki
D. L.	Doina Leahu
J.-P. M.	Jean-Pierre Mohen
L. P.-M.	Lena Papazoglou-Manioudaki
P. Ph	Pavlos Phlourentzos
C. S.	Christian Servelle
A. T.	Anastasia Tsigounaki
G. T.	George Trohani
F. V.	Frank Verse

Introduction
ÖTZI, TROIE ET ULYSSE

1 COLLIER

Troie, Asie Mineure (Turquie)
Or
Âge du bronze ancien, Troie IIg,
vers 2300 avant J.-C.
L. 12
Athènes, Musée archéologique national
Inv. n° 4331

Ce collier en or se compose de perles d'une forme inhabituelle (avec quatre côtés convexes) assemblées par ordre de tailles. Il provient du dépôt A ou de l'un des dépôts moins importants découverts par Schliemann dans les ruines de Troie IIg.
Cette accumulation de richesses (objets d'or, d'argent et de bronze) montre à l'évidence la prospérité de la cité, due en grande partie au travail des métaux. À l'instar de Poliochni (Lemnos), Troie est considérée comme l'un des premiers centres proto-urbains en Égée.
Ce collier faisait partie de la collection privée de Heinrich Schliemann à Athènes, qui fut léguée au musée national par son épouse grecque Sophia, après sa mort en 1890. L. P.-M.

BIBL.: Schliemann, 1881, n° 712, 714, 721, 724;
Blegen *et al.*, 1950, p. 367, pl. 357;
Müller-Karpe, 1980, n° 91;
Demakopoulou, 1990, p. 83-85, 152, n° 8.

2 PAIRE DE BOUCLES D'OREILLES

Troie, Asie Mineure (Turquie)
Or
Âge du bronze ancien, Troie IIg,
vers 2300 avant J.-C.
L. 2,1 ; diam. 1,1
Athènes, Musée archéologique national
Inv. n° 4333

Chaque boucle se compose de deux parties, le corps de l'objet lui-même, et le simple crochet en fil d'or qui sert à fixer la boucle à l'oreille. La partie principale est faite de six morceaux de fil d'or, décorés sur la partie externe de rangées de cinq petits granules. Ce sont là des chefs-d'œuvre de l'art de la miniature, admirablement travaillés, qui témoignent de la tradition artistique de la cité de Troie à l'âge du bronze ancien. Elles appartiennent au dépôt A, et ont été trouvées dans la « couche incendiée » de Troie IIg. Les trésors de Troie ont été donnés à Berlin par leur inventeur, et se trouvent maintenant au musée Pouchkine, à Moscou.
Cette paire de boucles d'oreilles, de même que le collier (cat. 1), le vase anthropomorphe (cat. 3) et le dépas amphikypellon (cat. 4) faisaient partie de la collection personnelle de Schliemann à Athènes, qui fut donnée au musée national après sa mort. L. P.-M.

BIBL.: Schliemann, 1874, pl. 196, n° 3558, 3568;
Demakopoulou, 1990, p. 83-85, 149, n° 5.

3 VASE ANTHROPOMORPHE

Troie, Asie Mineure (Turquie)
Argile
Âge du bronze ancien, Troie II-V,
vers 2600-1900 avant J.-C.
H. 12 ; diam. 10,2
Athènes, Musée archéologique national
Inv. n° 4436

Ce vase anthropomorphe est caractéristique de la culture troyenne de l'âge du bronze ancien. Il est de forme sphérique avec un col au bord versé. À sa surface, lustrée et d'une couleur brune, un personnage féminin est représenté en relief. Sur le col du pot, les yeux et le nez sont figurés à l'aide de pastilles d'argile rapportées, tandis qu'un bourrelet continu en relief reproduit les sourcils. Le corps est pourvu de seins et d'un nombril, rendu par un disque rond et plat. Les deux anses en forme d'ailerons font penser à des avant-bras levés. Ces vases étranges doivent avoir eu une destination et un usage particuliers, probablement religieux. L. P.-M.

BIBL.: Demakopoulou, 1990, p. 154, n° 12;
Podzuweit, p. 193-194, pl. 15.2.

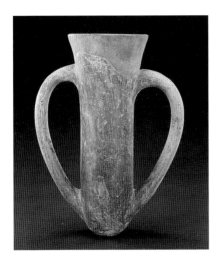

4 Dépas amphikypellon

Troie, Asie Mineure (Turquie)
Argile
Âge du bronze ancien, Troie II-V,
vers 2600-1900 avant J.-C.
H. max. 17,5; diam. (avec les anses) 14,5
Athènes, Musée archéologique national
Inv. n° 4400

Ce nom de « *dépas amphikypellon* » désigne un gobelet à boire à deux anses avec un corps haut et étroit, en forme d'entonnoir, un bord évasé, et une base petite et plate.
Le terme est emprunté à *l'Iliade* d'Homère par Schliemann – l'archéologue qui conduisit les fouilles de Troie – pour signifier cet objet. Ce dépas amphikypellon provient en fait de la collection privée de Schliemann, qui fut léguée au musée national grec (voir cat. 1-3); il est recouvert d'un engobe rougeâtre ou brun. Sa forme est typique de l'âge du bronze ancien et ne survivra pas à cette période. Ce modèle est connu également dans les îles de la mer Égée, à Poliochni (Lemnos), à Samos, à Palamari (Skyros), à Kastri (Syros), à Keos dans les Cyclades, et sur le continent grec, à Orchomène en Béotie et à Pefkakia en Thessalie.   L. P.-M.

BIBL.: Demakopoulou, 1990, p. 154, n° 12; Podzuweit, p. 193-194, pl. 15.2.

5 Casque en défenses de sanglier

Spata, chambre funéraire, Attique, Grèce
Ivoire
Âge du bronze final, helladique récent IIB,
XIIIe siècle avant J.-C.
H. (incluant les parties restaurées) 19,2;
diam. 19
Athènes, Musée archéologique national
Inv. n° 2097-2098
(Ill. p. 88)

Le casque a été reconstitué à partir de quarante-deux défenses de sanglier trouvées dans la riche chambre funéraire de Spata. Les défenses sont disposées en trois rangées dans l'ordre de leur taille, variant de 5 cm pour la rangée supérieure, de 7 à 8 cm pour les deux autres. La reconstitution du casque a été faite à partir de pièces semblables représentées sur des vases ou gravées dans de l'ivoire (voir cat. 47). Le casque à défenses de sanglier, considéré comme une invention mycénienne, était une partie caractéristique de l'armure mycénienne défensive jusqu'au XIIIe siècle avant J.-C. Des fouilles récentes à Thèbes, à Argos et à Égine ont montré que ce type de casque était déjà en usage en Grèce continentale durant la période helladique moyenne. Les casques à défenses de sanglier étaient utilisés comme motifs décoratifs dans la sculpture sur ivoire, la gravure de sceaux et la poterie peinte. Ils symbolisent le courage des nobles guerriers qui les détenaient, courage indispensable à qui voulait se lancer dans une chasse dangereuse pour la conquête de ces défenses.   N. D.-V.

BIBL.: Haussoulier, 1878, p. 185; Borchhardt, 1972 et 1977, p. 57; Demakopoulou, 1988, p. 237, n° 239.

6 Fragment de cratère avec navire de guerre

Kynos, Phthiotis, Lamia, Grèce
Argile
Âge du bronze final, helladique récent IIIC,
XIIe siècle avant J.-C.
H. 19; diam. 14
Lamia, Musée archéologique
Inv. n° K 8990
(Ill. 2, p. 201)

Partie de cratère (bord et corps) reconstituée à partir de deux fragments. Le bord est évasé, aplati sur le dessus et peint en brun foncé, à l'intérieur et à l'extérieur. Un navire de guerre se dirige vers la droite, avec à son bord deux guerriers luttant avec des lances et des boucliers. À la poupe, le timonier tient la barre. À la proue, un personnage coiffé d'un casque à la crête ondoyante gesticule, semble-t-il, avec virulence: on peut penser que c'est lui qui mène l'attaque. Les deux guerriers au combat portent des casques sans crête, mais avec des protubérances que l'on a interprétées comme provenant de la tête de la dépouille d'un animal. L'un porte un bouclier rond, l'autre un bouclier du type « hittite ». La coque du navire est basse, sa poupe est incurvée, la proue est haute avec l'extrémité recourbée en forme de corne (?), et un pont. Si l'existence des ponts dans les navires mycéniens a fait l'objet de discussions, ce fragment de Kynos, et d'autres du même site, montrent que les bateaux de guerre en étaient pourvus, courant de la proue à la poupe. Ce navire possède neuf rames de chaque côté, chiffre inhabituel, que l'on trouve dans les poèmes homériques. La structure de proue, sur laquelle se tient un personnage, est peut-être une échelle, une vigie, ou l'ikrion d'Homère. On connaît des structures similaires pour les avoir repérées sur d'autres scènes nautiques de la même période. Le fragment de Kynos recèle la plus ancienne représentation avérée d'un bateau de guerre du monde mycénien et démontre que les navires géométriques étaient les héritiers directs de ceux de la période mycénienne.   Ph. D.

BIBL.: Dakoronia, 1987, p. 117-122.

7 Bol

*Éleusis, cimetière sud, tombe n° 11,
Attique, Grèce
Argile
Géométrique moyen II, première moitié
du VIIIe siècle avant J.-C.
H. 6,5 ; diam. 10
Éleusis, Musée archéologique
Inv. n° 910
(Ill. 2 et 3, p. 206)*

Bol à deux anses (skyphos) presque intact du géométrique moyen phase II, période qui voit apparaître les premières représentations narratives dans la peinture attique sur vase. La scène figure, d'un côté, un archer sur un bateau qui, un genou plié, dirige son arme vers la gauche, tandis qu'un personnage plus petit retient la barre. Le navire a une proue en saillie, sur laquelle est perché un oiseau, et une haute poupe recourbée. Il est difficile de déterminer s'il est en train d'accoster ou s'il s'éloigne du rivage. De part et d'autre du bateau, lui faisant face et probablement sur la terre ferme, se tiennent deux guerriers « du Dipylon » armés d'un bouclier en forme de huit, d'une épée et de deux lances. On peut supposer qu'ils prennent part au combat. L'autre côté du bol représente une bataille au sol : des archers et des hommes avec des lances sont engagés dans un combat, tandis que deux victimes gisent au milieu du champ, leurs mains se rejoignant. Tous les personnages sont peints en silhouette, selon le style de la période, le souci principal du peintre étant de représenter les personnages en action et de restituer le sens de la scène. Les deux scènes sont probablement liées ; on peut penser qu'elles se réfèrent à une aventure que les poèmes épiques auraient inspirée. Pareil sujet reproduisait sans doute les aventures, commerciales ou guerrières, des Grecs de cette période, dont le point culminant fut, au VIIIe siècle avant J.-C., le grand mouvement de colonisation à travers l'Égée et la Méditerranée centrale et orientale.   N. D.-V.

BIBL. : Coldstream, 1968, p. 26-28 ; Schweitzer, 1969, p. 36, fig. 27, 28 ; Ahlberg, 1971, p. 34, fig. 42, 43 ; Sweeney et al., 1988, p. 62, n° 3.

8 Fragment de pithos

*Tenos, Xobourgo, Cyclades, Grèce
Argile
Période archaïque, 700-650 avant J.-C.
H. 65
Tênos, Musée archéologique
Inv. n° 14
(Ill. 3, p. 202)*

Fragment provenant du col d'un pithos – sorte de grand vase à provisions – avec un décor en relief. Sur l'un des panneaux conservés, deux personnages, féminin et masculin, représentés de profil, se font face ; peut-être se serrent-ils la main.
Les personnages sont rendus en assez haut relief ; les traits du visage, la chevelure et les détails du vêtement sont soulignés par des incisions – technique décorative typique de l'art archaïque au VIIe siècle avant J.-C. On a interprété la scène comme étant une représentation d'Ariane et de Thésée. Il peut s'agir également d'une conversation entre Clytemnestre et Égisthe après le meurtre d'Agamemnon. Malgré le caractère statique et la rude simplicité des lignes, le dessin des personnages peut exprimer une sorte de désarroi après le crime. Cette technique du décor en relief représentant des scènes largement inspirées par la mythologie était beaucoup pratiquée dans les Cyclades et en Grèce continentale (Béotie, Eubée et Attique). Des pithos similaires à relief étaient fabriqués dans les ateliers de Tênos – d'où proviennent ces fragments –, qui se sont développés aux VIIIe et VIIe siècles avant notre ère, et qui utilisaient, pour décorer les pithos, des compositions avec personnages – c'était là leur spécialité. Le fragment présenté ici est peut-être inspiré par le cycle des Atrides, dont les héros sont, directement ou non, liés à la guerre de Troie.   N. D.-V.

BIBL. : Kontoleon, 1969, p. 227-228, pl. 48, 49 ; Caskey-Ervin, 1976, p. 33, IIIg ; cat. exp., Athènes, 1995, p. 64, n° 34.

9 Fragment de cratère

*Argos, Argolide, Grèce
Argile
Période archaïque, second quart
du VIIe siècle avant J.-C.
H. 24,5 ; l. 31
Argos, Musée archéologique
Inv. n° C 149
(Ill. p. 182)*

Un panneau sur l'épaule du cratère illustre la scène, inspirée de *l'Odyssée* (chant IX, 387-385), au cours de laquelle le cyclope Polyphème fut aveuglé par Ulysse et ses compagnons. Le géant est à demi couché sur les rochers de sa grotte, tandis que deux hommes (la jambe d'un troisième apparaît à l'angle cassé de la pièce) enfoncent à bout de bras un pieu dans l'œil unique du cyclope. Leur attaque a pour objectif de se sortir de la captivité où les retient Polyphème ; surpris, celui-ci tente d'enlever le pieu avec une main et semble tirer la langue dans une grimace de souffrance à moins que ce ne soit d'ivrognerie ; son visage et son cou sont couverts de points et de traits qui représentent le sang qui coule. Les corps nus sont rendus par un simple contour avec une peinture ocre ; les chevelures sont longues et retenues par un bandeau sur le front ; les hommes portent la barbe.
Cette scène dramatique est à la fois délicate et puissante ; elle est l'œuvre d'un peintre argien accompli qui utilise la polychromie et une technique rappelant les ateliers de l'Attique. Du point de vue iconographique, elle appartient au cycle des aventures d'Ulysse, que les poèmes homériques ont mis en forme, et qui constituaient une source d'inspiration fondamentale pour ces premiers artistes grecs.   N. D.-V.

BIBL. : Courbin, 1955, p. 1-49, fig. 1-4, pl. I ; Sweeney et al., 1988, p. 97, n° 21 ; Ahlberg-Cornell, 1992, p. 96, n° 75, fig. 151 ; *Ulysse*, 1996, p. 120, n° 2.2.

10 CRUCHE DE FORME RAMASSÉE

*Égine, sanctuaire de Kolona,
golfe Saronique, Grèce
Argile
Période archaïque, second quart
du VIIe siècle avant J.-C.
H. (présumée) 22 ; diam. 25,5
Égine, Musée archéologique
Inv. n° 1754
(Ill. 1, p. 199)*

Œnochoé protoattique décoré par le peintre de la « cruche au bélier », ainsi nommé en raison de ce vase. Sur l'épaule de la cruche court une rangée de trois béliers au corps allongé, orné d'un motif dense de lignes ondulées figurant la toison de l'animal ; les têtes et les museaux sont seulement dessinés ; les longues queues et les pattes sont peintes en noir. Sous chaque animal est suspendu un homme nu ; le mieux conservé porte un lien autour du cou, de la taille, des poignets et des chevilles ; on aurait à faire à des cordelettes plutôt qu'à des bandes. L'un des personnages est accroché aux cornes mêmes de l'animal. Les corps des héros sont dessinés d'un seul trait ; ils ont de lourds sourcils et des nez prononcés, et leur longue chevelure est peinte en noir. Cette scène, caractéristique du style noir et blanc du peintre de la cruche au bélier, est complétée par des motifs de remplissage, qui sont cependant loin d'envahir tout l'espace libre. La scène illustre la fuite d'Ulysse et de ses compagnons hors de la grotte du cyclope Polyphème, après qu'ils eurent aveuglé le géant ivre (voir cat. 9), épisode tiré de *l'Odyssée* (chant IX, 437-460). Ce sujet odysséen, avec d'autres, était populaire dans l'iconographie du premier art grec.

N. D.-V.

BIBL. : Pallaf, 1897, p. 325, fig. 40-41 ; Kraiker, 1951, p. 87-88, n° 566, pl. 44-45 ; Sweeney et al., 1988, p. 97, n° 22 ; Ahlberg-Cornell, 1992, p. 95, n° 79, fig. 155 ; *Ulysse*, 1996, p. 130, n° 2.17.

11 APPLIQUE ORNEMENTALE EN RELIEF

*Delphes, sanctuaire d'Apollon, Phokis,
Grèce
Bronze
Période archaïque, 540-530 avant J.-C.
L. 9,1 ; H. 5 ; ép. 2
Delphes, Musée archéologique
Inv. n° 2650
(Ill. 1, p. 185)*

Un personnage masculin est étroitement attaché par une corde sous le corps d'un bélier et s'agrippe à sa toison, aux épaules et au cou. Son visage est imberbe ; les cheveux sont longs, un effet de tressage est rendu par des incisions horizontales. Le bélier possède une toison épaisse, des cornes en spirale et un museau prononcé. Cet ornement était probablement appliqué avec d'autres semblables sur un objet en bronze ou en bois. Il était fixé par deux rivets traversant le corps de l'animal.
C'est le moment précis de la fuite d'Ulysse ou de l'un de ses compagnons hors de la grotte de Polyphème, le cyclope d'origine divine (voir cat. 10). Ce motif iconographique inspiré par *l'Odyssée* était populaire dans l'art grec archaïque.

N. D.-V.

BIBL. : Perdrizet, 1908, p. 125-126, n° 680, fig. 469 ; *Ulysse*, 1996, p. 130, n° 2.18.

1 - LES AVENTURIERS ET LES VOYAGEURS

12 NUCLÉUS D'OBSIDIENNE ET QUATRE LAMES

*Naxos, Cyclades, Grèce
Obsidienne
Âge du bronze ancien, cycladique ancien II,
2700-2300 avant J.-C.
Nucléus : H. 8 ; l. 1,9. Lames : l. de 6,5 à 9
Athènes, Musée archéologique national
Inv. n° 6204.7,9*

Le nucléus d'obsidienne (en forme de cône tronqué) et les lames prismatiques, dix en tout, sont les seuls objets découverts dans une tombe plutôt pauvre du cimetière de Spedos. Ce verre volcanique dur était le matériau de base pour la fabrication des outils en pierre taillée, lames de couteaux et de rasoirs la plupart du temps, tandis que le nucléus pouvait aussi servir de pilon ou de polissoir. Les ressources en obsidienne et son centre de distribution en Égée se trouvaient dans l'île de Mêlos (Cyclades). L'utilisation de l'obsidienne date du néolithique, mais ce matériau devint courant à l'âge du bronze ancien. Il fut aussi utilisé par la suite, à plus petite échelle, durant l'âge du bronze.

L. P.-M.

BIBL. : Papathanassopoulos, 1961/2, p. 120, pl. 51a ; Renfrew-Wagstaff, 1982, p. 183-221.

13 LINGOT EN FORME DE « PEAU DE VACHE »

Kyme, Eubée, Grèce
Cuivre
Âge du bronze final,
XVIe-XVe siècle avant J.-C.
L. 40 ; l. 23 ; poids 13,2 kg
Athènes, musée de la Numismatique
Inv. n° 1906-7
(Ill. 2, p. 37)

Le lingot fut coulé dans un moule ; les irrégularités à sa surface sont apparues au moment du refroidissement du matériau. De forme rectangulaire avec des côtés concaves, on lui a trouvé, en raison de sa configuration et de sa texture de surface, une ressemblance avec une peau de bœuf tendue. Le cuivre était transporté de cette façon vers les ports de la Méditerranée, ce qui lui a probablement permis de devenir une monnaie d'échange standard. Le bronze est un alliage de cuivre et d'étain, dans lequel le second est en faible pourcentage. Il est admirablement adapté à la fabrication des récipients, des outils et des armes. Un ensemble de dix-neuf lingots de cuivre a été trouvé en 1906 au large du port de Kyme. Ils appartiennent au type standard, connu grâce aux représentations peintes des tombes égyptiennes et aux trouvailles actuelles, disséminées largement dans toute la Méditerranée, de la Sardaigne et la Sicile à la Grèce continentale (Mycènes), la Crète (Aghia Triada, Zakros), Chypre et l'Asie Mineure. Un très grand nombre de lingots de cuivre furent également retrouvés dans des épaves de navires de Gelidonya et d'Ulu Burun, coulés au large des côtes d'Asie Mineure. L'île de Chypre a longtemps été considérée comme la principale source de cuivre brut ; elle est la patrie des lingots votifs miniatures, qui portent incisés des signes d'écriture linéaire cypro-minoenne (voir cat. 14). L. P.-M.

BIBL. : Svoronos, 1906, p. 168-171 ; Buchholz, 1974, p. 325 ; Sapouna-Sakellarakis, 1984, p. 157, fig. 2b ; Gale et Stos-Gale, 1986, p. 81.

14 LINGOT MINIATURE

Enkomi ?, Chypre
Cuivre
Âge du bronze final III, cycladique récent III, XIIIe-XIIe siècle avant J.-C.
H. 5 ; l. 9
Nicosie, musée de Chypre
Inv. n° 1936/VI-19/1

Ce lingot miniature en cuivre, ou talent, porte l'empreinte de deux symboles cypro-minoens séparés par une barre verticale. P. Ph.

BIBL. : Demakopoulou, 1988, p. 169, n° 130 ; Renfrew-Wagstaff, 1982, p. 183-221.

15 VASE EN PIERRE ÉGYPTIEN

Mycènes, chambre tombe n° 55,
Argolide, Grèce
Diorite
Époque prédynastique-première dynastie,
IIIe millénaire avant J.-C.
H. 15 ; diam. 13
Athènes, Musée archéologique national
Inv. n° 2919

Jarre piriforme en diorite noire mouchetée de blanc. Elle possède deux petites anses rondes dans sa partie supérieure et un trou au centre de sa base, ce qui en fait un rhyton. Bien que réalisée à partir de l'une des pierres importées de très longue date en Égée, elle a été trouvée dans une chambre funéraire d'une période plus tardive à Mycènes (XVe-XIVe siècles avant J.-C.) Il est possible que ce vase provienne du pillage d'une tombe égyptienne dont le contenu – objets exotiques et luxueux aux yeux des voleurs – aurait été emporté clandestinement à l'étranger. C'est ainsi que la jarre, en passant

probablement par la Crète, se retrouva dans une tombe mycénienne. L. P.-M.

BIBL. : Warren, 1969, p. 114 ; Sakellarakis, 1976, p. 178, pl. IV.8 ; Müller-Karpe, 1980, n° 126 ; Sakellariou-Xenaki, 1985, p. 176, pl. 73.

16 INCRUSTATION DÉCORATIVE

Deiras, tombe funéraire VI, Argos,
Argolide, Grèce
Ivoire
Âge du bronze final, helladique récent IIIA,
XIVe siècle avant J.-C.
H. de 2,7 à 4,4 ; l. de 1,7 à 2,5
Athènes, Musée archéologique national
Inv. n° 5577

Plaque ornementale découpée en forme de palmier. L'endroit comporte une décoration incisée, l'envers est laissé intact. De part et d'autre du tronc, situé au centre, retombent

trois branches symétriques. On aperçoit, au sommet, le fruit entre les branches.
Ces plaques, ainsi que d'autres éléments similaires, de dimensions variées, devaient être des décorations incrustées dans des objets de bois ou des meubles. Comme le montrent à l'évidence leur facture plutôt sommaire et leur motifs incisés, elles étaient sans doute produites en série.   N. D.-V.

BIBL. : Vollgraff, 1904, p. 364, n° 12 ; Poursat, 1977b, p. 113, pl. 38 ; Demakopoulou, 1988, p. 219, n° 205.

17   INCRUSTATION DÉCORATIVE

Deiras, tombe funéraire n° 6, Argos, Argolide, Grèce
Ivoire
Âge du bronze final, helladique récent IIIA, XIVe siècle avant J.-C.
H. de 2,4 à 2,6 ; l. de 1,9 à 3
Athènes, Musée archéologique national
Inv. n° 5576

Plaque ornementale découpée en forme d'argonaute, dont la spirale centrale représente la coquille, entourée de lignes ondulées formant trois tentacules. Le sujet est exécuté en incision sur l'endroit de la plaque, qui, avec d'autres éléments similaires, devait servir à incruster des objets en bois ou des meubles à des fins décoratives.   N. D.-V.

BIBL. : Vollgraff, 1904, p. 364 ; Poursat, 1977b, p. 113, pl. 38 ; Demakopoulou, 1988, p. 219, n° 205.

18   BOUCLIER EN FORME DE HUIT

Mycènes, acropole, Argolide, Grèce
Ivoire
Âge du bronze final,
helladique récent IIIA2-B,
XIVe-XIIIe siècle avant J.-C.
H. 14,3 ; l. 9,5
Athènes, Musée archéologique national
Inv. n° 1027

Modèle miniature en ivoire d'une taille remarquable représentant un bouclier en forme de huit, avec un bord large. Cinq petites loges quadrilobées sont ménagées à sa surface pour l'incrustation d'un matériau différent. L'arrière porte quatre mortaises rectangulaires permettant de fixer le bouclier sur un meuble comme élément décoratif. L'ivoire brut était importé de Syrie, puis travaillé avec beaucoup de succès à Mycènes dans des ateliers spéciaux attachés au palais. Le bouclier en forme de huit était un symbole culturel mycénien. Il constituait également un motif décoratif populaire dans le domaine de l'art de la miniature, de la gravure sur ivoire en particulier ; on le rencontre aussi dans d'autres matériaux, or et pierres semi-précieuses.   L. P.-M.

BIBL. : Poursat, 1977a, p. 98-100 et 1977b, p. 81, pl. XXII ; Demakopoulou, 1988, p. 86, n° 16.

19   SCEAU CYLINDRIQUE PROCHE-ORIENTAL

Thèbes, Nouvelle Cadmée, Béotie, Grèce
Lapis lazuli
Âge du bronze final, XIIIe siècle avant J.-C.
H. 4,3 ; diam. 1,5
Thèbes, Musée archéologique
Inv. n° 199

Sur le cylindre est gravé le « Maître des animaux », divinité masculine d'alors. Il tient par les cornes deux chèvres dressées sur leurs pattes de derrière. Deux arbres sacrés encadrent la scène, et au-dessus des têtes figurent des signes d'une écriture cunéiforme. Un ensemble de quarante-cinq sceaux cylindriques d'origine proche-orientale a été trouvé dans le palais mycénien de Thèbes, montrant à l'évidence que des contacts officiels et commerciaux existaient entre les deux régions. Les sceaux cylindriques, qui comportent des scènes de dieux et de héros de la tradition proche-orientale, ont été interprétés comme des présents faits aux rois de Thèbes.   L. P.-M.

BIBL. : Platon, 1964, p. 861, n° 10 et 1981, p. 58 ; Porada, 1981-1982, p. 40-50, pl. 3.26 ; Demakopoulou, 1988, p. 252, n° 274.

20 Collier

Pylos, tombe tholos n° 4, Messénie, Grèce
Améthyste
Âge du bronze final, helladique récent II,
XVe siècle avant J.-C.
Perles : diam. de 0,9 à 1,4
Athènes, Musée archéologique national
Inv. n° 7893

Le collier est composé de perles d'améthyste sphériques, de couleur claire et de couleur sombre, de différentes tailles. Pierre semi-précieuse, l'améthyste fut utilisée à Mycènes pour la fabrication des bijoux, surtout durant la première période mycénienne. Elle était importée de l'Est. N. D.-V.

Bibl. : Blegen *et al.*, 1973, p. 124-125, fig. 194.36 ; Müller-Karpe, 1980, n° 133 ; Demakopoulou, 1996, p. 114, n° 54.

21 Collier

Mycènes, chambre funéraire 518,
Argolide, Grèce
Ambre
Âge du bronze final, helladique récent I-II,
XVIe-XVe siècle avant J.-C.
Diam. de 1 à 4,5 ;
perles : ép. de 0,5 à 1,5
Athènes, Musée archéologique national
Inv. n° 6433

Le collier se compose de quatre-vingt-dix-huit perles d'ambre – de forme biconique, discoïde, sphériques, sphériques avec une dépression –, disposées par ordre de grandeur et dans un assez bon état de conservation. L'ambre était un matériau précieux importé du nord et du nord-ouest de l'Europe sous la forme de bijoux déjà fabriqués. Sa présence prouve l'existence de relations commerciales entre la Grèce mycénienne et l'Europe continentale durant la période mycénienne ancienne. N.D.-V

Bibl. : Wace, 1932, p. 86, fig. 34 ; Hughes-Brock, 1985, p. 257-267 ; Demakopoulou, 1988, p. 257, n° 281.

22 Morceau d'ambre à l'état naturel

Fanø, Jutland, Danemark
Ambre
25 x 18 x 13 ; 3 kg
Copenhague, Musée national
Inv. n° A 34654

Morceau d'ambre non travaillé provenant de l'île de Fanø, au large de la côte ouest du Jutland. Les principales ressources d'ambre se trouvent dans la zone qui entoure la mer Baltique : là, après les tempêtes, de grandes quantités provenant des dépôts sous-marins en sont rejetées sur les côtes.
Pendant la préhistoire, l'ambre servait à la fabrication extensive de perles pour les colliers et autres ornements. Si, à l'âge de pierre, on ne l'utilisait que dans des secteurs situés à proximité des ressources baltes, la fin du IIIe millénaire voit sa distribution se répandre dans presque toute l'Europe. Cette expansion était clairement liée à l'émergence de hiérarchies sociales, désireuses de marquer symboliquement les différences. À cet égard, l'ambre joua le même rôle que d'autres matériaux exotiques de grande valeur comme l'or, l'étain, le cuivre, le jais, le jade, etc. L'ambre ne pouvait être obtenu qu'au terme d'un échange au long cours et, durant l'âge du bronze, on le trouve en grandes quantités dans des zones également riches en autres matériaux. J. J.

Bibl. : Beck *et al.*, 1964 ; Beck, 1974 ; Jensen, 1982 ; Shennan, 1982 ; Fraquet, 1987 ; Schulz, 1993 ; Grimaldi, 1996.

23 Dépôt d'ambre non travaillé

Understed, Hjørring, Jutland, Danemark
Ambre, bronze
Âge du bronze moyen, période II,
1400 avant J.-C. environ
Ambre : 3,3 kg
Copenhague, Musée national
Inv. n° B 573-574

À l'âge du bronze, l'ambre était ramassé en grandes quantités le long des côtes danoises. L'ambre non travaillé du dépôt d'Understed a été découvert à l'intérieur d'un pot en argile, avec deux collerettes de bronze datant de la période II (1400 avant J.-C. environ). On rencontre parfois des dépôts similaires enfouis dans les maisons des habitats danois de l'âge du bronze, en particulier le long de la côte ouest

du Jutland. L'ambre est relativement rare toutefois dans les tombes danoises de cette époque. J. J.

BIBL. : Brøndsted, 1958 ; Jensen, 1982, p. 72.

24 Dépôt de perles

Cioclovina, Bosorod, Hunedoara, Roumanie
Ambre, faïence, verre, corne, bronze et étain
Âge du bronze moyen, 1300 avant J.-C. environ
Bucarest, Museul National de Istorie a Romaniei
Inv. n° IV 638-75 ; 679-87 ; 701-850 ; 310001-32710

Dépôt ou trésor sacrificiel composé, entre autres choses, de plus de mille cinq cents « boutons » grands et petits, quatre-vingts pendentifs en lunules, quatorze disques de fil spiralé, deux cent cinquante éléments en fil torsadé, dix-sept petites agrafes et quelque trois mille perles, dont mille environ en ambre, cinq cents en faïence, et mille cinq cents en verre bleu, simples et doubles. Un premier groupe d'objets fut découvert en 1953, la seconde partie, les années suivantes. Le site de la découverte est la grotte immergée de Cioclovina, d'où coule le Luncanilor. La région est très riche en formations karstiques.
La majorité des pièces a été trouvée dans une galerie supérieure, qu'une chute abrupte

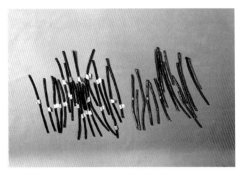

conduit à la galerie principale. Les pièces étaient déposées en plusieurs tas – dont deux étaient importants –, mais des objets isolés se trouvaient également dispersés dans les rochers au milieu de la galerie ou dans des fissures. Le trésor peut avoir été délibérément éparpillé ; cinq ensembles au moins ont en effet été trouvés à plusieurs mètres les uns des autres. Toutes les pièces ont été découvertes à même le sol, dans un but votif probablement, comme pour un cénotaphe. Trouvés dans le bassin central du Mures, région riche en sel, ces matériaux résultent peut-être d'échanges commerciaux intenses avec des régions possédant de l'étain, comme la Bohême ou la Saxe, ou avec la partie septentrionale de la Baltique, où l'ambre était disponible (on pouvait toutefois s'en procurer moins loin, au centre des Carpates, près de Buzau). L'Égée méridionale était une autre provenance possible pour les perles de verre. G. T.

BIBL. : Comşa, 1966, p. 169-174 ; Petrescu-Dîmboviţa, 1977, p. 89-90, fig. 132 ; et 1978, p. 117, 118, n° 129 ; Emödi, 1978, p. 481.

25 Spécimens de minéraux

Freiberg, Geowissenschaftliche Sammlungen der Bergakademie

La chalcopyrite est le minerai de cuivre le plus important. D'autres minerais de cuivre bien connus comprennent la cuprite, la malachite, et l'azurite. Les dépôts de minerai de cuivre les plus conséquents et facilement accessibles se rencontrent le long des côtes de l'Atlantique, dans les Alpes, l'Erzgebirge bohémien, au sud des Balkans et dans le Caucase. Les dépôts d'étain sont plus rares. Durant l'âge du bronze, on exploitait les dépôts de la côte atlantique, de l'Erzgebirge bohémien, et du nord-ouest de l'Italie. J. J.

1

2

3

Divers minerais de cuivre :
1. Chalcopyrite
2. Azurite
3. Malachite, chalcopyrite
4. Chalcopyrite de la mine de Victoria, Müsen, Rhin-Westphalie du Nord, Allemagne
5. Cuivre originaire de Lizard, Cornouailles, Grande-Bretagne
6. Azurite de Rudobanya, Hongrie
7. Malachite de Gumesharks, Urals, Russie

26 Lingots annulaires

Aschering, Starnberg, Bavière, Allemagne
Cuivre
Âge du bronze ancien,
vers 2000-1600 avant J.-C.
München, Prähistorische Staatssammlung
Inv. n° 1921.8

Le dépôt contient soixante-cinq lingots annulaires. Les dépôts de lingots, qui souvent en comptent plus d'une centaine, se rencontrent du sud de l'Allemagne, en Autriche et en République tchèque jusque dans les Carpates. On en distingue deux groupes. Le premier, dont celui-ci relève, est entièrement composé de lingots ; le second contient aussi d'autres objets.
Les lingots annulaires, qui sont en général en cuivre pur, servaient au commerce prémonétaire ou constituaient des standards pour les échanges. Ils peuvent être subdivisés en catégories suivant leur poids, qui vont des lingots de la taille d'une bague à ceux qui ont les dimensions d'un bracelet ou d'un torque. Il est probable que la forme en anneau ait été privilégiée pour sa ressemblance avec les torques, bien connus de tout le monde.

A.J. et F.V.

BIBL.: Lenez-de Wilde, 1995, p. 229, fig. 2 ; Innerhofer, 1997, p. 53.

27 Collier

Blindmill, Rothie, Aberdeenshire, Écosse
Jais
Âge du bronze ancien,
vers 2400-1700 avant J.-C.
Édimbourg, Royal Museum of Scotland
Inv. n° E.Q.85
(Ill. 6, p. 41)

Le collier se compose d'un fermoir triangulaire, de deux plaques également triangulaires (une à chaque extrémité), de deux ensembles de trois plaques d'espacement, et de quatorze perles d'origine. Le reste est le produit d'une reconstitution. Il possède seulement trois cordons, ce qui le distingue des autres parures de ce type, qui en comptent jusqu'à sept ou huit à l'avant. Si l'on met de côté ces particularités inhabituelles, la pièce constitue un bel exemple du type « à plaques intercalaires » ; sa ressemblance formelle avec les lunules et les colliers d'ambre équipés de ces mêmes plaques saute aux yeux. Le jais se rencontre rarement en Grande-Bretagne, où il se présente en strates peu épaisses au milieu du charbon cannel à grain fin, mis à nu par les éboulis des falaises le long des côtes orientales du nord du Yorkshire. D'autres substances en rapport avec le jais peuvent avoir été utilisées, comme le charbon cannel et la lignite, en provenance de Brora dans le Sutherland, ou le schiste argileux de Kimmeridge dans le Dorset. Le schiste noir ligneux que l'on trouve communément sous forme de blocs erratiques glaciaires dans les argiles à blocaux au nord et à l'est de l'Angleterre peut également avoir joué le rôle de ressource naturelle en la matière.

J. J.

BIBL.: Shepherd, 1981 ; Clarke, Cowie et Foxon, 1985, p. 204 ; Davis et Sheridan, 1993, p. 455-456

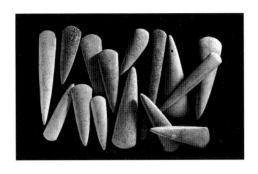

28 Haches de pierre polie

Arzon, Morbihan, France
Jadéite
Néolithique
L. de 15 à 18
Saint-Germain-en-Laye, musée des
Antiquités nationales
Inv. n° 34171-34181. (Voir cat. 29)

Exposé à Paris seulement

29 Haches

Le Pecq, Yvelines, France
Jadéite
IIIe millénaire avant J.-C.
L. de 15 à 18
Saint-Germain-en-Laye,
musée des Antiquités nationales
Inv. n° 86552

Exposé à Copenhague, à Bonn et à Athènes seulement

Les haches de jadéite sont en moyenne plus longues que celles d'autres matériaux et ont une section très plate, ce qui les rend substantiellement moins robustes et met en doute leur destination utilitaire ; elles servaient plutôt à marquer symboliquement un statut social. Leur grande valeur vient en partie de la facture de l'ouvrage, mais surtout du matériau utilisé. Cette pierre verdâtre translucide, qui ne se rencontre qu'en peu d'endroits, devait faire l'objet d'échanges commerciaux sur de longues distances. On pense qu'alors les gîtes de jadéite des Alpes de l'Ouest étaient exploités et ces roches, diffusées jusqu'en Angleterre. A. J./F. V.

30 Dépôt de poignards

Hårbølle, Fanefjord, Præstø, Danemark
Silex
Néolithique récent, vers 2000 avant J.-C.
L. de 20 à 26
Copenhague, Musée national
Inv. n° A 38854-64

Durant la période de transition du néolithique à l'âge du bronze, les poignards constituaient des armes prisées et des symboles du pouvoir à travers toute l'Europe. Au Danemark, le poignard en silex jouait un rôle exceptionnellement important en raison du manque de minerai, le silex local de bonne qualité venant remplacer le métal. Ces poignards à la lame foliacée retouchée par pression sont fabriqués avec une adresse remarquable : quelques-uns parmi les plus récents sont clairement imités des poignards en métal, et même des épées. Leur qualité explique pourquoi ils étaient exportés dans nombre de régions d'Europe. On en a trouvé, par exemple, dans les pays baltes, en Angleterre et en Europe centrale. Les poignards devaient nécessairement être réalisés à partir de gros blocs de silex de haute qualité ; le meilleur silex était extrait de filons souterrains repérés dans le banc de craie, dans deux régions du Danemark : Møn-Stevns, en Zélande, et au bord du Limfjorden, dans le Jutland. Des dépôts de poignards en parfait état ont été découverts dans ces deux endroits. J. J.

Bibl. : Lomborg, 1973 ; Glob, 1980, n° 2.

31 Épée à bout recourbé (cimeterre)

Faurskov, Kerte, Fionie, Danemark
Silex
Âge du bronze ancien, période I,
vers 1500 avant J.-C.
L. 35,5
Copenhague, Musée national
Inv. n° 9192

Dans l'Europe du Nord, le bronze était un matériau rare et très apprécié. Le silex était cependant utilisé parfois pour copier les objets en métal. Cette épée de silex à la lame en feuille retouchée par pression, imitée d'un modèle en bronze (voir cat. 32), constitue une trouvaille isolée. J. J.

Bibl. : Rønne, 1986 ; Lomborg, 1973, p. 62, 63 ; Glob, 1952, n° 519.

32 ÉPÉE À BOUT RECOURBÉ (CIMETERRE)

Rørby, Holbæk, Zealand, Danemark
Bronze
Âge du bronze ancien, période I,
vers 1500 avant J.-C.
L. 60,7
Copenhague, Musée national
Inv. n° B 14174

Un cimeterre en bronze fut découvert dans un marais en 1952 durant des travaux de drainage ; un second fut trouvé en 1957 au même endroit. Les deux épées devaient constituer un dépôt unique, probablement de nature votive. Ils avaient sans aucun doute été fabriqués localement sur le modèle des épées du bassin des Carpates. On connaît une épée similaire provenant du sud de la Suède. Ce type d'épée a servi de modèle aux imitations en silex.   J. J.

Bibl. : Mathiassen, 1952, p. 229 et 1957, p. 38.

1
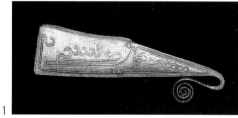

2

3

4

5
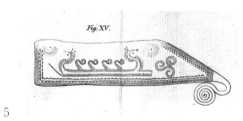

33 Rasoirs décorés de bateaux

Danemark
Bronze
Âge du bronze final, périodes IV-V,
XIe-VIIIe siècle avant J.-C.
Copenhague, Musée national
Inv. n° UI/365, UI/366, MCCCXCVI,
B 10127, B 9057

Rasoirs provenant de différents sites archéologiques au Danemark, décorés de navires de nature mythologique. Le motif du bateau occupe une place considérable dans l'art de l'âge du bronze d'Europe du Nord : le Danemark, ainsi que le sud de la Suède et le nord-ouest de l'Allemagne en fournissent de nombreux exemples à partir d'une variété d'objets en bronze et, avant tout, les rasoirs. Si ce motif est à l'évidence chargé de symbolisme, il n'en demeure pas moins que les bateaux en question étaient probablement faits à l'image des bateaux réels de l'époque. Ces objets sont une source d'information précieuse concernant les croyances et les rituels dans lesquels le bateau jouait un rôle important.

1. Deux bateaux disposés l'un au-dessus de l'autre ; celui du bas est un bateau « plié ». Tous les deux sont composés notamment de motifs en boucles.
2. Grand bateau dont la proue et la poupe se terminent en tête de cheval, installé sur un bateau « plié ». Le premier transporte un élément fait d'une volute spiralée.
3. Grand bateau pourvu d'une proue imposante en forme de tête de cheval.
4. Cinq navires sont représentés sur cette lame large.
5. Grand bateau avec une proue et une poupe imposantes en forme de tête de cheval, aux crinières et aux museaux élégamment incurvés.   F. K.

Bibl. : Kaul, 1998.

34 Gravure rupestre de bateaux

Engelstrup (Grevinge, Holbæk),
Danemark
Granite
Âge du bronze final, périodes IV-V,
XIe-XIIIe siècle avant J.-C.
58 x 65 x 40
Copenhague, Musée national
Inv. n° B6988

La pierre d'Engelstrup fut trouvée dans un mur de pierre en 1875. Elle est en granite et possède un côté plat sur lequel sont figurés deux bateaux, quatre personnages, un animal et un cercle. Les personnages et l'animal sont rassemblés autour du plus gros des deux bateaux, manœuvré par dix-sept hommes indiqués au moyen de traits verticaux.

Les autres figures sont représentées à l'aide de cercles pour la tête, de traits pour le corps et les membres. Deux personnes sont debout, l'une à la poupe et l'autre au-dessus du grand bateau. Deux autres se tiennent en dessous, de part et d'autre d'un cercle. Sur la gauche, le personnage féminin possède une longue chevelure que l'on distingue à l'arrière de la tête ; entre ses jambes figure une entaille. L'autre personnage est probablement un homme, bien qu'aucun trait particulier ne le caractérise. Il est debout, la main levée au-dessus du cercle, tandis que la femme paraît être en mouvement, avec ses jambes déployées et ses deux bras en l'air. Le thème est vraisemblablement celui d'une danse autour d'une représentation du soleil ou de quelque autre objet cultuel.   J. J.

BIBL. : Brøndsted, 1962, p. 129 ; Glob, 1969, n° 36 ; Jensen, 1988, p. 283 ; Kjærum et Olsen, 1990, n° 16.

35 « Poêle à frire »

Syros, Cyclades, Grèce
Argile
Âge du bronze ancien, cycladique ancien II, 2700-2300 avant J.-C.
Diam. (avec la poignée) 30,7
Athènes, Musée archéologique national
Inv. n° 4333
(Ill. p. 18)

Les « poêles à frire » à la poignée fourchue sont des ustensiles typiques de la culture cycladique ancienne. Polies sur l'endroit et l'envers, elles s'ornent sur la face externe d'un décor incisé ou estampé, parfois rempli d'une pâte blanche. L'intérieur, pourvu d'une petite bordure, n'est pas décoré. Cette pièce possède une ornementation incisée de spirales continues, représentant les vagues de la mer. Au milieu est figuré un bateau cycladique aux rames multiples, avec un poisson pour emblème, en bannière à sa haute poupe, et un éperon à la proue. Cette scène, entourée d'une bordure de triangles imprimés, témoigne de la compétence des marins des îles cycladiques. Au niveau du col du disque, des lignes incisées forment un triangle pubique sous le bateau. La fonction de ces objets est obscure. Celles qui sont décorées devaient probablement avoir un usage religieux, cérémoniel, les autres seraient plutôt des objets utilitaires.   L. P.-M.

BIBL. : Zervos, 1957, p. 37, fig. 204 ; Müller-Karpe, 1974, pl. 362.5, n° 158 ; Coleman, 1985, 208, 18, pl. 32.

36 Bateau miniature et guerriers

Roos Carr, Holderness, Yorkshire, Grande-Bretagne
Bois
VIIe-VIe siècle avant J.-C.
L. 51 ; 600 g
Hull, Hull and East Riding Museum
Inv. n° KINCM 1997,134

En 1836, des ouvriers occupés à nettoyer un fossé découvrirent à environ six pieds de la surface, dans un lit d'argile bleue, un groupe de figures grossièrement sculptées dans du

bois. Le groupe a pour base un canot ou une barque ; la proue est pourvue d'« yeux », faits de petits morceaux de quartz. Les personnages sont debout l'un à côté de l'autre, presque identiques, sauf pour leur taille. Ce sont sans doute des guerriers – nus, semble-t-il –, probablement armés à l'origine d'une massue et portant des boucliers ronds.   J. J.

BIBL. : Lindqvist, 1942, p. 235-242 ; Göttlicher, 1978, n° 587.

37 Bateau miniature

Caergwrle, Clwyd, pays de Galles, Grande-Bretagne
Âge du bronze final ou premier âge du fer, 1000-500 environ avant J.-C.
L. 18,2 ; l. 11,1 ; H. 7,6
Cardiff, National Museums and Galleries of Wales
Inv. n° 12.128

Ce bateau miniature a été trouvé dans un marais – probablement l'un de ces objets qui y étaient délibérément jetés. De la forme d'un bol, il est décoré en surface avec des feuilles d'or. Il est possible qu'il représente un bateau en peau tendue sur une armature en bois, ou coracle. La partie inférieure est incisée de trois rangées parallèles de lignes en zigzag, qui symbolisent la mer, se terminent à la proue par deux yeux stylisés. Le long du bord court une bande dorée décorée de cercles concentriques, peut-être des ornements solaires. La signification du bol est très controversée. Certains spécialistes vont jusqu'à le relier

aux navires de la légendaire et très ancienne cité de Tartessos (située près de l'embouchure du Bétis, l'actuel Guadalquivir andalou). La nature de l'objet et la manière dont il a été déposé font penser à une forme d'utilisation cultuelle ou religieuse.   A. J. et F. V.

BIBL. : Göttlicher, 1978, n° 587 ; Giardino, 1995, p. 265 ; *Avant les Celtes*, 1988, p. 66-67, n° 8.05.05.

38 CHARIOT MINIATURE

Budakalász, Luppa-Csárda, Pest, Hongrie
Argile
Culture de Baden, 2400-2200 avant J.-C.
L. 8,9 ; H. 8,1
Szentendre, Ferencz Karoly Museum
Inv. n° 61.2.35.5

On connaît l'existence de plus de trois cent trente tombes dans un champ près de Budakalász ; toutes n'ont pas été fouillées. Ce chariot miniature provient d'une sépulture vide (cénotaphe ?) ; aucun reste humain n'y a été trouvé. Les coins du chariot sont relevés ; les deux parois les plus longues et l'avant sont décorés à chaque angle d'une ligne en zigzag incisée dans l'argile, tandis que la quatrième est complètement recouverte de trois bandes de zigzags séparées par des lignes horizontales. La partie basse sur les côtés les plus longs porte quatre ensembles de deux lignes incisées. L'intérieur et l'extérieur du chariot sont peints du même rouge. Quatre roues plates sont fixées sur les côtés. On remarque un renflement en leur centre, qui évoque le moyeu de l'essieu. Le timon, qui est attaché au bord inférieur de l'avant, s'incurve vers le haut ; son extrémité n'a pas été conservée.   A. J. et F. V.

BIBL. : Müller-Karpe, 1974, pl. 479.A20 ; Banner, 1956, p. 111-128.

39 AMPHORE DE CHARIOTS

Vel'ké Raškovce, Trebišov, Slovaquie
Argile
Âge du bronze moyen,
vers 1300 avant J.-C.
H. 26,5
Michalovce, Zemplinske múzeum
Inv. n° A 0440
(Ill. 3, p. 126, détail)

Amphore provenant d'une tombe à crémation de la culture de Suciu de Sus à Velké Raškovce. Elle a un profil en S, une base plus étroite que le col, qui va se rétrécissant (l'embouchure joue le rôle d'entonnoir) ; les deux anses sont attachées verticalement

à mi-col de chaque côté. L'ornementation incisée consiste en une bande de bâtonnets verticaux courant sous le bord ; en dessous, quatre chariots disposés symétriquement sont esquissés. Chacun d'eux possède une paire de roues à quatre rayons, il est tiré par deux chevaux. Un personnage tenant ce qui paraît être une épée est debout derrière un chariot ; il est lui aussi représenté de manière stylisée. De l'angle formé par le col et la panse partent quatre lignes qui vont constituer le décor de la panse, soit trois motifs spiralés (de trois lignes chacun), où viennent s'intercaler des motifs symboliques représentant un homme debout et deux têtes de cheval. Cette interprétation trouve sa confirmation si on les compare aux dessins du col. L'ornementation incisée est comblée par un matériau blanc qui la fait ressortir sur le fond gris sombre.   V. F.

BIBL. : Vizdal, 1972, p. 223-231 ; Furmánek, Ruttkay et Siska, 1991, p. 45, n° 47.

40 PAIRES DE ROUES

Árokalháról (Àrokalja),
Transylvanie, Hongrie
Bronze
Bronze final, XIIe siècle avant J.-C.
Diam. 80 et 81
Budapest, Musée national hongrois
Inv. n° 25.1867

Ces deux roues étaient déposées seules. Elles sont de construction simple, avec quatre rayons et un bord en huit parties sur une âme de bois. Le bord externe, creusé en forme d'U, était fait pour recevoir une garniture ou une bande de roulement en bois, dont il ne reste aucune trace.
Ces roues présentent de fortes similitudes avec les représentations qu'en donne la culture du mycénien final. On peut déduire de la présence de deux roues déposées à Árokalháról et à Obišovce que les véhicules à deux roues étaient en usage à l'âge du bronze moyen en Europe centrale, comme ils l'étaient en Égée.
Il est sans doute possible de repérer dans ces objets l'existence de contacts avec

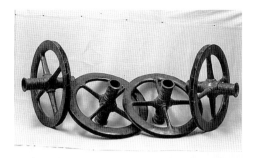

la région mycénienne. Cependant, il n'est pas permis de dire s'il s'agit là d'objets importés d'Égée, ou d'imitations locales.   A.J. et F.V.

Bibl. : Hampel, 1886, pl. LIX 2 ; Pare, 1992, p. 19.

41   Paires de roues

Stade, Basse-Saxe, Allemagne
Bronze
Âge du bronze final, période V,
IXe siècle avant J.-C.
Diam. 58 ; 11,7 kg (chacune)
Stade, Schwedenspeicher Museum
Inv. n° 1038, 1039 GUHV, Stade

Ces roues ont été trouvées en 1919 en position verticale et très proches l'une de l'autre, dans le sol sablonneux d'une lande. Elles se composent d'un moyeu, de quatre rayons, et d'une bordure à la section en U, où des restes d'une garniture en bois de chêne étaient visibles, qui était attachée à l'origine par des goujons. L'ensemble formait une bande de roulement qui était apparemment renforcée par des clous en bronze. Les roues avaient été coulées dans un seul moule, mais à l'exception d'une, dont l'exécution finale était réussie, elles avaient dû être retravaillées ensuite.
Contrastant avec les habitudes de l'âge du bronze final, les chariots à quatre roues commencent maintenant à apparaître. Compte tenu de la faible résistance des roues, leur usage séculier était peu probable ; on les destinait plutôt à une utilisation religieuse, à l'instar de ceux de La Côte-Saint-André (Isère, France). Les roues se rencontrent des Pyrénées jusqu'à l'embouchure de l'Elbe ; les ensembles ont reçu le nom des importantes trouvailles de Fa, Coulon, Hassloch, Stade (voir cat. 42).   A.J. et F.V.

Bibl. : Pare, 1987 ; Hässler, 1991, pl. 9 ; Jockenhövel et Kubach, 1994, p. 92.

42   Roue

Champ de Maréchal, Coulon,
Deux-Sèvres, France
Bronze
Âge du bronze final, VIIIe siècle avant J.-C.
Diam. 52
Niort, musée Bernard-d'Âgesci
Inv. n° 985.6.1

Cette roue fut trouvée à un mètre environ de la surface du sol, avec de la poterie et une palette en pierre. Le bronze utilisé contient 13% d'étain. L'objet se compose d'un moyeu auquel est fixé un essieu ; cinq rayons sont reliés à la large bordure, pourvue d'un sillon externe destiné à recevoir la bande de roulement en bois. Comme le montrent les trous ménagés le long de la bordure, cette garniture était attachée au moyen de goujons.
À l'endroit où les rayons rejoignent le bord de la roue sont gravés des symboles solaires à trois cornes, qu'une incrustation de cuivre rouge vient souligner. Cette roue fait donc partie d'un groupe d'objets, parfois de grande valeur, qui étaient utilisés dans le culte du Soleil, très répandu à l'âge du bronze. Des roues à rayons comparables, nommées d'après leur site (Fa, Coulon, Hassloch, Stade), ont été trouvées au pied des Pyrénées, en territoire français, et au sud-ouest de l'Allemagne, dans la direction du nord. Elles équipaient les chariots cérémoniels ou cultuels à quatre roues.   A.J. et F.V.

Bibl. : *Avant les Celtes*, 1988, 13.09.04 ; *Archéologie*, 1989, p. 214.

43 Chariot miniature

Mycènes, chambre funéraire, Argolide, Grèce
Argile
Âge du bronze final, helladique récent IIIA-B, XIVe-XIIIe siècle avant J.-C.
H. 10 ; l. 12
Athènes, Musée archéologique national
Inv. n° 2262
(Ill. 1, p. 125)

Chariot miniature stylisé à deux chevaux, avec deux occupants. Les chevaux ont une silhouette allongée avec des pattes réunies par paires, formant à chaque fois un appendice conique ; ils sont harnachés à l'aide d'un joug rudimentaire, horizontal, placé entre leur encolure. Deux « lanières » à section ronde, soudées, courent du milieu du joug jusqu'à la poitrine du conducteur ; elles reproduisent à la fois les deux rênes et le montant qui relie le joug au corps semi-circulaire du chariot. Les corps des deux personnages sont fondus en un seul ; seules émergent les deux têtes pareilles à des têtes d'oiseaux. Ils sont directement fixés sur la barre du chariot. Il y avait entre eux un parasol, dont il ne reste que l'extrémité de la hampe. Le chariot et les chevaux sont ornés de fines lignes ondulées ou brisées, peintes dans une teinte marron-rouge. L'usage très répandu du chariot dans la Grèce mycénienne est attesté par sa récurrence dans l'iconographie de cette période, qu'il s'agisse des fresques, des bagues sigillaires, des stèles funéraires, des tablettes d'argile en linéaire B, et de la poterie de style pictorial. Des chariots miniatures en terre cuite ont été découverts en grand nombre sur divers sites mycéniens importants. K. D.

BIBL. : Xenaki-Sakellariou, 1985, p. 162, pl. 63 ; Crouwel, 1981, p. 145, 147, T23.

44 Cratère amphoroïde

Nauplie, chambre funéraire B, Argolide, Grèce
Argile
Âge du bronze final, helladique récent IIIA-B, XIVe-XIIIe siècle avant J.-C.
H. 45 ; diam. (panse) 34 ; (col) 27
Nauplie, Musée archéologique
Inv. n° 15180
(Ill. 2, p. 125)

Ce cratère est une réalisation caractéristique du style pictorial mycénien. Il est piriforme, avec un col large, haut et droit, deux grandes anses verticales partant du col et une base moulée légèrement débordante. Sur la partie supérieure de la panse, de part et d'autre entre les anses, est représenté un chariot tiré par deux chevaux et transportant deux hommes, des palmiers stylisés constituent le décor devant et derrière. Le corps des chevaux est peint de façon monochrome ; ils ont un long museau incurvé, et la crinière dressée. Le conducteur et son compagnon portent des vêtements à pois ; leur tête et leur cou sont entièrement peints, leur profil est fortement marqué par un nez protubérant. Une ligne de fioritures borde les rênes. Les cratères amphoroïdes décorés de scènes figuratives constituent l'essentiel des vases mycéniens de style pictorial. Leur forme provient, tout bien analysé, des jarres du style palatial minoen ; leur ornementation, de type figuratif, comporte en général des oiseaux, des poissons et des quadrupèdes composés de diverses manières. Les scènes de chariot, qui sont la représentation de défilés pacifiques liés à un cérémonial, plutôt que celle d'un événement de type guerrier étaient un décor très courant sur les cratères. Les ornements de style figuratif se rencontrent également sur les autres types de cratères, sur les cruches, les jarres à étrier, mais moins souvent dans le cas d'autres formes fermées et ouvertes. Le style pictorial mycénien, qui existait dans la tradition artistique égéenne, était développé en Argolide, à Berbati particulièrement, et dans d'autres centres mycéniens. Grâce aux échanges commerciaux, ces vases se répandirent en direction de la Méditerranée orientale, de Chypre particulièrement, où l'on a découvert dans des tombes de nombreux cratères de ce style, très probablement importés d'Argolide, et déposés là à titre de présents funéraires. Certains peuvent être attribués aux mêmes ateliers et aux mêmes peintres que des vases similaires trouvés en Grèce continentale. N. D.-V.

BIBL. : Åkerström, 1987, p. 111, 117, fig. 80 ; Demakopoulou, 1988, p. 239, n° 242.

45 Mors de cheval

Mycènes, acropole, Argolide, Grèce
Bronze
Âge du bronze final, helladique récent IIIB, XIIIe siècle avant J.-C.
L. (barre) 24 ; l. (montants) 13
Athènes, Musée archéologique national
Inv. n° 2553

Cette partie bien conservée d'une bride de cheval se compose de deux barres faites d'un gros fil torsadé et de deux montants dotés de pointes. Le mors était placé dans la gueule du cheval ; les montants passaient le long de la mâchoire. Les rênes en cuir venaient s'insérer dans les boucles à l'extrémité du mors. Cet objet montre qu'il existait bien à cette période des chariots tirés par des chevaux, dont les aristocrates mycéniens se servaient pour le transport, la chasse ou dans un but militaire. Il provient d'un dépôt d'objets en bronze, trouvé dans l'acropole de Mycènes et datant probablement de la fin du XIIIe siècle, juste avant la fin du système palatial mycénien. Un modèle similaire a été trouvé dans la Kadmeia, l'acropole mycénienne de Thèbes. Deux autres, formant apparemment une paire, ont en outre été découverts dans une chambre funéraire mycénienne à Milet, en Asie Mineure. L. P.-M.

Bibl. : Spyropoulos, 1972, p. 43, 44, 140, 143, fig. 77, pl. 14 ; Donder, 1980, p. 21, pl. 13 ; Crouwell, 1981, p.101, 104-107, 158, pl. 3-4.

46 Dépôt avec harnais de cheval

Ückeritz, île de Usedom, Mecklembourg-Poméranie-Occidentale, Allemagne
Bronze
Âge du bronze final, période V,
IXe-VIIIe siècle avant J.-C.
6,203 kg
Schwerin, Landesmuseum
Mecklembourg-Vorpommern
Inv. n° 75/241

Ce dépôt fut découvert en 1975. Il reposait à 50 cm sous la surface du sol tout au plus, dans un espace restreint (40 x 30 x 40 cm), ce qui laisse supposer l'existence, à l'origine, d'un conteneur en matériau organique (boîte en bois, peut-être). Le dépôt se composait de cent dix objets de bronze, qui faisaient probablement tous partie de harnais de cheval, de quatre montants en bois de cerf, de plusieurs pièces de cuir, et de fragments de bois. Les cent dix objets de bronze se répartissent en cinquante-trois phalères, ou leur fragments, treize crécelles, seize tubes de bronze nervurés, deux tubes de bronze semi-circulaires, sept montants de mors supplémentaires, deux chevilles décorées, trois chevilles en anneau, trois capsules, deux anneaux cylindriques en forme de coquille, six petits anneaux et deux épingles en bronze. Ce dépôt fait partie d'une série de modèles semblables provenant de la bordure sud de l'Europe septentrionale. On relève avec intérêt sur certains objets l'existence de liens à longue distance avec la culture du bronze final du Sud et de l'Est. Il est possible que ce dépôt représente le harnachement complet de deux chevaux attelés, offert dans son état intact au cours de quelque cérémonie cultuelle. A. J. et F. V.

Bibl. : Lampe, 1982 ; Jockenhövel et Kubach, 1994, p. 90.

47 Deux montants de mors de cheval

Surany-Nitriansky Hrádok, Nové Zámky, Slovaquie
Bois de cerf
Culture de Mădarovce,
XVIe siècle avant J.-C.
L. 5,1 et 11,3
Nitra, institut d'Archéologie
Inv. n° H/20 gr. 218 et CH/8 Sch

Ces deux parties de harnais de cheval ont été trouvées lors des fouilles de l'habitat de Nitriansky Hrádok. La plus petite était dans une fosse avec des céramiques de la culture de Mădarovce.
Il s'agit de deux montants de mors dont le plus petit est en bois de cerf ; sa section transversale va du rond à l'ovale. Une longue perforation ovale occupe le centre, flanquée d'un trou rond de chaque côté. La surface, soigneusement polie, est assortie de cannelures de chaque côté du trou central (dont une avec une bande dentelée).

La seconde, également en bois de cerf, est légèrement incurvée, et comporte une perforation centrale de forme ovale et des orifices ronds aux extrémités : ils communiquent tous par un trou percé droit de haut en bas à l'intérieur de la corne. La surface polie est ici décorée d'ensembles de cannelures incisées (quelques-unes sont dentelées) qui délimitent des zones de motifs curvilinéaires.
La datation de ce matériel s'étend de la fin de l'âge du bronze ancien aux débuts de la période moyenne ; on l'a localisé dans des habitats fortifiés le plus souvent, qui vont de la région des Carpates au sud de l'Allemagne. Ces objets constituent des témoins précieux de l'utilisation alors répandue des chevaux pour tirer les chariots à deux roues. V. F., A. J. et F. V.

Bibl. : Müller-Karpe, 1980, p. 294.D, n° 461 ; Tŏcik, 1981, p. 69, 87, 88, pl. 137.16, 143.14.

2 - LES PALAIS ET LES CITADELLES

48 Montants de mors de cheval

Zbince, Michalovce, Slovaquie
Bronze
Âge du bronze final, vers 1000 avant J.-C.
L. 10,3 ; H. 7
Zemplínske muzeum, Michalovce
Inv. n° A 00/6

Ces objets proviennent d'un dépôt en bronze, découvert en 1955, qui comprenait en outre des bracelets, des haches à douille, des fragments de faucille et une situle. Les montants sont courbes, formant presque un angle droit. Un trou circulaire transversal est situé à proximité de l'angle. La pièce se termine d'un côté par un bout rond et légèrement bombé, de l'autre par une extrémité fuselée, avec de part et d'autre une petite protubérance. V. F

BIBL. : Novotná, 1970, p. 126, 127 ;
Furmánek, 1979, p. 65, n° 43 ; Hüttel, 1981.

49-50 Plaques « MOSAÏQUE URBAINE »

Cnossos, Crète, Grèce
Faïence
Âge du bronze moyen, minoen moyen II-III, XVIIIe-XVIIe siècle avant J.-C.
H. 4,1 ; l. 2,8. H. 4,7 ; l. 3,2
Héraklion, Musée archéologique
Inv. n° 9 et 18
(Ill. 2-3, p. 67)

Deux représentations de maisons en faïence polychrome (dont l'une est reconstituée au moyen de plâtre), appartenant à ce que l'on appelle la « mosaïque urbaine » du palais de Cnossos. Elles dessinent des façades de maisons à plusieurs étages, au toit plat, aux fenêtres et aux portes encadrées de bois. Selon Arthur Evans, qui conduisit les fouilles de Cnossos, la mosaïque urbaine faisait partie d'une composition plus importante ; cette conclusion lui avait été induite par la présence d'autres plaques, dans le même dépôt, représentant des animaux, des plantes aquatiques, des guerriers et des personnages de type négroïde. E. B.

BIBL. : Evans, 1928-1935, p. 301-314 ;
Foster, 1979, 107-110, fig. 50-81, pl. 27.

51 Tête de guerrier

Spata, chambre funéraire, Attique, Grèce
Ivoire
Âge du bronze final, helladique récent IIB, XIIIe siècle avant J.-C.
H. 7,4
Athènes, Musée archéologique national
Inv. n° 2055
(Ill. p. 52)

La pièce au modelé puissant présente le profil gauche d'une tête de guerrier coiffée d'un casque en défenses de sanglier. Les défenses sont disposées en quatre rangées sur le timbre, et cinq autres rangées garnissent les parties latérales des couvre-joues qui descendent jusqu'au menton. Le couvre-nuque est orné par trois ensembles de défenses disposées en biais. Le bouton au sommet du casque est décoré de lignes incisées. L'oreille est rendue en bas relief. Le nez et la bouche sont sculptés avec plus de relief. L'œil en amande est indiqué par une ligne en saillie, et le sourcil par une ligne en creux. L'arrière de la pièce est entièrement plat. Un orifice et une mortaise servaient à attacher la tête à un support en bois. Cette réalisation impressionnante constitue l'un des meilleurs exemples de la sculpture sur ivoire mycénienne en même temps que le portrait plein d'intérêt d'un guerrier mycénien portant le casque typique de cette période. Des casques semblables remontant aussi loin que l'âge du bronze moyen ont été trouvés en de nombreux sites du bassin égéen, et sont représentés également sur des plaques d'ivoire, des fresques, des sceaux et de la poterie. La tête de Spata a été découverte dans une riche chambre funéraire contenant une quantité d'autres objets en ivoire exécutés selon une technique parfaite. K. D.

BIBL. : Borchhardt, 1972, pl. 2.3 (5.II) ;
Poursat, 1977, p. 161, n° 466, pl. L.

52 Fragment de fresque

Mycènes, centre cultuel, Argolide, Grèce
Plâtre
Âge du bronze final, helladique
récent IIIB, XIIIe siècle avant J.-C.
H. 10 ; l. 9
Athènes, Musée archéologique national
Inv. n° 11652

Un buste féminin apparaît sur le fragment, elle semble tenir un griffon en posture de « galop volant ». La figure féminine et la créature sont peintes en blanc sur un fond bleu ; les détails sont rendus en peinture noire ; l'aile du griffon est peinte en jaune. La présence du griffon indique l'appartenance divine du personnage, car, dans l'iconographie mycéno-minoenne, cette créature mythique accompagne souvent les divinités. Le casque à défenses de sanglier, typiquement mycénien, porté par la déesse montre probablement qu'elle est liée à la guerre. Il est possible qu'elle ait été vénérée dans le centre cultuel de Mycènes en tant que déesse de la guerre, avec des propriétés similaires à celles de la déesse Athéna, telles qu'elles « cristalliseront » plus tard au sein du panthéon classique de l'Olympe. N. D.-V.

53 Statuette d'un homme armé

Petsofas, Crète, Grèce
Argile
Âge du bronze moyen, minoen moyen I-II,
XIXe-XVIIIe siècle avant J.-C.
H. 17,5
Héraklion, Musée archéologique
Inv. n° 3405

Statuette votive masculine, portant une sorte de pagne et un énorme poignard à la taille, les bras sont ramenés sur la poitrine. Elle provient de l'un des nombreux sanctuaires en plein air de Petsofas des premiers temps minoens. E. B.

Bibl. : Zervos, 1956, p. 23, 192.232 ; Hood, 1978, p. 103, fig. 85 ; Rutkowski, 1991, pl. B.1.

54 Statuette masculine de fidèle

Grotte de Skoteino, Crète, Grèce
Bronze
Âge du bronze final, minoen récent I,
XVIe siècle avant J.-C.
H. 9
Héraklion, Musée archéologique
Inv. n° 2573

Statuette en bronze d'un adorant provenant de la grotte de Skoteino, qui serait, selon l'hypothèse d'Arthur Evans, la grotte sacrée de Cnossos. La main droite est placée sur le front, le bras gauche le long du corps ; sa taille est enroulée dans un pagne qui paraît encombrant. On considère que ces figurines de bronze en adoration sont des ex-voto

chargés de représenter le fidèle lui-même, et lui permettent de perpétuer sa présence dans les sanctuaires, afin de rester sous la protection des dieux. E. B.

Bibl. : Evans, 1932, p. 460 ; Davaras, 1969, p. 620-650 ; Verlinden, 1984, p. 12.27.

55 Couteau à poignée en forme de personnage féminin

Beringsted, Itzehoe, Schleswig-Holstein, Allemagne
Bronze
Âge du bronze final, période V,
IXe-VIIIe siècle avant J.-C.
L. 11
Copenhague, Musée national
Inv. n° OA VIIe 86
(Ill. 7, p. 58)

Ce couteau provient d'un ciste en pierre trouvé près de Beringstedt, au nord d'Itzehoe. La lame, cassée, est ornée d'un dessin de bateau ; le manche a la forme d'un petit personnage féminin vêtu d'une jupe en laine comme on en a trouvé dans les tombes à cercueils en chêne des pays nordiques. Elle porte deux torques, un sac à l'arrière de la ceinture et une boucle à l'oreille, qui paraît démesurée. J. J.

Bibl. : Coles et Harding, 1979, pl. 23b ; Jockenhövel et Kubach, 1994, p. 79.

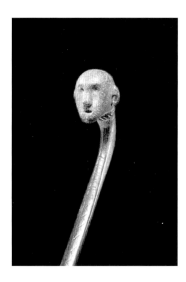

56 ÉPINGLE À TÊTE HUMAINE

Horne, Svendborg, Fionie, Danemark
Bronze
Âge du bronze final, période IV,
XIe-IXe siècle avant J.-C.
L. 8,5
Copenhague, Musée national
Inv. n°B217

Cette épingle à vêtement avec une petite tête féminine à son sommet fut trouvée dans une urne. Les traits du visage sont assez succincts, mais la coiffure est exécutée avec précision. Les traits sont conformes aux normes de la représentation du visage à l'âge de bronze : un front bas, des yeux et des sourcils fortement marqués, un long nez, un menton pointu et des oreilles réduites à des cercles, faites pour porter les lourds bijoux des classes supérieures. Les cheveux sont coupés assez court sur les côtés, alors qu'une longue boucle retombe du sommet du crâne jusque sur le cou.   J. J.

BIBL. : Broholm, 1953, n°55 ; Munksgård, 1974, p. 82, fig. 57b ; Jensen, 1979, p. 40 ; Kjærum et Olsen, 1990.

57 PERSONNAGE D'ACROBATE

Grevensvænge, Rønnebæk, Præstø,
Zélande, Danemark.
Bronze
Âge du bronze final, période IV,
XIe-Xe siècle avant J.-C.
H. 5
Copenhague, Musée national
Inv. n°5311
(Ill. 6, p. 58)

Cette figurine a été trouvée au XVIIIe siècle de notre ère avec plusieurs autres, à Grevensvænge. Seules celle-ci et celle d'un homme à genoux, coiffé d'un casque à cornes, ont été conservées. Le personnage féminin est représenté le corps arqué en arrière dans un mouvement très dynamique. Il s'agit peut-être d'une danse, ou d'une démonstration acrobatique. Elle porte une jupe de corde semblable à celle qui a été retrouvée dans le cercueil de chêne d'Egtved. La statuette est munie d'une cheville permettant de l'attacher à un socle. Il ne fait pas de doute que la pièce illustre une des cérémonies cultuelles pratiquées par les peuples de l'âge du bronze dans le cadre de leur religion.   J. J.

BIBL. : Broholm, 1953, n°318 ; Broholm et Djupedal, 1952, p. 5 ; Kjærum et Olsen, 1990, n°20.

58 JARRE PIRIFORME

Prosymna, chambre funéraire II,
Argolide, Grèce
Argile
Âge du bronze final, helladique récent IIA-B,
milieu du XVe siècle avant J.-C.
H. 51 ; diam. (panse) 36, (col) 20
Athènes, Musée archéologique national
Inv. n°6725
(Ill. 3, p. 55)

Jarre de grandes dimensions à trois anses présentant un corps piriforme de haute taille, un col large et assez élancé, un bord plat et vaste, trois anses en forme de poignée sur l'épaule et la panse, et une base moulée saillante. Le col, les poignées et la base sont peints d'une seule couleur, tandis que le corps de la pièce présente une scène très colorée, de style naturaliste – trois poulpes (verticaux) avec leurs longs tentacules déployés donnent l'impression de nager dans la mer ; des rochers, des algues et des trèfles occupent l'espace entre les tentacules. Ce vase appartient à la catégorie palatiale de la poterie mycénienne de cette période (helladique récent IIA), avec des formes et un décor empruntés à l'inspiration minoenne. La jarre de Prosymna est caractéristique du style palatial à décor marin, réalisé en Grèce continentale par des artisans mycéniens doués.   N. D.-V.

BIBL. : Blegen, 1937, p. 178, 419, n°177, fig. 437, pl. 7 ; Demakopoulou, 1988, p. 89, n°21 ; Mountjoy, 1993, p. 41, 44, 45, 48-50.

59 JARRE À ÉTRIER

Perati, chambre funéraire 15,
Attique, Grèce
Argile
Âge du bronze final, helladique récent IIIC,
XIIIe siècle avant J.-C
H. 21,5 ; diam. 18,6
Athènes, Musée archéologique national
Inv. n°9151

La jarre présente un corps globulaire, un bec cylindrique associé à une « fausse bouche » se terminant par un disque pointu et fixée entre les deux anses. La qualité de l'argile et de la peinture brillante est excellente. La riche décoration du vase combine des éléments des deux styles prévalant en matière de poterie mycénienne fine à la période helladique récent IIIC : le style poulpe et le style dense. Sur la panse sont représentés symétriquement deux poulpes ; l'espace restant est occupé par quatre poissons et deux oiseaux, dont l'un semble voler. Des rosaces sont dessinées sur le renflement, avec d'autres motifs : écailles, hachures, demi-cercles accolés et festons. Le style poulpe, peut-être issu du style marin crétois du XVe siècle avant J.-C., se rencontre principalement dans les îles du Dodécanèse et les Cyclades, à Naxos en particulier et dans des sites côtiers

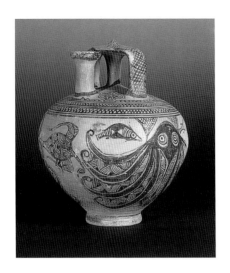

importantes comme Perati en Attique. Le style dense se caractérise par un excès de motifs décoratifs, abstraits la plupart du temps, incluant aussi oiseaux et rosaces. C'est une création argolidienne originale, qui gagna l'Égée où elle fut imitée. L. P.-M.

BIBL.: Iakovidis, 1969-1970a, p. 251, 1969-1970b, p. 149, 184, fig. 23; 1969-1970c, pl. 73.21; Schachermeyr, 1980, p. 128, fig. 18b; Vermeule et Karageorghis, 1982, p. 148, 226, XI 145; Demakopoulou, 1988, p. 126, n°67.

60 RHYTON EN FORME D'ŒUF D'AUTRUCHE

Cnossos, Crète, Grèce
Argile
Âge du bronze final,
minoen récent IB,
XVe siècle avant J.-C.
H. 13
Héraklion, Musée archéologique
Inv. n°5832

Rhyton en forme d'œuf d'autruche orné d'un poulpe et d'autres motifs dans ce que l'on appelle le style marin de la tradition palatiale. Présents sur différents supports dans l'art minoen (poterie, peintures murales, reliefs d'argile, faïences), les éléments marins composent le style le plus répandu à l'apogée de la production artistique palatiale. Les rhytons étaient utilisés pour les libations au cours des cérémonies religieuses. E. B.

BIBL.: Evans, 1928-1935; Pendlebury, 1939; Raison, 1969; Koehl, 1981, p. 179; Betancourt, 1985, p. 132, fig. 100.

61 CRUCHE DANS LE STYLE DE CAMARÈS

Phaïstos, Crète, Grèce
Argile
Âge du bronze moyen, minoen moyen II,
XVIIIe siècle avant J.-C.
H. 27
Héraklion, Musée archéologique
Inv. n°10073

Cruche à bec dans le style polychrome de Camarès à son apogée. Le décor clair sur fond sombre où dominent les spirales est en parfaite harmonie avec la forme du vase, créant un effet agréable. L'un des meilleurs exemples de la production de céramique à l'époque des anciens palais. E. B.

BIBL.: Guarducci, 1939-1940, p. 233, fig. 3; Zervos, 1956, p. 247, 342; Betancourt, 1985.

62 RHYTON CONIQUE

Akrotiri, Thêra, Cyclades, Grèce
Argile
Âge du bronze final, minoen récent IA,
XVIe siècle avant J.-C.
H. (avec l'anse) 33,4; diam. 10,9
Athènes, Musée archéologique national
Inv. n°1493

Rhyton de haute taille, de forme conique avec une anse surélevée; il est percé à son extrémité pointue. Sa riche décoration peinte en brun-noir et blanc a été réalisée selon deux techniques (clair sur foncé et foncé sur clair). Son principe repose sur un motif en spirale, réparti en bandes horizontales, et composé de rangées de rosaces reliées par des tangentes et encadrées par des lignes ondulantes. À mi-corps, la spirale est exécutée en clair sur fond sombre. Le rhyton est considéré comme un vase rituel, utilisé pour les libations, mais il pouvait également avoir une fonction pratique. Le rhyton de Thêra, qui est un bel exemple du travail des ateliers de l'est de la Crète – où une pièce similaire a été trouvée à Gournia – a été importé dans l'île. Akrotiri a poursuivi des relations avec les Minoens en Crète et les Mycéniens sur le continent ; mais ce furent les Minoens qui exercèrent l'influence la plus profonde sur Thêra, avant la destruction volcanique vers l'an 1400 avant J.-C. L. P.-M.

BIBL. : Marinatos, 1972, p. 31, pl. 63 ; Niemeier, 1980, p. 63-65, fig. 34-35 ; Marthari, 1987, p. 362, 373 ; Demakopoulou, 1988, p. 152, n° 108.

63 TRIPODE À BARRES

Episkopi, Chypre
Bronze
Âge du bronze final III,
cycladique récent III,
XVIIe siècle avant J.-C.
H. 39,5 ; diam. 26,5
Nicosie, musée de Chypre
Inv. n° T 40/299

La base des pieds a la forme d'un sabot de bovidé ; leur extrémité supérieure vient s'attacher au bord circulaire en composant des volutes spiralées. À mi-chemin de chaque pied, sur la face externe, est fixée une tête de vache coulée dans la masse, d'où partent les différents barreaux. P. Ph.

BIBL. : Demakopoulou, 1988, p. 169, n° 132.

64 SUPPORT D'OFFRANDE

Kouklia, Chypre
Bronze
Âge du bronze final III, cycladique récent III, XIIIe siècle avant J.-C.
H. 13,8
Nicosie, musée de Chypre
Inv. n° RRKM 9

La coupe d'offrande est manquante, malgré la présence de gros rivets intacts à l'extrémité supérieure du pied. Juste au-dessous des rivets, un collier en fil d'argent court tout autour du pied, façonné de manière à lui donner une torsion en spirale. Un autre collier similaire marque l'endroit où les pieds du support partent dans des directions différentes. Chaque pied se compose de deux barres simples à section sphérique qui se terminent chacune par une spirale. La base en anneau du support est fixée aux trois pieds. P. Ph.

BIBL. : Demakopoulou, 1988, p. 169, n° 132.

65 PLAT DÉCORÉ D'UNE FEUILLE DE MÉTAL

Cortaillod, Suisse
Argile et étain
Âge du bronze final,
IXe-VIIIe siècle avant J.-C.
Diam. 35
Bienne, musée Schwab
Inv. n° Cd 6220

Ce plat, de même que deux autres fragments de vaisselle décorée à l'étain, provient de l'habitat de Cortaillod, en bordure du lac. La surface extérieure est noircie au graphite, ce qui met en relief les feuilles d'étain, plus claires. L'intérieur se divise en quatre bandes décoratives concentriques. Les deux zones les plus proches du centre portent des rectangles, suivies par un motif curviligne, puis par une bordure de sapins. Ces motifs sont produits par l'incrustation de bandes d'étain dans l'argile ou, comme ici, en appliquant la feuille de métal à l'intérieur d'encoches déjà ménagées dans l'argile. Ce type de vaisselle se rencontre du nord de l'Italie au sud de l'Allemagne. En général, l'utilisation de l'étain semble représenter un certain désir de luxe de la part de la classe supérieure. L'étain était transporté sur de grandes distances, la vaisselle étant sans doute fabriquée localement. A. J. et F. V.

BIBL. : Stjernquist, 158, p. 17, fig. 11 ; Fischer, 1993, p. 17-24.

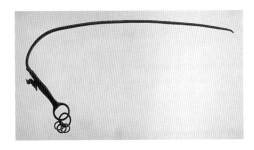

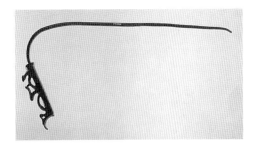

66 « Clé » à crochet

Zurich, Alpenquai, lac de Zurich, Suisse
Bronze
Âge du bronze final, vers 1000 avant J.-C.
L. 42 ; 262,3 g
Zurich, Schweizerisches Landesmuseum
Inv. n° A-25748

Cette « clé » a une poignée un peu plus épaisse que le reste, décorée de motifs d'oiseaux, d'où part une longue tige qui s'incurve juste au-dessus de la poignée. Certains spécialistes y ont vu une broche à rôtir, ce qui voudrait dire qu'à l'origine la tige était droite. La présence d'oiseaux, symbole récurrent dont on connaît l'importance au cours du bronze final, laisse supposer que sa fonction se situait en dehors de la sphère simplement profane. S'il s'agit d'une clé, cette identification permettrait d'éclairer les pratiques d'accumulation et de protection de la richesse des classes supérieures à cette époque. A. J. et F. V.

BIBL. : Mottier, 1971, p. 155 ; Speck, 1981, p. 230.

67 « Clé » à crochet

Zurich, Grosser Hafner, Suisse
Bronze
Âge du bronze final, vers 1000 avant J.-C.
L. 36 ; 182 g
Zurich, Schweizerisches Landesmuseum
Inv. n° A-45241

Cette « clé » fut trouvée par un plongeur près de l'habitat insulaire de Grosser Hafner. Elle est d'une forme similaire à celle de Zurich-Alpenquai (cat. 66) et présente le même angle. Sur le dessus de la poignée sont représentés trois oiseaux. Un anneau situé à l'extrémité de la poignée a été cassé dans l'Antiquité. A. J. et F. V.

BIBL. : Mottier, 1971, p. 155 ; Speck, 1981, p. 230.

68 Broche à rôtir

Challans, Vendée, France
Bronze
Âge du bronze final
L. 12
Saint-Germain-en-Laye,
musée des Antiquités nationales
Inv. n° 81346

Exposé à Paris seulement

La broche à rôtir en bronze est formée d'une longue tige et d'un manchon articulé qui permettait de fixer la broche sur des chenets tout en faisant tourner la tige.
Ce type de broche – dont l'exemplaire de Compiègne, orné d'une figurine d'oiseau, est le plus septentrional – est diffusé dans la zone atlantique jusqu'au Portugal. Si l'on rapproche cet instrument de vaisselles métalliques comportant aussi des motifs d'oiseau, on peut l'assimiler à un objet de culte. Une broche à rôtir en bronze du même type que la précédente a été trouvée à Challans (près des Sables-d'Olonne, en Vendée) ; elle est ornée d'une figurine représentant une tête de cerf. Cet objet faisait partie d'un abondant dépôt de fragments de bronze divers, composé en grande partie d'armes et de parures. Ch. É.

BIBL. : Mohen, 1977.

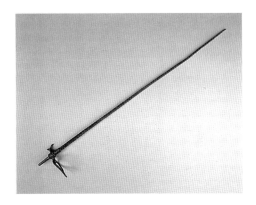

69 Broche à rôtir

Forêt de Compiègne, Oise, France
Bronze
Âge du bronze final,
IXe-VIIIe siècle avant J.-C.
L. 59,7
Saint-Germain-en-Laye,
musée des Antiquités nationales
Inv. n° 13684

Cette broche à rôtir est du type que l'on appelle atlantique. À l'opposé de celles d'Étrurie et de Grèce, qui sont faites d'une seule pièce, les broches articulées de ce type possèdent un manche en deux parties. La première est garnie d'un manchon en anneau qui est le plus souvent nervuré. Au-dessus se trouve une fourche incurvée à deux dents attachée à la poignée. Le manchon est parfois décoré d'oiseaux stylisés, ce qui rapproche les pièces de ce type des objets symboliques. La tige possède une section transversale à peu près carrée, et va se rétrécissant vers le bout. Ces broches se rencontrent dans les îles méditerranéennes de Sardaigne et de Chypre, ainsi que le long du littoral atlantique entre la péninsule Ibérique et le sud de l'Angleterre. L'exemple le plus ancien vient de Chypre et date du début du IXe siècle. A. J. et F. V.

BIBL.: Mohen, 1977, fig. 2; Giardino, 1995, p. 238, fig. 117.

70 Outils d'artisan

Génelard, Saône-et-Loire, France
Bronze
Âge du bronze final, vers 1000 avant J-C.
L. de 2,2 à 25
Chalon-sur-Saône, Musée archéologique
Inv. n° 85.2.1. à 85.2.50
(Ill. 1 p. 32)

Ce dépôt a été mis au jour en 1973. Il s'agit pour une grande part d'une panoplie remarquablement fournie d'outils d'artisan dinandier et probablement aussi fondeur. L'outillage de dinanderie comporte en effet des marteaux à rétreindre, l'un à douille rectangulaire, l'autre à douille circulaire doté d'attributs anthropomorphes (moignons de bras et paire de seins sur chaque face), et un marteau à planer à douille circulaire. Ils sont associés à deux enclumes, l'une cruciforme, l'autre rectangulaire, massive, à base large avec un trou de fixation. Un tas conique à soie, un parallélépipède à gorges, une série de poinçons à matricer des cercles concentriques, des poinçons à dents et à côtes, une bouterolle, un compas à tracer témoignent du travail de la tôle.
Un instrument en forme de T dont la potence porte des côtes saillantes reste énigmatique, comme d'ailleurs des tubes coniques dont la fonction est encore discutée. Une valve de moule à anneaux en bronze, un godet entonnoir de même métal, une spatule à modeler ainsi que deux couteaux à soie perforée identiques suggèrent une activité parallèle de fonte du bronze. D'autres objets – barres-lingots, lame de couteau, pointe de lance, manche de couteau brisé – peuvent représenter des productions ou une réserve de matière. Le dépôt apparaît être très « bourguignon » avec son enclume cruciforme comparable à celles de Gray (Haute-Saône) et d'Alise-Sainte-Reine (Côte-d'Or). On y trouve des éléments de comparaison dans le matériel du dépôt de Larnaud (Jura), comme le dé parallélépipédique à estamper. Ch. É.

BIBL.: *Archéologie de la France*, 1989, p. 208, n° 114; Darteville, 1986.

71 Moule

Mycènes, acropole, Argolide, Grèce
Stéatite
Âge du bronze final, helladique récent IIIA-B, XIVe-XIIIe siècle avant J.-C.
L. 10; l. 7
Athènes, Musée archéologique national
Inv. n° 1018

Bloc de stéatite d'un brun rougeâtre, de forme presque rectangulaire, aux coins ébréchés, dont un est cassé. Chacune des deux surfaces porte des matrices utilisées pour couler des perles et des pendentifs en verre et en faïence de formes diverses, qui composaient des colliers et des bracelets. On reconnaît des papyrus (au nombre de deux), une spirale, une chaîne, un coquillage de type argonaute, un poulpe, et un rectangle avec, sur un côté, des bandes formant une double croix et, sur l'autre, un papyrus-lys, une demi-rosace et un gland (voir le collier cat. 72).
Les mêmes moules étaient utilisés pour la fabrication des perles en or et en argent. Des moules similaires en pierre, la plupart du temps en stéatite, ont été trouvés dans de nombreux centres mycéniens; ils sont à mettre en relation avec la production centralisée de bijoux des ateliers palatiaux, d'une organisation sans faille. N. D.-V.

BIBL.: Schliemann, 1878, p. 108, fig. 162; Higgins, 1961, p. 16, 17, 43; Demakopoulou, 1990, p. 321, n° 280; Evely, 1992, p. 29-31.

72 Collier

Mycènes, chambre funéraire 93, Argolide, Grèce
Verre
Âge du bronze final, helladique récent IIIA-B, XIVe-XIIIe siècle avant J.-C.
L. de 5,5 à 6,6; l. de 1,2 à 2
Athènes, Musée archéologique national
Inv. n° 4550

Ce collier comporte sept ornements de verre en forme d'accolades stylisées; le dessin est en relief sur l'endroit, l'envers est plat. Une cavité circulaire est ménagée sur le côté le plus étroit avec deux trous pour la fixation. Les ornements et les perles de verre étaient produits en série durant cette période; ils étaient coulés dans des moules de stéatite, à l'image de ceux trouvés à Mycènes (voir cat. 71). N. D.-V.

BIBL.: Müller-Karpe, 1980, n° 126, pl. 229; Sakellariou-Xenaki, 1985, p. 265, pl. 132.4550 (12); Demakopoulou, 1988, p. 218, 219, n° 204.

73 Soc d'araire

Chypre
Bronze
L. 24,5
Nicosie, musée de Chypre
Inv. n° 1983/X-10/11

Soc d'araire de l'âge du bronze: la lame était fixée dans le sens longitudinal à l'arrière de l'araire en bois. Les araires commencent à apparaître vers la fin de la période néolithique. Ils sont en général tirés par des bœufs et guidés par des hommes. L'araire permettait de tracer des sillons dans les champs et de canaliser ainsi l'eau de pluie pour irriguer les graines (et plus tard les plantes). On rencontre des représentations picturales de labours dans les sites rupestres du mont Bégo en France, du val Camonica en Italie, et en Scandinavie.   P. Ph.

74 Dalle avec scène de chasse

Naxos, Cyclades, Grèce
Marbre
Âge du bronze ancien, cycladique ancien II-III, 2700-2200 avant J.-C.
L. 28,5; l. 15,5; ép. 4,2
Apeiranthos, Naxos, Musée archéologique
Inv. n° 14

Sur la surface relativement lisse de cette dalle de forme irrégulière, trapézoïdale, est représenté de profil un cerf aux grands bois et au corps allongé. Derrière lui se tient une figure humaine, tête et pieds de profil.

Le visage comporte quelques traits distinctifs: le nez et un œil. Le mouvement est suggéré par les deux bras pliés. La nature de la pierre, un calcaire dolomitique gris, fait ressortir par contraste les zones travaillées, piquetées, et la surface brute. Il s'agit vraisemblablement d'une scène de chasse. Cette pierre, ainsi que neuf autres dalles similaires, qui composaient peut-être à l'origine une sorte de frise, ont été trouvées dans une petite installation au sommet d'une colline du nom de Korphi t'Aroniou, sur la côte sud-est de l'île de Naxos. Sur les dalles sont représentées des scènes pastorales et de chasse, des bateaux sur la mer, et même une scène de danse. Il n'est pas exclu qu'elles aient été dédiées à une divinité, et placées à l'intérieur d'un petit sanctuaire.
L. P.-M.

Bibl.: Doumas, 1965, p. 52, 59-62, fig. 6, pl. 36c; Hood, 1978, p. 94, fig. 74b.

75 Rhyton en forme de tête de lionne

Cnossos, Crète, Grèce
Albâtre
Âge du bronze final, minoen récent I,
XVIe siècle avant J.-C.
Diam. 16; l. 30 env.
Héraklion, Musée archéologique
Inv. n° 44

Rhyton en forme de tête de lionne, réparé en de nombreux endroits; il était tombé d'une zone de stockage pour objets cultuels située au dernier étage de l'aile ouest du palais. Les naseaux et les yeux étaient incrustés respectivement de jaspe rouge et de cristal de roche. C'est là un excellent travail de sculpture sur pierre, inspiré probablement

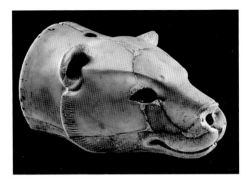

de l'orfèvrerie. L'iconographie minoenne suggère une relation avec la déesse mère et son lion gardien.   E. B.

Bibl.: Evans, 1928, p. 826; Marinatos et Hirmer, 1973, p. 99, 143.

76 Jarre à étrier inscrite

Thèbes, Cadmée ancienne, Béotie, Grèce
Argile
Âge du bronze final,
helladique récent IIIA-B,
XIVe-XIIIe siècle avant J.-C.
H. 44,5; diam. 29,5
Thèbes, Musée archéologique
Inv. n° 853
(Ill. 2, p. 186)

Les grandes jarres à étrier de facture grossière, ornées d'un simple décor linéaire, étaient les récipients utilisés pour le commerce à l'époque mycénienne; elles servaient au transport de l'huile ou du vin. Certaines portent des inscriptions en linéaire B sur l'épaule ou la panse. Cette jarre à étrier du palais de Thèbes porte une inscription sur la panse. On peut y lire le nom d'un individu, «Eudamos», qui fait référence au fabricant ou au propriétaire, et qui est aussi un nom de lieu en Crète occidentale. Les jarres à étrier inscrites de Thèbes constituent un vaste ensemble, et leur provenance a soulevé bien des discussions. Il semble que la plupart tirent leur origine de l'ouest de la Crète, d'ateliers souvent qualifiés dans les inscriptions *wa-na-ka-te-ro* («royal»), qui peuvent avoir été en relation avec un centre palatial à Chania. On a trouvé des jarres inscrites à étrier dans d'autres sites importants en Crète (Cnossos et le cimetière d'Armenoi), et sur le continent grec (Mycènes, Tirynthe, Thèbes, Orchomène, Kreusis, Éleusis, et récemment en Argolide, dans l'acropole de Midéa). L. P.-M.

77 JARRE À ÉTRIER INSCRITE

Cnossos, «bâtiment inexploré», Crète
Argile
Âge du bronze final, minoen récent IIIB,
XIIIe siècle avant J.-C.
H. 40,3 ; diam. 30,5
Héraklion, Musée archéologique
Inv. n° 18374

Cette grande jarre à étrier pour le vin ou l'huile, de facture grossière, possède un décor stylisé de tentacules de poulpe et de bandes horizontales. On remarque sur l'épaule trois signes en linéaire B *(wi-na-jo)*, que l'on interprète comme étant le nom du propriétaire ou du producteur du liquide. La même inscription figure sur une jarre similaire du cimetière d'Armenoi (voir cat. 78). E. B.

BIBL. : Popham, 1969, p. 43 ; Demakopoulou, 1988, p. 208, n° 186.

78 JARRE À ÉTRIER INSCRITE

Armenoi, chambre funéraire 146,
Réthymnon, Crète, Grèce
Argile
Âge du bronze final, minoen récent IIIB,
XIIIe siècle avant J.-C.
H. 31,5 ; diam. 22
Réthymnon, Musée archéologique
Inv. n° 3363
(Ill. 4, p. 190)

Cette grande jarre à étrier de facture grossière, faite pour le transport des liquides, possède sur l'épaule trois signes en linéaire B *(wi-na-jo)*, sans doute le nom du propriétaire ou celui du producteur de son contenu. La même inscription figure sur une jarre de Cnossos (voir cat. 77).
Un grand nombre des jarres à étrier inscrites trouvées en Crète (Chania, Armenoi, Cnossos) et en Grèce continentale, à Thèbes notamment (voir cat. 76), proviennent de Chania, à l'ouest de la Crète, centre administratif important de la Crète mycénienne. L. P.-M.

BIBL. : Demakopoulou, 1988, p. 208, n° 187 ; Tzedakis, 1996, 1124.

79 JARRE À ÉTRIER INSCRITE

Midée, acropole, Argolide, Grèce
Argile
Âge du bronze final,
minoen récent IIIB2, XIIIe siècle avant J.-C.
H. 40 ; diam. 28
Nauplie, Musée archéologique
Inv. n° MI 95AA1

Bien que très restaurée à partir de nombreux fragments, cette jarre n'a pas retrouvé une grande partie de sa panse et de ses épaules ; une anse et l'embouchure sont également manquantes. Le décor linéaire est toutefois bien préservé : sur une large zone au niveau de la panse court une double bande spiralée ressemblant à des tentacules de poulpe. À l'intérieur d'un tentacule a été peinte en linéaire B l'inscription *wi-na-jo*, un nom très courant dans les inscriptions crétoises en linéaire B et que l'on retrouve dans le texte de nombreuses tablettes inscrites et sur deux

jarres de stockage à étrier, provenant de Cnossos et d'Armenoi. On a trouvé des jarres inscrites similaires dans la plupart des centres palatiaux de Grèce continentale (Mycènes, Tirynthe, Thèbes, Orchomène et Midéa), et aussi à Cnossos et à Chania en Crète. Des recherches récentes ont permis de montrer que la plupart des jarres de stockage à étrier portant des inscriptions trouvées dans les grands centres mycéniens du continent avaient été importées de l'ouest de la Crète. K. D.

BIBL. : Demakopoulou et Divari-Valakou, 1994-1995, p. 326-327, pl. II ; Catling *et al.*, 1980, p. 88-93.

80 SCEAU

Lerne, habitat III, phase C, Argolide, Grèce
Stéatite
Âge du bronze ancien,
helladique ancien II,
milieu du IIIe millénaire avant J.-C.
L. 1,8 ; l. 1,8 ; H. 1
Argos, Musée archéologique
Inv. n° L 7.322
(Ill. 2, p. 193)

Plaque carrée irrégulière aux coins arrondis en stéatite brun-pourpre. Sur le revers, on remarque une petite poignée centrale en forme de croissant ; l'autre face s'orne d'un motif gravé : trois zigzags irréguliers, avec quatre motifs triangulaires superposés placés près des coins. La surface en est bien polie.

Quelques objets similaires ont été trouvés à Asine en Argolide et dans d'autres habitats de l'helladique ancien, sur le continent. Ces sceaux sont sans doute d'origine crétoise : on en connaît des exemples en Crète datant de la période minoenne ancienne, ils possèdent ces formes géométriques élémentaires et ce décor de simples lignes. Le sceau de Lerne était sans doute utilisé pour fermer divers conteneurs de produits, jarres ou boîtes, durant leur stockage ou leur échange ; il montre le haut niveau d'organisation économique qui était de règle dans l'important habitat de Lerne, en particulier au cours de la troisième phase de l'helladique ancien (Lerne III), avec ses fortifications et son bâtiment public central et monumental, la maison aux Carreaux de céramique. La collection considérable de cachets en argile, associée à cette maison, prouve à l'évidence l'utilisation administrative des sceaux à Lerne durant cette période.

On a suggéré que cette catégorie de sceaux de l'helladique et du minoen ancien pouvait également avoir servi à décorer des objets et des matériaux. N. D.-V.

BIBL. : Banks, 1967, p. 221-222, n° 428, pl. 9 ; Heath, 1958, p. 81-121 ; CMS V, 1975, p. 28, 29, 36, n° 35.

81 SCEAU

Lerne, habitat IV, phase B, Argolide, Grèce
Argile
Âge du bronze ancien,
hélladique ancien III, seconde moitié du
IIIe millénaire avant J.-C.
H. 2,5 ; diam. (base) 2,7
Argos, Musée archéologique
Inv. n° L 4.67
(Ill. 1, p. 193)

Sceau-tampon conique en argile jaune-brun, grise par endroits, polie en surface. La perforation près du sommet du cône permettait de le suspendre. Les motifs de la base sont incisés : une ligne brisée irrégulière, parfois courbe, court entre deux cercles. Le cercle interne enserre un creux de forme ronde, au centre duquel on aperçoit une petite protubérance arrondie.

Ce type de sceau conique en terre cuite a été découvert également dans d'autres habitats de l'âge du bronze ancien en Grèce continentale et en Égée, orné la plupart du temps de simples motifs incisés de lignes droites ou courbes. Ils étaient utilisés surtout dans l'administration et servaient aussi à la décoration. N. D.-V.

BIBL. : Banks, 1967, p. 650, 651, n° 1738 ; CMS V, 1975, p. 28, 29, 37, n° 36.

82 BARRE AVEC ÉCRITURE HIÉROGLYPHIQUE

Cnossos, Crète, Grèce
Argile
Âge du bronze moyen, minoen moyen II,
XVIIIe siècle avant J.-C.
H. 2,5, l. 8
Héraklion, Musée archéologique
Inv. n° 1286
(Ill. 1, p. 188)

Barre d'argile à quatre faces comportant un orifice de suspension, portant des inscriptions hiéroglyphiques sur chaque côté. On peut encore y lire des idéogrammes et des chiffres. E. B.

BIBL. : Olivier et Godart, 1996, p. 100, 101.

83 BARRE AVEC ÉCRITURE HIÉROGLYPHIQUE

Cnossos, Crète, Grèce
Argile
Âge du bronze moyen II,
minoen moyen II, XVIIIe siècle avant J.-C.
H. 6,8 ; l. 1,1 ; ép. 1,3
Héraklion, Musée archéologique
Inv. n° 1287

Barre d'argile pointue à une extrémité, et perforée pour être suspendue ; elle porte des inscriptions en écriture hiéroglyphique sur ses quatre côtés. L'écriture hiéroglyphique ou pictographique est apparu pour la première fois à la période I du minoen moyen,

venant probablement d'Égypte. Elle était utilisée sur les sceaux, les rondelles, les barres, les tablettes et les bols rituels. E. B.

BIBL. : Evans, 1925, p. 103 ; Olivier et Godart, 1996, p. 111.

84 RONDELLE AVEC ÉCRITURE HIÉROGLYPHIQUE

Cnossos, Crète, Grèce
Argile
Âge du bronze moyen, minoen moyen II,
XVIIIe siècle avant J.-C.
H. 4,3
Héraklion, Musée archéologique
Inv. n° 1269

Rondelle d'argile avec un trou de suspension dans la partie haute, présentant sur ses deux faces des inscriptions hiéroglyphiques. E. B.

BIBL. : Evans, 1909, p. 85 ; Olivier et Godart, 1996, p. 94, 95.

85 Tablette en linéaire A

Aghia Triada, Crète, Grèce
Argile
Âge du bronze final, minoen récent I, XVe siècle avant J.-C.
H. 6,1 ; l. 10,5 ; ép. 0,8
Héraklion, Musée archéologique
Inv. n° 7
(Ill. 2, p. 189)

Tablette en forme de page, reconstituée à partir de quatre fragments ; une petite partie manque en haut à droite. Un seul côté comporte du texte (sept lignes en écriture linéaire A).
Arthur Evans nomma cette écriture linéaire A pour la distinguer du linéaire B qui lui est postérieur, et qui est aujourd'hui déchiffré. Le linéaire A était principalement en usage à l'époque du minoen moyen III et du minoen récent I, bien que l'on trouve des traces de son existence jusqu'au minoen récent IIIA. Son utilisation était répandue à travers la Crète (Aghia Triada, Cnossos, Pyrgos, Zakros, Poros, Juktas et Tylissos compris), ainsi qu'à l'extérieur de l'île, à Keos, à Théra et à Samothrace.
Bien que le linéaire A ait en commun certaines valeurs phonétiques avec le linéaire B, on ne l'a pas encore déchiffré.   E. B.

Bibl. : Caratelli, 1957-1958, p. 363-388 ;
Godart et Olivier, 1976, p. 26 (HT 13).

86 Tablette en linéaire A

Aghia Triada, Crète, Grèce
Argile
Âge du bronze final, minoen récent I, XVe siècle avant J.-C.
H. 11 ; l. 6,7 ; ép. 0,8
Héraklion, Musée archéologique
Inv. n° 1364

Cette tablette en forme de page, reconstituée grâce à la réunion de ses deux parties, possède un texte en linéaire A, qui se prolonge ici sur le revers.   E. B.

Bibl. : Godart et Olivier, 1976, p. 196 (HT 117).

87 Tablette en linéaire B

Pylos, palais de Messénie, Grèce
Argile
Âge du bronze final,
helladique récent IIIB,
XIIIe siècle avant J.-C.
H. 20,5 ; l. 11 ; ép. 1,5
Athènes, Musée archéologique national
Inv. n° 14351 (Cn 131)
(Ill. 3, p. 189)

Tablette en forme de page avec une inscription en linéaire B sur la face principale. Le texte inscrit se lit de gauche à droite ; les lignes sont séparées par des incisions horizontales. On remarque l'utilisation de syllabogrammes, d'idéogrammes et de signes numériques. La première ligne, l'en-tête, résume le contenu de la tablette. Elle appartient à la série «Cn», qui se caractérise par la présence d'idéogrammes concernant les animaux domestiques. Y figure une liste de troupeaux de moutons et de chèvres avec leurs gardiens, dépendant du palais et provenant d'une région distincte du royaume de Pylos. Les animaux, pour la plupart des mâles, étaient élevés pour leur laine, matière première de l'industrie textile lainière du royaume de Pylos. Ces tablettes d'argile – premiers documents écrits en langue grecque – proviennent d'archives conservées dans les palais mycéniens, qui constituaient des centres administratifs, économiques et religieux couvrant de vastes territoires. Les tablettes en linéaire B se rencontrent également à Cnossos et à Chania en Crète, à Mycènes, à Tirynthe et à Thèbes sur le continent grec.

L. P.-M.

Bibl. : Palmer, 1969, p. 168-170, 487 ;
Bennett et Olivier, 1973, p. 69, 77 ;
Demakopoulou, 1988, p. 204, n° 182 ;
Ruipérez et Melena, 1996, p. 163-166, 169-171.

88 Tablette en linéaire B

Pylos, palais de Messénie, Grèce
Argile
Âge du bronze final, helladique récent IIIB,
XIIIe siècle avant J.-C.
H. 3,8 ; l. 26,5 ; ép. 1,4
Athènes, Musée archéologique national
Inv. n° 14352 (TA 709-712)

Tablette en forme de page reconstituée à partir de trois morceaux. Les différentes teintes de l'argile sont dues au fait que la tablette a été cassée et a brûlé dans l'incendie du palais, mais à des degrés de température différents.
La tablette appartient à la série «TA», dont le contenu a trait aux pièces de vaisselle, aux ustensiles ou au mobilier en usage dans une maison. Le texte ne comprend que trois lignes et concerne les ustensiles de cuisine. Le nom de chacun d'eux est suivi d'un idéogramme. On y distingue les ustensiles mycéniens d'un usage courant ; les noms

grecs qui leur sont attribués, écrits en linéaire B – *pi-je-ra* («poêle»), *ti-ri-po* («tripode»), *e-ka-ra* («foyer portatif») – prouvent de manière irréfutable que la langue mycénnienne était du grec. L. P.-M.

BIBL.: Palmer, 1969, p. 29-31, fig. 4;
Bennett et Olivier, 1973, p. 230, 231;
Demakopoulou, 1988, p. 204, n°183;
Ruipérez et Melena, 1996, p. 175.

89 CACHET

Monastiraki, Chania, Crète, Grèce
Argile
Âge du bronze moyen, minoen moyen II,
XIXᵉ-XVIIIᵉ siècle avant J.-C.
L. 12,1; l. 7,6; ép. 3,3
Réthymnon, Musée archéologique
Inv. n°MO 11

Cachet presque intact en argile grossière rouge pâle, comportant de nombreuses inclusions, y compris des brins de paille. L'endroit présente un profil nettement convexe, avec dix estampages du même sceau, plus un dont seuls les contours sont apparents. L'envers a un profil concave avec une dépression à angle aigu, la surface dans son ensemble est irrégulière et présente des enfoncements légers de forme allongée. Il semble que ce cachet ait servi à sceller partiellement le bord d'un pithos au couvercle fait de roseaux entrelacés ou de branches d'une plante similaire.

Toutes les impressions ont la même orientation. Deux d'entre elles sont déformées en raison de la présence d'un autre estampage à proximité. Le sceau utilisé, qui est plat et biconvexe, d'un diamètre de 1,8 cm, possède un motif central en forme de croix dont les branches s'élargissent aux extrémités (svastika stylisée); quatre losanges (roues?) occupent l'espace laissé libre entre les branches. La surface du cachet présente les traces des doigts et des ongles de l'utilisateur du sceau. A. T.

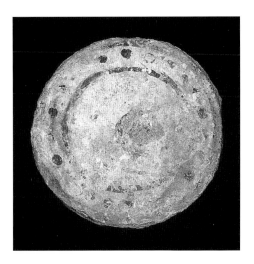

90 POIDS

Thorikos, tombe tholos III, Attique, Grèce
Plomb
Âge du bronze final, helladique récent II,
XVᵉ siècle avant J.-C.
H. 1,2; diam. 12,5; 1,426 kg
Athènes, Musée archéologique national
Inv. n°3686

Le plomb était le matériau standard pour la fabrication des poids de balance tels qu'on les a découverts dans de nombreux habitats et dans des contextes funéraires à l'âge du bronze en Égée. Cette pièce provient de Thorikos, centre mycénien important de la région de Laurion, en Attique, réputée pour ses mines d'argent dans l'Antiquité classique. Elle présente un décor peint en rouge, fait d'une rangée de points et de cercles concentriques avec, au centre, une sphère pleine. L'utilisation de la peinture est inhabituelle, dans la mesure où, d'ordinaire, sur les poids, les motifs linéaires et les points sont incisés ou estampés. Ces signes peuvent avoir constitué des marques dénominatives à l'intérieur d'un système de mesure des poids en vigueur en Crète (Cnossos, Zakros), dans les Cyclades (Thêra, Keos, Mêlos), et sur le continent grec (Mycènes, Tirynthe, Dendra et Vaphio). L. P.-M.

BIBL.: Servais, 1971, fig. 42, 43;
Petruso, 1992, p. 1, 56-61.

3 - Les stèles

91 Stèle de type statue-menhir

Soufli Magoula, Larissa, Grèce
Schiste grisâtre
Sans doute âge du bronze ancien;
IIIe millénaire avant J.-C.
H. 2,15 m
Larissa, Musée archéologique
Inv. n° 824

L'ensemble a été traité de manière anthropomorphe. La tête triangulaire est distincte du corps, le visage n'y est pas représenté. Elle est circonscrite par une zone dépressionnaire peu profonde et ronde. On peut y voir un diadème, une coiffure ou même un casque. Sur le buste stylisé, des détails anatomiques sont rendus en bas relief, ainsi que des pièces de vêtement et des ornements. Les bras sont pliés sur l'estomac.
Le personnage porte un sous-vêtement court; à la hauteur des épaules, il a un collier à cinq rangs, sous lequel pointent deux petites protubérances, probablement les seins. Les pieds sont figurés en bas de ce qui constitue peut-être l'ourlet d'un long vêtement de dessous. L'arrière est recouvert d'un habit qui va des épaules à la taille, tandis que, sur les côtés, est sculpté en relief un élément vertical en spirale ressemblant à un serpent. La partie basse de la stèle lui sert de socle.
D'un point de vue typologique, cette stèle appartient à la catégorie des statues-menhirs, que l'on trouve au sud de l'Europe. Elle fait partie du sous-groupe oriental qui va de la Russie aux Balkans (IIIe millénaire avant J.-C.). Le personnage est probablement féminin si l'on en juge par le collier et les seins, bien que, dans la plupart des objets du groupe d'Europe de l'Est, les hommes, en armes pour certains, soient fréquemment représentés avec ce qui paraît être des seins. Comme dans le cas des pièces européennes similaires, on ne sait pas exactement si la stèle était une pierre tombale ou la représentation d'une divinité chtonienne. C'est là, avec le fragment de stèle de Thasos (cat. 92), la première représentation de grande taille de la personne humaine en Grèce.   S. K.

BIBL.: Besantz, 1957, et 1959; Theocharis, 1958; Gallis 1977, 2833, p. 51-63, pl. 14-5; Hood, 1978, p. 102, fig. 84; Gallis, 1992; Koukouli-Chrysanthaki, 1987, p. 389-398; 1988, p. 421-425; 1989, p. 507-513.

92 Stèle

Thasos, Grèce
Marbre de Thasos
Âge du bronze ancien,
IIIe millénaire avant J.-C
H. 39; H. (tête) 27; l. 28; ép. 16
Thasos, Musée archéologique
Inv. n° A 4348

Tête d'une stèle anthropomorphe, avec une partie du cou. Le visage est stylisé, les traits élémentaires sont indiqués au moyen d'entailles. Les contours de la tête, du cou et du dos sont indiqués à l'arrière de la tête. Ce fragment était intégré dans les fortifications d'un habitat de l'âge du bronze ancien à Skala Sotiros (Thasos), où il a été trouvé avec d'autres fragments de stèles similaires, dont celle d'un guerrier en schiste. La datation au carbone 14 donne 2500-2150 avant J.-C. pour cet habitat.   Ch. K.-C.

BIBL.: Koukouli-Chrysanthaki, 1987, p. 391-406; 1988, p. 412-431; 1989, p. 507-520; 1990, p. 531-543.

93 Stèle

Saint-Martin-de-Corléans,
vallée d'Aoste, Italie
Pierre
Âge du cuivre, IIIe millénaire avant J.-C
H. 300 env.
Aoste, Museo archeologico di Aosta
Inv. n° 03-949

Exposé à Bonn, à Paris et à Athènes seulement

Cette stèle anthropomorphe de Saint-Martin-de-Corléans représente un guerrier avec, en haut à gauche, une hache au manche en équerre, à droite un arc, et, attachés à la ceinture au milieu du dessin, deux poignards et un petit sac. Des fouilles ont été menées près de Saint-Martin-de-Corléans dans une zone ayant constitué un site cultuel pendant une longue période au IIIe millénaire avant

J.-C. On y a trouvé plus de quarante stèles, et deux dalles de pierre de forme polygonale. Lors d'une première période, les stèles devaient constituer trois longues rangées. Le site avait une fonction cultuelle ; on y honorait les dieux et les héros représentés sur les stèles. À la fin du IIIe millénaire, cependant, le sanctuaire fut détruit ; les stèles furent brisées et leurs fragments, utilisés pour bâtir des tombes. J. J.

Bibl. : Zidda, 1997.

95 Stèle

Saint-Sernin, Aveyron, France
Pierre
IIIe millénaire avant J.-C.
H. 108 ; l. 70 ; ép. 20
Rodez, musée Fenaille
Inv. n° 891.1.1

Des cent quinze statues-menhirs du groupe de couleur rouge connues à ce jour, celle-ci est sans aucun doute la plus connue. Elle a été présentée au monde scientifique en 1893. C'est un bloc de grès permien de couleur brun-rouge, remarquable par la qualité de sa sculpture et sa richesse iconographique, avec sur la face avant des indications anatomiques : un visage composé d'un nez et d'une paire d'yeux (pas de bouche), des membres supérieurs et des jambes écartées, des mains placées en-dessous des seins. L'arrière, cependant, se limite à la représentation des omoplates, des bras, et, descendant jusqu'au milieu du dos, de la longue chevelure.
Le vêtement et les autres attributs recouvrent entièrement la face avant : tatouages de part et d'autre du nez, bijou de cou à six rangs de perles, pendentif en forme d'Y, et ceinture figurée par deux bourrelets parallèles. On remarque à l'arrière, outre la ceinture, un nombre de lignes en relief perpendiculaires, qui peuvent vouloir représenter les plis du vêtement. Depuis la découverte de l'homme des glaces du massif de l'Ötzal, cependant, on peut y voir des bandes de tissu ou de fourrure cousues ensemble et de différentes couleurs. La présence des seins et du collier laisse penser que cette statue-menhir est de sexe féminin. C. S.

Bibl. : Hermet, 1893, p. 1-22, pl. XIV ; D'Anna, 1977, p. 289, fig. 5.

96 Stèle

Anderlingen, Rotenburg/Wümme, Basse-Saxe, Allemagne
Pierre
Âge du bronze ancien, période II, XIVe siècle avant J.-C.
H. 120 env. ; l. 70 ; 200 kg env.
Hanovre, Niedersächsisches Landesmuseum
Inv. n° 16961
(Ill. 2, p. 105)

Alors que des fouilles étaient menées à l'intérieur d'un tumulus près d'Anderlingen, on découvrit une ciste en pierre rectangulaire contenant des restes humains. La pierre du côté sud-ouest comportait à l'intérieur un dessin gravé : trois silhouettes humaines semblant porter des masques d'animaux. Le personnage de gauche se tient debout les mains en l'air et les doigts écartés ; celui du milieu lève une hache à la lame épaisse ; la figure de droite a dans les mains un objet non identifiable (peut-être une offrande sacrificielle ?). Le dessin est encadré par ce que l'on appelle des boules symboliques. La scène dans son ensemble représente probablement des rituels liés

94 Stèle

Saint-Martin-de-Corléans, vallée d'Aoste, Italie
Pierre
Âge du cuivre, IIIe millénaire avant J.-C
H. 192 ; l. de 9,2 à 7,5
Museo archeologico di Aosta, Italie
Inv. n° 03-950

Exposé à Bonn, à Paris et à Athènes seulement

Stèle féminine en pierre grise, avec collier et ornements (voir aussi cat. 93).

Bibl. : Zidda, 1997.

au culte du soleil. Le mort devait avoir joué un rôle important dans ce culte.

BIBL.: Asmus, 1990-1991; Wegner, 1996, 16.3; Jockenhövel et Kubach, 1994, p. 76; Randsborg, 1993, p. 78; Jacob-Friesen, 1963.

97 STÈLE

El Viso I, Cordoue, Espagne
Pierre
Âge du bronze final, âge du fer,
IXe siècle avant J.-C.
H. 125 env.; l. 40
Madrid, Museo Arqueológico Nacional
Inv. n° 1976/103/1

Exposé à Bonn, à Paris et à Athènes seulement

Stèle funéraire avec de nombreux dessins: personnage coiffé d'un casque à cornes, épées au nombre de deux, bouclier, lance, arc et flèche, chariot, ainsi que d'autres objets difficiles à identifier. Les stèles funéraires de ce type se rencontrent principalement dans l'Extremadura portugais, et en Espagne, dans l'ouest de l'Andalousie. Leur fonction est très controversée; il est possible qu'elles aient servi à marquer un territoire. Le décor est réalisé au moyen de lignes incisées. Les armes, épées, boucliers et lances, peuvent être fréquemment combinées avec des personnages et, par exemple, des chariots tirés par des chevaux attelés. On y trouve également d'autres types d'armes, comme les arcs et les flèches, et des pièces de joaillerie.

J. J.

BIBL.: Almagro Gorbea, 1978; Galán Domingo, 1993, p. 107, n° 58.

98 STÈLE

Santa Vitória, Beja, Portugal
Pierre
Âge du bronze moyen,
vers 1500 avant J.-C.
H. 95; l. 55; ép. 6
Beja, Museu Rainha Leonor
Inv. n° MRB.1.2.
(Ill. 5, p. 118)

La stèle de Santa Vitória est gravée sur une seule face. Une épée, une hache et un objet en forme d'ancre y sont représentés, objets symboliques qui sont sans doute liés au pouvoir d'un chef local. Les stèles de ce type ne comportent jamais de personnages. On les rencontre à proximité des petites tombes (cistes) appartenant à la culture de l'âge du bronze moyen de la région.

J. J.

BIBL.: Gomes et Monteiro, 1977, p. 281-344.

4 - LES HÉROS ET LA MORT

99 TOMBE DE MAÏKOP

Maïkop, Géorgie
Cuivre, argent et or
IIIe millénaire avant J.-C.
Trois vases d'argent: H. 20;
200 g (chacun). Un vase en or: H. 13;
300 g. Une statuette de taureau en argent: H. 8; 199g. Dix-neuf appliques en or: L. de 5 à 6; 200 g (poids total).
Un seau en bronze: diam. 17,5; 500 g.
Saint-Pétersbourg, musée de l'Ermitage
Inv. n° 34-19 et suiv.

Près de Maïkop, dans la région de Koban, en Géorgie, un grand tumulus, ou kourgane, fit l'objet de fouilles; il était haut de dix mètres; la chambre funéraire elle-même, tapissée de bois, mesurait quatre mètres sur cinq. Un chef y était enseveli avec deux femmes. L'homme portait de riches ornements en or: ses vêtements étaient garnis de nombreuses appliques d'animaux. Le mobilier funéraire se composait d'une grande quantité de bijoux en or et de pierres précieuses, comme la turquoise et la cornaline. La tombe contenait en outre six longues pièces d'or et d'argent ornées de statuettes d'animaux sculptés – probablement les restes d'un dais utilisé lors des funérailles. On trouva dans la tombe plusieurs ustensiles d'or et d'argent. L'un d'eux, en argent, est orné de dessins de montagnes, d'arbres et d'animaux; on y voit deux rivières se jeter dans un lac, autour duquel des animaux se tiennent sur deux rangées: chevaux, bœufs, lions, antilopes, panthères, sangliers et oiseaux. Ces riches objets sont la preuve de l'existence de relations entre le sud de l'Europe et le Moyen-Orient. Plusieurs d'entre eux ont été apparemment importés d'Anatolie et de Syrie; d'autres proviennent d'Iran et d'Inde. Il est possible d'établir un parallèle avec le matériel de Troie II. La grande opulence de la tombe de Maïkop est due à l'accès des populations de la région

aux riches dépôts d'or, de cuivre et d'argent du nord-ouest du Caucase.   J. J.

Bibl. : Müller-Karpe, 1974, pl. 686-687.

100 Tasse en or

*Mycènes, cercle de tombes A,
tombe à fosse V, Argolide, Grèce
Or
Âge du bronze final, helladique récent I,
seconde moitié du XVIe siècle avant J.-C.
H. 10,5 ; diam. (bord) 15,5 ; 254 g
Athènes, Musée archéologique national
Inv. n° 629
(Ill. 2, p. 99)*

La tasse, qui est faite dans une lourde feuille d'or, appartient au type Vaphio : base conique, s'élargissant vers le bord, avec une anse haute. Une large zone décorée au repoussé partage le corps de la pièce en deux parties inégales. Chacune d'elles est ornée d'épaisses spirales entrelacées exécutées au repoussé. Sa forme et son ornementation sont fréquentes s'agissant des riches découvertes effectuées à Mycènes dans les tombes à fosse. Cette pièce exquise, faite pour la table d'un roi, passe pour avoir été réalisée par un artisan local mycénien.
L'accumulation de richesses dans les tombes royales est le signe du statut social élevé des hommes, des femmes et des enfants enterrés à cet endroit.
Dans la même tombe à fosse, des masques mortuaires en or, d'autres vases en or, en argent et en bronze, des poignards en métal niellés, et un grand nombre d'armes en bronze, donnent une image claire de l'aristocratie guerrière qui émerge à cette époque, et qui marque le début de l'âge mycénien.   L. P.-M.

Bibl. : Karo, 1930-1933, p. 122, pl. 125 ; Davis, 1977, p. 141, 142, fig. 122 ; Matthaeus, 1980, p. 242, pl. 75.7 ; Demakopoulou, 1990, p. 306, n° 257 ; Graziadio, 1991, p. 411, 412, 434-436.

101 Épée

*Mycènes, acropole, Argolide, Grèce
Bronze
Âge du bronze final, helladique récent IIIC,
XIIe siècle avant J.-C.
L. 60
Athènes, Musée archéologique national
Inv. n° 1017*

L'épée est dans un excellent état de conservation. La poignée et la garde sont à brides ; huit rivets étaient utilisés pour fixer sur la poignée des plaques d'un matériau organique aujourd'hui disparu. La lame massive s'effile vers la pointe et présente une large nervure centrale. L'arme a été coulée dans un moule bivalve, les trous des rivets ont été ménagés après coup. Elle a été découverte dans le vase de la maison des guerriers sur l'acropole de Mycènes.
Cette pièce constitue un bon exemple de ce que l'on appelle l'épée de type Naue II (du nom du premier archéologue à en avoir dressé une classification). Elle appartient au groupe Catling I, qui est sans pointe au pommeau. Cette catégorie d'épées originaire d'Europe de l'Ouest, en dernière analyse, fut introduite en Égée par l'Adriatique dans la seconde moitié du XIIIe siècle avant J.-C. Au cours du XIIe siècle, les épées de type Naue II, produites localement par la suite, faisaient l'objet d'une distribution très large en Grèce continentale, particulièrement en Achée dans le Péloponnèse ; elles se rencontraient également dans les îles, à Naxos dans les Cyclades, à Kos dans le Dodécanèse, en Crète et à Chypre.   L. P.-M.

Bibl. : Catling, 1956, p. 109.1 ; 1961, p. 119 ; Schauer, 1971, p. 105 ; Harding, 1984, p. 162-165 ; Bouzek, 1985, p. 122 ; Demakopoulou, 1990, p. 323, n° 283 ; Kilian-Dirlmeier, 1993, p. 94 ; Drews, 1993 ; Papazoglou-Manioudaki, 1994, p. 177-179.

102 Épée

*Mycènes, cercle de tombes A,
tombe à fosse V, Argolide, Grèce
Bronze
Âge du bronze final, helladique récent I,
seconde moitié du XVIe siècle avant J.-C.
L. 43,2 ; l. (en partie haute) 8 ;
ép. (lame) 0,8
Athènes, Musée archéologique national
Inv. n° 747*

La garde est de petite taille et découpée en forme de rectangle ; le talon de la lame est arrondi et légèrement relevé. La lame se rétrécit progressivement jusqu'à l'extrémité, qui est acérée. On voit encore les empreintes laissées par le manche (en matériau organique), fixé à l'aide de gros rivets de bronze, dont quatre subsistent, leur tête étant recouverte d'une fine feuille d'argent.
La lame est décorée des deux côtés de motifs incisés en forme de griffons au « galop ailé », dont la posture est représentée de façon typiquement minoenne : les pattes de devant et de derrière se déploient à partir de la base du corps en formant une ligne presque droite, donnant l'impression d'un mouvement à grande vitesse, comme s'ils étaient en vol.
L'épée appartient au type B de Sandars. On pense que ces épées larges et courtes, très robustes, sont un développement mycénien. Le type A, pour sa part, étroit et long, serait d'origine crétoise. Ces deux types, dominants au cours de la période mycénienne ancienne,

étaient destinés à porter des coups plutôt qu'à blesser. Les deux cercles de tombes de Mycènes renfermaient plusieurs de ces épées, à la lame souvent décorée et à la poignée incrustée d'or ou d'ivoire. Elles avaient été placées là avec d'autres armes comme objets funéraires pour les princes mycéniens.   K.D.

BIBL.: Karo, 1930-1933, p. 135, fig. 49-60, pl. 91, 92; Sandars, 1961, p. 22; Hood, 1978, p. 178, fig. 176b; Müller-Karpe, 1980, pl. 228.6; Demakopoulou, 1988, p. 85, n° 15.

103 POIGNARD

Mycènes, cercle de tombes A, tombe à fosse V, Argolide, Grèce
Bronze et or
Âge du bronze final, helladique récent I, seconde moitié du XVIe siècle avant J.-C.
L. 24,3 ; l. 4,1
Athènes, Musée archéologique national
Inv. n° 744

La lame de ce poignard est large, triangulaire, avec un rivet à grosse tête plaqué d'or près de la poignée, servant à la maintenir en place. Une incrustation d'or, travaillée en spirales entrelacées avec des rosaces, court sur les deux faces. Le décor est mis en valeur par l'utilisation de nielle. Une fois le décor incisé, le composé du nielle était déposé dans les creux pour faire ressortir le motif. Ce poignard fait partie du groupe des poignards de bronze connus provenant de Mycènes et de la Grèce mycénienne; leur décor incrusté en or, en argent et en nielle, avec une variété de scènes figuratives, mérite bien l'appellation de « peinture en métal ».   K.D.

BIBL.: Karo, 1930-1933, p. 135, fig. 49-50, pl. 91, 92; Hood, 1978, p. 178, fig. 178; Müller-Karpe, 1980, pl. 228.6; Demakopoulou, 1988, p. 85, n° 14; Drews, 1993, p. 198.

104 DIADÈME

Mycènes, cercle de tombes A, tombe à fosse IV, Argolide, Grèce
Bronze
Âge du bronze final, helladique récent I, seconde moitié du XVIe siècle avant J.-C.
L. 45,7 ; l. 7,2
Athènes, Musée archéologique national
Inv. n° 286

Le diadème, réalisé dans une fine feuille d'or, a une forme longue, en ellipse. Il se prolonge par des fils arrondis en œillet pour sa fixation autour de la tête. Son décor de cercles concentriques et de points est exécuté en repoussé. Aux extrémités, les cercles sont reliés par des tangentes et composent des spirales continues. Parmi les éléments du mobilier funéraire des tombes à fosse de Mycènes, les diadèmes en or sont les plus courants. Ces pièces, ainsi que les autres bijoux en feuilles d'or décorés selon la technique du repoussé, possèdent tous un style similaire et sont considérés comme provenant des ateliers mycéniens locaux. Elles étaient en usage avant d'être déposées dans la tombe après la cérémonie funèbre.   L. P.-M.

BIBL.: Karo, 1930-1933, p. 80, pl. 38; Dickinson, 1977, p. 75, 75; Hood, 1978, p. 198; Demakopoulou, 1988, p. 78, n° 7.

105 TASSE

Hove, Sussex, Angleterre
Ambre
Culture du Wessex,
XVIIIe-XVIIe siècle avant J.-C.
Diam. 9
Brighton, Royal Pavilion Museum
Inv. n° R 5643/1 (230608)
(Ill. 5, p. 40)

Tasse d'ambre fortement poli, de forme hémisphérique, au bord légèrement évasé au-dessus d'une large rainure rehaussée d'une bande de cinq lignes incisées. L'anse plate verticale, très ronde, s'évase en haut et en bas, à l'endroit de sa jonction avec le corps de la tasse ; deux lignes sont incisées à son sommet ; deux ensembles de cinq autres lignes courent le long des bords. Elle a été découverte dans un tumulus fouillé en 1921. La tombe se composait d'un cercueil fait dans un tronc d'arbre, contenant des ossements désagrégés. Les objets funéraires se trouvaient au centre du cercueil, comme s'ils avaient été déposés sur la poitrine du mort. La tasse d'ambre a été découverte avec un poignard en bronze, un pendentif en pierre à aiguiser, et une hache de guerre en pierre.   J. J.

BIBL.: Gerloff, 1975, n° 183; Müller-Karpe, 1980, pl. 475H, n° 1027; Jensen, 1982, p. 97; Clarke *et al.*, 1985, p. 117; Grimaldi, 1996, p. 147.

106 PECTORAL ET POIGNARD

Villafranca, Véronèse, Italie
Argent et cuivre
Âge du bronze ancien, culture de Remedello, vers 2000 avant J.-C.
Pectoral : diam. 20 ; 100 g
Poignard : l. 36,2
Vérone, Museo Civico di Storia Naturale
Inv. n° 2230-31

Ces objets ont été trouvés dans une tombe qui, à en juger par les pièces qu'elle renfermait, devait avoir été celle d'un « prince tribal » de la région de Villafranca-Véronèse. Le poignard, muni à l'origine d'une poignée rapportée,

appartient au groupe de Villafranca-Tivoli. Parmi les quatre exemples connus de ce type, trois proviennent du nord de l'Italie et l'autre du centre. Ils étaient probablement voulus moins comme des armes que comme des symboles statutaires. Le pectoral en forme de lune est en argent, décoré de points en repoussé. De nombreuses pointes de flèche en pierre ont également été trouvées dans cette tombe.
A. J. et F. V.

BIBL. : Peroni, 1978 et 1994, n° 35, pl. 4.35.

107 Défense de sanglier

Karlsruhe-Neureut, Rheinbett, Allemagne
Défense de sanglier et bronze
Âge du bronze moyen,
XVe-XIIe siècle avant J.-C.
L. 21
Karlsruhe, Badisches Landesmuseum
Inv. n° 88/0-24
(Ill. 1, p. 85)

La défense a été trouvée au début de 1988. Bien que les circonstances de sa découverte ne soient pas totalement éclaircies, elle fait probablement partie d'un groupe d'objets déposés délibérément dans une eau courante ou stagnante, ce qui en ferait une offrande votive. Il est difficile de déterminer avec certitude si le dépôt a été effectué dans un cours d'eau ou dans un ancien bras du Rhin. L'extrémité la plus large de la défense est enchâssée dans un manchon fait d'une feuille de bronze ; elle est insérée, sur toute sa longueur, dans un cadre en solide fil de bronze tressé. Il n'a pas été découvert d'équivalent direct de ce type de traitement décoratif des défenses de sanglier ; on en connaît cependant quelques exemples très proches provenant de sépultures du nord-est de la France (voir cat. 108).

BIBL. : Behrends, 1993.

108 Défense de sanglier sertie dans une armature de fils de bronze

La Colombine, tombe 101, Champlay, Yonne
Ivoire et bronze
Âge du bronze final
L. 25
Saint-Germain-en-Laye, musée des Antiquités nationales
Inv. n° 82 952
(Ill. 4, p. 80)

Exposé à Bonn et à Copenhague seulement

Cette parure a été trouvée lors des fouilles de la nécropole de La Colombine, à Champlay, dans l'Yonne, menées entre 1929 et 1939, dans une tombe de femme. D'autres ornements – bracelets, jambières, épingle, appliques et un vase – complétaient le dépôt funéraire. C'est le premier ornement en défense de sanglier de ce type dont l'usage reste imprécis, (diadème ? pectoral ?) et qui se retrouve dans une série de tombes à l'est du Bassin parisien.

BIBL. : Lacroix, 1957, p. 167, fig. ; Mordant et Mohen, 1996, p. 466-471.

109 Larnax

Tanagra, chambre funéraire n° 6, Béotie, Grèce
Argile
Âge du bronze final, helladique récent IIIB, XIIIe siècle avant J.-C.
L. 105 ; l. 39 ; H. 75
Thèbes, Musée archéologique
Inv. n° 7
(Ill. 4, p. 101)

Le larnax est un cercueil rectangulaire sur quatre pieds, fait d'une seule pièce. Celui-ci est en argile grossière, recouverte d'un badigeon blanc aujourd'hui décoloré. Le couvercle, incurvé ou plat, a disparu. Le corps était déposé au fond. La scène reproduite sur les deux côtés les plus longs montre une procession de pleureuses. Les femmes, se déplaçant vers la droite, sont représentées de profil, leurs mains sur la tête, dans l'attitude caractéristique des pleureuses. Elles sont vêtues avec élégance et portent des coiffures. Leurs vêtements se composent d'un corsage et d'une jupe longue frangée, à taille cintrée. Le décor du corsage est fait de motifs linéaires et celui de la jupe, de lignes obliques ou de rangées de demi-cercles. Un personnage féminin se tient seul, dans la même position, aux extrémités. Il était courant dans la Crète minoenne et mycénienne d'ensevelir les morts dans des larnax rectangulaires ou en forme de baignoire, mais le phénomène était moins fréquent en Grèce continentale. Le cimetière de Tanagra constitue une exception, qui a produit l'ensemble de larnax en argile le plus important et le plus beau que l'on connaisse jusqu'à ce jour en Grèce continentale. La présence attestée de cercueils en bois dans les chambre funéraires mycéniennes plaide en faveur d'une origine grecque mycénienne pour les larnax de type rectangulaire. L. P.-M.

BIBL. : Spyropoulos, 1969, p. 12, 13 ; 1967, p. 8, fig. 4 ; Demakopoulou et Konsola, 1981, p. 80, pl. 43a ; Demakopoulou, 1987, p. 73-75 ; 1988, p. 74, n° 5.

110 Jarre à pied

Paros, Cyclades, Grèce
Marbre
Âge du bronze ancien, cycladique ancien I, 3200-2700 avant J.-C.
H. 29 ; diam. 27
Athènes, Musée archéologique national
Inv. n° 4763

Cette jarre à col et à pied, d'une exécution parfaite, provient d'une tombe qui renfermait également une figurine en forme de violon. Ce type était populaire à la période du cycladique ancien I : les pièces fabriquées peuvent être attribuées à différents sculpteurs, travaillant tous dans les Cyclades. Un récipient de ce type est désigné par le terme de « kandila », d'après les lampes à huile suspendues en usage dans l'Église orthodoxe grecque, qui leur sont à peu près similaires. On les trouve exclusivement

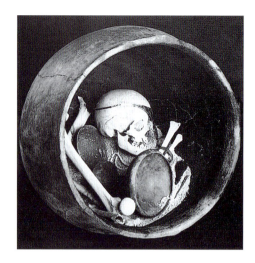

dans les tombes. Lourdes et assez peu pratiques pour un usage quotidien, elles jouaient probablement un rôle dans les rites funéraires. L. P.-M.

Bibl. : Thornton, 1808, p. 155, pl. 10, 16 ;
Müller-Karpe, 1974, pl. 358.25, n° 153 ;
Getz-Gentle, 1996, p. 5, 28, 29, 35-39, pl. 4.

111 Tombe reconstituée

Différentes localisations, à Murcie et à Grenade, Espagne
Cuivre et autres matériaux
Culture d'El Argar,
XVIIIe-XVIe siècle avant J.-C.
Madrid, Musée archéologique national
Inv. n° 1983/162/6 ; 83/57/158-9 ;
82/99/62 ; 25.546 ; 83/62/2 ; 17.131 ;
84/149/4 ; 1964/28/1

La culture de l'âge du bronze la plus ancienne en péninsule Ibérique porte le nom de culture d'El Argar. Elle a été découverte dans la partie sud-est, entre Grenade et Murcie. Le cimetière éponyme d'El Argar hébergeait un millier de sépultures, avec des pithos pour la plupart. Les tombes masculines contenaient souvent un poignard ou une hache plate en cuivre, ainsi que de nombreux bijoux. Dans les tombes féminines, on a trouvé fréquemment des diadèmes en argent. Cette tombe a été reconstituée à partir d'objets provenant de divers lieux. Elle contient, outre les restes d'un squelette, un pithos, deux anneaux spiralés de cuivre, un poinçon en cuivre, trois pots d'argile, un collier de coquillages et un poignard en cuivre. J. J.

Bibl. : Coles et Harding, 1979, p. 214 ;
Lull, 1983 ; Siret, 1887 ; *Avant les Celtes*, 1988, p. 147, n° 15.

112 Tombe d'un chef

Hagenau, Regensburg, Oberpfalz, Allemagne
Bronze
Âge du bronze moyen,
XIVe siècle avant J.-C.
Regensburg, Historisches Museum
Inv. n° 1975/131
(Ill. 1, p. 106)

La tombe a été découverte à l'intérieur d'un tumulus. Le mort était sans doute placé dans une ciste en pierre de 2,50 m sur 1,60 m, dont seules des traces subsistent. On a trouvé au-dessus de la tête deux épées, une longue et une courte, à la garde en collerette, avec une hache de taille moyenne. Parmi ses autres armes à main, un poignard déposé à proximité de sa hanche gauche. Les quatre pointes de flèches à manchon trouvées près de son épaule gauche lui tenaient lieu d'armes pour les cibles à longue distance, tandis que les quarante-trois clous de tailles diverses évoquent la présence d'un bouclier décoré de la sorte, dont le mort disposait pour sa défense. La boucle de ceinture trouvée près de son sein gauche appartenait probablement à un baudrier.

Les bijoux incluaient une longue épingle nervurée pourvue d'un disque orné d'éléments en saillie et deux spirales en or situées l'une au-dessus de son épaule gauche et l'autre près de son poignet gauche. À proximité du corps étaient placés deux bracelets, deux anneaux de bras et un rasoir. Parmi les autres pièces figuraient trois objets posés près de son coude gauche qui pouvaient avoir été des aiguilles de tatouage ; un ustensile en argile était posé dans le coin de la tombe, aux pieds du mort sur sa gauche, avec une pierre à aiguiser.

Les accessoires de cette tombe ne font pas seulement la démonstration de la richesse des classes supérieures à cette époque, elles témoignent également des contacts qui se déroulaient sur une vaste échelle de l'est de l'Allemagne à la Bohême et à la Basse-Autriche. A. J. et F. V.

Bibl. : Stary, 1980 ; Schauer, 1984a.

113 TOMBE DE GÖNNEBEK

Gönnebek, Segeberg, Schleswig-Holstein, Allemagne
Or, bronze, étain et autres matériaux
Âge du bronze moyen,
période II-III, XIVe-XIIIe siècle avant J.-C.
Épée : L. 67
Coupe en or : diam. 13,5 ; H. 7 ; 134 g
Schloss Gottorf, Archäologisches Landesmuseum
Inv. n° KS 5954a-n

Des fouilles menées en 1884 au tumulus de Schwarzer Berg mirent au jour dans l'une des deux moitiés, sous une grande plaque de pierre, une chambre funéraire de 2 m de longueur sur 70 cm de largeur et un mètre de hauteur, avec des restes de crémation. Sur les cendres et à côté étaient posés divers objets en or – un bol, un bandeau de bras, un morceau de fil spiralé, un disque d'étain emmailloté dans un fil d'or, cinq bagues-anneaux spiralées et six petites spirales (des perles de collier ?) – et en bronze – une épée, deux couteaux, une paire de pinces, un burin et un poinçon, une épingle, les vestiges de deux épingles de vêtement, un burin à trépan –, une pièce d'hématite et des fragments d'argile provenant d'un ustensile à anses.

J. J.

BIBL. : Menghin et Schauer, 1977, p. 64, n° 8 ; 1983, p. 74, n° 8.

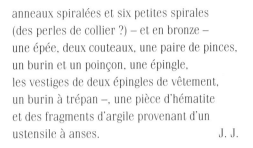

114 TOMBE D'AABYGAARD

Aabygaard, Nyker, Bornholm, Danemark
Bronze et or
Âge du bronze ancien, période II,
XIVe siècle avant J.-C.
Copenhague, Musée national
Inv. n° MDCXIX, MDCXXI-XXIV

Vers 1400 avant J.-C., en Allemagne du Nord et dans le sud de la Scandinavie, les morts étaient souvent ensevelis dans un cercueil en chêne ou dans une ciste, sous un tumulus. Cette tombe d'homme riche était pourvue d'une épée en bronze à poignée et d'une hache de combat très décorée sans doute fixée à l'origine sur un manche en bois en équerre. Parmi les objets figuraient un pommeau orné de spirales, monté avec de l'ambre, et, appartenant à la tenue du mort, deux petits « boutons » en bronze, à l'ombon orné de motifs circulaires combinés avec des points et des lignes en zigzag ; une substance résineuse comblant l'espace entre les motifs. Le poignet du mort était orné d'un bracelet en or fendu aux extrémités terminées en spirales.

J. J.

BIBL. : Broholm, 1943, p. 58, n° 376 ; Aner et Kersten, 1973, n° 1503 ; Randsborg, 1968.

115 TOMBE DE GOLLERN

Gollern, Uelzen, Basse-Saxe, Allemagne
Bronze et pierre
Âge du bronze ancien,
XIVe siècle avant J.-C.
Épée : L. 62,2. Hache : L. 14,8. Pointe de lance : L. 21,2. Épingle : L. 12,9
Hamburger Museum für Archäologie und die Geschichte Harburgs
Inv. n° 1902 : 77-101

Le corps de l'homme, appartenant à la culture de Lüneburg, était orienté est-ouest.

La tombe, enfouie sous un amas de pierres puis recouverte de terre, renfermait une épée à collerette, une hache allemande du même type, et une lance de Lüneburg (avec des fragments de bois dans la cavité), ainsi qu'une épingle à grosse tête biconique et à tige décorée, et une pierre à aiguiser rectangulaire. La tombe est celle d'un guerrier sans doute assez riche d'une zone culturelle qui aimait à exposer les armes.

A. J. et F. V.

BIBL. : Laux, 1971, n° 478, pl. 45.1-5.

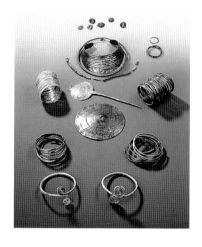

116 Tombe de Store Kongehøj

Store Kongehøj, Vester Vamdrup, Jutland, Danemark
Bronze et bois
Âge du bronze ancien, période II,
XIVe siècle avant J.-C.
Épée : L. 78
Copenhague, Musée national
Inv. n° 25 711 710

Il est arrivé que l'utilisation des cercueils en bois de chêne pour les sépultures, alliée à l'enfouissement dans un tumulus, crée les conditions nécessaires à la bonne conservation des matériaux organiques. Celle-ci résulte de la formation d'une couche d'oxyde de fer autour du cercueil ayant fait obstacle à la pénétration de l'humidité. Dans le tumulus de Store Kongehøj au sud du Jutland, on mit au jour en 1862 un cercueil en bois de chêne contenant un corps entièrement recouvert d'une grande couverture de laine. Le mort était coiffé d'un calot rond en laine ; il avait à son côté une épée en bronze dans un fourreau en bois sculpté ; un crochet en bronze maintenait sa ceinture. Deux bols en bois étaient posés à ses pieds, le moins grand était orné d'un motif de petits points obtenu par martelage. J. J.

BIBL. : Broholm, 1943, n° 100 ; Capelle, 1976 ; Aner et Kersten, 1973, n° 3832.

117 Tombe d'Hverrehus

Hverrehus, Viborg, Jutland, Danemark
Bronze
Âge du bronze ancien, période II,
XIVe siècle avant J.-C.
Copenhague, Musée national
Inv. n° D 13239-07

Dans la plupart des tombes de l'âge du bronze, tous les matériaux organiques se sont décomposés : c'est le cas de cette riche sépulture, où seuls les bijoux de la morte ont résisté au temps. La femme ensevelie à cet endroit portait une parure de cou, un grand disque à la ceinture, un poignard et un peigne. Ses poignets s'ornaient de bracelets en bronze, et quatorze petits « boutons » étaient attachés à ses vêtements. La tombe renfermait aussi une quantité substantielle de petits tubes en feuille de métal contenant des restes de fil conservés grâce au contact du métal. La femme était probablement habillée d'un vêtement de corde, semblable à ceux que l'on a retrouvés dans les tombes bien conservées à cercueil en chêne, comme celui d'Egtved. Les petits tubes attachés à la robe devaient tinter comme des clochettes à chaque mouvement. J. J.

BIBL. : Thomsen, 1929 ; Broholm, 1940, p. 117 ; Broholm, 1943, n° 728.

118 Tombe de Wardböhmen

Wardböhmen, Bergen, Celle, Allemagne
Bronze
Âge du bronze ancien,
XIVe siècle avant J. C.
Épingle à disque : L. 24. Boucle de ceinture : L. 8,6. Collier A : diam. 13.
Disques à pointe : diam. 6,5.
Spirales des bras : diam. 6,5.
Ornement de jambe : diam. 9.
Bracelet de cheville : diam. 8,5
Hanovre, Niedersächsisches Landesmuseum
Inv. n° 1156-61 : 76, 1168-70 : 76, 1172-74 : 76

À l'intérieur du tumulus, le cercueil fait dans un tronc d'arbre renfermait le squelette d'une femme de la culture de Lüneberg. Les objets funéraires étaient limités aux accessoires de vêtement : une épingle, qui, en raison de sa proximité de la tête, servait à retenir ou à décorer la coiffure, deux colliers, dont l'un fait de grosses perles torsadées, et un grand disque en bronze avec un ombon central décoré de spirales continues. Le second collier se compose de perles torsadées alternées et de six disques pointus en leur centre. Les autres accessoires incluent une épingle à disque de Lüneburg ornée de bosses, de lignes et de points, une boucle de ceinture décorée, en forme de feuille de saule, une bague-anneau, un bracelet de jambe (fait dans une barre à section ronde), et un bracelet de cheville aux bords crénelés. A. J. et F. V.

BIBL. : Wegner, 1996, p. 103, 289.

119 Dépôt avec armes et ornements

Midskov, Mesinge, Fionie, Danemark
Bronze
Âge du bronze final, période IV,
XIe-Xe siècle avant J.-C.
L. 59,7
Copenhague, Musée national
Inv. n° 3778-85

Les régions de vastes plaines du nord de l'Allemagne, en Pologne et au sud de la Scandinavie ont connu durant l'âge du bronze de nombreux dépôts votifs d'objets de valeur en bronze. La plupart étaient immergés dans des terrains humides, ou dans des rivières et des lacs : d'où l'idée qu'il s'agissait probablement d'offrandes sacrificielles ou votives. Les dépôts contenaient des objets à la fois du monde masculin et du monde féminin.
Ce dépôt de Midskov, découvert en 1836, contenait notamment une fibule et deux récipients à suspendre, qui peuvent avoir appartenu à des femmes. Les pièces masculines comprennent sept pointes de lance, un burin à douille, deux anneaux de bras, quatre haches à douille et trois fragments d'épée. La longue pointe de lance avec son manchon bien visible et ses moulures linéaires manifeste des influences d'Allemagne du Nord. J. J.

BIBL. : Broholm, 1946, p. 189, M.38 ; Jacob-Friesen, 1967 ; Thrane, 1965 et 1975, p. 55.

120 Dépôt

Villingerød, Esbønderup, Frederiksborg,
Zélande, Danemark
Bronze
Âge du bronze final, période V,
IXe-VIIIe siècle avant J.-C.
Ustensile à suspendre : diam. 21.
Boucle de ceinture : diam. 16
Copenhague, Musée national
Inv. n° B 13 681-86

Beaucoup de riches dépôts d'Europe du Nord comprenaient un ensemble complet de bijoux féminins voire plus. Celui-ci, qui provient d'un marais proche de Villingerød, renferme un ustensile de vaisselle à suspendre, une boucle de ceinture, quatre faucilles, un anneau de cou réalisé à partir d'une feuille de bronze, et une paire de bracelets à spirales. Ces pièces font probablement partie d'un ensemble de bijoux portés par la même femme. Les quatre faucilles et les bracelets se trouvaient à l'intérieur du récipient avec, par-dessus, la boucle de ceinture, qui faisait comme un couvercle. J. J.

BIBL. : Broholm, 1946, M.101a.

121 Dépôt

Wierzchowo, Szczecinek, Koszalin, Pologne
Bronze
Âge du bronze final, période IV,
XVIe-Xe siècle avant J.-C.
Corne de vache : L. 23.
Pointe de lance : L. 16,6.
Garde épée : L. 11,1.
Fibules plates : L. 17,5, 17,7, 19,5.
Fibule à spirales : L. 31,1.
Colliers : diam. 13,7, 24, 24,8.
Anneaux de cou : diam. 15,9, 19,1.
Disques décoratifs : diam. 10,3 et 10,4
Berlin, Museum für Vor- und Frühgeschichte
Inv. n° Ic 3401, 3457-3466, 3469-3482, 3485-3488
(Ill. 5, p. 81)

Le dépôt a été trouvé en 1901 à l'occasion d'une extraction de tourbe au nord du lac Bialla, dans une poche de sable ; la plupart des objets étaient intacts, à l'exception de quelques-uns, qui ont d'ailleurs disparu. Il comprend une garde d'épée du type de Mörigen, et une pointe de lance non décorée. L'essentiel cependant consiste dans un ensemble d'objets féminins, incluant trois fibules plates, deux disques décoratifs légèrement bombés, un anneau de bras en forme de ruban, deux anneaux de cou, quatre colliers-collerettes, deux fibules à terminaison spiralée, deux fibules à spirales, et deux doubles spirale. Le dépôt contenait en outre deux fragments de fil de métal, quatre fils métalliques partiellement endommagés et une corne de vache. Le dépôt semble avoir constitué une offrande votive dans un marais. Plusieurs pièces étaient déjà sévèrement endommagées au moment de leur dépôt. Beaucoup, comme les colliers-collerettes, provenaient du même atelier. Les objets en bronze représentent les possessions d'un guerrier et de plusieurs femmes. A. J. et F. V.

BIBL. : Hundt, 1955 ; Sprockhoff, 1956, p. 69, pl. 15.6, 21.1, 32.1-3, 24.2, 26.2, 53.3, 54.2.5-6, 75.8 ; von Brunn, 1980, n° 246, pl. 62, 63 ; Hänsel et Hänsel, 1997, p. 223.

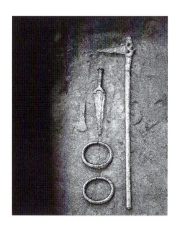

122 Tombe de Lęki Małe

Lęki Małe, Koscian, Pologne
Bronze
Culture d'Únětice,
XXe-XIXe siècle avant J.-C.
Hallebarde : L. 72 ; l. 18
Poznan, Musée archéologique
Inv. n° 1953:440, 444, 452b-c

Tombe richement dotée relevant de la région septentrionale de la culture d'Únětice. Une série de onze tumulus ont été identifiés à proximité d'un habitat fortifié (Bruszczewo) sur la rivière Warta. L'un des plus petits – 24 m de diamètre et 4,5 m de hauteur – fut fouillé en 1953. La tombe d'origine, en pierre et en bois, contenait deux ensembles de restes, féminins et masculins. L'homme était équipé d'une hallebarde et d'un poignard triangulaire, d'une hache, d'une épingle en or à tête nouée et d'une spirale en or. La femme portait deux anneaux en bronze aux chevilles. La tombe contenait aussi des ustensiles d'argile et des restes d'objets en bois. Les riches tombes de la culture d'Únětice étaient, il y a peu encore, considérées comme contemporaines des tombes à fosse de Mycènes. Cependant, la dendrochronologie, qui analyse des cercles de croissance du bois, appliquée aux tombes d'Únětice à Helmsdorf et Leubingen a révélé qu'elles dataient de 1850 avant J.-C., soit deux siècles environ plus tôt que les tombes de Mycènes.   J. J.

BIBL. : Kowianska-Piaszykowa et Kurnatowski, 1953 ; Kowianska-Piaszykowa, 1956 ; Kowianska-Piaszykowa, 1968 ; Müller-Karpe, 1980, n° 876, pl. 308B ; Champion et al., 1984, p. 212.

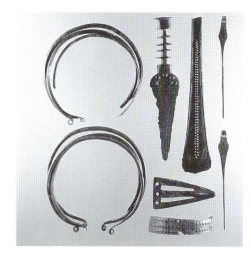

123 Tombe de Thun « Renzenbülh »

Thun «Renzenbülh», Berne, Suisse
Bronze, cuivre et or
Âge du bronze final A2,
vers 1600 avant J-C.
Hache : L. 24,1
Berne, Historisches Museum
Inv. n°BHM 10327-28, 10331-33, 10336, 10339, 10343, 10346-47, 10351, 10353

Alors que l'on enlevait une moraine, en 1820, on découvrit une tombe délimitée par des dalles de pierre. Elle contenait un squelette et une quantité impressionnante d'objets, parmi lesquels une hache ou hachette en bronze, d'une forme longue et étroite, avec une bande de cuivre incrustée de nombreux petits éléments en or courant sur chaque face ; six anneaux de cou en bronze aux extrémités spiralées vers l'extérieur, un poignard en bronze avec sa garde, deux épingles en bronze avec des têtes losangées, et un crochet de ceinture en bronze. Le décor de la hache (des losanges en or incrustés dans une bande de cuivre centrée courant le long de la lame) a été comparé à celui des poignards des tombes à fosse de Mycènes, qui sont des pièces beaucoup plus élaborées.   J. J.

BIBL. : Strahm, 1966 et 1972 ; Schauer, 1984b ; Barfield, 1991.

124 Tombe Clandon Barrow

Clandon Barrow, Winterborne St. Martin,
Dorset, Grande-Bretagne
Or, bronze et ambre
Culture du Wessex I, XVIIIe siècle avant J.-C.
Poignard : L. 17,5. Plaque d'or : L. 15,5.
Tête de massue : L. 7,7.
Coupe d'ambre : H. 9,9
Dorchester, Dorset County Museum
Inv. n° 1884.9.26, 36-37, 39-40
(Ill. p. 102)

Tombe richement dotée de l'un des nombreux tumulus de la région du Wessex. Le petit cairn contenait à l'origine, outre le corps, un grand nombre d'objets dont un poignard en bronze avec les restes de son étui en bois. Le poignard se caractérise par une nervure centrale fortement marquée bordée de deux ou trois sillons latéraux. Il y avait également une plaque en or en forme de losange avec un décor tracé ou gravé, qui peut avoir été fabriquée par le même orfèvre que les bijoux de Bush Barrow, à Wilsford dans le Wessex. La tombe renfermait également une tête de massue en schiste ornée de capuchons en or montés sur des incrustations de schiste, et une petite tasse conique faite d'une seule pièce d'ambre. De nombreuses tombes du Wessex contenaient de l'ambre, sans doute en raison de sa présence importante sur les côtes, où les vagues le rejettent encore en gros morceaux vers le littoral du Norfolk. On se demande cependant si l'ambre utilisé à l'âge du bronze final en Angleterre provenait de la côte est, ou de la Baltique, qui l'aurait alors « vendu ».

J. J.

BIBL. : Gerloff, 1975, p. 74, n° 127 ; Müller-Karpe, 1980, pl. 475.A, n° 1054 ; Taylor, 1980, p.45-49, pl. 24-26 ; Clarke, Conie et Foxon, 1985, p. 211, 274, 275.

125 Tombe de Carnoët

Carnoët Quimperlé, Finistère, France
Cuivre, bronze, pierre
Âge du bronze ancien
Poignard : L. 28. Épées : de 48 à 52.
Brassard : L. 9. Pendentif : L. 3.
Sept pointes de flèche : L. de 3 à 4
Saint-Germain-en-Laye,
musée des Antiquités nationales
Inv. n° 30490, 30490 bis, 30490 ter,
30492, 30493

Exposé à Paris seulement

Dans un tumulus fouillé en 1842, une ciste en pierre contenait un mobilier funéraire caractéristique des sépultures « riches » d'Armorique avec des armes en cuivre et en bronze, des épées et des poignards, des pointes de flèche, un brassard d'archer et des bijoux. Des bracelets et des anneaux d'or et d'argent, en partie reliés, semblent composer une chaîne. La chaîne d'argent a disparu du fait de la corrosion. Ces pièces témoignent de liens étroits unissant la Bretagne et la péninsule Ibérique.

BIBL. : Briard et Mohen, 1974, p. 46-60 ; Briard, 1984, p. 266-267.

126 Tombe de La Motta

La Motta, Lannion, Côtes-d'Armor, France
Bronze, silex et cuivre
Culture des tumulus armoricains,
1800-1700 avant J.-C.
Épée : L. 48,4.
Poignards : L. de 10,8 à 24,8.
Flèches : L. de 3,7 à 4,7.
Haches : L. de 11,3 à 15. Pendentif : L. 6,8
Saint-Germain-en-Laye,
musée des Antiquités nationales
Inv. n° 86.175-86.180

Exposé à Copenhague, à Bonn et à Athènes seulement

La tombe de La Motta, située aux environs de Lannion, sur la côte nord, est l'une des sépultures en tumulus les plus riches de l'âge du bronze ancien en Bretagne. Son grand tertre est situé sur la côte. Au cours des fouilles, en 1939, on découvrit, sur le sol à l'intérieur du tumulus, une ciste faite en dalles édifiées dans la roche. Des objets de valeur s'y trouvaient : une épée, deux haches, six poignards, le tout en bronze, une pierre à aiguiser en ardoise et de nombreuses pointes de flèches en silex. Sous le sol de pierre de la ciste, on découvrit un bijou en or à la fonction inconnue : pendentif ou protection symbolique de poignet. On ne sait pas si le bijou avait été placé dès l'origine dans le coffre en pierre avec les autres pièces. Tous ces objets attirent notre attention sur les relations étroites qui existaient entre la population bretonne de l'âge du bronze et celle du Wessex, de l'autre côté de la Manche. J. J.

BIBL. : Butler et Waterbolk, 1974, p. 106-167 ; Müller-Karpe, 1980, n° 958, pl. 459B ; Éluère, 1982, fig. 34.1 ; Avant les Celtes, 1988, p. 145.

127 Tombe de Quinta da Agua Branca

Quinta da Agua Branca, Vila Nova de Cerveira, Viana do Castelo, Portugal
Or et cuivre
Âge du bronze final
Poignard : L. 35. Diadème : L. 60,2
Lisbonne, Musée archéologique national
Inv. n° 85-89, 11017

Cette tombe fut trouvée dans une ciste près de Quinta da Agua Branca. Le corps d'un homme, probablement, était couché sur le dos. Le crâne portait un diadème en or décoré de deux bandes décoratives dans la longueur ; elles étaient composée chacune d'une ligne en zigzag entre deux lignes droites. Une grande épée en cuivre reposait à son côté gauche. La tombe contenait également deux petits anneaux d'or et deux petites spirales en or terminées en pointe. J. J.

BIBL. : Fortes, 11905-1908, p. 241 ; Pingel, 1992, p. 303, n° 313.

128 Jambières

Pergine, Trente, Italie
Bronze
Âge du bronze final,
IXe-VIIIe siècle avant J.-C.
H. 30 env.
Trente, Musée provincial

En mai 1940, lors de travaux sur la voie rapide qui traverse le Valsugana, quatre jambières en bronze furent découvertes dans un terrain alluvial près de la petite église de Pergine. Ces cnémides se composent d'une fine feuille de bronze, de forme ovale,

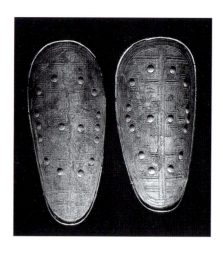

entièrement ornée de motifs symétriques en relief (bosses). Les quatre pièces ont pu être réunies en paires d'après leur décor.

Bibl. : Fogolari, 1943 ; Schauer, 1982, p. 10.

129 Jambière

*Schäfstall, Donauwörth, Souabe,
Allemagne
Bronze
Âge du bronze final,
Xe-VIIIe siècle avant J.-C.
H. 30 env.
Donauwörth, Archäologisches Museum
Inv. n° D 027*

Cette jambière est faite d'une fine feuille de bronze incurvée, de forme ovale, avec un décor en repoussé. Il n'a pas été trouvé de jambières ailleurs qu'en Europe centrale, dans la région du Danube moyen et supérieur principalement. En Égée, on en a découvert qui dataient au minimum du XVe siècle avant J.-C., en Europe centrale, de 1300 avant J.-C. seulement. Ces découvertes sont la preuve des relations étroites unissant l'Égée, l'Italie, et les régions du Danube.   J. J.

Bibl. : Dehn, 1980 ; Krahe, 1981 ; Schauer, 1982.

130 Casque à crête

*Blainville-la-Grande, Meurthe-et-Moselle,
France
Bronze
Âge du bronze final,
XIIe-IXe siècle avant J.-C.
H. 32,5
Saint-Germain-en-Laye,
musée des Antiquités nationales
Inv. n° 86196
(Ill. 6, p. 95)*

Exposé à Copenhague, à Bonn et à Athènes seulement.

Casque à crête fabriqué en deux parties et assemblé au niveau de la crête. Il a été trouvé en 1921 dans le sable, à proximité de la Meurthe. Sa forme est conique, avec une ligne verticale en légère saillie au centre, qui court du haut vers le bas de l'objet. Il y avait à l'origine une bosse en repoussé sur chaque côté ; il n'en reste qu'une seule aujourd'hui. Les bosses figurent une paire d'yeux, comme sur le casque de Viksø (voir cat. 177). Au nord des Alpes, les casques – fréquents – forment deux groupes, à l'est et à l'ouest d'une ligne qui va de Hambourg à l'Adriatique en passant par Salzbourg. À l'est, on ne rencontre que des « casques en cloche » (voir cat. 132) ; à l'ouest, ce sont des casques à crête du même type que celui de Blainville-la-Grande.   J. J.

Bibl. : Von Merhart, 1941, p. 4 à 42 ; 1969, p. 111 ; Hencken, 1971 ; Müller-Karpe, 1980, pl. 471 ; Goetze, 1984, p. 25.

131 Ceinture et casque

*Le Theil, Billy, Cher, France
Bronze
Âge du bronze final
Saint-Germain-en-Laye,
musée des Antiquités nationales
Inv. n° 25038*

Exposé à Paris et à Athènes seulement

Cette ceinture articulée est un accessoire de vêtement composé de trois rangées de maillons plats, rectangulaires, qui se terminent

de chaque côté par des spirales de fils en bronze. Des pendeloques ovales faites dans des feuilles de métal martelé et ornées de points en repoussé sont attachées à la rangée inférieure. C'est là un des exemples les plus occidentaux de ce type d'objet que l'on trouve habituellement dans la région des Alpes. La pièce a été découverte vers 1875 avec d'autres objets, dont un casque.

Bibl. : Cordier, 1996, p. 77, fig. 48.

132 Casque en cloche

*Sehlsdorf, Parchim/Lübz,
Mecklembourg, Allemagne
Bronze
Âge du bronze final, XIIe-IXe siècle av. J.-C.
H. 25,5
Schwerin, Landesmuseum Mecklenburg-
Vorpommern
Inv. n° BR 315*

Trouvé lors d'une extraction de tourbe en 1836, ce casque en forme de cloche, exécuté par martèlement dans une seule feuille de métal, possède un petit calot. Ces casques avaient sans doute été mis au point au XIIe siècle dans la région des Carpates et dans les Balkans, avec pour source d'inspiration les casques égéens. J. J.

BIBL. : von Merhart, 1969, p. 111 ; Hencken, 1971 ; Goetze, 1984 ; Schauer, 1986.

133 CUIRASSE

Saint-Germain-du-Plain, Saône-et-Loire, France
Bronze
Âge du bronze final,
IXe-VIIIe siècle avant J.-C.
H. 50
Saint-Germain-en-Laye,
musée des Antiquités nationales
Inv. n° 2757

Cette armure de corps, ou cuirasse, a été trouvée dans la Saône. Elle est faite de deux parties, avant et arrière, rivetées l'une à

l'autre sur le côté gauche. L'ensemble est décoré d'un motif étoilé. Ce genre d'armure pour le torse peut, à l'origine, avoir comporté une doublure en cuir. Les exemples européens les plus anciens se rencontrent en Grèce au XVe siècle avant J.-C., tandis que pour le nord des Alpes, ils datent de la culture d'Urnfield, soit à partir du XIIIe siècle. L'armure de Saint-Germain-du-Plain fait sûrement partie des pièces les plus anciennes des Alpes du Nord, produites dans la région des Alpes orientales et des Carpates. J. J.

BIBL. : Deonna, 1934, p. 118 ; Paulik, 1968, p. 56 ; von Merhart, 1969, 9.162, fig. 3.4 ; Müller-Karpe, 1980, pl. 471 D, n° 980 ; Goetze, 1984, p. 25.

134 DÉPÔT DE CUIRASSES EN BRONZE

Petit-Marais, Marmesse, Haute-Marne, France
Bronze
Âge du bronze final,
IXe-VIIIe siècle avant J.-C.
H. 50
Saint-Germain-en-Laye,
musée des Antiquités nationales
Inv. n° M.A.N. 83753, 83756, 83757
(Ill. 4, p. 91)

Entre 1974 et 1986, au voisinage d'une source près de Marmesse, on mit au jour un total de neuf pièces d'armure ; elles avaient été immergées par groupes de trois, à titre d'offrandes votives, probablement. Toutes ces pièces ont à faire avec les plaques avant et arrière d'une cuirasse. Les décors de bosses en repoussé de différentes dimensions épousent les contours de l'anatomie du guerrier. La même technique décorative était employée pour les casques italiens, hongrois et danois entre le XIe et le VIIIe siècle avant J.-C. L'armure de corps constituait un objet de prestige associé parfois à un casque et des jambières. L'armure de Marmesse fait partie du groupe alpin occidental et date des IXe-VIIIe siècle avant J.-C.

BIBL. : Goetze, 1984, p. 25 ; Mohen, 1987 ; cat. exp. Archéologie de la France, 1989, p. 192.

135 CUIRASSE EN BRONZE

Fillinges, Haute-Savoie, France
Bronze
Âge du bronze final,
IXe-VIIIe siècle avant J.-C.
H. 50 ; 2 kg (chacune)
Genève, musée d'Art et d'Histoire
Inv. n° 14057-58

À la fin du XIXe siècle de notre ère, trois pièces d'armure (torse) et quatre autres au moins (dos) furent découvertes près de Fillinges, dans l'est de la France. Comme elles ne semblent pas aller ensemble, elles devaient appartenir à l'équipement de sept guerriers au moins. Les pièces d'armure avaient été rassemblées sur un gigantesque bûcher funéraire – cérémonie qui rappelle la description que fait Homère du bûcher érigé pour le héros Patrocle (*l'Iliade*, chant XXIII, 173 et suivantes). Le décor se compose de rangées de bosses, de points et de lignes martelés comme l'était le cuir. Les motifs d'oiseaux, de soleils et de bateaux sont des représentations symboliques qui ont été prises à la culture d'Urnfield ancienne ; les dessins d'oiseaux apparaissent dans toute la région concernée par cette culture, mais il n'est pas possible de déterminer un lieu d'origine précis. Les armures en feuille de bronze mince (de 0,7 à 1,1 mm d'épaisseur) étaient mises par-dessus une doublure de cuir ou de tissu épais. Les réparations indiquent que, malgré sa faible épaisseur, pareille armure défensive était utilisée au combat. L'armure de Fillinges fait partie du groupe des cuirasses en cloche ouest-alpines qui furent probablement fabriquées aux IXe et VIIIe siècles avant J.-C. sous l'influence de la Méditerranée. J. J.

Bibl. : Deonna, 1934 ; von Merhart, 1969 ; Schauer, 1970, p. 92, Goette, 1994, p. 25.

du sud de la Scandinavie ont entre 10 et 15 cm de longueur, parfois plus. Leur configuration et leur décor sont très uniformes, le bord de la cavité est, la plupart du temps, orné d'ensembles de motifs linéaires. Ce type était très répandu au sud de la Scandinavie, mais un grand nombre a circulé dans l'Allemagne du Nord et la Pologne. La plupart des dépôts sont enfouis à titre d'offrandes votives dans la nature ; il est exceptionnel que semblables pointes de lance proviennent de tombes.

Bibl. : Jacob-Friesen, 1967 ; Thrane, 1975, p. 59.

136 Pointe de lance

Store Karleby, Hyllinge, Copenhague, Danemark
Bronze
Âge du bronze final,
période V, IXe-VIIIe siècle avant J.-C.
L. 27,8
Copenhague, Musée national
Inv. n° B6691

Lance de type « balte occidental », copie de celles qui étaient en usage à l'époque en Europe centrale. La plupart des exemples

137 Pointe de lance

Vejlegårds Mark, Vejle, Svendborg, Danemark
Bronze
Âge du bronze final, période V,
IXe-VIIIe siècle avant J.-C.
L. 39
Copenhague, Musée national
Inv. n° 25992

Lance du type « balte occidental » (cat. 136).

Bibl. : Jacob-Friesen, 1967 ; Thrane, 1975, p. 59.

138 Pointe de lance

Lieu de découverte inconnu, Danemark
Bronze
Âge du bronze final, période V,
IXe-VIIIe siècle avant J.-C.,
L 35,3
Copenhague, Musée national
Inv. n° UI/1377

Lance du type « balte occidental » (voir cat. 136-137). J. J.

Bibl. : Jacob-Friesen, 1967 ; Thrane, 1975, p. 59.

139 Dépôt d'armes

Kozí Hrbety, Horomerice, Prag-zábad, Bohême, République tchèque
Bronze
Âge du bronze ancien, culture d'Únětice, XVIIIe-XVIIe siècle avant J.-C
Prague, Narodni muzeum
Inv. n° 37493-37501
(Ill. 1, p. 103)

Dépôt d'armes de la culture d'Únětice, trouvé en 1928 au voisinage de Prague. Le dépôt contenait sept poignards en bronze (et la lame d'un huitième) ; certains ont une poignée solidaire, d'autres, une poignée rapportée. L'une des poignées est ornée d'ambre et de rivets encapsulés d'or. Ces armes élégantes étaient sans doute des offrandes votives. Plusieurs dépôts d'armes de valeur sont connus pour appartenir à la culture d'Únětice, en particulier dans la région autour de Halle, en Allemagne centrale. L'un des dépôts les plus importants de cette région, celui de Dieskau, contenait deux cent quatre-vingt-treize haches, ainsi que des poignards et des anneaux. Les armes et les outils en bronze, étaient très appréciés et voyageaient depuis la région d'Únětice vers le nord de l'Allemagne et le sud de la Scandinavie. Les riches dépôts comme celui-ci sont la preuve que la région d'Únětice avait à sa disposition d'abondantes ressources en minerai de cuivre, sel et autres matières premières. J. J.

Bibl.: Böhm, 1928-1930, p. 1; Müller-Karpe, 1980, pl. 299F, n° 433.

140 Hache simple

*Poliochni, bâtiment XIII, salle 829,
Lemnos, Grèce
Bronze
Âge du bronze ancien, période rouge de Poliochni, milieu du IIIe millénaire avant J.-C.
H. 16,3 ; l. 4,5 ; diam. (trou) 3,1
Athènes, Musée archéologique national
Inv. n° 7205*

Hache de bronze à un seul tranchant, intacte. Elle est dans un bon état de conservation, et consiste en une lame rectangulaire terminée par un tranchant incurvé et pourvue d'une cavité en forme de bague servant à fixer l'outil au manche de bois. La hache fut trouvée avec d'autres outils en bronze et des armes dans un bâtiment du quatrième et important établissement de Poliochni. Cette cité préhistorique s'était développée à côté de Troie, et était demeurée en relation constante avec elle durant l'âge du bronze ancien ; elle avait pris part à la culture brillante qui s'était épanouie dans le nord-est de l'Égée,

se spécialisant dans la production d'objets métalliques de haute qualité.
Cette hache pouvait avoir été utilisée pour des activités pacifiques – comme la chasse ou d'autres besoins domestiques – ou pour le combat. N. D.-V.

Bibl.: Mendoni, 1997, p. 117, fig. 3.

141 Hache de combat

*Someseni, Cluj, Roumanie
Bronze
Âge du bronze moyen, culture de Wietenberg, XVe-XIVe siècle avant J.-C.
L. 21,7 ; diam. 8
Bucarest, Museul National de Istorie a Romaniei
Inv. n° 15.911*

Hache à collerette et manche tubulaire. La collerette sert de support pour le manche. Les haches de ce type se rencontrent sous des formes très variées. Leur utilisation s'est étendue sur une longue période de temps, et dans un périmètre très vaste. Originaires du bassin des Carpates (Hongrie du Nord-Est et Transylvanie), elles se sont répandues par la voie des échanges à travers les régions du nord et du centre de l'Europe. Toute la surface est décorée : sur le disque, on remarque une spirale à quatre crochets, sur la lame, un motif continu de spirales court entre des triangles hachurés ornés de pois uniformes et de guirlandes horizontales. Le côté étroit comporte des bandes de lignes parallèles, des triangles hachurés avec des pois uniformes, des demi-cercles concentriques, etc. G.T.

Bibl.: Schönbäck et Sofka, 1970, n° 18 ; Dumitrescu, 1974, p. 367, fig. 408.

142 Hache en cuivre

*Trévé ou Loudéac,
Côtes-d'Armor, France
Cuivre
H. 29 cm ; l. hache 17 cm
Âge du bronze ancien, néolithique récent
Saint-Germain-en-Laye,
musée des Antiquités nationales
Inv. 17048*

Exposé à Paris seulement

Cette hache est souvent mentionnée en relation avec la précédente. Toutes deux posent les mêmes problèmes de chronologie et d'interprétation. Il est difficile de dater ces objets isolés, connus seulement en Bretagne ; on peut probablement les situer à la fin du IIIe millénaire.

Bibl.: Jacob-Friesen, 1970, p. 53, fig. 11.

143 Hache en cuivre

Kersoufflet, Le Faouët, Morbihan, Bretagne, France
Cuivre
Manche : H. 54,5. Hache : L. 24,4 ; 2,7 kg
Âge du bronze final
Saint-Germain-en-Laye, musée des Antiquités nationales

Exposé à Copenhague, à Bonn et à Athènes seulement

Cette hache, a été découverte en 1882 dans un tumulus dépourvu de toute trace de sépulture, d'après ce qui en a été dit. Un second exemple a été trouvé à Trévé (cat. 142). Il est difficile de dater ces objets isolés, connus seulement en Bretagne ; ils relèvent probablement de la fin du IIIe millénaire.

Bibl. : Jacob-Friesen, 1970, p. 53, fig. 12.

144 Hache

Bebra, Hersfeld-Rotenburg, Hesse, Allemagne
Cuivre
Néolithique récent, âge du bronze ancien
Manche : L. 40. Tête de la hache : l. 28,7
Hessisches Landesmuseum für Vor- und Frügeschichte, Kassel
Inv. n° 1253

Découverte en 1905, cette pièce constitue une trouvaille isolée : hache-marteau du type Eschollbrücken, elle est entièrement fondue en cuivre en une seule fois. Ce type de hache se distingue par une lame au tranchant expansé ; elle peut être pourvue d'une perforation ronde pour le manche, ou, comme c'est le cas ici, de l'équivalent métallique d'un manche en bois. Pour la plupart, la ligne de la tête est incurvée légèrement. Plusieurs possèdent une collerette à l'endroit du trou ménagé pour le manche, à l'instar de celle-ci, originaire de Bebra. Des traces d'un motif linéaire géométrique sont visibles sur un côté de la lame. Trouvées en grand nombre dans la partie occidentale de l'Europe de l'Ouest, les haches du type d'Eschollbrücken sont faites d'un cuivre presque pur : elles ne contiennent pratiquement jamais d'arsenic ou d'étain, et leur lame est rarement très acérée. C'est pourquoi il est préférable de les considérer comme des ornements symbolisant un statut social. Il est possible qu'elles aient copié leur forme sur certaines haches de pierre, dans la mesure où elles ressemblent à celles que la culture des produits cordés a produites.

A. J. et F. V.

Bibl. : Jacob-Friesen, 1970, p. 28 ; Kibbert, 1980.

145 Épée de cérémonie

Plougrescant, Côtes-d'Armor, France
Bronze
Âge du bronze moyen, vers 1200 avant J.-C.
L. 66,5 ; 2,18 kg
Saint-Germain-en-Laye, musée des Antiquités nationales
Inv. n° 7600

Lame d'épée de très grande taille trouvée en Bretagne en 1845. Elle avait été fabriquée vraisemblablement dans un but cultuel : la lame ne présente aucune trace de fixation d'une poignée, le talon ne comporte pas de rivets, et les bords ne sont pas acérés. Ce type d'épée a été rapprochée d'un trésor découvert près de Ommerschans en Hollande ; toutes ces épées devaient avoir été produites par le même et seul fondeur de bronze. Elles constituent de bons indicateurs des distances géographiques importantes que pouvaient parcourir certains objets de bronze : des épées d'Ommerschans-Plougrescant ont été trouvées en deux endroits en Hollande, en deux endroits également en France, et à Norfolk en Angleterre.

J. J.

Bibl. : Butler et Bakker, 1961 ; Briard, 1965, fig. 28.2 ; Butler et Serfatij, 1971 ; Clarke, Cowie et Foxon, 1985, p. 102, 318, 319.

146 Poignards

Perşinari, Dâmboviţa, Roumanie
Or
Âge du bronze moyen,
XVIIe-XVIe (?) siècle avant J.-C.
L. 18,8 ; 19,2 ; 22,5
Bucarest, Museul national de Istorie a Romaniei
Inv. n° P23234, P23240, P23242

Poignards en or provenant d'un dépôt composé d'une épée en or, de plusieurs haches d'argent, et de douze poignards en or : heureuses découvertes des années 1954-1976. L'épée et les poignards, qui imitent le type mycénien, illustrent en même temps les relations entre la culture du nord de la Thrace et celle de l'Égée. Le dépôt a été trouvé dans une zone de la culture Tei, généralement datée du XVIIe siècle avant J.-C. (âge du bronze moyen), bien qu'une date antérieure (2200-2100 avant J.-C.) ait été récemment proposée. D.L.

Bibl.: Gimbutas, 1965, p. 55; Zaharia et Iliescu, 1968, p. 125, pl. 5.h; Müller-Karpe, 1980, pl. 281a, n° 279; Bader, 1990, p. 185; Petrescu-Dîbovița et al., 1995, p. 122; Vulpe, 1995.

par ailleurs huit qui sont décorées de spirales. Ces armes, par leur forme et leur décoration, manifestent une influence égéenne et de régions situées à l'est et au nord.
La composition du dépôt montre la position centrale dont jouissait le bassin des Carpates autour de 1500 avant J.-C.: des objets de valeur en bronze voyageaient de la Hongrie et de la Roumanie aux régions lointaines du Nord – voire même au sud de la Scandinavie, où l'on a trouvé de nombreuses épées similaires à celles de Hajdúsámson. J. J.

Bibl.: Childe, 1929; Mozsolics, 1967; Müller-Karpe, 1980, pl. 289A, n° 349; Vulpe, 1995.

leur solide poignée de bronze; seule la poignée de l'une d'entre elles est incomplète et le matériau naturel qui la composait a disparu. Tout au long de l'âge du bronze, des armes ont été déposées à titre d'offrandes votives; elles étaient souvent immergées dans des plans d'eau ou dans des marais. En Europe centrale, cette pratique prit fin au VIIIe siècle avant J.-C., mais elle perdura pendant deux siècles encore au nord de l'Allemagne et au sud de la Scandinavie. Les armes de valeur de Kehmstedt furent probablement sacrifiées vers la fin de l'âge du bronze, c'est-à-dire aux environs des IXe-VIIIe siècle avant J.-C. J. J.

Bibl.: Jockenhövel et Kubach, 1994, p. 71.

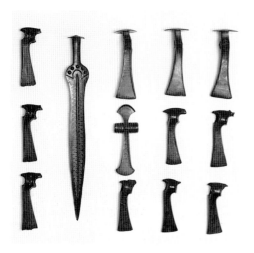

147 Dépôt d'armes

Hajdúsámson, Hajdú-Bihar, Hongrie
Bronze
Âge du bronze moyen,
XVIe-XVe siècle avant J.-C.
Épée: L. 53. Haches: L. de 16 à 28
Debrezen, Déri muzeum
Inv. n° DMD 1907/1204-1214;
1907/1216; 95.6
(Ill. 2, p. 89)

Dépôt d'armes en bronze, découvert en 1907 près d'Hajdúsámson au nord-est de la Hongrie. Ce dépôt est l'un des plus riches de l'âge du bronze moyen dans le bassin des Carpates. Les armes avaient sans doute été placées dans quelque endroit de la rivière Szamos. Il se compose de haches de combat et d'une épée courte avec une poignée solidaire et une lame décorée de spirales. L'une des haches est ornée, deux autres ne le sont pas; il y en a

148 Dépôt d'épées avec une pointe de lance

Kehmstedt, Nordhausen,
Thuringe, Allemagne
Bronze
Âge du bronze final,
IXe-VIIIe siècle avant J.-C.
La plus grande épée: L. 76
Halle, Landesmuseum für Vorgeschichte
Inv. n° 9388-9395

La construction d'une route au sud de Kehmstedt en Thuringe mit au jour sept épées et une pointe de lance, enfouies profondément dans le sol. Elles étaient disposées de façon à ce que les pointes soient proches les unes des autres. Les épées constituent d'élégantes pièces d'armement: plusieurs ont des antennes, et même des spirales, au bout de

149 Bouclier

Sørup, Eskilstrup, Maribo, Danemark
Bronze
Âge du bronze final, période IV,
XIe-Xe siècle avant J.-C.
Diam. 61,5
Copenhague, Musée national
Inv. n° B 10988b
(Ill. 7, p. 97)

Trouvé en 1920 avec un autre bouclier dans l'île de Lolland, au sud du Danemark. Son décor se compose d'arêtes et de bosses en repoussé de différentes dimensions, formant des cercles concentriques, ainsi que d'un motif en croix ou en roue. Chaque rayon de la roue est fait de neuf à onze lignes de bosses grandes ou petites. Le bord du bouclier est équipé de pièces de métal, fixées par quatre petits anneaux.
On ne rencontre ce schéma décoratif sur aucun autre bouclier d'Europe du Nord ou de l'Ouest, si bien que son lieu de production ne peut être déterminé avec certitude. Le bouclier fut probablement d'abord coulé puis terminé au marteau.
Il devait être difficile d'utiliser ces boucliers au combat étant donné leur poids: c'étaient plus vraisemblablement des armes de prestige ou de parade. Dans la région de l'Égée, on connaît les boucliers dès le XVe siècle avant J.-C., tandis qu'ils ne font leur apparition au nord des Alpes qu'au XIIIe siècle, en Europe centrale, en Allemagne du Nord, au sud de la

Scandinavie, en Angleterre et en Irlande. Les boucliers étaient aussi utilisés en France et en Espagne, mais on ne les connaît que par leurs représentations sur les stèles et les gravures rupestres. J. J.

BIBL. : Broholm, 1946, p. 184 M24 ; Coles, 1962, p. 156 ; Patay, 1968, p. 241 ; Thrane, 1975 ; Schauer, 1980 ; Goetze, 1984, p. 25.

150 BOUCLIER

Lieu de découverte inconnu, Danemark
Bronze
Âge du bronze final,
XIIe-Xe siècle avant J.-C.
Diam. 62
Copenhague, Musée national
Inv. n° 8111

Conservé auparavant au musée royal d'Art à Copenhague, ce lourd bouclier de bronze provient probablement du Danemark. Avec son motif en U bien lisible, il appartient à ce que l'on appelle le type Pilsen. À l'opposé de la plupart des autres types, les boucliers de Pilsen sont lourds, leur bronze est épais et l'ornementation, sommaire. Leur datation est incertaine ; il se peut qu'ils soient plus anciens que les boucliers de type Herzsprung (voir cat. 151). Les boucliers de bronze du sud de la Scandinavie reçoivent le même genre de traitement que les casques : une fréquence d'apparition équivalente dans les gravures rupestres et comme offrandes votives dans les marais – pratiques partagées par l'Angleterre,

le Danemark et l'Allemagne. La majorité des boucliers du nord des Alpes ont été découverts dans des terrains humides, lacs ou rivières, où ils avaient été sans doute déposés à titre de présents votifs. J. J.

BIBL. : Broholm, 1946, p. 184 M24 ; Coles, 1962, p. 156 ; Patay, 1968, p. 241 ; Thrane, 1975 ; Schauer, 1980 ; Goetze, 1984, p. 25.

151 BOUCLIER DU TYPE HERZSPRUNG

Nackhälla, Spånarps, Halland, Suède
Bronze
Âge du bronze final, période V,
IXe-VIIIe siècle avant J.-C.
Diam. 70,5
Stockholm, Statens historiska Museum
Inv. n° SHM 3420
(Ill. 4, p. 15)

Bouclier en bronze déposé dans un marais comme offrande votive. Le décor exécuté en repoussé est fait de cercles concentriques de bosses et de lignes en relief interrompus par un élément en U, en repoussé également. Une frise d'oiseaux court le long du bord. Les boucliers ainsi décorés sont appelés boucliers « Herzsprung », d'après un dépôt trouvé en Allemagne du Nord. Le dessin en « U » ne se rencontre que sur les boucliers d'Europe centrale et septentrionale, ceux de la région méditerranéenne s'ornant plutôt d'un motif en V. Le dépôt le plus important de boucliers du type Nackhälla fut découvert près de Froslunda, dans le Västergötland, en Suède, où seize boucliers virtuellement identiques avaient été immergés dans un marais comme offrandes votives. On trouve également sur les gravures rupestres scandinaves des hommes avec une hache dans une main et un bouclier dans l'autre. Malgré les influences de la région de Bohême, de Hongrie et du sud-est des Alpes dont ces boucliers témoignent, ils peuvent avoir été fabriqués en Allemagne du Nord ou du Centre. J. J.

BIBL. : Hencken, 1959, p. 295 ; Coles, 1962 ; Gräslund, 1967 ; Thrane, 1975, p. 71 ; Needham, 1979, p. 111 ; Burenhult, 1983 ; Goetze, 1984, p. 25.

152 BOUCLIER

Shannon, Barrybeg, comté de Roscommon, Irlande
Bronze
Âge du bronze final, XIIe-Xe siècle avant J.-C.
Diam. 66,3
Dublin, national d'Irlande
Inv. n° 1987.74

Plus de trente boucliers de l'âge du bronze ont été trouvés en Angleterre et en Irlande. La plupart sont de grande taille, de 45 à 70 cm de diamètre, et sont décorés de cercles concentriques de lignes en relief, de bosses et de cercles dont le nombre de rangées varie considérablement, de onze à trente. L'origine de ce type de bouclier est à rechercher au sud-est de l'Angleterre, le style s'en répandant vers le nord et l'ouest : progression typologique qui a dû se produire avec les autres objets de l'âge du bronze final, les faucilles à douille par exemple. Le décor de ce bouclier est lié au travail du bronze de la culture d'Urnfield continentale ancienne. J. J.

BIBL. : Coles, 1962, p. 156.

5 - LE MONDE DES DIEUX

153 STATUE FÉMININE

*Aghia Irini, salle 1 du temple de Kea,
île de Keos, Cyclades, Grèce
Argile
Âge du bronze final, minoen récent I, XVIe-
XVe siècle avant J.-C.
H. (totale) 55 ; H. (tête) 19
Kea, Musée archéologique
Inv. n° L 3613
(Ill. 1, p. 133)*

La tête et la moitié supérieure du corps de cette statue en terre cuite presque grandeur nature (hauteur estimée à 1,20 m) ont été préservées. Figure féminine imposante en position debout, au visage solennel et aux lourds seins nus dont le mamelon est rendu en modelé. Elle porte une guirlande de fleurs autour du cou. Les deux cercles posés sur sa tête sont interprétés comme étant une coiffure de cérémonie : celui du haut se déploie dans le dos en une seule mèche torsadée qui descend jusqu'à la taille. Elle a été découverte dans la salle n° 1 du temple d'Aghia Irini, avec un groupe d'autres figures féminines similaires portant toutes de longues jupes évasées, d'inspiration minoenne. D'argile grossière, elles étaient fabriquées en partant du bas par ajouts successifs de bandes d'argile, avec des supports en bois à l'intérieur. On pense que les statues représentaient des déesses, ou peut-être leurs prêtresses et leurs fidèles dans l'attente d'une apparition de la divinité. Il est intéressant de noter que le site du temple de l'âge du bronze final d'Aghia Irini fut par la suite dédié au dieu Dionysos vers 700 avant J.-C. : l'une des têtes féminines, trouvée accidentellement, semble-t-il, dans les débris, était devenue une image cultuelle du sanctuaire géométrique.   L. P.-M.

BIBL. : Vermeule, 1964, p. 217, pl. XLA ; Caskey, 1964, p. 326-331, pl. 57, 58 ; Hood, 1978, p. 106-108, fig. 90 ; Caskey, 1986, p. 4, 32, 43, 46-48, pl. 8-10.

154 STATUETTE D'UNE DIVINITÉ AUX BRAS LEVÉS

*Gazi, Crète, Grèce
Argile
Âge du bronze final, minoen récent IIIB-IIIC, XIIIe-XIIe siècle avant J.-C.
H. 52
Héraklion, Musée archéologique
Inv. n° 9306
(Ill. 1, p. 10)*

Cette grande figure féminine, découverte avec quatre autres dans un sanctuaire rural à Gazi et réalisée en argile grumeleuse de couleur chamois, a les bras relevés et les paumes des mains tournées vers l'avant ; elle a été bien modelée et repose sur une base faite au tour. Les composantes de son visage arrondi sont nettes : yeux, sourcils, lèvres ; sa chevelure à l'arrière est rendue de façon précise. En comparaison, le buste manque de vie : la jupe est un simple cylindre typique de la manière très stylisée de la période postpalatiale. Sur le bord de son chapeau conique sont disposés des symboles sacrés ou de fertilité – colombe et cornes de la consécration. Les traces de peinture rouge laissent penser que le buste et la jupe étaient entièrement peints. Ce geste – un salut, une bénédiction ou une attitude de prière ? – était, dans l'art minoen, une attitude conventionnelle issue de l'iconographie religieuse de la Mésopotamie.   E. B.

BIBL. : Marinatos, 1937, p. 287-291 ; Alexiou, 1958, p. 179-299 ; Rethemiotakis, 1990, p. 97, fig. 63 ; French, 1971.

155 STATUE FÉMININE

*Argile
Tirynthe, acropole basse, Argolide, Grèce
Âge du bronze final, helladique récent IIIC, XIIe siècle avant J.-C.
H. 35
Nauplie, Musée archéologique
Inv. n° 26171*

Personnage féminin de grande taille, fait au tour, du type « psi », rattaché à la « déesse aux mains levées » de la religion minoenne et

mycénienne. Les détails du visage et du corps sont rendus en relief, soulignés en outre par un décor de peinture marron. La tête est presque triangulaire et repose sur un long cou. Le visage à l'expression inhabituelle possède d'immenses yeux ronds, des sourcils prononcés, un nez protubérant et une bouche souriante aux lèvres entrouvertes. La tête est ceinte d'un diadème, et deux longues tresses appliquées se rejoignent sur la nuque et descendent au milieu du dos jusqu'aux reins. Les mains se réduisent à deux ailerons qui se redressent, les seins, au mamelon peint, sont deux petits cônes ; le bas du corps est constitué d'un tube ordinaire. Des colliers et un pendentif en forme de papyrus sont peints sur le corps, ainsi que l'ornementation de la longue robe. La légère rotation de la tête et le sourire retenu donnent au personnage un caractère vivant et gracieux. Peut-être représente-t-elle une divinité féminine vénérée, avec d'autres personnages similaires, dans le petit sanctuaire de Tirynthe où elle a été trouvée. De semblables statuettes de grande taille, fabriquées au tour, féminines pour la plupart, ont également été découvertes à Mycènes et à Midée (Argolide), et à Phylakopi (Mêlos).   N. D.-V.

BIBL. : French, 1971 ; Kilian, 1978, p. 463, fig. 2 ; 1981, p. 49 ; Demakopoulou, 1988, p. 95, n° 25.

156 Statue féminine

Cîrna-Dunareni, Dolj, Roumanie
Argile
Âge du bronze moyen,
XVIe siècle avant J.-C.
H. 15,6 ; diam. 6,8
Bucarest, Museul National de Istorie a Romaniei
Inv. n° 13.461

Découverte dans une tombe à crémation, cette pièce représente une femme vêtue d'une robe-cloche. La tête se réduit à une protubérance en forme de piton ; des bras schématiques avec trois doigts sont figurés en bas relief sur le disque du buste, reposant sur l'estomac. La taille est fine, la robe cylindrique. Des lignes incisées que rehausse un remplissage blanc décorent toute la surface. Sur la poitrine, on remarque un pendentif en forme de lune avec un élément central terminé par un papillon ou une flèche. La taille est entourée d'une ceinture représentée par plusieurs rangs de traits. Différentes sortes de spirales, des zigzags, un dessin cruciforme compliqué et des empreintes de petits cercles bordés de points ornent la robe. À l'arrière, quatre tresses descendent dans le dos. Une ligne courbe, que bordent seize petits trous – perles, médaillons, pendentifs ? –, complète le décor de la partie supérieure du dos. G. T.

BIBL. : Dumitrescu, 1961, p. 149, 251, pl. 154 ; Müller-Karpe, 1980, pl. 326, n° 253.

157 Cachet

Mycènes, maison des Boucliers, Argolide, Grèce
Argile
Âge du bronze final, helladique récent IIIB, XIIIe siècle avant J.-C.
H. 4 ; l. 2,3
Athènes, Musée archéologique national
Inv. n° 7630
(Ill. 5, p. 196)

Pièce de forme irrégulière en argile cuite au four, noircie, avec une perforation courant le long de son axe longitudinal. Sur l'une des faces, on trouve une empreinte représentant un homme barbu, armé d'un poignard qui combat un lion, un chien courant entre ses jambes en direction de l'animal. Le revers porte l'empreinte d'un morceau de corde. Le sceau utilisé appartient à ce que l'on appelle le style D ou style mycénien, antérieur du point de vue stylistique (XVe siècle avant J.-C.). Ce type de sceau et de cachet datant du XIIIe siècle témoigne d'une renaissance de la gravure des sceaux à cette période. Le thème héroïque de l'homme combattant un lion est bien connu du point de vue iconographique dès la période mycénienne ancienne. La pièce d'argile avec son empreinte devait être utilisé par le responsable officiel (qui était sans doute le propriétaire du sceau) pour cacheter et préserver des produits ou des objets spécifiques. Les cachets ou les nodules d'argile, qui portaient généralement des inscriptions en linéaire B ou des idéogrammes, témoignent, avec les tablettes en linéaire B, de l'existence d'une administration bureaucratique bien organisée au sein des centres palatiaux mycéniens. N. D.-V.

BIBL. : Bennett, 1958, p. 13, fig. 76, 77 ; Sakellariou, 1964, n° 165 ; Demakopoulou, 1988, p. 210, 211, n° 90.

158 Pierre sigillaire avec fixations de métal

Vaphio, tombe tholos, Laconie, Grèce
Jaspe et or
Âge du bronze final, helladique récent IIA, première moitié du XVe siècle avant J.-C.
Diam. 1,75 et 1,95
Athènes, Musée archéologique national
Inv. n° 1775
(Ill. 4, p. 195)

La pierre est circulaire et plate, avec des fixations en or disposées autour des deux terminaisons de l'orifice du cordon. Une scène de chasse est gravée sur l'endroit. Deux hommes s'évertuent à attacher ensemble avec une corde les pattes avant et arrière d'un lion mort. La tête sans vie de l'animal retombe en arrière, tandis qu'il est hissé. Le lion symbolise le pouvoir dans le relief monumental de la porte des Lions, ou des Lionnes, à Mycènes, et une chasse au lion est également représentée sur le célèbre poignard incrusté de la tombe à fosse IV à Mycènes. L. P.-M.

BIBL. : CMS I, 1964, p. 224 ; Buchholz, Jöhrens et Maull, 1973, *Archaeologia Homerica* II, 5.9-27.

159 Pierre sigillaire

Voudeni, chambre funéraire 4, Patras, Achée, Grèce
Lapis de Lacédémone
Âge du bronze final, helladique récent II-IIIA, XVe-XIVe siècle avant J.-C.
Diam. 2,05 et 2,13
Patras, Musée archéologique
Inv. n° AE 125

Cette pierre sigillaire, trouvée dans le mobilier funéraire d'une riche tombe, est de forme lentoïde. Sur l'endroit est gravée une scène représentant un démon qui porte sur ses épaules un homme apparemment mort. Le démon, de profil, se tient au milieu de la scène, tandis que le corps de l'homme, qui porte une ceinture et un pagne, retombe de l'autre côté. Sa tête est tournée vers le haut ; il a un collier. La construction de la scène est parfaitement adaptée à la surface

ronde de la pierre. Le sujet est traité avec une habileté exceptionnelle. La figure du démon est une adaptation minoenne de Ta-urt, la déesse hippopotame égyptienne. Ces créatures imaginaires *(genii)* ont en général une tête de lion, tandis que leur dos est recouvert d'une sorte de peau lâche attachée à la taille par une ceinture. Elles sont souvent représentées sur les miniatures, portant des cruches à libations et participant à des rituels où elles jouent le rôle de prêtres ou de serviteurs de la divinité. Il arrive qu'elles transportent des animaux sur l'épaule ou attachés à des bâtons, ce qui peut évoquer une scène de chasse dans le second cas. Cette scène d'un démon portant un homme mort demeure unique ; elle révèle l'association d'une figure apotropaïque avec le monde des morts.   L. P.-M.

BIBL. : Kolonas, 1989, p. 168-170, fig. 16 ; CMS V, suppl. IB, p. 161-163, n° 153 ; Baurain et Darcque, 1983, p. 3, 40-48 ; Sambain, 1989, p. 77, 85.

160 ANNEAU SIGILLAIRE AVEC SCÈNE CULTUELLE

Mycènes, chambre funéraire 66, Argolide, Grèce
Or
Âge du bronze final, helladique récent II, XVe siècle avant J.-C.
Diam. (chaton) 1,75 et 2,75 ; (anneau) 1,4 et 1,7 ; 9,18 g
Athènes, Musée archéologique national
Inv. n° 2971
(Ill. 3, p. 194)

La bague a un chaton ovale fixé sur un anneau de section trapézoïdale ; elle a été trouvée avec le mobilier funéraire de la tombe n° 66 à Mycènes. La scène qui y est gravée a suscité bien des discussions : une femme à la poitrine nue est assise sur un tabouret et pointe l'index de sa main droite en direction d'un homme debout tenant un bâton ou une lance. L'homme, proportionnellement plus petit, fait de même avec sa main gauche vers la femme ; ils semblent tous les deux engagés dans une conversation animée. La scène a été interprétée comme étant celle d'une « conversation sacrée » entre la grande déesse et un dieu masculin, son époux, figures dominantes du panthéon mycénominoen. Que la scène ait pu revêtir un caractère séculier paraît moins probable. La plupart des pierres sigillaires en or, qui sont considérées comme des chefs-d'œuvre de l'art de la miniature, comportent des scènes à caractère religieux.   L. P.-M.

BIBL. : CMS I, 1964, p. 101 ; Mylonas, 1966, p. 158, fig. 123.18 ; Sakellariou-Xenaki, 1985, p. 191, pl. 92 ; Sakellariou-Xenaki, 1989, p. 135.

161 FIGURINE FÉMININE

Mycènes, chambre funéraire 80, Argolide, Grèce
Argile
Âge du bronze final, helladique récent IIIA, XIVe siècle avant J.-C.
H. 13
Athènes, Musée archéologique national
Inv. n° 3221

Figurine féminine du type proto-« phi ». La partie supérieure du corps, en forme de disque, repose sur un pied cylindrique ; la tête est étroite, et ressemble à celle d'un oiseau. Elle tient dans ses bras modelés un petit enfant, posé à l'horizontale sur sa poitrine. Il est difficile de distinguer l'enfant du corps de la statuette, à l'exception de sa tête, qui regarde vers le bas. Un décor peint de bandes ondulées, obliques en haut et verticales en bas, indique la présence d'un vêtement long. Sur le dos, on remarque une longue natte. Ce type de figurine féminine est aussi appelé kourotrophos, d'après le terme grec qui désigne la nourrice ; elle représente un

symbole dans le registre des propriétés archétypales de la déesse-mère. De nombreuses figurines féminines semblables en terre cuite, aux formes variées (cat. 162 et 163) ont été trouvées dans des tombes et des habitats de la Grèce mycénienne, où elles constituent des présents funèbres et des offrandes votives aux qualités à la fois divines et protectrices.   N. D.-V.

BIBL. : Sakellariou-Xenaki, 1985, p. 223, pl. 105 ; French, 1971, p. 143.

162 FIGURINE FÉMININE

Prosymna, chambre funéraire 27, Argolide, Grèce
Argile
Âge du bronze final, helladique récent IIIA, XIVe siècle avant J.-C.
H. 11,4
Athènes, Musée archéologique national
Inv. n° 11146

Figurine féminine du type « phi » avec un buste en disque monté sur un pied cylindrique à la base conique. Les seins et la longue tresse sur son dos ont été modelés. Sur le petit visage d'oiseau, deux points ont été peints pour figurer les yeux. Les bandes ondulées peintes sur la partie supérieure du corps et les rayures verticales du pied évoquent la présence d'une robe longue. Ce type de petite figurine féminine mycénienne, qui faisait l'objet d'une importante production en série aux XIVe et XIIIe siècles, constitue, avec les

statuettes « phi », le principal témoignage de l'industrie de la terre cuite mycénienne. On les trouve en général dans les tombes à titre de présent funéraire, ou dans les sanctuaires et les habitations, comme offrandes votives. Elles représentent une divinité féminine lunaire aux qualités protectrices ; on les a aussi interprétées comme des jouets d'enfants. N. D.-V.

Bibl. : Blegen, 1937, p. 356, fig. 220 ; French, 1971, p. 107 ; Demakopoulou, 1988, p. 224, n° 211.

163 Figurine féminine

Prosymna, chambre funéraire 38,
Argolide, Grèce
Argile
Âge du bronze final, helladique
récent IIIB, XIIIe siècle avant J.-C.
H. 12,3
Athènes, Musée archéologique national
Inv. n° 11163

Figurine féminine du type « psi » avec un buste en forme de disque et des bras levés. Deux petits cônes marquent les seins ; la partie inférieure du corps est constituée d'un pied cylindrique avec une base conique. La statuette, qui porte un polos, a une longue tresse du haut en bas du dos. Les traits de son visage d'oiseau sont peints ; des bandes incurvées et obliques et des rayures verticales ont été peintes sur le corps, figurant une robe longue. Ce type de figurine féminine constitue,

avec les types « phi » et « tau », la production principale des ateliers mycéniens de cette catégorie ; il est directement associé aux coutumes funéraires et aux modes d'expression religieuse de la période. N. D. V.

Bibl. : Blegen, 1937, p. 359, fig. 308, 612 ; French, 1971, p. 107 ; Demakopoulou, 1988, p. 224, n° 212.

164 Figurine masculine

Amorgos, Cyclades, Grèce
Marbre
Âge du bronze ancien, cycladique
ancien I, 3200-2700 avant J.-C.
H. 25 ; l. 6
Athènes, Musée archéologique national
Inv. n° 3911
(Ill. 1, p. 54)

Cette figurine masculine est solidement campée sur ses pieds. Sa tête allongée est couverte d'un chapeau côtelé de forme conique. Son corps de courte taille est assorti de jambes robustes, d'épaules étroites et de bras atrophiés. Les éléments principaux de son appartenance sexuelle sont clairement indiqués. Les figurines mâles sont rares dans l'art des Cyclades, le type féminin étant prédominant. Cette pièce appartient au groupe de Plastiras, du nom d'un site de l'île de Paros. Les figurines mâles représentent cependant un pourcentage élevé (20 % environ) du nombre total des figurines de ce groupe. Naturaliste à la manière de ses prédécesseurs

du néolithique, le groupe de Plastiras est à peu près contemporain des figurines en forme de violon (voir cat. 166). L. P.-M.

Bibl. : Zervos, 1957, p. 73, pl. 43 ; Getz-Preziosi, 1987, p. 20, fig. 11a.

165 Figurine féminine

Naxos, Spedos, tombe 10,
Cyclades, Grèce
Marbre
Âge du bronze ancien, cycladique ancien II,
2700-2300 avant J.-C.
H. 43,5 ; l. 9
Athènes, Musée archéologique national
Inv. n° 6140.22
(Ill. 2, p. 54)

Cette figurine féminine aux bras croisés sur la poitrine appartient à la variante de Spedos, du nom du cimetière qui se trouve à Naxos, où cette pièce fut découverte. La tête est large et le grand nez est rendu de façon plastique. Le corps se tient debout, les genoux légèrement fléchis et des pieds dirigés vers le bas. Les jambes sont séparées par une profonde rainure. Des incisions légères marquent le triangle du pubis. Parmi les figurines cycladiques, c'est le type de statuettes aux bras croisés qui est le plus courant et le plus diffusé. Elles sont en général de petite dimension, mais on rencontre aussi des pièces plus grandes comme celle-ci, qui peuvent exceptionnellement atteindre la taille d'1,50 m. L'étude des détails a permis d'identifier différents styles et des « maîtres » sculpteurs, aujourd'hui anonymes, alors actifs dans les Cyclades. Ces figurines énigmatiques, idoles divines ou images des mortels, ont été découvertes dans les tombes et les habitats. Elles ont apparemment joué un grand rôle dans les croyances et les pratiques religieuses des habitants de l'archipel des Cyclades. Leur forme abstraite, simple, a aussi intrigué l'imagination de l'homme moderne et inspiré les artistes contemporains. L. P.-M.

Bibl. : Seager, 1912, p. 72, fig. 41 XIX.Ii.b.

166 FIGURINE EN FORME DE VIOLON

Kimolos, Cyclades, Grèce
Marbre
Âge du bronze ancien, cycladique ancien I,
3200-2700 avant J.-C.
H. 23 ; l. 8,3
Athènes, Musée archéologique national
Inv. n° 3937
(Ill. 3, p. 161)

Le corps, qui a la forme d'un violon, est plane ; des incisions peu profondes marquent les bras, les reins et l'abdomen. Le long cou a été cassé et restauré dans l'Antiquité. Deux incisions à la base du cou figurent un collier. Des traces de peinture rouge sont encore visibles. C'est là un bel exemple du premier type de figurines anthropomorphes stylisées, qui marque le début de leur évolution vers le modèle plus répandu aux bras croisés. L. P.-M.

BIBL. : Zervos, 1957, p. 81, pl. 56b ; Doumas, 1977, p. 16, fig. 4 ; Getz-Preziosi, 1987, p. 53, 54.

167 CHAR DU SOLEIL

Trundholm, Højby, Holbæk, Zealand,
Danemark
Bronze et or
Âge du bronze ancien, période II,
XIVe siècle avant J.-C.
L. 59,6 ; diam. (soleil) 24,4 ; 3 kg
Copenhague, Musée national
Inv. n° B7703
(Ill. p. 130)

Le « chariot du Soleil » de Trundholm constitue l'ouvrage de sculpture en métal le plus beau et le plus imposant de l'âge du bronze d'Europe du Nord. Il a été trouvé en 1902 lors du labourage d'un marais asséché situé près de Trundholm. Le char reposait à la surface du marécage, relativement stable à l'époque. La sculpture se compose d'un cheval monté sur un cadre à quatre roues, attelé à un disque transporté sur un chariot à deux roues. Le disque est en trois parties : un anneau en bronze de trois millimètres de largeur maintient ensemble deux disques indépendants, légèrement convexes. Ces disques ne diffèrent que par un point : l'un des deux est recouvert d'une feuille d'or, sur laquelle apparaissent en relief les dessins du dessous. Le cheval aux flancs minces a été coulé sur une âme d'argile. Plusieurs détails suggèrent qu'il était harnaché et guidé : les orifices près de sa gueule, les crochets sur son cou et sur le disque semblent bien avoir été ménagés pour y recevoir des rênes.

Le char du soleil date de la période II de l'âge du bronze nordique, c'est-à-dire du XIVe siècle avant J.-C. Les conditions de sa découverte le désignent comme un objet sacré, détruit et sacrifié intentionnellement. On tient pour certaine l'interprétation qui consiste à voir dans ce disque l'astre solaire transporté sur un char à travers le ciel. Le côté plaqué d'or représente probablement le jour, l'autre, la nuit. Cette image d'un disque d'or scintillant sur un char tiré par un cheval évoque celle du char d'Hélios, le dieu grec du soleil, dans lequel il traversait les cieux au cours de la journée, conduit par quatre chevaux. J. J.

BIBL. : Müller, 1903 ; Brøndsted, 1962, p. 87 ; Gelling et Davidson, 1969, p. 16.

168 RELIEF DÉCOUPÉ EN FORME DE SANCTUAIRE TRIPARTITE

Mycènes, cercle de tombes A, tombe
à fosse III, Argolide, Grèce
Or
Âge du bronze final, helladique récent I,
seconde moitié du XVIe siècle avant J.-C.
H. 7,5 ; l. 6,9
Athènes, Musée archéologique national
Inv. n° 26 :1
(Ill. p. 1)

La section centrale se distingue des deux autres par sa hauteur, et parce qu'elle est couronnée d'un ensemble complexe de « cornes de consécration » ; les deux ailes qui la flanquent sont elles aussi surmontées d'un élément, mais plus simple. Les oiseaux aux ailes déployées posés sur les cornes indiquent très probablement l'*epiphaneia* (« apparition ») de la divinité. Les éléments sacrés additionnels sont, dans la section centrale, l'autel aux côtés incurvés, et les colonnes des trois niches. Une assise de maçonnerie constitue la base. La pièce est perforée en six endroits afin qu'elle puisse être cousue probablement sur un vêtement précieux de cérémonie. L'image représente le sanctuaire minoen tripartite, également connu d'après les fresques. L. P.-M.

BIBL. : Karo, 1930-1933, p. 48, pl. 27.26 ; Hood, 1978, p. 203, fig. 203h ; Demakopoulou, 1990, p. 281, n° 221.

169 DOUBLE HACHE VOTIVE

Grotte d'Arkalochori, Crète, Grèce
Or
Âge du bronze final, minoen récent I,
XVe siècle avant J.-C.
H. 4,8 ; l. 4,0 env.
Héraklion, Musée archéologique
Inv. n° 596
(Ill. 2, p. 12)

Petite hache votive en or avec un décor de traits. Elle a été trouvée dans la grotte d'Arkalochori avec une impressionnante quantité d'objets en bronze (épées, outils et autres matériels) et des doubles haches en or. Pour l'archéologue qui a conduit les fouilles, Marinatos, ces objets étaient la preuve d'un culte rendu à une divinité guerrière ; une réévaluation de ce matériel incline toutefois à penser que le contenu de la grotte représente les vestiges d'un atelier de ferronnier, dérobé aux regards lors de bouleversements politiques. E. B.

BIBL. : Marinatos, 1962, p. 87-94 ; Müller-Karpe, 1980, pl. 196b, n° 145.

170 Cruche aux doubles haches

Aghia Triada, Crète, Grèce
Argile
Âge du bronze final, minoen récent I,
XVe siècle avant J.-C.
H. 28
Héraklion, Musée archéologique
Inv. n° 3936

Cruche à bec, à décor sombre sur fond clair; des doubles haches sont combinées avec le motif des nœuds sacrés, et des empreintes de serpent, des bandes de feuillage et des étoiles. Bel exemple de ce que l'on appelle le style alternatif dans la tradition palatiale spéciale; la cruche pouvait avoir été destinée à un usage rituel.   E. B.

Bibl.: Marinatos et Hirmer, 1973, p. 141, fig. 82 (droite); Betancourt, 1985, p. 146.

171 Objets en forme de double hache

Lundsbakke, Værløse, Copenhague,
Zélande, Danemark
Bronze
Âge du bronze ancien, période II,
XVe siècle avant J.-C.
L. 3,6 et 3
Copenhague, Musée national
Inv. n° B 14452 et B 14453
(Ill. 3, p. 13)

L'influence égéenne en Europe est un sujet controversé. Il semble, cependant, que l'on retrouve, en Scandinavie méridionale, la trace du symbole égéen de la double hache. Dans la tombe masculine d'un tumulus, on a découvert parmi d'autres objets deux petites pièces en forme de double hache. Plates, elles paraissent pouvoir se fixer facilement sur un autre objet, ou sur un support quelconque. Leur signification ou leur usage demeurent inconnus.   J. J.

Bibl.: Randsborg, 1967, p. 1-28; Aner et Kersten, 1973, p. 123, n° 364, pl. 75.150.

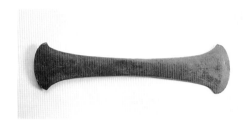

172 Double hache

Friedelsheim, Bad Dürkheim, Allemagne
Cuivre
Âge du bronze ancien
L. 40,1; l. 9,7 et 9,3; 1,447 kg
Mayence, Landesmuseum
Inv. n° V 2976

Cette double hache (type de Zabitz, variante Flonheim) a été découverte en 1884 dans le Feuerberg, à l'intérieur d'une sorte de grande urne. Les caractéristiques de cette variante sont les suivantes: un poids moyen, une section médiane rectangulaire avec un bord coupant évasé, un petit manchon circulaire et un décor fait de traits incisés. Les haches doubles étaient particulièrement répandues dans le centre de l'Allemagne et dans la moyenne vallée du Rhin; d'autres exemples dispersés ont été trouvés jusque dans l'est de la France. Il est improbable qu'elles aient été utilisées comme monnaie d'échange: si cela avait été le cas, leur production aurait été sans doute standardisée en termes de poids. Il ne fait pas de doute que les lingots étaient, pour une raison particulière, utilisés comme « objets de valeur » comme offrandes votives peut-être. En raison de leur petit nombre (trente-deux spécimens répertoriés), l'interprétation la plus plausible est que ces objets étaient prestigieux et affichaient le rang social de leur propriétaire; ils étaient également être de nature cultuelle.   J. J.

Bibl.: Buchholz, 1960, p. 39; Kibbert, 1980, p. 43; Lenerz-de Wilde, 1995, p. 234.

173 Haches cultuelles

Viby, Zealand, Danemark
Bronze
Âge du bronze moyen, période III,
XIIIe-XIIe siècle avant J.-C.
L. 46; 5 kg (chacune)
Copenhague, Musée national
Inv. n° B 17019-20
(Ill. 3, p. 135)

Les deux haches ont été trouvées à Viby, où elles avaient été déposées à titre d'offrandes votives à l'âge du bronze moyen. Les gravures rupestres scandinaves, qui représentent parfois des hommes transportant d'énormes haches votives, n'ont pas qu'une valeur symbolique mais aussi une réalité historique: vingt-quatre haches semblables ont été répertoriées au Danemark, en Suède et en Norvège. Ces objets très lourds constituaient vraisemblablement les symboles du pouvoir politique et rituel que détenaient les riches dirigeants et leur famille. Les haches peuvent être datées approximativement de la même période que les célèbres cercueils en chêne d'Egtved et de Skrydstrup – à une époque où le bronze était un matériau rare et précieux. Les hommes de l'âge du bronze n'en mettaient pas moins à l'abri de grandes quantités et l'abandonnaient dans des zones désolées et inaccessibles.   J. J.

Bibl.: Jensen, 1978, p. 17; Jensen, 1988, p. 239.

174 Chariot cultuel avec récipient

Orastie, Hunedoara, Roumanie
Bronze et fer
Âge du bronze final, BrD-HaA,
XIIIe-XIIe siècle avant J.-C
L. 17 ; H. 10 ; 3 kg
Vienne, Naturhistorisches Museum
Inv. n°51.254
(Ill. 2, p. 134)

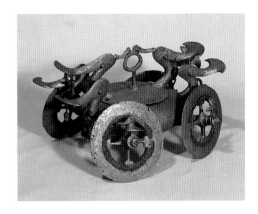

Ce chariot cultuel de petite taille a été réalisé en bronze, avec des essieux en fer. Seule une des quatre roues à rayons nous est parvenue intacte. L'ensemble est orné de douze protomés d'oiseaux de même forme. Ils sont installés par paires à l'avant et à l'arrière de manière à composer une sorte d'espace enclos, au milieu duquel est monté un chaudron. Ce dernier est pourvu de deux paires supplémentaires de protomés, disposées l'une sur l'autre ; le couvercle est traité de façon identique. Ces chariots à chaudron font leur apparition à la période d'Urnfield, mais on en retrouve encore plus tard. Pour autant qu'il soit possible de le déterminer, les chariots de ce type proviennent tous de tombes masculines. Leur fonction est encore incertaine, mais la présence d'oiseaux associés à des objets symboliques nous oriente, en ce qui concerne l'âge du bronze final, vers une forme de fonction rituelle.   A. J. et F. V.

BIBL. : Hampel, 1887, pl. LVIII 2a.b ; Piggott, 1983, p. 120 ; Pare, 1992.

175 Chariot cultuel avec récipient

Bujoru, Teleorman, Roumanie
Bronze
Âge du bronze final, VIIIe siècle avant J.-C.
L. 15,3 ; l. 13,2 ; H. 5,3
Bucarest, Museul National de Istorie a Romaniei
Inv. n°135.281

Ce chariot à chaudron de petite taille en bronze provient d'une tombe située près de Bujoru. Les quatre roues sont chacune munies quatre rayons et de moyeux bien dessinés ; les essieux sont en fer, et la bordure des roues est soulignée dans le même matériau. Le chariot n'a pas de châssis, les roues sont donc directement rattachées au chaudron ; ce dernier est ovale, avec un couvercle. Sur les deux petits côtés du chaudron sont fixés deux protomés d'oiseaux aquatiques de grande taille ; le couvercle en comporte deux autres, dans le même alignement. Chacun d'eux est pourvu d'un bec incurvé qui s'élargit généreusement vers l'extrémité ; leur cou s'orne de lignes incisées, parallèles ; une poignée semi-circulaire est fixée à leur poitrine et attachée au chaudron. Le couvercle est couronné d'une poignée en forme d'anneau, surmonté à son tour d'une paire supplémentaire de têtes d'oiseaux. Un oiseau est en outre perché sur chaque moyeu. Le chariot de Bojuru appartient à un groupe caractérisé sans exception par un chaudron en bronze avec de grands protomés d'oiseaux disposés selon un schéma équilibré. Le groupe est très voisin de certain pendentifs largement répandus en Macédoine et en Thessalie.   G.-T.

BIBL. : Beda, 1976 ; Moscalu et Beda, 1988, p. 23-47 ; Pare, 1992, p. 184.

176 Chariot cultuel avec récipient

Peckatel, Schwerin, Mecklembourg, Allemagne
Âge du bronze moyen, période III,
XIIIe-XIIe siècle avant J.-C.
H. 37,7 ; diam. (chaudron) 38
Schwerin, Landesmuseum Mecklenburg-Vorpommern
Inv. n°BR 1146-1148
(Ill. 1, p. 6)

Chariot à quatre roues à essieux incurvés sur lesquels repose le petit support cylindrique du chaudron. Le chaudron lui-même est peu profond ; il ressemble à une urne et possède une panse large et arrondie munie de deux paires de poignées torsadées. Il est décoré de points au repoussé, comme le support, qui comporte en outre des oiseaux dans un rendu symbolique et abstrait. Il a été découvert en même temps que des couteaux, un bracelet en or, une épée, une hache à embout et des pointes de flèches en bronze. Le lieu de sa découverte est le tumulus de Königsberg (30 m de largeur, 1,5 m de hauteur) ; ce tumulus, qu'entourait un cercle de pierres, renfermait de nombreux restes humains enfouis sous des cairns.   J. J.

BIBL. : Belz, 1910, p. 193, 203 ; Schubart, 1972 ; Müller-Karpe, 1980, n°842, pl. 514 ; Pare, 1992, p. 179.

177 Casque à cornes

Viksø, Frederiksborg, Zealand, Danemark
Bronze
Âge du bronze final, période IV,
XIe-Xe siècle avant J.-C.
H. 39,7
Copenhague, Musée national
Inv. n°B13552
(Ill. p. 86)

Ces deux casques à cornes identiques furent trouvés ensemble dans un marais en 1942, durant une extraction de tourbe ; ils avaient été déposés là à titre d'offrande votive. Ils appartiennent à la catégorie des casques à crête de forme hémisphérique, mais diffèrent

profondément des pièces de ce groupe. La partie avant est traitée de manière grotesque avec ses yeux, ses sourcils et son bec incurvé. Les cornes creuses sont rivetées dans une pièce de bronze moulée qui est à son tour fixée dans le casque par des rivets. Le décor se compose de bosses de différentes tailles exécutées au repoussé. Sur le bord, à l'avant et à l'arrière, est figurée une paire de têtes d'oiseaux reliées latéralement par une ligne de petites bosses (composant ainsi des silhouettes de bateaux avec une tête d'oiseau à la proue et une autre à la poupe).
Les pièces de Viksø sont les seuls casques à cornes connus du nord de l'Europe ; on a cependant trouvé au Danemark des figurines portant des cornes (cat. 183), et certaines statuettes de guerriers sardes sont également coiffées de casques à cornes.
Les casques de Viksø ont été fabriqués sans doute dans un atelier profondément influencé par la technologie du bronze de l'est des Alpes, et situé selon toute probabilité en Bohême et en Silésie ou en Allemagne du Centre et du Nord.　　　　　J. J.

BIBL. : Norling-Christensen, 1943 ; Broholm, 1946, M.105 ; Henken, 1971 ; Thrane, 1975, p. 62 ; Levy, 1982, p. 130, n° 96.

178 Rhyton à tête de taureau

Chypre
Argile
Âge du bronze final, cycladique récent II,
1400-1230 avant J.-C.
H. 29,5 ; diam. (col) 8
Paris, musée du Louvre, département
des Antiquités orientales
Inv. n° AO 14913

Exposé à Copenhague, à Bonn et à Paris seulement

Céramique, texture brune, engobe instable de couleur brune, décor incisé et en relief. Forme piriforme allongée – peut-être issue d'une combinaison des rhytons coniques et des rhytons à piton égéens, mais de type cypriote (séries des « base-ring » I-II ?). Les nervures verticales en relief donnent un effet cannelé ;

extrémité légèrement renflée. L'anse verticale en boucle, située juste au-dessous de l'épaule, est à l'opposé d'une petite tête de taureau en trois dimensions rapportée à cet endroit. Le contexte confirme la nature cultuelle de la pièce.　　　　　　　　　　　C. E.

BIBL. : Caubet, Karageorghis et Yon, 1981, 30.CKY.50, pl. 11 ; *Art de Chypre*, 1992.

179 Statuette de taureau

Phylakopi, Mêlos, Cyclades, Grèce
Argile
Âge du bronze final, helladique
récent IIIB, XIIIe siècle avant J.-C.
H. 32,5 ; l. 36 ; l. 8,1
Mêlos, Musée archéologique
Inv. n° 653

L'animal possède un corps et un mufle cylindriques faits au tour, des pattes qui vont en s'affinant légèrement, de longues cornes et une queue. Les yeux sont des petites boules rapportées, les naseaux deux orifices ; la bouche est incisée. Le décor peint, fait d'ensembles parallèles de lignes obliques ou ondulées, recouvre le corps de la tête à la queue. Un trou est percé à l'extrémité arrière. Cette figure bovine à la stature impressionnante provient d'une niche de la salle A du sanctuaire de l'est de Phylakopi (île de Mêlos). Trois autres figures bovines ont été trouvées dans cette niche ; il y en avait neuf en tout dans les sanctuaires de l'est et de l'ouest à Phylakopi. Il semble qu'elles

aient joué un rôle important dans le rituel du sanctuaire de cet établissement mycénien. Les figures bovines, mais datées plus tardivement (helladique récent IIIC, XIIe siècle après J.-C.), constituent également le trait caractéristique principal du sanctuaire d'Amyklaion en Laconie.　　　　L. P.-M.

BIBL. : Renfrew, 1985, p. 425-427 ; Demakopoulou, 1982, p. 57-63, pl. 27-39.

180 Rhyton en forme de taureau avec personnages jouant à saute-taureau

Koumasa, Crète, Grèce
Argile
Âge du bronze ancien et moyen,
minoen ancien II-minoen moyen I,
fin du IIIe-début du IIe millénaire avant J.-C.
H. (avec anse) 15 ; l. 20,5
Héraklion, Musée archéologique
Inv. n° 4126

Récipient pour les libations (rhyton) en forme de taureau avec trois petits personnages humains accrochés à ses cornes. Il provient de la tombe tholos de Koumasa, datée du minoen ancien, et constitue l'une des premières représentations, dans l'art minoen, des jeux de saute-taureau. Ces taurokathapsies étaient accomplies, peut-être en musique, par des jeunes gens et des jeunes filles ; il est possible qu'ils aient été liés à des rites de fertilité pratiqués les jours de fêtes religieuses.　　　E. B.

BIBL. : Xanthoudides, 1924, pl. II ; Zervos, 1956, p. 220, 279, 280 ; Davaras, 1976, p. 32, fig. 20.

181 Rhyton en forme de taureau

Chypre
Argile
Âge du bronze final, cycladique récent III,
1200-1050 avant J.-C.
L. 13,6 ; H. 10,2
Paris, musée du Louvre, département des Antiquités orientales
Inv. n° MNB.105

Récipient en terre cuite en forme de taureau. Une ouverture sur la nuque permet au liquide d'entrer ; il ressort par un orifice plus petit au niveau de la gueule. Les cornes et les jambes se réduisent à des pitons, les oreilles à de petites excroissances, les yeux sont de petites boules rapportées. Une anse semi-circulaire est fixée au bas de l'encolure. L'âge du bronze final connaît de très nombreux exemples de rhytons similaires modelés à la main. C. E.

182 Chariot cultuel miniature

Chypre
Âge du bronze final III
L. 9,4
Paris, musée du Louvre, département des Antiquités orientales
Inv. n° AM 1707

Chariot cultuel sur roues, composé d'une personne aux bras tendus debout derrière deux bœufs qui ne semblent pas harnachés, mais seulement placés côte à côte. L'ensemble est réalisé en bronze selon la technique de la cire perdue. Le groupe est placé sur une sorte de plate-forme équipée de roues (à quatre rayons) dont deux seulement ont été conservées. J.P.-M.

BIBL. : *Art de Chypre*, 1992.

183 Figurine

Grevensvænge, Ronnebaek, Præstø, Zealand, Danemark
Bronze
Âge du bronze final, période IV,
IXe-Xe siècle avant J.-C.
H. 10,2
Copenhague, Musée national
Inv. n° DCCCXL
(Ill. 5, p. 94)

Cet homme agenouillé est presque tout ce qui reste d'un groupe découvert à Grevensvænge au XVIIIe siècle après J.-C. Un dessin de 1780 environ montre qu'à l'origine il y avait deux hommes jumeaux. Ils portaient chacun un casque à cornes, et à la main une grande épée de cérémonie. Plusieurs autres personnages les accompagnaient, parmi lesquelles figuraient trois danseuses acrobates. Là aussi, un seul est parvenu jusqu'à nous. Les petites chevilles qui se trouvent sous les personnages montrent qu'ils étaient faits pour être rivetés à un socle. J. J.

BIBL. : Broholm et Djupedal, 1952 ; Broholm, 1953, n° 105 ; Coles et Harding, 1979, pl. 23a.

184 Figurines

Fårdal, Viskum, Viborg, Jutland, Danemark
Bronze
Âge du bronze final, période V,
IXe-VIIIe siècle avant J.-C.
H. (femme) 5
Copenhague, Musée national
Inv. n° B 11661-65
(Ill. 4, p. 136)

Quelques petites figurines représentant des animaux et une femme agenouillée ont été trouvées dans un dépôt votif à Fårdal, en même temps que des bijoux féminins : les objets étaient enterrés dans un tumulus de gravier. L'ensemble comprend une femme agenouillée, un serpent qui se contorsionne (pourvu semble-t-il d'un mors et d'un anneau pour les rênes), quatre têtes d'animaux cornus par paires (un canard pour l'une). L'identité des bêtes à cornes est incertaine : chèvres, taureaux, chevaux à cornes ou créatures imaginaires. Toutes étaient munies de chevilles permettant de les fixer à une base et faisaient partie sans aucun doute d'une composition de groupe. J. J.

BIBL. : Kjær, 1927, p. 235 ; Forssander, 1942, p. 177, fig. 1 et p. 189, fig. 9 ; Broholm, 1946, p. 236, 237, M.199 ; Broholm, 1953, n° 313-317 ; Hagen, 1954, p. 105, fig. 4 ; Drescher, 1958, pl. 17 ; Ingstad, 1961, p. 38, fig. 6 ; Sprockhoff et Höckmann, 1979, p. 120, 121 ; Kjærum et Olsen, 1990, p. 74, n° 23.

185 MASQUE CULTUEL

*Silica, grotte de Majda-Hrašková,
Roznava, Slovaquie
Os
Âge du bronze final,
vers 1000 avant J.-C.
H. 10,4
Slovenské múzeum ochrany prírody a jaskyniarstva in Liptovský Mikuláš
Inv. n° 223*

Ce masque cultuel, fait de la partie faciale du crâne d'un homme adulte, provient du site de la culture de Kyjatice, dans la grotte de Majda-Hrašková. Cet objet, et un masque similaire à demi terminé, ont été trouvés lors des fouilles de la grotte en 1953. La présence d'autres restes humains, de céramiques de la culture de Kyjatice et de fragments d'un crâne et de bois de cerf atteste bien le rôle cultuel joué par cette grotte à l'âge du bronze final.

V. F.

BIBL. : Bárta, 1958 ; Furmánek, Ruttkay et Šiška, 1991, p. 70, n° 76.

186 FIBULE

*Krivoklát, Ilava, Slovaquie
Bronze
Âge du bronze final,
1100-1000 avant J.-C.
L. 37
Martin, Etnografické múzeum
Inv. n° D 335*

Cette fibule fut trouvée de façon isolée au voisinage de Krivoklat. Elle fait partie du groupe des fibules de « Posamenterie » : elle est munie de deux disques de spirales de chaque côté. L'agrafe est terminée par une spirale plus grande. Sur la partie centrale est fixé un rang de barrettes terminées aux deux extrémités par un anneau ; sur l'un est perché un oiseaux stylisé, à l'autre, un pendentif en forme de feuille est retenu par un ou deux éléments de chaîne. Cette fibule au décor très élaboré est, dans le domaine des accessoires de costume, l'un des produits les mieux aboutis de la dernière période d'Urnfield. Elle a nécessité une grande quantité de fil métallique, d'une longueur allant jusqu'à un mètre pour certains éléments. Les fibules de cette qualité ne constituaient pas seulement de simples ornements, elles avaient aussi une signification symbolique ou religieuse. On les trouve surtout en Moravie, en Slovaquie et dans la région du Danube central.   A. J. et F. V.

BIBL. : Budaváry, 1940, p. 55-58 ; Furmánek, 1979, p. 98, n° 69.

187 RUBAN ORNEMENTAL

*Roga, Neubrandenburg, Allemagne
Bronze
Âge du bronze final, période V,
IXe-VIIIe siècle avant J.-C.
L. 55
Schwerin, Landesmuseum Mecklenburg-Vorpommern
Inv. n° BR 844*

Ce bijou provenant de Roga, orné de motifs purement figuratifs, a été trouvé dans une ceinture si petite toutefois qu'elle ne pouvait convenir qu'à une taille très fine et délicate. Si l'on se réfère à des décors similaires trouvés sur des ustensiles à suspendre et des rasoirs, il ne fait pas de doute que ces dessins représentent des chevaux. C'est le cas du second animal en particulier avec son tracé plus simple, ses quatre jambes, sa crinière et sa queue à laquelle est attachée ce qui est peut-être une tête d'oiseau – à moins que ce détail ne suggère un autre cheval. Même si la scène ne peut être expliquée dans tous ses aspects, elle est de toute évidence en relation avec les rites cultuels impliquant le soleil de façon majeure. Ces cérémonies comportaient des danses et, sur le revers de l'objet, figure précisément une telle scène.   J. J.

BIBL. : Sprockhoff, 1955.

188 RASOIRS

*Bronze
Âge du bronze final, période IV-V,
XIe-VIIIe siècle avant J.-C.
Copenhague, Musée national
Inv. n° B 17739, B 13141, B 6597, B 8343, B 17610
Aarhus, Moesgaard Museum
Inv. n° 4066 A*

*1. Lieu de découverte inconnu, Danemark
2. Neder Hvolris, Jutland, Danemark
3. Vandling, Jutland, Danemark
4. Skivum, Jutland, Danemark
5. Veddinge, Zealand, Danemark
6. Sud du Jutland, Danemark*

1. Deux bateaux sont superposés : celui du bas vogue vers la gauche, l'autre vers la droite. Un poisson tire le Soleil derrière lui en se dirigeant vers la droite. La scène figure

1

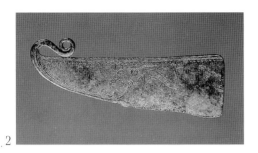

2

3

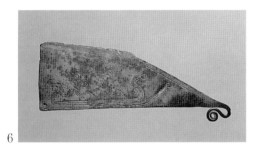

5

6

le lever de l'astre, moment important du cycle cosmologique du jour : le poisson aide le Soleil à se hisser hors du bateau de la nuit – symbolisant le monde souterrain – sur le bateau qui le transporte durant le jour.

2. Rasoir avec bateau « plié ». Devant la poignée en forme de tête de cheval, le cheval solaire conduit l'astre au bout d'une ligne. Il s'agit là probablement du moment où le cheval vient d'extraire le Soleil du bateau.

3. Le cheval solaire semble être en train d'atterrir avec l'astre sur le bateau (à gauche). Un symbole est représenté entre l'animal et l'astre, dont la forme de champignon rappelle la configuration de certaines haches cultuelles (peut-être un symbole céleste ?).

4. Un bateau à la magnifique proue en forme de tête de cheval constitue le décor épuré de ce rasoir. Le motif de cheval solaire stylisé se répète ici en spirales composant en même temps un soleil.

5. Rasoir à décor de bateau « plié », dont la majeure partie est occupée par un magnifique serpent annelé qui forme des spirales doubles.

6. Deux personnages rament à l'intérieur d'un bateau. Des soleils avec leur halo figurent les têtes. Peut-être s'agit-il là de l'astre solaire représenté sous les traits d'une divinité double, à l'image des Dioscures (Castor et Pollux de la mythologie grecque). F. K.

BIBL. : Kaul, 1998, n° 378, 243, 339, 217, 61.

189 REPOSE-TÊTE AVEC DÉCORATION ANIMALE

Høstad, Byneset, Norvège
Bois de bouleau
Âge du bronze final, périodes V-VI,
IXe-VIe siècle avant J.-C.
L. 30,5 ; l. 29,5 ; H. 6,2
Trondheim, Museum of Natural History and Archaeology
Inv. n° 5898

Repose-tête en bois trouvé en 1899 dans un marais à la ferme de Høstad, avec des bols en bois. Il a été taillé d'une pièce dans un morceau de bouleau, sans aucun joint. L'objet est légèrement concave sur toute sa longueur ; les extrémités sont coupées droit, les côtés arqués ; quatre pieds trapus portent le tout. Deux motifs identiques y sont gravés en bas relief de façon symétrique : un ruban terminé à chaque extrémité par une tête d'animal forme un oméga allongé. Au centre, encadrée par ces motifs, une sorte de roue à quatre rayons est rendue par des lignes multiples.

BIBL. : Marstrander, 1979, p. 61-88 ; Capelle, 1980.

190 GROUPE DE DANSEURS

Palaikastro, bloc D, pièce 44, Crète, Grèce
Argile
Âge du bronze final, minoen récent III,
XIVe siècle avant J.-C.
H. 13
Héraklion, Musée archéologique
Inv. n° 3903
(Ill. 5, p. 57)

Groupe de quatre figurines féminines en robe longue ; trois dansent en formant une ronde, la quatrième, au milieu, joue d'un instrument de musique (lyre ou cithare).
L'objet provient d'un site à Palaikastro qui, selon les archéologues ayant mené les fouilles, a fourni des objets rituels liés au culte minoen de la déesse serpent, comme des colombes, des kernos, etc. Il est possible qu'il s'agisse de la danse crétoise classique appelée *hyporchema* ou *kernophoron orchema*. E. B.

BIBL. : Dawkins, 1903-1904, p. 217 fig. 6 ; Zervos, 1956, p. 479, pl. 794 ; Lowler, 1940, p. 166, 167.

191 PYXIDE

*Kalami, chambre funéraire 1,
Apokoronou, Crète, Grèce
Argile
Âge du bronze final, minoen récent IIIB,
XIIIe siècle avant J.-C.
H. 13,6 ; diam. 16,7
Chania, Musée archéologique
Inv. n° 2308*

Vase de corps cylindrique avec quatre anses ; le couvercle a disparu. La décoration se divise en panneaux. La scène principale représente un musicien revêtu d'une tunique sans manches. D'une main, il tient une branche, de l'autre, il touche un grand instrument de musique à sept cordes, lyre ou cithare. Deux oiseaux, tête en bas et les ailes déployées, complètent la scène. Des symboles religieux, cornes de consécration et haches doubles, sont figurés sous l'anse. Le reste de la surface est occupé par des oiseaux aux ailes déployées (un grand panneau), et par des motifs linéaires (plusieurs petits panneaux). Ce vase est un bel exemple de la poterie de Kydonia (Chania), qui s'est développée dans la Crète mycénienne.

Des créations de cet atelier de l'ouest de la Crète ont été trouvées dans toute l'île et en Grèce continentale. La scène musicale semble avoir un caractère religieux ou funéraire, et la représentation se déroule dans un périmètre sacré. Une lyre en ivoire, reconstituée, trouvée dans la tombe tholos de Menidi en Attique, le sarcophage d'Aghia Triada en Crète, les fresques du palais de Pylos, et quelques pièces de poterie figurative (tel le fragment de cratère de Nauplie en Argolide) témoignent de la présence de musiciens dans la Grèce de l'âge du bronze final, ancêtres du citharodos d'Apollon, que la mythologie grecque a rendu familier.

L. P.-M.

BIBL. : Tzedakis, 1969, p. 365-368, fig. 2 ; Tzedakis, 1970, p. 111, 112, fig. 1.2 ; Dragona-Latsoudi, 1977, p. 89, 95, pl. 22a ; Vlasaki dans Demakopoulou, 1988, p. 149, n° 105.

192 FLÛTE DE PAN
ET RECONSTITUTION

*Przeczyce, Zawiercie, Silésie, Pologne
Os
Âge du bronze final,
IXe-VIIIe siècle avant J.-C.
H. 12 ; l. 9
Bytom, Muzeum Górnoslaskie
Inv. n° B 4/322 : 62*

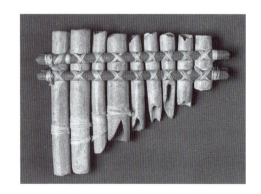

Cette flûte de Pan a été découverte dans la tombe d'un homme âgé d'environ soixante ans, près de sa poitrine. Elle est faite de neuf os évidés de différentes longueurs, qui étaient reliés entre eux à l'origine. La tombe renfermait également diverses pièces de vêtement, une défense de sanglier, un disque en os de vache, utilisé probablement comme amulette, et trois ustensiles.
Les premières représentations de flûte de Pan sont celles des fresques de Çatal Hüyük, datant du VIe millénaire. C'est sans doute le site funéraire de Kitoy (Sibérie), des IVe et IIIe millénaires avant J.-C., qui a fourni les fragments de flûtes de Pan les plus anciens que l'on connaisse. Le présent exemple constitue sans doute la pièce la plus ancienne pour l'Europe centrale.

A. J. et F. V.

BIBL. : Szydlowska, 1965, p. 131 ; Coles et Harding, 1979, p. 369.

193 SISTRE

*Hochborn, Alzey-Worms, Allemagne
Bronze
Âge du bronze final,
IXe-VIIIe siècle avant J.-C.
H. 33,5 ; H. (manche) 21 ; l. 11,5
Mayence, Landesmuseum
Inv. n° 2229*

Ce sistre a été trouvé dans les années 1850, avec d'autres objets, dans le cimetière de la paroisse de Hochborn (autrefois Blödesheim). Les pièces n'avaient probablement pas été

déposées ensemble. Le manche légèrement courbe occupe presque toute la longueur de l'instrument. La partie supérieure en U, dont les extrémités sont légèrement recourbées vers l'intérieur, possède une barre transversale amovible. La barre pouvait être bloquée sur un côté, à l'origine. Le côté opposé est pourvu d'un anneau en partie détérioré. Aux anneaux situés à l'angle externe de la poignée et sur la barre supérieure sont attachés trois pendentifs en forme de « palette » terminés par un anneau. Il devait y avoir deux pendentifs de plus, accrochés à l'anneau aujourd'hui endommagé dont il a été question plus haut.
A. J. et F. V.

BIBL.: Schaaff, 1984; Müller-Karpe, 1980, pl. 439.

194 Hochet en forme d'oiseau

Zürich-Alpenquai, Suisse
Argile
Âge du bronze final,
HaA/B, vers 1000 avant J.-C
L. 15,3 ; H. 11 ; l. 6,7
Zurich, Schweizerisches Landesmuseum
Inv. n° A-27032

Cet objet creux d'argile, en forme d'oiseau, devait servir de hochet. Les décors incisés sont remplis d'une pâte blanche ; des trous ménagés à sa surface étaient sans doute utilisés pour y attacher quelque décoration, comme des rubans. À l'instar des « barques-oiseaux », l'un des motifs les plus populaires de l'âge du bronze final, les têtes d'oiseau apparaissent en combinaison avec des cornes de vache ou de bélier. C'est là un type particulier de symbiose plastique en aucune manière inhabituel.
W. F.

BIBL.: Kossack, 1990, p. 89, fig. 5.

195 Hochets en forme d'oiseau

Trouvés sur différents sites en Pologne
Argile
Âge du bronze final
H. de 4 à 8 ; l. de 8 à 13
Poznan, Musée archéologique
Inv. n° 1939.544 ; 1984.366 ; 1984.367 ; 1984.368
(Ill. 8, p. 58)

Les petites sculptures zoomorphes, en forme d'oiseau plus particulièrement, étaient très répandues dans les régions de la culture de Lausitz et celles qui lui ont succédé. Des exemples isolés ont été trouvés jusqu'au Rhin, en Allemagne du Sud et au nord de la Suisse. Les oiseaux miniatures existent en tant que figurines indépendantes, hochets ou récipients d'argile. Les représentations d'oiseaux font partie du vocabulaire symbolique de la culture d'Urnfield, en Europe centrale. Dans la mesure où ces sculptures semblent avoir été créées à une période de climat sec, il est possible que leur diffusion très large ait été liée à des idées ou à des pratiques magiques.
A. J. et F. V.

BIBL.: Gediga, 1970; Buck, 1979, p. 104.

196 Objet cultuel

Balkåkra, Scania, Suède
Bronze
Âge du bronze ancien, période I,
vers 1500 avant J.-C.
H. 27,5 ; diam. 42
Stockholm, musée national d'Histoire
Inv. n° SHM 1461
(Ill. 4, p. 56)

Cet objet fut découvert à l'automne 1847, au cours d'une extraction de tourbe. Objet cultuel à l'usage incertain, il a été interprété comme un tambour. À bien des égards, il s'agit là du jumeau de celui d'Hasfalva (voir cat. 197). Le modèle et la forme en ont certainement été réalisés par les mêmes artisans, mais le décor et l'ajustement des pièces semblent être l'œuvre d'autres personnes. Si leurs motifs présentent des différences, leur poids et leurs dimensions sont très voisines.
A. J. et F. V.

BIBL.: Knape et Nordström, 1994.

197 Objet cultuel

Hasfalva, Hongrie
Bronze
Âge du bronze moyen,
vers 1500 avant J.-C.
H. 27,5 ; diam. 41
Sopron, Soproni Múzeum
Inv. n° 64.83.1

En 1913 fut découvert à Hasfalva l'objet jumeau de celui de Balkåkra (cat. 196). On l'a trouvé au fond d'une fosse sableuse de deux mètres de profondeur, les roues en l'air. Il fut également assimilé à un tambour. La plaque ronde repose à l'intérieur de l'anneau de bronze. Les fouilles qui ont suivi cette trouvaille ont mis au jour des restes de poterie préhistorique, des os d'animaux et des particules de charbon, provenant probablement tous d'une tombe détruite et qui se trouvait à proximité immédiate de l'objet. Malheureusement, il n'a pu être établi que ces découvertes avaient un rapport avec le « tambour » découvert en Suède.
A. J. et F. V.

BIBL.: Knape et Nordström, 1994.

198 LUR

*Brudevælte, Lynge, Frederiksborg,
Zélande, Danemark
Bronze
Âge du bronze final, période V,
IX*e*-VIII*e *siècle avant J.-C.
Plaque décorée : diam. 28,5
Copenhague, musée national
Inv. n° 8117
(Ill. 9, p. 59)*

Lur trouvé en bon état de conservation, avec une torsion à droite. C'est le numéro 5 de l'ensemble découvert en 1797 dans un petit marais comprenant cinq autres lurs (dont le cat. 199).
Le tube, fortement incurvé, se divise en trois sections marquées par des anneaux striés jointifs. Le décor du pavillon est fait de huit grosses bosses entourées de motifs circulaires concentriques (vingt-quatre en tout), au centre, autour de l'embouchure, se trouve une zone de rainures concentriques de tailles différentes. Le disque a été glissé sur le corps de l'instrument où il est maintenu en place, les extrémités ayant été martelées pour cela. Une série de cinq « crécelles » (plaques trapézoïdales) sont fixées près de l'embouchure. On a répertorié environ quatre-vingts lurs de l'âge du bronze au Danemark, en Suède, en Norvège et au nord de l'Allemagne. L'instrument est une longue corne incurvée faite d'un bronze relativement mince. Le disque supérieur décoré n'a aucune fonction acoustique. Des tentatives pour en jouer ont permis d'établir qu'il est capable de produire huit ou neuf notes dans ce que l'on appelle les séries de tons naturels. Le son en est pur avec une très profonde résonance. Le lur, cependant, n'est pas un instrument de musique au sens moderne. Il est préférable de le comparer à un clairon qui peut produire des sonneries bien définies, mais est inapte à jouer de vraies mélodies. J. J.

BIBL. : Broholm, 1946, p. 165 ; Broholm, 1949, pl. 6 ; Lund, 1986, p. 12, 151 ; Jensen, 1992, p. 280.

199 LUR

*Brudevælte, Lynge, Frederiksborg,
Zélande, Danemark
Bronze
Âge du bronze final, période V,
IX*e*-VIII*e *siècle avant J.-C.
Plaque décorée : diam. 28,5
Saint-Pétersbourg, musée de l'Ermitage
(Ill. 10, p. 59)*

Ce lur, objet numéro 6 du marais de Brudevælte, est une pièce bien conservée, présentant une torsion vers la gauche et dont la taille, la structure et le décor sont les mêmes que ceux de la précédente (cat. 198). Les lurs se rencontrent souvent par paires, l'un tourné vers la droite, l'autre vers la gauche. Un lur pèse environ trois kilos. La technique de la fonte à la cire perdue permet de produire un instrument plus léger que la feuille de métal. Ce lur fut présenté en 1845 au tsar russe Nicolas Ier par le roi danois Christian VIII. J. J.

BIBL. : Broholm, 1949 ; Jensen, 1992, p. 280 ; Jensen, 1998a.

200 TROMPE

*Drunkendult, comté d'Antrim, Irlande
Bronze
Âge du bronze final,
XIII*e*-VI*e *siècle avant J.-C.
L. 58,5 ; diam. (embouchure) 6,5
Dublin, musée national d'Irlande
Inv. n° N.M.I. 1930 : 107*

Cette pièce fut trouvée dans un marais avec le fragment d'un autre cor. Elle a été fabriquée à partir d'un moule en argile bivalve dont les deux côtés ne coïncidaient pas exactement au moment où le bronze a été coulé. C'est pourquoi le décor de l'extrémité fermée présente des irrégularités, et que sur la surface apparaissent des traces de raccords de métal. L'instrument consiste en un tube en bronze qui va en s'élargissant et est légèrement désaxé à son extrémité la plus incurvé au centre, à peu près en angle droit. L'embouchure est ovale. La terminaison la plus petite est fermée, elle a la forme d'un

disque bombé, avec un petit anneau du côté intérieur. Six pointes régulièrement espacées viennent égayer l'extrémité ouverte. Les trompes en bronze se rencontrent partout au nord et à l'ouest de l'Europe, ce modèle à soufflement latéral étant toutefois limité à l'Irlande. On a répertorié cent vingt trompes semblables en Irlande, dont la plupart provenaient de dépôts. Coles les a divisées en deux groupes : les trompes de forme I sont concentrées au nord-est de l'Irlande, celles de la forme II, au sud-ouest. A. J. et F. V.

BIBL. : White, 1945, p. 99 ; Coles, 1963, p. 326.

201 TROMPE

*Moyarta, comté de Clare, Irlande
Bronze
Âge du bronze final, phase Dowris,
VIII*e*-VI*e *siècle avant J.-C.
L. 60,5
Dublin, Musée national d'Irlande
Inv. n° N.M.I. 1907 : 103*

Le dépôt, situé à sept ou huit pieds de profondeur dans un marais, comprenait trois trompes et une embouchure légèrement pliée, dont il n'est pas sûr qu'elle fasse partie de l'un des trois instruments. L'ensemble appartient à la forme II de Coles.   A. J. et F. V.

BIBL.: White, 1945, p. 100, pl. XIV.1-3 ; Coles, 1963, p. 326 ; Kelly, 1983.

202 TASSE

Dohnsen, Celle, Allemagne
Bronze
Âge du bronze final, helladique récent I-II,
XVIe-XVe siècle avant J.-C.
H. 5,7 ; diam. 12,6
Hanovre, Niedersächsisches Landesmuseum
Inv. n° 22 : 61

Tasse en bronze de forme hémisphérique ; le fond est arrondi sans base définie. La tasse était tenue à l'aide d'une anse en ruban verticale dont la partie supérieure élargie était pourvue de petites extensions pour permettre son rivetage à l'extérieur de la paroi, juste sous le bord ; la partie inférieure de l'anse, située à peu près au milieu, est arrondie et maintenue par un rivet. Le bord possède un bec verseur étroit, qui fait angle droit avec l'anse. Une bande de feuillage dessinée ou fondue avec le reste court le long du bord, que soulignent trois cannelures. Il s'agit là probablement d'un pur produit mycéno-minoen. On a retrouvé des exemples très proches à Akrotiri, dans l'île de Théra, qu'une éruption volcanique détruisit aux environs des XVIIe-XVIe siècles avant J.-C.   J. J.

BIBL.: Matthäus, 1978, p. 59 ; Demakopoulou, 1988, p. 260, n° 286.

203 HYDRIE

Mycènes, cercle de tombes A,
tombe à fosse IV, Argolide, Grèce
Bronze
Âge du bronze final, helladique récent I,
seconde moitié du XVIe siècle avant J.-C.
H. 54 ; diam. 41
Athènes, Musée archéologique national
Inv. n° 603

Cette hydrie est faite de trois feuilles de bronze martelé fixées au moyen de petits rivets disposés en rangées. Les deux poignées (l'une, verticale, l'autre, horizontale, moulée). Elles sont également attachées par des rivets au col, au-dessus du renflement, et dans la partie inférieure. La pièce est piriforme, avec une base moulée légèrement débordante. Le col est court et peu cintré ; il forme un bec rudimentaire utile au moment de verser le liquide. La pièce était en usage avant son dépôt dans la tombe, si l'on en juge par la réparation située à la base de la poignée verticale. Ce type de récipient en bronze est considéré comme étant d'origine crétoise ; il a également été trouvé à Akrotiri sur l'île de Théra. En Grèce continentale, sa distribution a été limitée, et on le rencontre surtout dans les riches tombes, où il est présent à titre d'objet de prestige et de valeur.   L. P.-M.

BIBL.: Matthäus, 1978, p. 59 ; Demakopoulou, 1988, p. 260, n° 286.

204 SERVICE À BOIRE

Unterglauheim, Dillingen, Bavière,
Allemagne
Bronze et or
Âge du bronze final,
Xe-IXe siècle avant J.-C.
Bols : H. 7 et 8,5 ; 51 et 41 g.
Chaudrons : H. 12,5 ; diam. 27.
Seau : H. 33,5 ; diam. 31,3
Augsbourg, Römisches Museum
Inv. n° VF 1,1-2, 4-6

Deux bols en or, coniques, avec une paire de chaudrons en bronze de différentes tailles, un seau de bronze à anses et du fil d'or trouvés en 1834 lors de travaux dans les champs au village d'Hinterfeld. Les bols en or avaient été apparemment empilés, enveloppés avec le fil d'or et placés dans un chaudron en bronze rempli d'os et de cendres, sur lequel avait été placé, retourné, un second chaudron du même type. Le tout avait été déposé dans le seau en bronze. Les bols en or ont reçu un traitement décoratif de bonne qualité, reposant sur les motifs habituels, circulaires et linéaires ; les chaudrons présentent des bandes de points courant sous le bord. La partie supérieure du seau se distingue par son décor plus élaboré – cannelures et points sous le bord, cercles et bosses et dessins de canards plus bas.   J. J.

BIBL.: Menghin et Schauer, 1983 ; Jockenhövel, 1994, p. 81, 82 ; Jacob, 1995.

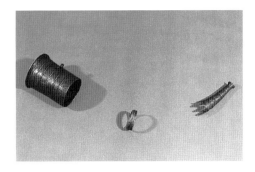

205 CORNE EN BRONZE

Wismar, Mecklembourg-Poméranie-
Occidentale, Allemagne
Bronze
Âge du bronze moyen, période III,
XIIIe-XIIe siècle avant J.-C.
H. 14
Schwerin, Landesmuseum Mecklenburg-
Vorpommern
Inv. n° 80 a,b,c

La corne de Wismar, comme elle est appelée, ou plus exactement les trois éléments qui en faisaient partie (bec, terminaison et anneau de suspension), ont été découverts en 1836 au fond d'une tourbière. Cette trouvaille diffère des autres bronzes de l'âge du bronze final par son décor très élaboré, qui ne se limite pas aux motifs géométriques et curvilinéaires habituels – spirales, chevrons, zones de lignes et de points, zigzags – mais présente aussi des dessins rappelant les gravures rupestres – bateaux, guerriers avec des lances et des roues à rayons, par exemple. Le décor est divisé en deux bandes et peut être « lu » de façon consécutive, les différentes scènes pouvant être mises en rapport les unes avec les autres.   J. J.

BIBL. : Schmidt, 1915, p. 142 ; Sprockhoff, 1956, p. 249 ; Randsborg, 1993, p. 98.

206 SITULE

Siem, Ålborg, Jutland, Danemark
Bronze
Âge du bronze final, période IV,
XIe-Xe siècle avant J.-C.
H. 28
Copenhague, Musée national
Inv. n° 20419

Seau du type Hajdu Böszörmény. Deux seaux presque identiques ont été trouvés en 1862 au cours d'une extraction de tourbe. Ils sont faits de trois feuilles, maintenues ensemble par des rivets aplatis au marteau de façon à ce que leur tête soit invisible à l'extérieur. Ils sont ornés de points en repoussé, de bosses et de cannelures ; sous l'épaule, le décor se compose de rangées verticales de bosses intercalées de points, combinées à certains endroits avec le motif de l'oiseau-barque solaire ainsi qu'on le désigne. Les deux seaux ont subi divers types de réparations. Cependant, malgré leur similitude apparente, ils présentent quelques différences : par exemple, sur l'un, les extrémités des rivets des anses sont aplaties au marteau, mais ne le sont pas sur l'autre. Les autres différences concernent des détails de la décoration. Ces seaux du type Hajdu Böszörmény ont probablement été fabriqués à l'extérieur de la Hongrie. Les circonstances de leur découverte indiquent que la vaisselle en bronze était importée pour les besoins des classes supérieures, peut-être plus en relation avec des pratiques religieuses qu'avec une utilisation quotidienne. Ces pièces ne semblent pas avoir exercé une forte influence sur la production locale de bronzes ou de poteries.   J. J.

BIBL. : Broholm, 1946, M.73 ; Thrane, 1965a, fig. 16-19 ; 1975, p. 142.

207 AMPHORE

Gevelinghausen, Olsberg, Westphalie,
Allemagne
Bronze
Âge du bronze final, période V,
IXe-VIIIe siècle avant J.-C.
H. 56 env. ; diam. 37,4
Münster, Westfälisches Museum für
Archäologie
Inv. n° 1961 : 22

Exposé à Copenhague et à Bonn seulement

Cette amphore a été trouvée en 1961, lors de fouilles, à un mètre de profondeur seulement. Elle se présentait à l'envers, le col en bas, et servait d'urne funéraire, d'après les restes du corps incinéré qu'elle contenait, qui étaient enveloppés dans du tissu. Deux rectangles d'os ornés sur le dessus de motifs circulaires (points et cercles) s'y trouvaient. Aucun autre site funéraire n'a été découvert à proximité. Une anse cassée autrefois est maintenant perdue ; le pied conique devait être haut de quelques centimètres supplémentaires. L'amphore, qui peut contenir environ quatorze litres, est faite de la réunion de huit parties – partie haute, partie basse, base, pied conique, anneau de renfort pour la bordure, anse(s) avec anneaux –, le tout est maintenu par deux différents types de rivets. Sa décoration est riche et variée. Le bord côtelé s'évase légèrement à partir du col cylindrique de peu de hauteur, autour duquel s'enroule une bande de grosses bosses – cerclées chacune d'une cannelure –, flanquée d'une ligne de bosses plus petites. L'épaule est soulignée par un rang de rivets bosselés, qui ont une fonction décorative, mais servent aussi à réunir les deux parties supérieure et inférieure de l'amphore. Au-dessus de l'épaule figure une frise de trois barques-oiseaux

posées sur deux rangs de petites bosses ;
des motifs de grands cercles concentriques
en paires séparent les têtes des oiseaux.
La partie située sous l'épaule offre une version
plus élaborée : quatre barques-oiseaux
enferment chacune un grand motif circulaire
concentrique, avec des paires plus petites
entre les bateaux ; au-dessus courent trois
rangées de simples bosses. On a calculé
que le nombre de bosses utilisées approchait
les mille. Les motifs des barques-oiseaux
et de soleil font de cette amphore un exemple
supplémentaire de la production d'objets
symboliques à la période du bronze final. Leur
fonction originelle se situe probablement
au-delà du domaine purement séculier. Ce
vase fait partie d'un petit groupe de récipients
similaires du type Gevelinghausen-Vejo-Seddin,
trouvés de l'Étrurie au Danemark. Bien que
leur origine ne puisse encore être déterminée
avec certitude, elles font la démonstration
de l'existence de relations commerciales
au long cours, mais aussi de pratiques
religieuses communes à toutes ces régions.

A. J. et F. V.

BIBL. : Jockenhövel, 1974, p. 16.

208 CHAUDRON ET DEUX TASSES

Hajdúsámson, Hajdú-Bihar, Hongrie
Bronze
Ha A2/Ha B1, XIe-Xe siècle avant J.-C.
Deux chaudrons à anses : H. 15,5 ; diam.
22,5. Tasse à anse : H. 6 ; diam. 15,5.
Autre tasse : H. 4,7 ; diam. 14,4
Debrecen, Déri Múzeum
Inv. n° 1909/170 ; 1909/258 ; 1909/171

Ce dépôt a été découvert au nord du village
de Hajdúsámson à une profondeur d'environ
60 à 70 cm. Les trois bols étaient encastrés
les uns dans les autres. Dans le plus petit
se trouvaient trois tasses en bronze,
elles-mêmes empilées les unes dans les autres.
Des rivets coniques avec des manchons
courts maintenaient l'anse en place. Juste
en dessous de l'embouchure court une bande
au décor linéaire incisé combiné avec des
rangées de cercles ou de zigzags. La plupart
des ustensiles portent des signes de réparations
répétées, qui suggèrent une utilisation de

longue durée. C'est là un service à boire
de ceux qui avaient largement cours à l'âge du
bronze final. Ils étaient sans doute déposés à
l'occasion de pratiques cultuelles ou religieuses,
dans lesquelles intervenait peut-être l'idée
d'un banquet dans l'au-delà.   A. J. et F. V.

BIBL. : Patay, 1990, n° 9-11.

209 CHAUDRON

Milkernagh, Granard, comté de Longford,
Irlande
Bronze
Âge du bronze final/âge du fer ancien,
IXe-VIe siècle avant J.-C.
H. 32 ; diam. 54
Dublin, musée national d'Irlande
Inv. n° 1925:13

Ce chaudron, pouvant contenir environ
quarante litres de liquide, fut découvert en
1884 sous douze pieds de tourbe dans
le marais de Milkernagh, près de Granard.
Il est fabriqué à partir de fines feuilles de
bronze en bandes. Le fond est arrondi, fait
d'une seule pièce ; au-dessus, on trouve
une bande en deux éléments, puis une seconde
et une troisième de trois morceaux chacune.
Le bord, légèrement évasé, se compose de
deux pièces réunies sous les anses. Pour
le renforcer, la feuille de métal située à cet
endroit est retournée de manière à épouser
un anneau de bronze. Les anses sont deux
cercles de bronze fixés à l'intérieur par des
anneaux nervurés. Plus de trente chaudrons
de bronze de cette période ont été trouvés en
Irlande. Leur forme repose sur des modèles
grecs et orientaux, ce qui laisse supposer
des contacts à grande échelle le long du littoral
atlantique.   A. J. et F. V.

BIBL. : Thomas, 1899.

210 SERVICE À BOIRE

Dresden-Dobritz, Saxe, Allemagne
Bronze
Âge du bronze final
H. de 20 à 60 ; 10 kg
Dresde, Japanisches Palais, Landesamt für
Archäologie Sachsen mit Landesamt
für Vorgeschichte
Inv. n°S : 2314-2331/52 (D 258-275/83) ;
D 848/89
(Ill. 1, p. 45)

Ces pièces de vaisselle ont été trouvées en
1948 au voisinage d'un vaste habitat ; il s'agit
d'un grand seau, d'un tamis, de deux louches
et de quatorze bols à anses. C'était, à l'époque
de sa découverte, la trouvaille la plus
importante de vaisselle en bronze en Europe
centrale. La plupart des objets sont richement
décorés de bandes en repoussé, de bosses,
de points et de motifs linéaires variés, avec
sur la base un motif rappelant une étoile (ou
une toile d'araignée), reproduit autour de
l'omphalos. La vaisselle en bronze est
représentative de ce qu'une maison princière
possédait en matière d'ustensiles. Le nombre
de tasses correspond peut-être au nombre
d'invités à ce repas.   J. J.

BIBL. : Hänsel et Hänsel, 1997 ; Jockenhövel et
Kubach, 1994, p. 81, 82.

6 - L'âge d'or

211 Paire de pendants d'oreilles

Poliochni, Lemnos, Grèce
Or
Âge du bronze ancien II, période jaune de Poliochni, milieu du IIIe millénaire av. J.-C.
H. 7 et 8
Athènes, Musée archéologique national
Inv. n° 7159

Pendants d'oreilles en forme de corbeille, composés d'une partie principale d'où partent cinq chaînes ornées de motifs découpés imitant des feuilles et se terminant par des pendentifs avec des figurines. Un fil épais part du sommet se recourbe en formant un crochet permettant de suspendre la boucle au lobe. La partie supérieure et les pendentifs en figurines possèdent une décoration délicate exécutée par granulation et par repoussage. Les pendants sont intacts et très bien conservés. Ils proviennent du dépôt daté de la période jaune de Poliochni et sont similaires aux pendants d'oreilles en or des trésors troyens. Exemples remarquables de la joaillerie de l'Égée du Nord-Est à l'âge du bronze ancien, ces bijoux impressionnent par la perfection du travail du métal et l'association de techniques décoratives avancées tels la granulation, le filigrane et le repoussé. K. D.

272   Bibl. : Champion *et al.*, 1984, p. 182.

212 Collier

Poliochni, Lemnos, Grèce
Or
Âge du bronze ancien II, période jaune de Poliochni, milieu du IIIe millénaire avant J.-C.
L. : 24 ; diam. (perle la plus grosse) 0,6
Athènes, Musée archéologique national
Inv. n° 7187

Le collier se compose de cinquante-cinq perles en or, intactes, de facture délicate et de forme à peu près sphérique avec une perforation tubulaire. Leur taille varie du très petit au minuscule. Elles appartiennent à un dépôt d'ornements en or daté de la période jaune de Poliochni, important établissement égéen de l'âge du bronze final. Des perles similaires ont été trouvées dans le trésor A et dans d'autres trésors troyens plus petits. K. D.

213 Diadème

Mochlos, tombe II, Crète, Grèce
Or
Âge du bronze ancien, minoen ancien II-III, dernier tiers du IIIe millénaire avant J.-C.
H. 0,36 ; l. 29,5
Héraklion, Musée archéologique
Inv. n° 268

Diadème en or trouvé dans la tombe II à Mochlos. Au centre sont représentés des yeux en forme d'amande dont les contours en petits points sont exécutés au repoussé. À chaque

extrémité, on remarque des ensembles de perforations qui permettent d'attacher le diadème. Des traces sont encore visibles, qui laissent penser que ce bijou a bien été porté.   E. B.

Bibl. : Seager, 1912, fig. 8.II.5.

214 Épingle en forme de fleur

Mochlos, tombe XIX, Crète, Grèce
Or
Âge du bronze ancien, minoen ancien II-III, seconde moitié du IIIe millénaire avant J.-C.
L. 8,5 ; diam. 2,8
Héraklion, Musée archéologique
Inv. n° 261

Épingle à cheveux en or, en forme de fleur, avec huit pétales. La fleur a été réalisée à partir d'une seule feuille d'or. Certains ont émis l'hypothèse que ces épingles étaient utilisées seules ou en combinaison avec des diadèmes. Cet objet est un bel exemple de travail de l'or dans la première période minoenne.   E. B.

Bibl. : Seager, 1912, fig. 41, XIX.Ii.b.

215 Bracelet

Leukas, tumulus R, Grèce
Argent
Âge du bronze final II, seconde moitié
du IIIe millénaire avant J.-C.
Diam. 6 ; ép. (fil) 0,3
Athènes, Musée archéologique national
Inv. n° 6285

Bracelet fait d'un épais fil d'argent, à huit anneaux. À chaque extrémité, le fil s'épaissit graduellement pour former deux terminaisons coniques. Trouvé dans un excellent état de conservation dans une tombe avec d'autres ornements en or, il ornait le bras de la femme ensevelie à cet endroit, qui portait un bracelet similaire à l'autre bras. K. D.

BIBL. : Dörpfeld, 1927, p. 290, pl. 50.7 ; Branigan, 1975, p. 37-49 ; Hood, 1978, p. 192, fig. 189F.

216 Collier

Dendra, tombe tholos, Argolide, Grèce
Or
Âge du bronze final, helladique récent IIB,
seconde moitié du XVe siècle avant J.-C.
Perles : diam. 1,9 et 2,45
Athènes, Musée archéologique national
Inv. n° 7342

Le collier se compose de trente-six perles travaillées en relief qui ont la forme de rosaces à huit pétales de deux tailles différentes, le tout parfaitement conservé. Le contour des pétales est dessiné deux fois à

partir d'un centre circulaire. Chaque perle est percée de deux trous prévus pour passer la lanière. Ce type de perles est caractéristique de la joaillerie mycénienne des XVe-XIVe siècles avant J.-C. Elles étaient façonnées sur l'endroit. Les motifs stylisés marins sont bien connus des répertoires minoen et mycénien. N. D.-V.

BIBL. : Persson, 1931, p. 40, XVIII.1 ; Demakopoulou, 1996, p. 106, n° 40.

217 Lunule

« Mr Trench's Estate », Galway County,
Irlande
Or
Âge du bronze ancien, v. 1800 avant J.-C.
35,7 g
Dublin, National Museum of Ireland
Inv. n° W 10

Lunule d'un grand raffinement en or martelé. Comme la plupart des pièces des îles Britanniques et spécialement d'Irlande, elle fait partie de ces bijoux de cou particulièrement bien dessinés dont on suppose qu'ils étaient destinés exclusivement à un usage votif. C.E

BIBL. : Wilde, 1862, p. 18-19 ; Taylor, 1980, p. 105, CoGw 10.

218 Lunule

Mayo County, Irlande
Or
Âge du bronze ancien, vers 1800 avant J.-C.
Poids 46,3 g
National Museum of Ireland, Dublin
Inv. n° 1909 : 4

Ce bijou de cou a été trouvé dans un marécage. À l'âge du bronze, les marais étaient, dans l'Europe du Nord-Ouest, des lieux de prédilection pour les sacrifices. La nature du site est en accord avec le caractère religieux de la lunule. Il faut rappeler que la découverte de ces pièces ne s'est jamais faite dans des tombes mais de manière isolée, ou dans des dépôts contenant d'autres objets similaires. La lunule de Harlyn Bay, en Cornouailles, est la seule à avoir été trouvée en présence d'un outil (une hache). Cette association a permis de confirmer la datation du bijou. Ch. E.

BIBL. : Taylor, 1980, p. 108, CoMa.

219 LUNULE

*Saint-Pôtan, Côtes-d'Armor, France
Or
Âge du bronze final,
vers 1800 avant J.-C.
Diam. 21 ; 194,5 g
Saint-Germain-en-Laye,
musée des Antiquités nationales
Inv. n° 72 399*

Exposé à Paris seulement

Cette lunule en or fut découverte en 1890 sous un rocher. Son ornementation se compose d'un simple motif linéaire profondément imprimé. Les lunules de cette sorte, comme celle de Kérivoa (cat. 220), se caractérisent par l'épaisseur relativement importante de la feuille d'or ayant servi à les fabriquer. C'est ce qui les distingue des exemples irlandais – plus fins et plus délicats – et montre à l'évidence qu'elles étaient produites localement, en France. Elles paraissent bien toutefois avoir été faites sur le modèle irlandais, ce qui vient corroborer la thèse de l'existence d'échanges et de contacts de part et d'autre de la Manche.   A. J. et F. V.

BIBL. : Beda, 1976 ; Moscalu et Beda, 1988, p. 23-47 ; Pare, 1992, p. 184.

220 TRÉSOR AVEC LUNULES

*Kérivoa, Bourbriac, Côtes-d'Armor, France
Or
Âge du bronze ancien, v. 1800 avant J.-C.
Diam. (externe) de 20 à 25 ; 217,8 g,
92,6 g et 98,1 g
Saint-Germain-en-Laye,
musée des Antiquités nationales
Inv. n° 76.492 a-e*
(Ill. 5, p. 171)

Dépôt d'objets en or : trois lunules, un anneau de cou ou torque avec des terminaisons en forme de palettes et un élément en feuille d'or (provenant d'un diadème ?). Les lunules de Kérivoa appartiennent à trois types différents, bien que toutes paraissent avoir été fabriquées localement. L'une d'elles est identique à celle de Harlyn Bay, Cornouailles, prouvant ainsi l'existence de contacts de part et d'autre de la Manche. On ne sait pas si c'était là le résultat d'échanges commerciaux, ou si les artisans se déplaçaient outre-mer pour fabriquer les lunules sur le site.   A. J. et F. V.

BIBL. : Müller-Karpe, 1980, pl. 460a ; Éluère, 1982, fig. 144 ; Archeologie, 1989, p. 196 ; Eogan, 1994.

221 TRÉSOR

*Alamo, Sobral da Adica, Moura, Beja, Portugal
Or
Âge du bronze final
Poids total 1,483 kg
Lisbonne, Museu Nacional da Arqueologia
Inv. n° 188-192*

Ce trésor d'objets en or fut trouvé en 1930 alors que l'on déplaçait de la terre. Il se compose de trois anneaux de cou et de deux bracelets. Malheureusement, on ne dispose d'aucune autre information sur les circonstances de sa découverte. Les deux bracelets ont une forme elliptique qui va en se rétrécissant vers les extrémités ouvertes. Ils sont faits chacun de dix anneaux lisses, qui peuvent avoir été soudés ensemble. Le premier collier est composé de trois anneaux creux réunis par une bande de métal.

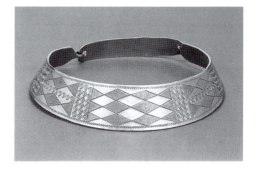

Il se ferme au moyen d'un petit loquet indépendant avec une sorte de fiche. Les anneaux sont ornés d'un motif délicat de lignes géométriques gravées. Le second, dont la taille va légèrement en s'épaississant, possède le même système de fermeture. Le troisième est très différent, avec sa forme de ruban aux terminaisons fines munies de crochets. La surface extérieure est ornée de lignes géométriques et de dessins d'yeux circulaires. Ce trésor est d'une richesse inhabituelle, comporte des réalisations notables, dont une partie au moins provient du même atelier. Les pièces, qui sont issues de plusieurs parures féminines, ont probablement fait l'objet d'un dépôt rituel.

Ch. E.

BIBL. : Pingel, 1992, n° 207, pl. 99.

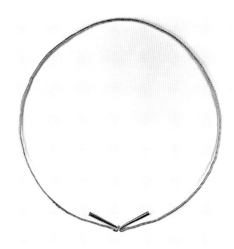

222 TORQUE

Evora, Alentejo, Portugal
Or
Âge du bronze final
Diam. 15,5 ; 2,1 kg
Saint-Germain-en-Laye,
musée des Antiquités nationales
Inv. n° 67071 bis

Ce torque au fermoir amovible est orné de motifs géométriques ciselés. C'est l'un des bijoux les plus lourds du groupe atlantique.

Ch. E.

BIBL. : Pingel, 1992, pl. 53.

223 TORQUE

Naas, Tipper South (aka Kingsfurze),
Kildare County, Irlande
Or
Vers 1200 avant J.-C.
Diam. 32 ; ép. 0,8 ; 567 g
Dublin, National Museum of Ireland
Inv. n° 1946:391

Torque torsadé aux terminaisons recourbées, trouvé en même temps qu'un bracelet et un anneau de cou. Exemple typique des ornements torsadés souvent volumineux et lourds apparus dans les îles Britanniques et dans l'ouest de la France au début de l'âge du bronze. Ces objets, découverts isolément (offrandes votives ?), témoignent de la qualité du travail de l'orfèvre, qui a dû donner à la barre de métal une section quadrangulaire exacte et nette pour la torsader ensuite et composer une forme régulière. Ch. E.

BIBL. : Taylor, 1980, p. 106, CoKd 15.

224 TORQUE

Près de Mullingar, Westmeath County,
Irlande
Or
Vers 1200 avant J.-C.
Diam. 25 ; 336,9 g
Dublin, National Museum of Ireland
Inv. n° 1884:6

Ce torque appartient à la vaste catégorie des bijoux pour le cou, les bras, et sans doute aussi la taille ; tous sont faits à partir d'une barre de métal torsadée. Les torques en bronze de ce type se sont répandus à travers l'Europe centrale sous l'influence de l'Orient. On en trouve jusqu'en Grande-Bretagne et en Irlande, vers 1200 avant J.-C. Ch. E.

BIBL. : *Actes de la Société des Antiquaires de Londres*, XXIV, 1912, p. 47 ; Taylor, 1980, p. 114, CoWm 10.

225 TRÉSOR DE RADENI

Radeni, Neamt, Roumanie
Or
1800-1600 avant J.-C. (?)
5548 : H. 13,2 ; l. 13 ; 458,6 g
5549 : H. 9,2 ; l. 10,4 ; 243,3 g
5550 : H. 12,7 ; l. 11 ; 203,5 g
Piatra Neamt, musée d'Histoire
Inv. n° 5548-5550
(Ill. 2 à 4, p. 170)

Les circonstances de la découverte ne sont pas connues de façon claire. Selon un habitant du secteur, le trésor a été découvert en 1965-1966 dans un champ, à une profondeur qui n'a pu être déterminée. Il contenait plusieurs récipients de métal tachés de rouille et de vert-de-gris. Un examen ultérieur a montré que les objets étaient au nombre de huit : sept récipients étaient attachés par un fil métallique – d'or, probablement – à un autre plus grand comportant deux anses. Les tasses avaient été délibérément endommagées (écrasées et frappées) avant leur dépôt : cela est particulièrement clair dans le cas de ces

trois spécimens qu'aucun mauvais traitement n'est venu abîmer après leur dépôt.
La plupart des tasses ont une base plate ; leurs anses décorées ont une forme relevée.

A. J. et F. V.

Bibl. : Vulpe, 1985, p. 47 ; Petrescu-Dîmboviţa, 1995, p. 123.

226 Tasse

Biia, Alba, Roumanie
Or
Âge du bronze final,
XIIIe-XIIe siècle avant J.-C.
H. 5,8 ; diam. 9,8 ; 144 g
Bucarest, musée national d'Histoire de Roumanie
Inv. n° 47584

Peu avant 1880, on trouva par hasard à Biia un trésor d'objets en or. Il se composait d'un récipient à deux anses avec une riche décoration en repoussé, d'un bracelet ou d'un anneau de bras avec des terminaisons travaillées en croissant – somptueusement gravé et estampé de motifs géométriques – et de sept anneaux simples pour les cheveux. Ce récipient, fait dans une feuille d'or, possède une panse globulaire aplatie et un bord évasé. Deux anses partant du bord du col se terminent en doubles spirales sans être rattachées à la panse. Un motif de zigzags en pointillé court sur la partie haute de la panse. Deux rangs de bosses plus grandes figurent en partie haute et en partie basse, où ils sont interrompus par quatre groupes d'arêtes concentriques partant d'une bosse. Un motif similaire se trouve au centre de la base, avec une composition supplémentaire de lignes de bosses.

D. L., A. J. et F. V.

Bibl. : Popescu, 1956, p. 232-234, fig. 144 ; Dumitrescu, 1974, p. 398-401 ; Müller-Karpe, 1980, nn° 246, pl. 287.B ; Florescu, Daicoviciu et Rosu, 1980, p. 59.

227 Tasse

Wachtberg-Fritzdorf, Rhein-Sieg-Kreis, Nordrhein-Westfalen, Allemagne
Or
Âge du bronze final,
XVIIIe-XVIe siècle avant J.-C.
H. 12,1 ; diam. 12,2 ; 221 g
Bonn, Rheinisches Landesmuseum
Inv. n° 55.9
(Ill. 4, p. 39)

Exposé à Copenhague, à Bonn et à Athènes seulement

Tasse à une anse avec un bord évasé décoré de deux rangs de points imprimés de l'extérieur ; col concave reposant sur des épaules carénées, partie inférieure hémisphérique et base avec omphalos. Anse en ruban fixée à la bordure du col et au-dessus de l'épaule – dans les deux cas avec quatre rivets munis d'une rondelle en forme de losange –, et décorée de trois sillons de part et d'autre. La forme de la tasse trouve son exacte réplique dans les premières tombes à fosse de Mycènes. À l'extérieur de l'Égée, on trouve des pièces comparables, mais en très petit nombre, des Cornouailles et de la Bretagne jusqu'en Suisse. Des concordances dans les détails – par exemple, les plaques de renfort en losange avec les rivets – prouvent qu'il y a peu de chances pour que cette tasse soit sans lien avec les autres pièces, largement diffusées, mais qu'elles possèdent plutôt une origine commune. C'est la preuve que, même durant la période mycénienne la plus ancienne, les élites grecques, allemandes et anglaises avaient des contacts, et qu'elles échangeaient probablement des cadeaux de valeur.

J. J.

Bibl. : Uslar, 1955, p. 31 ; Müller-Karpe, 1980, pl. 312A ; Clarke, Cowie et Foxon, 1985, p. 117, n° 173 ; Demakopoulou, 1988, p. 261, n° 287.

228 Trésor

Champ des Grès, Villeneuve-Saint-Vistre, Marne, France
Or
Âge du bronze moyen,
XIVe siècle avant J.-C.
Gobelets : H. 11,8 et 12 ;
bracelets : diam. 6,1 et 6,4 ;
anneaux : diam. 2 et 2,2 ; poids : 4,9 g ; 5,7 g ; 2,7 g ; 3,1 g ; 71,1 g (fil)
Saint-Germain-en-Laye, musée des Antiquités nationales
Inv. n° 81 707 à 81 712

Exposé à Paris seulement

Trésor découvert en 1910, enfoui sous un énorme bloc de grès. Il se compose notamment de deux grands gobelets formant la paire, décorés de cercles concentriques, de points en repoussé, de cercles et de lignes verticales, avec un motif de triangles sur le col (certains sont remplis de points). Les bracelets sont unis, les anneaux sont de divers types : à fil double, en feuille de métal décorée de points au repoussé et de lignes. Les fils qui les accompagnent ont certaines de leurs extrémités soudées à chaud. Il s'agit peut-être d'ornements en cours d'élaboration, au moyen de fil double, typiques de l'Europe centrale et du Nord.

Ch. E.

Bibl. : Éluère, 1982, p. 269, fig. 158.

229 Trésor

Rongères, Allier, France
Or
Âge du bronze moyen,
XIVᵉ siècle avant J.-C.
Bol : diam. 9,3 ; H. 6 ;
bracelet à spirales : diam. 6,4 cm ; spirales
de fil d'or : diam. 2-2,3 ;
anneau : diam. 2,3 ; 63,3 g ; 77,1 g ; 21,5
g ; 8,8 g (anneau)
Paris, musée du Louvre, département des
Antiquités grecques, étrusques, romaines,
déposé au musée des Antiquités
nationales de Saint-Germain-en-Laye
Inv. n°BJ 1886-MND 958, BJ 970-MND
959, BJ 1161-MND 962, BJ 1180-MND
961, BJ 1179-MND 960

Ce trésor d'objets en or se compose d'un bracelet finement ciselé aux terminaisons en spirale, de fils d'or enroulés en spirale, et d'un anneau ; le tout était déposé dans le récipient. Le récipient est orné en partie haute de motifs de lignes verticales, de points en repoussé et de cercles en relief et en creux, et, en partie basse, de nouveaux points en repoussé et de cercles concentriques : c'est un décor que l'on retrouve sur des vases comparables, découverts dans l'est et le nord de l'Europe centrale. Ch. E.

BIBL. : Müller-Karpe, 1980, pl. 461.D, no. 976a ; Eluère, 1982, p. 157.

230 Trésor avec tasses

Borgbjerg, Boeslunde, Sorø, Zealand,
Danemark
Âge du bronze final, période IV,
XIᵉ-IXᵉ siècle avant J.-C.
Louche : H. 10,3 ; diam. 11,5.
Gobelet : H. 10,2 ; diam. 10.
Bol : H. 9,4 ; diam. 15,5.
Poids total 1,260 kg
Copenhague, Musée national
Inv. n°B 1066 (louches), B 1067
(gobelets), 7046 (bols)
(Ill. 1, p. 169)

Ces six ustensiles en or furent découverts en 1842 et 1874, à flanc d'un coteau en terrasses, en deux endroits distincts. Les deux louches identiques sont faites à partir d'une plaque d'or estampée : la forme de base est un bol au fond arrondi avec des épaules carénées menant à un col droit et à un bord évasé. La partie inférieure possède deux zones de cercles concentriques séparés par des bandes côtelées ; dans la partie supérieure, des bandes de petits points alternent avec les motifs côtelés ; le col est sans ornement, son bord côtelé. Une anse en bronze assez grande, terminée par une tête de cheval stylisée avec une sorte de corne sur le front, y est rivetée. Un étroit ruban en or est enroulé autour de l'anse. Les deux « tasses », identiques, ont un pied cylindrique s'ouvrant très rapidement pour composer la partie inférieure du corps de la pièce, qui est carénée et qui marque ainsi le passage à la fraction supérieure, au bord évasé. Le décor du haut se compose de bandes côtelées ; celui du bas présente une répartition verticale inhabituelle en tirets ; le pied s'orne de bandes tantôt nues tantôt côtelées. Les deux « bols », en tous points semblables, ont une forme hémisphérique surbaissée, un col uni au bord légèrement évasé a un décor de côtes et de points. La partie supérieure présente des bandes variées décorées de cercles et de bosses avec quelques éléments linéaires ; les éléments de la partie inférieure sont identiques, mais disposés plus verticalement. La base est pourvue d'un omphalos. J. J.

BIBL. : Broholm, 1946, p. 271 ; Jensen, 1981, p. 48.

231 Cône ou coiffure

Avanton, Vienne, France
Or
Âge du bronze moyen,
XIVᵉ siècle avant J.-C.
H. (fragmentaire) 53 ; 321 g
Paris, musée du Louvre, département
des Antiquités grecques, étrusques
et romaines
Inv. n°BJ 2151
(Ill. 5, p. 179)

Partie supérieure d'un « cône » ou coiffure rituelle : la partie inférieure (rebord) est manquante, la pointe est très endommagée ; la pièce a été élaborée d'un seul tenant. Le décor se compose de zones horizontales traitées en repoussé : treize bandes de motifs circulaires (deux ou trois lignes entourant une bosse centrale) séparées à chaque fois les unes des autres par une séquence répétitive de trois ou quatre cannelures en arêtes et de trois ou quatre rangées de points. L'extrémité comportait à l'origine une étoile à plusieurs branches sur un fond de points alignés. La partie basse présente les traces d'une zone de cannelures en arêtes verticales au repoussé marquant la transition avec le rebord situé originellement à cet endroit. Ce cône a été trouvé en 1844 à Avanton, près de Poitiers dans des circonstances inconnues. J. J.

BIBL. : Müller-Karpe, 1980, pl. 472.11 ; Éluère, 1982, fig. 128 ; Menghin et Schauer, 1983, p. 66. fig. 30, 30b ; Schauer, 1986.

232 Cône ou coiffure

Ezelsdorf-Buch, Bavière, Allemagne
Or
Âge du bronze final,
Xᵉ-VIIIᵉ siècle avant J.-C.
H. 88,3 ; ép. (paroi) 0,078 ; 310 g
Nuremberg, Germanisches
Nationalmuseum
Inv. n°Vb. 8007
(Ill. 1, p. 176)

En 1953, un ouvrier qui déracinait un arbre heurta un « cône » en or enterré debout tout seul, juste sous la surface du sol, à une

profondeur d'environ 80 cm. Le cône se
compose d'un puits élancé, de haute taille,
et d'un élément débordant formant la base
et jouant le rôle de rebord. La pièce est faite
d'un seul tenant. L'ornementation en repoussé
est exécutée sur une feuille d'or mince
comme du papier avec au moins vingt-cinq
estampages différents ; le décor représente
des cercles, structurés par bandes, à un ou à
plusieurs anneaux, des bosses, des triangles
hachurés, des lignes verticales et obliques,
des creux, des roues à rayons et des « yeux »
(les deux derniers mais les seuls). Une simple
étoile marque le sommet. À l'endroit où le fût
rejoint la base, on remarque une large zone
au décor de cannelures en arêtes et de creux.
Une bande de bronze d'1,8 cm de largeur
vient renforcer la base, la bordure en
feuille d'or étant relevée sur son pourtour et
l'entourant pour la maintenir en place. J. J.

BIBL. : Müller-Karpe, 1980, pl. 412A ; Menghin et Schauer, 1983 ; Schauer, 1986 ; Raschke, 1954, p. 1.

233 CÔNE OU COIFFURE

Schifferstadt, Spire, Rhénanie-Palatinat, Allemagne
Or
Âge du bronze moyen/récent,
Reinecke BrC-D, XIVe-XIIIe siècle avant J.-C.
H. 29,6 ; diam. (calot) 18,1 ;
ép. de 0,1 à 0,25 ; 350,5 g
Spire, Historisches Museum der Pfalz
Inv. n° 1934/20
(Ill. 1, p. 173)

Ce « chapeau d'or » comme il est appelé, a été
découvert en 1835 tandis que l'on retournait
le sol d'un champ. Plus petit que les autres,
il a conservé son renflement et son rebord ;
l'ensemble est fait d'une seule pièce.
À l'endroit où le rebord succède à la base du
renflement, plusieurs paires de trous sont
découpées en vis-à-vis. L'extrémité arrondie
du cône est unie ; des zones, comportant
de multiples cannelures horizontales flanquées
d'une rangée de simples bosses, isolent
la pointe du reste du fût. Celui-ci est décoré de
bandes horizontales faites de cinq cannelures
alternant avec des petits points, de bosses
plus importantes entourées d'arêtes
circulaires, et d'« yeux ». La même composition
décorative se poursuit sur la partie renflée
et sur le rebord. On suppose que celui-ci,
découvert plié, avait été remonté le long du
fût. Trois haches en bronze reposaient
sur l'objet. J. J.

BIBL. : Müller-Karpe, 1980 ; Menghin et Schauer, 1983 ; Schauer, 1986.

234 CÔNE OU COIFFURE

Sud-ouest de l'Allemagne, Suisse ;
provenance inconnue
Or
Âge du bronze final,
Xe-VIIIe siècle avant J.-C.
H. 74,5 ; diam. (calot) 18,1 ; ép. 0,06 ;
190 g
Berlin, Staatliche Museen zu Berlin-
Preussischer Kulturbesitz, Museum für
Vor- und Frühgeschichte
Inv. n° IIc 6088
(Ill. 2, p. 174)

Ce « cône » en or fut acheté sur le marché
de l'art, ce qui fait qu'il n'est plus possible de
savoir où et comment il a été découvert.
Il appartient à un groupe dont seuls quatre
exemples sont connus, provenant pour autant
qu'il soit possible de le déterminer, du sud-
ouest de l'Allemagne ou de l'est de la France.
Leur fonction précise fait encore l'objet
de controverses, mais ils ont sûrement à voir
avec des activités cultuelles ou religieuses.
  A. J. et F. V.

BIBL. : Menghin et Schauer, 1983, p. 172.

Bibliographie

AHLBERG, 1971
G. Ahlberg, *Fighting on Land and Sea in Greek Geometric Art*, Stockholm, 1971.

AHLBERG-CORNELL, 1992
G. Ahlberg-Cornell, *Myth and Epos in Early Greek Art. Representation and Interpretation*, SIMA 100, Jonsered, 1992.

ÅKERSTRÖM, 1987
Å. Åkerström, Berbati, vol. II, *The Pictorial Pottery*, Stockholm, 1987.

ALEXIOU, 1958
S. Alexiou, Ημιυωικη θεα μεθ υψωμευων χερων, Κρητια Χρουικρα 12, 1958

ALMAGRO BASCH, 1966
M. Almagro Basch, *Las Estelas Decoradas del Suroeste Peninsular*, Madrid, 1966.

ALMAGRO-GORBEA, 1969
M. Almagro-Gorbea, « De orfebrería celtica; el deposito de Berzocana y un brazalete del Museo Arqueológico Nacional », *Trabajos de Prehistoria 26*, 1969.

ALMAGRO-GORBEA, 1977
M. Almagro-Gorbea, *El Bronce Final y el Período Orientalizante en Extremadura*, Madrid 1977.

ALMAGRO-GORBEA, 1993
M. Almagro-Gorbea, « Les stèles anthropomorphes de la péninsule Ibérique », dans *Les Représentations humaines du néolithique à l'âge du fer*, Paris, 1993.

ALMEIDA et OLIVEIRA JORGE, 1979
C. A. F. de Almeida, V. Oliveira Jorge, *Aestátua-menhir de Faioes (Chaves)*, Porto, 1979.

ALMGREN
O. Almgren, « *Kung Björns Hög* » *och andra fornlämningar vid Håga*, Stockholm, 1905.

ALTHIN, 1945
C. A. Althin, *Studien zu den bronzezeitlichen Felszeichnungen von Skåne*, Lund, 1945.

ANER et KERSTEN, 1973
E. Aner, K. Kersten, *Die Funde der älteren Bronzezeit des nordischen Kreises in Dänemark, Schleswig-Holstein und Niedersachsen*, Neumünster, 1973.

ANNABLE et SIMPSON, 1964
F. K. Annable, D. D. A. Simpson, *Guide Catalogue of the Neolithic and Bronze Age Collections in the Devizes Museum, Wiltshire Archaeological and Natural History Museum*, Devizes, 1964.

Archéologie, 1989
Archéologie de la France. 30 ans de découvertes, cat. exp. 1989, Galeries nationales du Grand Palais, Paris, 1989.

ARMBRUSTER, 1996
B. Armbruster, « Zu den technologischen Aspekten der Goldfunde von Caldas de Reyes », *Madrider Mitteilungen 37*, 1996.

ARMSTRONG, 1909
E. C. R. Armstrong, *Prehistoric Shield Found at Clonbrin, Country Longford*, PRAI 27, 1909.

ARMSTRONG, 1920
E. C. R. Armstrong, *Guide to the Collection of Irish Antiquities: Catalogue of Irish Gold. Ornaments in the Collection of the Royal Irish Academy, National Museum of Science and Art, Dublin*, Dublin, 1920.

Art de Chypre, 1992
Art antique de Chypre, musée du Louvre, Paris, 1992.

ARTZY, 1992
M. Artzy, Incense, « Camels and Collared Rim Jars: Desert Trade Routes and Maritime Outlets in the Second Millennium », *Oxford Journal of Archaeology 13(2)*, 1992.

ASMUS, 1991
W.-D. Asmus, Der Bildstein von Anderlingen und seine Verbindung zu Skandinavien, Die Kunde N. F. 41/42, 1991.

Athènes [cat. exp.], 1995
Αποτη Μηδεια οτη Σσπφω, cat. exp. Athènes, 1995.

Avant les Celtes, 1988
Avant les Celtes. L'Europe à l'âge du bronze. 2500-800 avant J-C, cat. exp. Daoulas, 1988.

BADER, 1990
T. Bader, « Bemerkungen über die ägäischen Einflüsse auf die alt- und mittelbronzezeitliche Entwicklung im Donau-Karpatenraum », *Orientalisch-ägäische Einflüsse in der europäischen Bronzezeit*, Mayence, 1990.

BANKS, 1967
E. Banks, *The Early and Middle Helladic Small Objects from Lerna*, Cincinnati, Ohio, 1967.

BARCELÓ, 1991
J. A. Barceló, *El Bronce del Sudoeste y la cronologia de las estelas alentejanas*, Porto, 1991.

BARFIELD, 1991
L. H. Barfield, « Wessex with and without Mycenae: New Evidence from Switzerland », *Antiquity 65*, 1991.

BÁRTA, 1958
J. Bárta, « Majda-Hraškova jaskyňa a jej kultová funkcia v dobe halštatskej », *Slovenská Arch. 6*, 1958.

BASILAKIS, 1996
A. Basilakis, Οχρυσοζ και ο αργυροζ στην Κρητηβκατα την πρωιμη περιοδο τον Χαλκον, Heraklion, 1996.

BASS, 1967
G. F. Bass, Cape Gelidonya: A Bronze Age Shipwreck. Philadelphia, Penn., 1967.

BASS, 1986
G. F. Bass, « A Bronze Age Shipwreck at Ulu Burun (Kas): 1984 Campaign », American Journal of Archaeology 90, 1986.

BASS, 1991
G. F. Bass, « Evidence of Trade from Bronze Age Shipwrecks », dans G. H. Gale (sous la direction de), *Bronze Age Trade in the Mediterranean*, Göteborg, 1991.

BASS, 1991
G. F. Bass, « Sailing between the Aegean and the Orient », dans E. H. Cline and D. Harris-Cline (eds.), *The Aegean and The Orient in the Second Millennium*, Aegaeum 18, 1998.

BAURAIN ET DARCQUE, 1983
Cl. Baurain, P. Darcque, « Un triton en pierre à Malia », *BCH 107*, 1983.

BECK, WILBUR et MERET, 1964
C. W. Beck, E. Wilbur, S. Meret, « Infrared Spectra and the Origin of Amber », *Nature 201*, 1964.

BECK, 1974
C. W. Beck, « The Provenience of Amber in Bronze Age Greece », *The Annual of the British School at Athens 69*, 1974.

BECKER, JÄGER, KAUFMANN et LITT, 1989
B. Becker, K.-D. Jäger, D. Kaufmann, R. Litt, « Dendrochronologische Datierungen von Eichenhölzern aus den frühbronzezeitlichen Hügelgräbern bei Helmsdorf und Leubingen (Aunjetitzer Kultur) und an bronzezeitlichen Flußeichen bei Merseburg », *Jahresschrift für mitteldeutsche Vorgeschichte 72*, 1989

BEDA, 1976
C. Beda, « Carul solar antic de la Bujoru, jud. Teleorman », *Muzeul National 3*, 1976

BEHN, 1920
F. Behn, « Beiträge zur Urgeschichte des Hauses », *Prähistorische Zeitschrift 11/12*, 1919/20

BEHRENDS, 1993
R.-H. Behrends, « Raritäten der späteren Bronzezeit aus dem Rhein bei Karlsruhe », dans E. Sangmeister, *Zeitspuren. Archäologisches aus Baden. Archäologische Nachrichten aus Baden 50*, 1993.

BELTZ, 1910
R. Beltz, *Die vorgeschichtlichen Alterthümer des Grossherzogtums Mecklenburg-Schwerin*, Schwerin, 1910.

BENNETT, 1958
>E. Bennett, *Mycenaean Tablets II*, Philadelphia, Penn., 1958.

BENNETT et OLIVIER, 1973
>E. L. Bennet, J. P. Olivier, « The Pylos Tablets Transcribed, Part 1. Texts and Notes », *Incunabula Graeca 51*, Rome, 1973.

BERNABÒ BREA, 1964
>B. L. Bernabò Brea, *Poliochni. Città preistorica nell'Isola di Lemnos I*, Rome, 1964.

BERNABÒ BREA, 1976
>B. L. Bernabò Brea, *Poliochni. Città preistorica nell'Isola di Lemnos II*, Rome 1976.

BERNABÒ BREA, 1955
>B. L. Bernabò Brea, « A Bronze Age House of Poliokhni (Lemnos) », *Proceedings of the Prehistoric Society 21*, 1955.

BETANCOURT, 1985
>P. P. Betancourt, *The History of Minoan Pottery*, Princeton, N. J., 1985.

BIANCO PERONI, 1994
>V. Bianco Peroni, *I pugnali nell'Italia Continentale*, Stuttgart 1994.

BIESANTZ, 1957
>H. Biesantz, « Bericht über Ausgrabungen im Gebiet der Gremnos-Magula bei Lavisa im Frühjahr 1958 », *Archäologischer Anzeiger 72*, 1957.

BIESANTZ, 1959
>H. Biesantz, « Die Ausgrabung bei der Soufli-Magula », *Archäologischer Anzeiger 74*, 1959.

BLEGEN, 1937
>C. W. Blegen, *Prosymna. The Helladic Settlement Preceeding the Argive Heraeum I-II*, Cambridge, 1937.

BLEGEN et al., 1950
>C. W. Blegen, J. L. Caskey, M. Rawson, J. Sperling, *Troy. Excavations Conducted by the University of Cincinnati 1932-1938, Part I: « General Introduction. The First and Second Settlements »*, Princeton, N. J. 1950.

BLEGEN et al., 1973
>C. W. Blegen, M. Rawson, W. Taylour, W. P. Donovan, *The Palace of Nestor at Pylos in Western Messenia, Part III : « Acropolis and Lower Town, Tholoi, Grave Circle and Chamber Tombs. Discoveries Outside the Citadel »*, Cincinnati, Ohio, 1973.

BÖHM, 1930
>J. Böhm, « Poklad bronzových dýk na Kozích Hřetech. Předběžná zpráva », *Památky Archeologické 36*, 1928-1930.

BOUZEK, 1985
>J. Bouzek, *The Aegean, Anatolia and Europe: Cultural Interrelations in the Second Millennium B. C.*, Göteborg, 1985.

BORCHHARDT, 1972
>J. Borchhardt, *Homerische Helme*, Mayence, 1972.

BORCHHARDT, 1977
>J. Borchhardt, « Helme », dans Kriegswesen, *Archaeologia Homerica 1E*, Göttingen, 1977.

BOYE, 1896
>V. Boye, *Fund af Egekister fra Bronzealderen i Danmark*, Copenhague 1896.

BRANIGAN, 1975
>K. Branigan, « The Round Graves of Leukas Reconsidered », *BSA 70*, 1975.

BREUNING-MADSEN, 1997
>H. Breuning-Madsen, « Om Egtvedpigens bevarelse. Nyere undersøgelser vedrørende dannelsen af jernlag omkring egekister i bronzealderhøje », dans *Fra Egtvedpigen til Folketinget. Et festskrift til Hendes Majestæt Dronning Margrethe II ved regeringsjubilæet 1997. Det Kongelige Danske Videnskabernes Selskab*, Copenhague, 1997.

BRIARD, 1965
>J. Briard, *Les Dépots bretons et l'Age du bronze atlantique*, Rennes, 1965.

BRIARD, 1976
>J. Briard, *L'Âge du bronze en Europe barbare des mégalithes aux Celtes*, Toulouse, 1976.

BRIARD, 1984
>J. Briard, « Les tumulus d'Armorique », *L'Âge du bronze en France 3*, Paris, 1984.

BRIARD, 1991
>J. Briard, *La Protohistoire de Bretagne et d'Armorique*, N 302b,1, Rennes, 1991.

British Museum, 1920
>British Museum, *A Guide to the Antiquities of the Bronze Age in the Department of British and Mediaeval Antiquities*, 2nde éd., Londres, 1920.

BROHOLM et HALD, 1935
>H. C. Broholm, M. Hald, « Danske Bronzealders Dragter », *Nordiske Fortidsminder II, 5-6*, Copenhague, 1935.

BROHOLM et HALD, 1939
>H. C. Broholm, M. Hald, *Skrydstrupfundet. Nordiske Fortidsminder III, 2*, Copenhague, 1939.

BROHOLM et HALD, 1940A
>H. C. Broholm, M. Hald, *Costumes of the Bronze Age in Denmark*, Copenhague, 1940.

BROHOLM, 1940B
>H. C. Broholm, *Tre kvindegrave fra Gjedsted sogn. Aarbøger for nordisk Oldkyndighed og Historie*, 1940.

BROHOLM, 1943
>H. C. Broholm: *Danmarks Bronzealder I*. Copenhague 1943

BROHOLM, 1944
>H. C. Broholm, *Danmarks Bronzealder II*, Copenhague, 1944.

BROHOLM, 1946
>H. C. Broholm, *Danmarks Bronzealder III*, Copenhague, 1946.

BROHOLM, 1948
>H. C. Broholm, « The Midskov Find », *Acta Archaeologica 19*, 1948.

BROHOLM, 1949
>H. C. Broholm, *Danmarks Bronzealder IV*, Copenhague, 1949.

BROHOLM, LARSEN et SKJERNE, 1949
>H. C. Broholm, W. P. Larsen, G. Skjerne, *The Lures of the Bronze Age*, Copenhague, 1949.

BROHOLM et DJUPEDAL, 1952
>H. C. Broholm, R. Djupedal, *Marcus Schnabel og Bronzealderfundet fra Grevensvænge. Aarbøger for nordisk Oldkyndighed og Historie*, 1952.

BROHOLM, 1953
>H. C. Broholm, *Danske Oldsager. Yngre Bronzealder*, Copenhague, 1953

BROHOLM, 1958
>H. C. Broholm, *Bronzelurerne i Nationalmuseet. En arkæologisk undersøgelse*, Copenhague, 1958.

BRØNDSTED, 1958
>J. Brøndsted, *Danmarks Oldtid II. Bronzealderen*, 2nde éd., Copenhague, 1958.

BRØNDSTED, 1962
>J. Brøndsted, *Nordische Vorzeit II. Bronzezeit in Dänemark*, Copenhague 1962.

BROODBANK, 1992
>C. Broodbank, « The Spirit is Willing: Review », dans Colin Renfrew, *The Cycladic Spirit (1991)*, Antiquity 66, 1992.

BROWN, 1983
>A. Brown, *Arthur Evans and the Palace of Minos*, Oxford, 1983.

BRUMFIEL et EARLE, 1987
>E. Brumfiel, T. Earle, « Specialization, Exchange and Complex Societies: an Introduction », dans *Specialization, Exchange and Complex Societies*, Cambridge, 1987.

BRUNN, 1939
>W. A. von Brunn: « Die Kultur der Hausurnen in Mitteldeutschland », *Jahresschrift Vorgeschichte sächsisch-thüringischer Länder 30*, 1939.

BRUNN, 1959
>W. A. von Brunn, *Bronzezeitliche Hortfunde I. Die Hortfunde der frühen Bronzezeit aus Sachsen-Anhalt, Sachsen und Thüringen*, Berlin 1959.

Brunn, 1980
: W. A. von Brunn, « Eine Deutung spätbronzezeitlicher Hortfunde zwischen Elbe und Weichsel », *Ber. RGK 61*, 1980.

Buchholz, 1960
: H.-G. Buchholz, « Die Doppelaxt, eine Leitform auswärtiger Beziehungen des ägäischen Kulturkreises? », *Prähistorische Zeitschrift 38*, 1960.

Buchholz, 1974
: H.-G. Buchholz, « Ägäische Funde und Kultureinflüsse in den Randgebieten des Mittelmeeres. Forschungsbericht über Ausgrabungen und Neufunde 1960-1970 », *Archäologischer Anzeiger*, 1974.

Buchholz et Karageorghis, 1973
: H.-G. Bucholz, V. Karageorghis, *Altägäis und Altkypros*, Tübingen, 1973.

Buchholz, Jöhrens et Maull, 1973
: H.-G. Buchholz, G. Jöhrens, I. Maull, « Jagd und Fischfang », *Archaeologia Homerica 1J*, Göttingen, 1973.

Buck, 1979
: D.-W. Buck, *Die Billendorfer Gruppe*, Berlin, 1979.

Budaváry, 1940
: V. Budaváry, « Nález starohallstattskej bronzevej spony v Krivokláte (okr. Púchov n/V) », *Cas. muz. slov. Spolocn. 31*, 1940.

Burenhult, 1980
: G. Burenhult, *Götalands hällristningar I.*, Arlov, 1980.

Burenhult, 1983
: G. Burnehult, *Arkeologi i Sverige 2*, Stockholm, 1983.

Burgess, 1980
: C. B. Burgess, *The Age of Stonehenge*, Londres, 1980.

Burkert, 1992
: W. Burkert, *The Orientalizing Revolution: Near Eastern Influence on Greek Culture in the Early Archaic Age*, Cambridge, Mass., 1992.

Butler et Bakker, 1961
: J. J. Butler, J. A. Bakker, « A Forgotten Middle Bronze Age Hoard with a Sicilian Razor from Ommerschans (Overijssel) », *Helinium 1*, 1961.

Butler et Sarfatij, 1971
: J. J. Butler, H. Sarfatij, « Another Bronze Ceremonial Sword by the Plougrescant-Ommerschans Smith », *Berichten van de Rijksdienst voor het oudheidkundig Bodemonderzoek 20-21*, 1970-1971.

Butler et Waterbolk 1974
: J. Butler, H. T. Waterbolk, « La fouille de A. E. van Giffen à "La Motta". Un tumulus de l'âge du bronze bncien à Lannion (Bretagne) », *Palaeohistoria 16*, 1974.

Cadogan, 1976
: G. Cadogan, *Palaces of Minoan Crete*, Londres, 1976.

Capelle, 1976
: T. Capelle, *Holzgefässe vom Neolitikum bis zum späten Mittelalter*, Hildesheim 1976.

Capelle, 1980
: T. Capelle, *Holzschnitzkunst vor der Wikingerzeit*, Neumünster, 1980.

Capelle, 1995
: T. Capelle, *Anthropomorphe Holzidole*, Lund, 1995.

Caratelli, 1957-58
: P. Caratelli, *Nuove epigrafi minoichi di Festos Annuario*, 1957-1958.

Carter et Morris, 1995
: J. B. Carter, S. P. Morris (sous la direction de), *The Ages of Homer*, Austin, 1995.

Casini, 1995
: S. Casini (sous la direction de), *Le pietre degli dei. Menhir e stele dell'età del Rame in Valcamonica e Valtellina*, Bergame, 1995.

Casini, De Marinis et Pedrotti, 1996
: S. Casini, R. C. de Marinis et A. Pedrotti (sous la direction de), « Statue-stele e massi incisi nell'Europa dell'età del Rame », *Notizie Archeologiche Bergomensi 3*, 1995 (Bergame, 1996).

Caskey, 1964
: J. L. Caskey, « Investigations in Keos 1963 », *Hesperia 33*, 1964.

Caskey-Ervin, 1976
: M. Caskey-Ervin, « Notes on Relief Pithoi of the Tenian-Boeotian Group », *ASA 80*, 1976.

Caskey, 1986
: M. E. Caskey, *The Temple at Ayia Irini. The Statues*, Princeton, N. J., 1986.

Catling, 1956
: H. W. Catling, « Bronze Cut-and-Thrust Swords in the East Mediterranean », *Proceedings of the Prehistoric Society 22*, 1956.

Catling, 1961
: H. W. Catling, « A New Bronze Sword from Cyprus », *Antiquity 35*, 1961.

Catling, Cherry, Jones et Kilen, 1980
: H. W. Catling, J. F. Cherry, R. E. Jones, J. T. Kilen, « The Linear B Inscribed Stirrup Jars and West Crete », *BSA 75*, 1980.

Caubet, Karageorghis et Yon, 1981
: A. Caubet, V. Karageorghis, M. Yon, *Les Antiquités de Chypre*, Paris, 1981

Cavagagh et Mee, 1998
: W. Cavanagh, C. Mee, « A Private Place: Death in Prehistoric Greece », dans *Studies in Mediterranean Archaeology 105*, Göteborg, 1998.

Chadwick, 1967
: J. Chadwick, The Decipherment of Linear B, 2nde éd., Cambridge, 1967.

Champion, Gamble, Shennan et Whittle, 1984
: T. Champion, C. Gamble, S. Shennan, A. Whittle, *Prehistoric Europe*, Londres, 1984.

Chaunu, 1984
: P. Chaunu, *Conquista y explotación de los nuevos mundos*, Barcelona, 1984.

Cherry, 1992
: J. F. Cherry, « Beazley in the Bronze Age? Reflections on Attribution Studies in Aegean Prehistory », dans R. Laffineur et J.L. Crowley (sous la direction de), *Eikon: Aegean Bronze Age Iconography: Shaping a methodology*, Liège, 1992.

Chicideanu-Sandor et Chicideanu, 1990
: M. Chicideanu-Sandor et I. Chicideanu, « Contributions of the Study of the Gîrla Mare Anthropomorphic Statuettes », *Dacia NS 34*, 1990.

Childe, 1929
: V. G. Childe, *The Danube in Prehistory*, Oxford, 1929.

Chroprovsky et Hermann, 1982
: B. Chroprovskye et J. Hermann (sous la direction de), *Beiträge zum bronzezeitlichen Burgenbau in Mitteleuropa*, Berlin, 1982.

Clarke, Cowie et Foxon, 1985
: D. C. Clarke, T. G. Cowie et A. Foxon (sous la direction de), *Symbols of Power at the Time of Stonehenge*, Édimbourg, 1985.

Clausing, 1997
: C. Clausing, « Ein spätumenfelderzeitlicher Grabfund mit Wagenbronzen von Pfullingen, Baden-Württemberg », *Archäologisches Korrespondenzblatt 27*, 1997.

Cline, 1994
: E. H. Cline, *Sailing the Wine-Dark Sea. International Trade and the Late Bronze Age Aegean*, Oxford, 1994.

CMS I, 1964
: A. Sakellariou, « Die minoischen und mykenischen Siegel des Nationalmuseums in Athen », *Corpus der minoischen und mykenischen Siegel 1*, Berlin, 1964.

CMS V 1975
: CMS V,1: I. Pini (sous la direction de), « Kleinere griechische Sammlungen », 1re partie: *Corpus der minoischen und mykenischen Siegel V*, Berlin, 1975.

CMS V 1993
: I. Pini (sous la direction de), « Kleinere griechische Sammlungen: Lamia-Zakynthos und weitere Länder des Ostmittelmeerraums », *Corpus der minoischen und mykenischen Siegel*, vol. v, suppl. 1B, Berlin, 1993.

Coldstream, 1968
: J. N. Coldstream, *Greek Geometric Pottery*, Londres, 1968.

Coldstream, 1969
: J. N. Coldstream, *Die geometrische Kunst Griechenlands*, Cologne 1969.

COLEMAN, 1985
J. E. Coleman, « "Frying-pans" of the Early Bronze Age Aegean », *American Journal of Archaeology 89*, 1985.

COLES, 1962
J. M. Coles, *European Bronze Shields. Proceedings of the Prehistoric Society 28*, 1962.

COLES, 1963
J. M. Coles, *Irish Bronze Age Horns and their Relations with Northern Europe. Proceedings of the Prehistoric Society 29*, 1963.

COLES et HARDING, 1979
J. M. Coles, A. Harding, *The Bronze Age in Europe*, Londres, 1979.

COURBIN, 1956
P. Courbin, « Discoveries at Ancient Argos », *Archaeology 166-174*, 1956.

COURBIN, 1974
P. Courbin, « Tombes géométriques d'Argos I (1952-1958) », *École française d'Athènes, Études péloponnésiennes 7*, Paris, 1974.

COMŞA, 1966
E. Comşa, « Le dépôt de Ciociovina (Carpates méridionales) », *Acta Archaeologica Carpathica 8*, 1966.

COUTIL, 1913
L. Coutil, « La cachette de fondeur de Larnaud (Jura) », dans *Congrès préhistorique de France, 9ᵉ cession*, Lons-le-Saunier, 1913.

COUTIL, 1914
L. Coutil, « L'âge du bronze dans le Jura »,*Compte rendu du 9ᵉ Congrès préhistorique de France*, Le Mans, 1914.

CROUWEL, 1981
J. H. Crouwel, *Chariots and Other Means of Land Transport in Bronze Age Greece*, Amsterdam, 1981.

DAKORONIA, 1987
Ph. Dakoronia, « Warships on LH IIIC sherds from Kynos Livanaton », *Proceedings of the 2ⁿᵈ International Symposium on Ship Construction in Antiquity. Delphi 1987. Tropis II*, Hellenic Institute for the Preservation of Nautical Tradition, 1987.

DANI et MOHEN, 1996
A. H. Dani, J.-P. Mohen, *History of Humanity*, vol. II, « From the Third Millennium to the Seventh Century B. C. », UNESCO-Routledge, Paris, Londres, 1996.

D'ANNA, 1977
A. D'Anna, *Les Statues-menhirs et les stèles anthropomorphes du Midi méditerranéen*, Paris, 1977.

D'ANNA, 1998
A. D'Anna, « Les Statues-menhirs du sud de la France. L'art des mégalithes peints et gravés », *Dossiers d'archéologie n° 230*, 1998.

DANSGAARD et al.,.1993
W. Dansgaard et al., « Evidence for general instability of past climate from a 250-kyr ice core record », *Nature 364*, 1993.

DAVARAS, 1969
C. Davaras, « Trois bronzes minoens de Skoteino », *BCH 93*, 1969.

DAVARAS, 1976
C. Davaras, *A Guide to Cretan Antiquities*, Park Ridge, N. J. 1976.

DAVARAS, 1988
C. Davaras, « Myceanaen Greece and Crete », dans K. Demakopoulou (sous la direction de), *Mycenaean World. Five Centuries of Early Greek Culture. 1600-1100 BC*, cat. exp. Athènes, 1988.

DAVIS, 1973
E. N. Davis, *The Vapheio Cups and Aegean Gold and Silver Ware*, New York, 1973.

DAVIS et SHERIDAN, 1993
M. Davis, A. Sheridan, « Scottish Prehistoric "jet" Jewellery: some new Work », *Proceedings of the Society of Antiquaries of Scotland 123*, 1993.

DAWKINS, 1903-1904
R. M. Dawkins, « Excavations at Palaikastro III », *BSA 10*, 1903-1904.

DEHN, 1980
W. Dehn, « Zur Beinschiene von Schäfstall bei Donauwörth », *Zeitschrift des Historischen Vereins für Schwaben 74*, 1980.

DEMAKOPOULOU et KONSOLA, 1981
K. Demakopoulou, D. Konsola, « Archaeological Museum of Thebes », *Guide*, Athènes, 1981.

DEMAKOPOULOU, 1982
K. Demakopoulou, Το Μυχηναιχο ιερο οτο Αμυχλαιο χαι η ΥΕ ΙΙΙΓ περιοδοζ οτη Λαχωνια, Athènes, 1982.

DEMAKOPOULOU, 1987
K. Demakopoulou, Πηλινη ζωγραφιοτη λαρναχα απο τη Βρσερχα Αργολιδαζ, dans *Studies in Honour of N.Platon*, Héraklion, 1987.

DEMAKOPOULOU, 1988a
K. Demakopoulou (sous la direction de), *Das mykenische Hellas. Heimat der Helden Homers*, cat. exp. Berlin, 1988.

DEMAKOPOULOU, 1988b
K. Demakopoulou (sous la direction de), *Mycenaean World. Five Centuries of Early Greek Culture. 1600-1100 B.C.*, voir cat. exp. Athènes, 1988.

DEMAKOPOULOU, 1990
K. Demakopoulou (sous la direction de), *Troy, Mycenae, Tiryns, Orchomenos. Heinrich Schliemann: The 100th Anniversary of his Death*, voir cat. exp. Athènes, 1990.

DEMAKOPOULOU et DIVARI-VALAKOU, 1994-1995
K. Demakopoulou, N. Divari-Valakou, « New Finds with Linear B Inscriptions from Midea », *Minos 29-30*, 1994-1995.

DEMAKOPOULOU, 1996
K. Demakopoulou (sous la direction de), *The Aidonia Treasure. Seals and Jewellery of the Aegean Late Bronze Age*, Athènes, 1996.

DEONNA, 1934
W. Deonna, « Les cuirasses hallstattiennes de Fillinges au musée d'Art et d'Histoire de Genève », *Préhistoire 3*, 1934.

DICKINSON, 1977
O. Dickinson, « The Origins of Mycenaean Civilisation », dans *Studies in Mediterranean Archaeogy 49*, Göteborg, 1977.

DICKINSON, 1994
O. Dickinson, *The Aegean Bronze Age*, Cambridge, 1994.

DONDER, 1980
H. Donder, *Zaumzeug in Griechenland und Cypern*, Munich, 1980.

DONLAND, 1989
W. Donland, « The Pre-State Community in Greece », *Symbolae Osloenses 64*, 1989

DÖRPFELD, 1902
W. Dörpfeld, *Troja und Ilion*, Athènes, 1902.

DÖRPFELD, 1927
W. Dörpfeld, *Alt-Ithaka*, Munich, 1927.

DOUMAS, 1965
Chr. Doumas, Κορφη τ Αρωνιου. Μιχρη ανασχαφιχη ερευνα εν Ναξωι, *ADelt 20*, 1965.

DOUMAS, 1977
C. Doumas, « Early Bronze Age Burials in the Cyclades », dans *Studies in Mediterranean Archaeogy 49*, Göteborg, 1977.

DOUMAS, 1983
C. Doumas, *Cycladic Art: Ancient Sculpture and Pottery from the N. P. Gourlandris Collection*, Londres, 1983.

DOUMAS, 1995
C. Doumas, *Die Wandmalereien von Thera*, German Ed., Munich, 1995.

DRAGONA-LATSOUDI, 1977
A. Dragona-Latsoudi, Μυηναιχοζ χιθαρωδοζ απο την Ναυλια, Arch Ephem, 1977.

DRESCHER, 1958
H. Drescher, *Der Überfangguß*, Mayence, 1958.

DREWS, 1993
> R. Drews, *The End of the Bronze Age. Changes in Warfare and the Catastrophe ca. 1200 B. C.*, Princeton, N. J., 1993.

DUCHÊNE, 1997
> H. Duchêne, *L'or de Troie ou le rêve de Schliemann*, Gallimard, Paris, 1997.

DUMITRESCU, 1961
> V. Dumitrescu, *Necropola de incineratie din epoca bronzului de la Cîrna*, Bucarest, 1961.

DUMITRESCU, 1974
> V. Dumitrescu, *Arta preistorica în România*, Bucarest, 1974.

EDWARDS et RALSTON, 1997
> K. J. Edwards, I. B. Ralston (sous la direction de), *Scotland, Environment and Archaeology 8000 BC-1000 AD*, Chichester, New York, Weinheim, 1997.

EGGERS, 1936
> H. J. Eggers, *Das Fürstengrab von Bahn und die germanische Landnahme in Pommern. Erstes Beiheft zum Erwerbungs- und Forschungsbericht*, Baltische Studien NF 38, Stettin, 1936.

ÉLUÈRE, 1982
> C. Éluère, « Les ors préhistoriques », *L'Âge du bronze en France 2*, Paris, 1982.

ÉLUÈRE, 1987
> C. Éluère, *L'Or des Celtes*, Bibliothèque des Arts, Fribourg, 1987.

ÉLUÈRE et MOHEN, 1991
> C. Eluère, J.-P. Mohen (sous la direction de), *Découverte du métal*, Paris, 1991.

EMLYN-JONES, HARDWICK et PURKIS, 1992
> C. Emlyn-Jones, L. Hardwick, J. Purkis (sous la direction de), *Homer, Readings and Images*, Londres, 1992.

EMÖDI, 1978
> I. Emödi, « Noi date privind depozitul de la Cioclovina », *Studii sjCercetări de Istorie Veche sjArcheologie 29*, 1978.

ENGELHARDT, 1871
> C. Engelhardt, « Romerske Statuetter og andre Kunstgjenstande fra den tidlige nordiske Jernalder », *Aarbøger for nordisk Oldkyndighed og Historie*, 1871.

EOGAN, 1994
> G. Eogan, *The Accomplished Art. Gold and Gold-working in Britain and Ireland during the Bronze Age (v. 2300-650 B.C.)*, Oxford, 1994.

EIWANGER, 1989
> J. Eiwanger, « Ein bronzezeitlicher Goldstandard zwischen Ägäis und Mitteleuropa », *Germania 67*, 1989.

EVANS, 1909
> A. Evans, *A Scripta Minoa I*, Oxford, 1909.

EVANS, 1928-1935
> A. Evans, *The Palace of Minos at Knossos I-IV*, Londres, 1928-1935.

EVELY, 1992
> D. Evely, « Ground Stone, Stone Vases and Other Objects », *Well Built Mycenae 27*, Oxford, 1992.

FADDA, 1991
> M. A. Fadda, *Il Museo Speleo-Archaeologico di Nuoro. Guide e Itinerari 17*, Gallizzi, 1991.

FADDA et LO SCHIAVO, 1992
> M. A. Fadda, F. Lo Schiavo, *Su Tempiesu di Orune. Fonte sacra nuragica. Quaderni 18*, Ozieri, 1992.

FEDELE, 1995
> F. Fedele, *Ossimo I. Il contesto rituale delle stele calcolitiche e notizie sugli scavi 1988-1995*, Gianico, 1995.

FERRARESE CERUTI, 1985
> M. L. Ferrarese Ceruti, « Un bronzetto nuragico da Ossi (Sassari) », *Studi in onore di G. Lilliu*, Cagliari, 1985.

FILIP, 1966
> J. Filip, *Enzyklopädisches Handbuch zur Ur- und Frühgeschichte Europas*, Pragues, 1966-1969, 2 vol.

FINLEY, 1970
> M. I. Finley, *Early Greece. The Bronze and Archaic Ages*, New York, 1970.

FINLEY, 1972
> M. I. Finley, *The World of Ulysses*, Londres, 1972.

FISCHER, 1993
> C. Fischer, « Zinnachweis auf Keramik der Spätbronzezeit », *Archäologie der Schweiz 16*, 1993.

FISCHER, 1956
> U. Fischer, « Die Gräber der Steinzeit im Saalegebiet », *Vorgeschichtliche Forschungen 15*, Berlin, 1956.

FLORESCU, DAICOVICIU et ROSU, 1980
> R. Florescu, H. Daicoviciu, L. Rosu, *Dictionar enciclopedic de arta veche a României*, Bucarest, 1980.

FOGOLARI, 1943
> G. Fogolari, « Beinschienen der Hallstattzeit von Pergine (Valsugana) », *Wiener Prähistorische Zeitschrift 30*, 1943.

FOLCH, 1986
> J. Folch (sous la direction de), *Historia de la Farmacia*, Madrid, 1986.

FORBES, 1964-1972
> R. J. Forbes, *Studies in Ancient Technology I-X*, Leiden, 1964-1972.

FORSSANDER, 1942
> J. E. Forssander, *Koban und Hallstatt*, Meddelanden från Lunds Universitets Historiska Museum, 1942.

FORTES, 1905-1908
> J. Fortes, « A Sepultura da Quinta da Aqua Branca », *Portugalia 2*, 1905-1908.

FOSTER, 1979
> K. P. Foster, *Aegean Faience of the Bronze Age*, New Haven, Conn., 1979.

FRAQUET, 1987
> H. Fraquet, *Amber*, Londres, 1987.

FRENCH, 1971
> E. B. French, « The Development of Mycenaean Terracotta Figurines », *The Annual of the British School at Athens, 66*, 1971.

FURMÁNEK, 1979
> V. Furmánek, *Svedectvo Bronzového Veku*, Bratislava, 1979.

FURMÁNEK, RUTTKAY et SISKA, 1991
> V. Furmánek, A. Ruttkay, S. ˇSiˇska, *Dejiny Dávnovedkého Slovenska*, Bratislava, 1991.

GAGE, 1936
> I. Gage, « An Account of a Gold British Corselet now in the British Museum », *Archaeologia 26*, 1936.

GAIMSTER, 1991
> M. Gaimster, « Money and Media in Viking Age Scandinavia », dans R. Samson (sous la direction de), *Social Approaches to Viking Studies*, Glasgow, 1991.

GALÁN DOMINGO, 1993
> E. Galán Domingo, « Estelas, Paisaje y Territorio en el Bronce Final del Suroeste de la Península Ibérica », *Complutum extra n° 3*, Madrid, 1993.

GALE et STOS-GALE, 1986
> N.H. Gale, Z.A. Stos-Gale, « Oxhide Copper Ingots in Crete and Cyprus and the Bronze Age Metal Trade », *The Annual of the British School at Athens 81*, 1986.

GALE, 1991
> N. H. Gale (sous la direction de), « Bronze Age Trade in the Mediterranean », *Studies in Mediterranean Archaeology 90*, Göteborg, 1991

GALLAY, 1995
> A. Gallay (sous la direction de), *Dans les Alpes à l'aube du métal. Archéologie et bande dessinée*, Sion, 1995.

GALLIS, 1992
> K. Gallis, Ατλαζ Προιτοριχων Οιχισηων τηζ Ανατολιχηζ Θεσαλιχηζ Πεδιαδαζ, Larisa, 1992.

GEDIGA 1970
> B. Gediga, *Motywy figuralne w sztuce ludno´sci kultury ƚ´zyckiej*, Wrocƚaw, 1970.

GEDL 1980
> M. Gedl, *Die Dolche und Stabdolche in Polen*, Munich, 1980.

GELLING et DAVIDSON, 1969
> P. Gelling, H. E. Davidson, *The Chariot of the Sun and Other Rites and Symbols of the Northern Bronze Age*, 1969.

GERLOFF, 1975
> S. Gerloff, « The Early Bronze Age Daggers in Great Britain and a Reconsideration of the Wessex Culture », *Prähistorische Bronzefunde VI, 2*, Munich, 1975.

GERLOFF, 1995
> S. Gerloff, « Bronzezeitliche Goldblechkronen aus Westeuropa.

Betrachtungen zur Funktion der Goldblechkegel vom Typ Schifferstadt und der atlantischen "Goldschalen" der Form Devil's Bit und Atroxi », dans A. Jockenhövel (sous la direction de), *Festschrift für Hermann Müller-Karpe zum 70 Geburtstag*, Bonn, 1995.

GETZ-GENTLE, 1996
P. Getz-Gentle, *Stone Vases of the Cyclades in the Early Bronze Age*, 1996.

GETZ-PREZIOSI, 1987a
P. Getz-Preziosi, *Sculptors of the Cyclades: Individual and Tradition in the Third Millennium B. C.*, Ann Arbor, Mich., 1987.

GETZ-PREZIOSI, 1987b
P. Getz-Preziosi, *Early Cycladic Art in North American Collections*, Richmond, Va., 1987.

GIARDINO, 1995
C. Giardino, *The West Mediterranean Between the 14th and 8th Centuries B.C.*, Oxford, 1995.

GILL et CHIPPINDALE, 1993
D. W. J. Gill, C. Chippindale, « Material and Intellectual Consequences of Esteem for Cycladic Figures », *American Journal of Archaeology 97*, 1993.

GIMBUTAS, 1965
M. Gimbutas, *Bronze Age Cultures in Central and Eastern Europe*, Paris, Den Haag, Londres, 1965.

GIOT, BRIARD et PAPE, 1979
P. R. Giot, J. Briard, L. Pape, *Protohistoire de la Bretagne*, Rennes, 1979.

GLOB, 1952
P. V. Glob, *Danske Oldsager II. Yngre Stenalder*, Copenhague, 1952.

GLOB, 1969
P. V. Glob, *Helleristninger i Danmark*, Aarhus, 1969.

GLOB, 1974
P. V. Glob, *The Mound People. Danish Bronze Age Man Preserved*, Ithaque, 1974.

GODART, L. et OLIVIER, 1969
L. Godart, J.-P. Olivier, *Recueil des inscriptions en lineaire A*, Paris, 1969.

GOETZE, 1984
B.-R. Goetze, « Die frühesten europäischen Schutzwaffen », *Bayerische Vorgeschichtsblätter 49*, 1984.

GOMES et MONTEIRO, 1977
M. V. Gomes, J. P. Monteiro, « As estelas decoradas da Herdade de Pomar (Ervidel-Beja) », *Estudo comparado. Setúbal Arqueológica 2-3*, 1976-1977.

GOMES, 1994
M. V. Gomes, « A necrópole de Alfarrobeira (S. Bartolomeu de Messines) e a Idade do Bronze no concelho de Silves », *Xelb 2*, 1994.

GOMES, 1995
M. V. Gomes, *As denominadas "estelas alentejanas". A Idade do Bronze em Portugal*, Lisbonne, 1995.

GOODISON, 1989
L. Goodison, « Death, Women and the Sun », *Bulletin Supplement 53*, Londres, 1989.

GÖTTLICHER, 1978
A. Göttlicher, *Materialien für ein Corpus der Schiffsmodelle im Altertum*, Mayence, 1978.

GRAHAM, 1987
J. W. Graham, *The Palaces of Crete*, Princeton, N. J., 1987.

GRÄSLUND, 1967
B. Gräslund, « The Herzsprung Shield Type and its Origin », *Acta Archaeologica 38*, 1967.

GRAZIADIO, 1991
G. Graziadio, « The Process of Social Stratification at Mycenae in the Shaft Grave Period: A Comparative Examination of the Evidence », *American Journal of Archaeology 95*, 1991.

GRIMALDI, 1996
D. A. Grimaldi, *Amber. Window to the Past*, New York, 1996.

GRÖSSLER, 1908
H. Grössler, « Das Fürstengrab im Großen Galgenhügel am Paulsschacht bei Helmsdorf (in Mansfelder Seekreise) », *Jahresschrift Halle 6/7*, 1908.

GUARDUCCI, 1939-40
M. Guarducci, « Missione archaeologica italiana in Creta (anno, 1939) », *Annuario I-II*, 1939-1940.

HACHMANN, 1972
R. Hachmann, « Aunjetitzer Kultur », dans *Reallexikon der germanischen Altertumskunde*, 2nde éd., Berlin, 1972, vol. I.

HÄGG et NORDQUIST, 1990
R. Hägg, G.C. Norkquiste (sous leur direction), *Celebrations of Death and Divinity in the Bronze Age Argolid*, Stockholm, 1990.

HAGEN, 1954
A. Hagen, « Europeiske impulser i østnorsk bronzealder », *Viking 18*, 1954.

HALLAGER, 1987
E. Hallager, « The Inscribed Stirrup Jars: Implications for Late Minoan IIIB Crete », *American Journal of Archaeology 91*, 1987.

HAMPE et SIMON
E. Hampe, R. Simon, *Tausend Jahre frühgriechische Kunst*, Munich, 1980.

HAMPEL, 1886
J. Hampel, *A Bronzkor emlékei Magyarhonban*, Budapest, 1886.

HAMPEL, 1887
J. Hampel, *Alterthümer der Bronzezeit in Ungarn*, Budapest, 1887.

HÄNSEL, 1995
B. Hänsel (sous la direction de), « Handel, Tausch und Verkehr in bronze- und früheisenzeitlichen Südosteuropa », *Südosteuropa-Schriften, 17*, Munich, 1995.

HÄNSEL (A.) et HÄNSEL (B.), 1997
A. Hänsel, B. Hänsel, *Gaben an die Götter. Schätze der Bronzezeit Europas*, Berlin, 1997.

HARDING, 1984
A. F. Harding, *The Mycenaeans and Europe*, Londres, 1984.

HARDMEYER et BÜRGI, 1975
B. Hardmeyer, J. Bürgi, « Der Goldbecher von Eschenz », *Zeitschrift für Schweizerische Archäologie und Kunstgeschichte 32*, 1975.

HARTMANN, 1970
A. Hartmann, « Prähistorische Goldfunde aus Europa. Spektralanalytische Untersuchungen und deren Auswertung », *Studien zu den Anfängen der Metallurgie 3*, Berlin, 1970.

HÄSSLER, 1991
H. J. Hässler (sous la direction de), *Ur- und Frühgeschichte in Niedersachsen*, Stuttgart, 1991.

HAUSSOULIER, 1878
B. Haussoulier, « Catalogue descriptif des objets découverts à Sparta », *Bulletin de horrespondance hellénique*, 1878.

HAWKES, 1955
C. F. C. Hawkes, « Grave-groups of the British Bronze Age », *Inventaria Archaeologica (Great Britain, 1)*, Londres, 1955.

HAWKES et SMITH, 1955
C. F. C. Hawkes, M. A. Smith, « Bronze Age Hoards in the British Museu », *Inventaria Archaeologica (Great Britain 2)*, Londres, 1955.

HAWKES, 1957
C. F. C. Hawkes (sous la direction de M. A. Smith), *Bronze Age Hoards and Grave-groups from the N. E. Midlands. Inventaria Archaeologica*, Great Britain, 1957.

HAWKES et SMITH, 1957
C. F. C. Hawkes, M. A. Smith, « Buckets and Cauldrons, On some Buckets and Cauldrons of the Bronze and Iron Age », *The Antiquaries Journal 37*, 1957.

HEATH, 1958
M. C. Heath, « Early Helladic Clay Sealings from the House of the Tiles at Lerna », *Hesperia 27*, 1958.

HELENO, 1935
M. Heleno, « Joyas pré-romanas », *Ethnos 1*, 1935.

HELMS, 1988
M. Helms, *Ulysses' Sail. An Ethnographical Odyssey of Power, Knowledge and Geographical Distance*, Princeton, N. J., 1988.

HENCKEN, 1959
H. Hencken, «Herzsprung Shields and Greek Trade», *American Journal of Archaeology 54*, 1959.

HENCKEN, 1971
H. Hencken, «The Earliest European Helmets», *Harvard University Bulletin 28*, 1971.

HERMET, 1893
F. Hermet, «Sculptures préhistoriques dans les deux cantons de Saint-Affrique et de Saint-Sernin, Aveyron», *Mémoires de la Société des Lettres, Sciences et Arts de l'Aveyron, 14*, 1893.

HIGGINS, 1961
R. A. Higgins, *Greek and Roman Jewellery*, Londres, 1961.

HÖFER, 1906
P. Höfer, «Der Leubinger Grabhüge», *Jahresschrift Halle 5*, 1906.

HOOD, 1978
S. Hood, «The Arts in Prehistoric Greece», *The Pelican History of Art*, Harmondsworth, 1978.

HOOPS, 1997
Hoops, «Reallexikon der germanischen Altertumskunde», vol. X: *Fürstengräber*, Berlin, 1997.

HUGHES-BROCK, 1985
H. Hughes-Brock, «Amber and the Mycenaeans», *Journal of Baltic Studies, 16*, 1985.

HUNDT, 1953
H.-J. Hundt, «Über Tüllenhaken und gabeln», *Germania 31*, 1953.

HUNDT, 1955
H.-J. Hundt, «Versuch zur Deutung der Depotfunde der nordischen jüngeren Bronzezeit», *Jahrbuch RGZM 2*, 1955.

HÜTTEL, 1981
H.-G. Hüttel, *Bronzezeitliche Trensen in Mittel- und Osteuropa*, Munich, 1981.

HÜTTEL, 1982
H.-G. Hüttel, «Zur Abkunft des danubischen Pferd-Wagen-Komplexes der Altbronzezeit», dans B. Hänsel (sous la direction de), *Südosteuropa zwischen 1600 und 1000 v. Chr. Prähistorische Archäologie in Südosteuropa I*, Berlin, 1982.

IAKOVIDIS, 1969-1970
Sp. Iakovidis, Περατη. Το Νεχροταφειο, Α, Β, Γ, 1969-1970.

IAKOVIDIS, 1983
S. E. Iakovidis, *Late Helladic Citadels on Mainland Greece*, Leiden, 1983.

IMMERWAHR, 1990
S. A. Immerwahr, *Aegean Painting in the Bronze Age*, Pennsylvania, 1990.

INGSTAD, 1961
A. S. Ingstad, «Votivfunnene i nordisk bronzealder», *Viking 25*, 1961.

INNERHOFER, 1997
F. Innerhofer, «Frühbronzezeitliche Barrenhortfunde. Die Schätze aus dem Boden kehren zurück», dans A. Hänsel, B. Hänsel (sous leur direction), *Gaben an die Götter. Schätze der Bronzezeit Europas*, Berlin, 1997.

JACOB, 1995
C. Jacob, *Metallgefässe der Bronze- und Hallstattzeit in Nordwest, West- und Süddeutschland*, Stuttgart, 1995.

JACOB-FRIESEN, 1963
G. Jacob-Friesen, *Einführung in Niedersachsens Urgeschichte*, partie 2: «Bronzezeit», Hildesheim, 1963.

JACOB-FRIESEN, 1967
G. Jacob-Friesen, *Bronzezeitliche Lanzenspitzen Norddeutschlands und Skandinaviens*, Hildesheim, 1967.

JACOB-FRIESEN, 1970
G. Jacob-Friesen, «Die Kupferäxte vom Typ Eschollbrücken», *Die Kunde NF 21*, 1970.

JAHN, 1950
M. Jahn, *Ein kultureller Mittelpunkt bei Halle/Saale während der frühen Bronzezeit*, 1950.

JAHNSEN ET AL., 1992
S. J. Jahnsen et al., «Irregular Glacial Interstadials Record in a New Greenland Ice Core», *Nature 359*, 1992.

JENSEN, 1978
J. Jensen, *Kultøkser fra bronzealderen. Nationalmuseets Arbejdsmark*, Copenhague, 1978.

JENSEN, 1979
J. Jensen, *Bronzealderen, 1-2. Sesams Danmmarkshistorie*, Copenhague, 1979.

JENSEN, 1981
J. Jensen, *Et rigdomscenter fra yngre bronzealder på Sjælland. Aarbøger for nordisk Oldkyndighed og Historie*, 1981.

JENSEN, 1982a
J. Jensen, *Nordens Guld. Gyldendal*, Copenhague, 1982.

JENSEN, 1982b
J. Jensen, «A Votive Axe from North Zealand and New Gold Finds from South Western Zealand», *Journal of Danish Archaeology 1*, 1982.

JENSEN, 1988
J. Jensen, *I begyndelsen. Politiken/Gyldendals Danmarkshistorie*, Copenhague, 1988.

JENSEN, 1992
J. Jensen, *Thomsens Museum. Historien om Nationalmuseet*, Copenhague, 1992.

JENSEN, 1995
J. Jensen, *The Prehistory of Denmark*, 2nde éd., Londres, 1995.

JENSEN, 1997
J. Jensen, «Fra Bronze-til Jernalder. En kronologisk undersøgelse», *Nordiske Fortidsminder, 15*, 1997.

JENSEN, 1998A
J. Jensen, *De forsvundne bronzealderlurer. Nationalmuseets Arbejdsmark*, Copenhague, 1998.

JENSEN, 1998B
J. Jensen, *Manden i kisten. Hvad bronzealderens gravhøje gemte*, Copenhague, 1998.

JENSEN et CHRISTENSEN, 1991
J. Jensen, K. Christensen, *Egtvedpigens alder. Nationalmuseets Arbejdsmark*, Copenhague, 1991.

JOCKENHÖVEL, 1974
A. Jockenhövel, «Eine Bronzeamphore des 8. Jahrhunderts v. Chr. von Gevelinghausen, Kr. Meschede (Sauerland)», *Germania 52/1*, 1974.

JOCKENHÖVEL, 1974
A. Jockenhövel, «Fleischhaken von den Britischen Inseln», *Archäologisches Korrespondenzblatt 4*, 1974.

JOCKENHÖVEL, 1986
A. Jockenhövel, «Struktur und Organisation der Metallverarbeitung in urnenfelderzeitlichen Siedlungen Süddeutschlands», *Veröffentlichung des Museums für Ur- und Frühgeschichte Potsdam 20*, 1986.

JOCKENHÖVEL, 1990
A. Jockenhövel, «Bronzezeitlicher Burgenbau in Mitteleuropa. Untersuchungen zur Struktur frühmetallzeitlicher Gesellschaften», dans *Orientalisch-ägäische Einflüsse in der europäischen Bronzezeit*, Mayence, 1990.

JOCKENHÖVEL et KUBACH, 1994
A. Jockenhövel, W. Kubach (sous la direction de), *Bronzezeit in Deutschland. Archäologie in Deutschland. Sonderheft*, Stuttgart, 1994.

JOCKENHÖVEL, 1997
A. Jockenhövel, «Europäische Bronzezeit», dans *Von der Höhlenkunst zur Pyramide*, Brockhaus. Die Bibliothek, vol. II, Leipzig-Mannheim, 1997.

JØRGENSEN, 1975
Jørgensen, M. Schou (sous la direction de), *Guld fra Nordvestsjælland*, Holbæk, 1975.

JUNG, 1968
C. G. Jung, *Theoretische Überlegungen zum Wesen des Psychischen*, Olten, Freiburg i. Br., 1968.

Karo, 1930-33
: G. Karo, *Die Schachtgräber von Mykenai*, Munich, 1930-1933.

Kaul, 1998
: F. Kaul, « Ships on Bronzes. dans The Ship as Symbol in Prehistoric and Medieval Scandinavia », *Studies in Archaeology and History*, vol. III, Copenhague, 1998.

Kaus, 1988/1989
: M. Kaus, « Kimmerischer Pferdeschmuck im Karpatenbecken; das Stillfrieder Depot aus neuer Sicht », *MAGW, 118/119*, 1988/1989.

Kelly, 1983
: E.-P. Kelly, dans M. Ryan, *Treasures of Ireland. Irish Art 3000 B.C.-1500 A.D.*, Dublin, 1983.

Kibbert, 1980
: K. Kibbert, *Die Äxte und Beile im mittleren Westdeutschland I*, Munich, 1980.

Kilian, 1993
: I. Kilian, « Überlegungen zum spätbronzezeitlichen Schiffswrack von Ulu Burun (Kas) », *Jahrbuch RGZM 40*, 1993.

Kilian, 1978
: K. Kilian, « Ausgrabungen in Tiryns, 1976 », *Archäologischer Anzeiger*, 1978.

Kilian, 1981
: K. Kilian, « Zeugnisse mykenischer Kultausübung in Tiryns », dans R. Hägg, N. Marinatos (sous la direction de), *Sanctuaries and Cults in the Aegean Bronze Age*, Compte rendu du premier Symposium de l'Institut suédois à Athènes, Stockholm, 1981.

Kilian, 1987
: K. Kilian, « Zur Funktion der mykenischen Residenzen auf dem griechischen Festland », dans R. Hägg, N. Marinatos (sous la direction de), *The Function of the Minoan Palaces*, Stockholm, 1987.

Kilian, 1988
: K. Kilian, « Mycenaean Architecture », dans K. Demakopoulou (sous la direction de), *Mycenaean World. Five Centuries of Greek Civilization, 1600-1100 B.C.*, cat. exp. Athènes, 1988.

Kilian-Dirlmeier, 1993
: I. Kilian-Dirlmeier, *Die Schwerter in Griechenland (außerhalb der Peloponnes), Bulgarien und Albanien*, Stuttgart, 1993.

Kjær, 1927
: H. Kjær, *To Votivfund fra yngre Bronzealder fra Fyen og Jylland. Aarbøger for nordisk Oldkyndighed og Historie*, 1927.

Kjærum et Olsen, 1990
: P. Kjærum, R. A. Olsen (sous la direction de), *Oldtidens Ansigt*, Århus, 1990.

Knape et Nordström, 1994
: A. Knape, H. Å. Nordström, *Der Kultgegenstand von Balkåkra*, Stockholm, 1994.

Koehl, 1981
: R. Koehl, « The Function of Aegean Bronze Age Rhytae », dans R. Hägg, N. Marinatos (sous leur direction), *Sanctuaries and Cults in the Aegean Bronze Age*, Compte rendu du premier Symposium de l'Institut suédois à Athènes, Stockholm, 1981.

Kolling, 1968
: A. Kolling, *Späte Bronzezeit an Saar und Mosel*, Saarbrücken, 1968.

Köln [cat. exp.] 1983
: *Irische Kunst aus drei Jahrtausenden*, cat. exp. Köln, 1983.

Kolonas, 1989
: L. Kolonas, dans *ArchDelt 44. B1 Chron.*, 1989.

Kontoleon, 1969
: N. Kontoleon, « Die frühgriechische Reliefkunst », *Arch Ephem*, 1969.

Kossack, 1974
: G. Kossack, « Prunkgräber. Studien zur vor- und frühgeschichtlichen Archäologie », dans *Festschrift für Joachim Werner 1*, Munich, 1974.

Kossack, 1990
: G. Kossack, « Kultgerät, Weihgabe und Amulett aus spätbronzezeitlichen Seeufersiedlungen », *Archäologie der Schweiz, 13*, 1990.

Koukouli-Chrysanthaki, 1987-1990
: Ch. Koukouli-Chrysanthaki, Οιχισηοϛ τηϛ Πρωιμηϛ Εποχηϛ του Χαλχου στη Σχαλα Σωτηροϛ Θασου, Το Αρχαιολογχο Εργο στη Μαχεδονια χαι Θραχη, vol. I-III, 87-90.

Kovacs, 1977
: T. Kovacs, *L'Âge du bronze en Hongrie*, Budapest, 1977.

Kovacs et Stanczik, 1988
: T. Kovacs, I. Stanczik (sous la direction de), *Bronze Age Tell Settlements of the Great Hungarian Plain I*, Budapest, 1988.

Kowianska-Piaszykowa et Kurnatowski, 1953
: M. Kowianska-Piaszykowa, S. Kurnatowski, « Kurkan kultury unietyckiej w /Lękach Ma/lych, pow. Kóscian » *FontAPos 4*, 1953.

Kowianska-Piaszykowa, 1956
: M. Kowianska-Piaszykowa, « Wyniki badán archeologicznych kurhanu III kultury unietyckiej w /Lękach Ma/lych, w pow. kóściańskim », *FontAPos 7*, 1956.

Kowianska-Piaszykowa, 1968
: M. Kowianska-Piaszykowa, « Wyniki badán archeologicznych kurhanu IV kultury unietychiej w /Lękach Ma/lych, pow. Kóscian », *FontAPos. 19*, 1968.

Krahe, 1981
: G. Krahe, « Beinschiene der Urnenfelderzeit von Schäfstall, Stadt Donauwörth, Landkreis Donau-Ries, Schwaben », dans R. Christlein (sous la direction de), *Das archäologische Jahr in Bayern, 1980*, Stuttgart, 1981.

Kraiker, 1951
: W. Kraiker, Aigina. *Die Vasen des, 10. bis 7. Jahrhunderts v. Chr.*, Berlin, 1951.

Kritselli-Providi, 1982
: I. Kritselli-Providi, Τοιχλραφιεϛ του Θρησχευτιχου Κεντρου των Μυχηνων, Athènes, 1982.

Kruta, 1992
: V. Kruta, *L'Europe des origines*, Paris, 1992.

Valle d'Aosta (la)
: « La Valle d'Aosta nel quadro della preistoria e protostoria dell'arco alpino centro-occidentale », *Atti della XXXI Riunione Scientifica IIPP*, Florence, 1997.

Lacroix, 1957
: B. Lacroix, « La nécropole protohistorique de La Colombine, d'après les fouilles de G. Bolnat », *Société des fouilles de l'Yonne, Cahier n° 2*, 1957.

Laffineur, 1987
: R. Laffineur (sous la direction de), *Thanatos. Les coutumes funéraires en Égée à l'âge du bronze*, Liège, 1987.

Lampe, 1982
: W. Lampe, *Uekeritz, Ein jungbronzezeitlicher Hortfund von der Insel Usedom*, Berlin, 1982.

Landau, 1977
: J. Landau, *Les Représentations anthrophomorphes de la région méditerraneenne (IIIe au Ier millénaire)*, Paris, 1977.

Latacz, 1996
: J. Latacz, *Homer: His Art and His World*, Ann Arbor, Mich., 1996.

Laux, 1971
: F. Laux, *Die Bronzezeit in der Lüneburger Heide*, Hildesheim, 1971.

Lawler, 1940
: L. B. Lawler, « The Dancing Figures from Palaikastro. A New Interpretation », *American Journal of Archaeology 44*, 1940.

Leahu, 1988
: V. Leahu, « Obiecte de metal si marturii ale practicarii metalurgiei in aria culturii Tei », dans *SCIVA 39*, 1988.

Lenerz-de Wilde, 1995
: M. Lenerz-de Wilde, « Prämonetäre Zahlungsmittel der Bronzezeit aus Baden-Württemberg », *Fundberichte aus Baden-Württemberg 20*, 1995.

Letica, 1973
: Z. Letica, *Antropomorfne figurine bronzanog doba u Jugoslaviji*, Belgrade, 1973.

Levi et Pohl, 1970
: F. Levi, I. Pohl, « Ostia. Notiziedegli Scavi », série 8, vol. XXIV, Rome, 1970.

Levy, 1982
: J. E. Levy, *Social and Religious Organization in Bronze Age Denmark. An Analysis of Ritual Hoard Finds*, B.A.R. Oxford, 1982.

LINDENSCHMIT, 1864
> L. Lindenschmit, *Die Alterthümer unserer heidnischen Vorzeit I 10*, Mayence, 1864.

LINDQVIST, 1942
> S. Lindqvist, « The Boat Models from Roos Carr », *Acta Archaeologica, 13*, 1942.

LOMBORG, 1973
> E. Lomborg, *Die Flintdolche Dänemarks*, Copenhague, 1973.

LO SCHIAVO, 1991
> F. Lo Schiavo, « La Sardaigne et ses relations avec le bronze final atlantique », dans C. Chevillot, A. Coffyn (sous leur direction), *L'Âge du bronze atlantique. Actes du Ier Colloque du Parc archéologique de Beynac*, Beynac-et-Cazenac, 1991.

LO SCHIAVO, 1994
> F. Lo Schiavo, « Doro Levi e i bronzi nuragici », dans *Omaggio a Doro Levi. Quaderni 18*, Ozieri, 1994.

LO SCHIAVO, 1996a
> F. Lo Schiavo, « Bronzi nuragici nelle tombe della prima età del Ferro di Pontecagnano », dans *La presenza etrusca nella Campania meridionale. Atti delle Giornate di Studio*, Salerno-Pontecagnano, 16-18 nov., 1990. Florence, 1996.

LO SCHIAVO, 1996b
> F. Lo Schiavo, « Voce "Sardinia" », dans J. Turner (sous la direction de), *The Dictionary of Art 27*, 1996.

LO SCHIAVO, 1997
> F. Lo Schiavo, « La navigazione nel Mediterraneo dai Micenei ai Fenici », dans *PHOINIKES B SHRDN. Fenici in Sardegna. Nuove acquisizioni*, cat. exp. Oristano, 1997.

LO SCHIAVO, 1999
> F. Lo Schiavo, « La Sardegna nell'età del Bronzeo Finale e nella prima èta del Ferro », dans F. De Lanfranchi (sous la direction de), *La Sardegna e la Corsica nell'età del Bronzo e del Ferro* (à paraître, 1999).

LO SCHIAVO, MACNAMARA et VAGNETTI, 1985
> F. Lo Schiavo, E. Macnamara, L. Vagnetti, « Late Cypriot Imports to Italy and their Influence on Local Bronzework », *PBSA 53*, 1985.

LOWLER, 1940
> L. Lowler, « The Dancing Figures from Palaikastro. A New Interpretation », *American Journal of Archaeology 44*, 1940.

LUND, 1986
> C. Lund (sous la direction de), *The Bronze Lurs*, 2nde Conférence du groupe d'étude musicales archéologiques ICTM, Stockholm, 19-23 nov., 1984, vol. II, Stockholm, 1986.

LULL, 1983
> V. Lull, *La "cultura" de El Agrar*, Madrid, 1983.

MACHNIK, 1977
> J. Machnik, *Frühbronzezeit Polens. Übersicht über die Kulturen und Kulturgruppen*, Wroclaw, Warsaw, Cracovie, Gdansk, 1977.

MADDIN, 1988
> R. Maddin, *The Beginning of the Use of Metals and Alloys*, Cambridge, Londres, 1988.

MARANGOU, 1990
> L. Marangou (sous la direction de), *Cycladic Culture, Naxos in the 3rd Millennium B.C.*, Athènes, 1990.

MARINATOS, 1972
> S. Marinatos, *Excavations at Thera V*, Athènes, 1972.

MARINATOS, 1935
> S. Marinatos, Ανασχαφαι εν Κρητη, *PAE*, 1935.

MARINATOS, 1937
> S. Marinatos, « Αι ηινωιχαι θεαι του Γαζι », *Arch. Epem.*, 1937.

MARINATOS, 1962
> S. Marinatos, *Zur Frage der Grotte von Archalochori*, Kadmos, 1962.

MARINATOS et HIRMER, 1973
> S. Marinatos, M. Hirmer, *Kreta, Thera und das mykenische Hellas*, Munich, 1973.

MARSTRANDER, 1979
> S. Marstrander: Zur Holzschnitzkunst im bronzezeitlichen Norwegen. Acta Archaeologica 50, 1979.

MÁTHÉ, 1997
> M. Sz. Máthé, « The "Missing" Axe of the Hajdúsámson treasure », dans T. Kovács (sous sa direction), *Studien zur Metallindustrie im Karpatenbecken und den benachbarten Regionen. Festschrift für Amália Mozsolics zum 85. Geburtstag*, Budapest, 1997.

MATHARI, 1987
> M. Mathari, *The Local Pottery Wares with Painted Decoration from the Volcanic Destruction Level of Akrotiri, Thera. Archäologischer Anzeiger*, 1987.

MATHIASSEN, 1952
> Th. Mathiassen, *Et krumsværd fra Bronzealderen. Aarbøger for nordisk Oldkyndighed og Historie*, 1952.

MATHIASSEN, 1957
> Th. Mathiassen, *Endnu et krumsværd. Aarbøger for nordisk Oldkyndighed og Historie*, 1957.

MATTHÄUS, 1978
> H. Matthäus, « Neues zur Bronzetasse von Dohnsen, Kr. Celle », *Die Kunde NF 28/29*, 1978.

MATTHÄUS, 1980
> H. Matthäus, *Die Bronzegefässe der kretisch-mykenischen Kultur*, Munich, 1980.

MATTHÄUS, 1985
> H. Matthäus, *Metallgefässe und Gefässuntersätze der Bronzezeit, der geometrischen und archaischen Periode auf Cypern mit einem Anhang der bronzezeitlichen Schwertfunde auf Cypern*, Munich, 1985.

MATTHIAS, 1976
> W. Matthias, « Die Salzproduktion. Ein bedeutender Faktor in der Wirtschaft der frühbronzezeitlichen Bevölkerung an der mittleren Saale », *Jahresschrift für mitteldeutsche Vorgeschichte 60*, 1976.

MATZ et BIESANTZ, 1964
> F. Matz, H. Biesantz, *Corpus der minoischen und mykenischen Siegel*, Berlin, 1964.

MEE, 1984
> C. B. Mee, « The Mycenaeans and Troy », dans L. Foxhall, J. Davies (sous la direction de), *The Trojan War. Its Historicity and Context*, Bristol, 1984.

MEE, 1998
> C. Mee, « Anatolia and the Aegean in the Late Bronze Age », dans E. H. Cline et D. Harris-Cline (sous leur direction), *The Aegean and the Orient in the Second Millennium, Aegaeum 18*, 1998.

MEIER-ARENDT, 1992
> W. Meier-Arendt (sous la direction de), *Bronzezeit in Ungarn. Forschungen in Tell-Siedlungen an Donau und Theiss*, Frankfurt/Main, 1992.

MENDONI, 1997
> L. Mendoni, *Poliochni. On Smoke-Shround Lemnos. An Early Bronze Age Centre in the North Aegean*, Athènes, Thessalonique, 1997.

MENGHIN, 1997
> W. Menghin, « Der Berliner Goldhut. Ein Zeremonienhut der späten Bronzezeit », dans *Museum Journal 11, Heft 2*, 1997.

MENGHIN et SCHAUER, 1977
> W. Menghin, P. Schauer, *Magisches Gold. Kultgerät der späten Bronzezeit*, cat. exp. Nuremberg, 1977.

MENGHIN et SCHAUER, 1983
> W. Menghin, P. Schauer, *Der Goldkegel von Ezelsdorf. Kultgerät der späten Bronzezeit. Die vor- und frühgeschichtlichen Altertümer im Germanischen Nationalmuseum 3*, Nuremberg, Stuttgart, 1983.

MENKE, 1972
> M. Menke, *Die jüngere Bronzezeit in Holstein*, Neumünster, 1972.

MERHART, 1969
> G. von Merhart, « Panzer-Studien », dans G. Kossack (sous la direction de), *Hallstatt und Italien. Gesammelte Aufsätze zur Frühen Eisenzeit in Italien und Mitteleuropa*, Mayence, 1969.

MERHART, 1941
> G. von Merhart, *Zu den ersten Metallhelmen Europas. 30. Bericht der Römisch-Germanischen Kommission*, 1941.

MILLOTTE, 1963
> J.-P. Millotte, *Le Jura et les plaines de Saône aux âges des métaux*, Paris, 1963.

MOBERG, 1975
> C. A. Moberg, *Kiviksgraven*, Uddevalla, 1975.

MOHEN et al., 1972
> J.-P. Mohen et al., *Société préhistorique française. Typologie des objets de l'âge du bronze en France*, Paris, 1972.

MOHEN, 1977
> J.-P. Mohen, « Broches à rôtir articulées de l'Âge du Bronze », *Antiquités nationales 9*, 1977.

MOHEN, 1987
> J.-P. Mohen, Marmesse », dans *Trésors des princes celtes*, cat. exp. Paris, 1987.

MOHEN, 1990
> J.-P. Mohen, *Métallurgie préhistorique. Introduction à la paléométallurgie*, Paris, Milan, Barcelone, Mexico, 1990.

MOHEN, 1991
> J.-P. Mohen, « Les sépultures de métallurgistes du début des âges des métaux en Europe », dans C. Éluère, J.-P. Mohen (sous leur direction), *Découverte du métal*, Paris, 1991.

MORDANT et MOHEN, 1996
> D. Mordant, J.-P. Mohen, *La Vie préhistorique*, Dijon, 1996.

MORRIS et POWELL, 1997
> I. Morris, B. Powell (sous leur direction), *A New Companion to Homer*, Leiden, 1997.

MORTEANI AND NORTHOVER, 1995
> G. Morteani, J. P. Northover (sous leur direction), *Prehistoric Gold in Europe. Mines, Metallurgy and Manufacture*, Dordrecht, 1995.

MOTTIER, 1971
> Y. Mottier, « Bestattungssitten und weitere Belege zur geistigen Kultur », dans W. Drack (sous la direction de), *Ur- und frühgeschichtliche Archäeologie der Schweiz*, vol. III, « Die Bronzezeit », Bâle, 1971.

MOSCALU et BEDA, 1988
> E. Moscalu, C. Beda, « Bujoru, un tumul cu en car-cazan votiv apartinând culturii Basarabi », *Thraco-Dacia 9*, 1988.

MOUNTJOY, 1984
> P. A. Mountjoy, « The Marine Stile Pottery of LM IB/LH IIA », *The Annual of the British School at Athens 79*, 1984.

MOUNTJOY, 1993
> P. A. Mountjoy, *Mycenaean Pottery. An Introduction*, Oxford, 1993.

MOZSOLICS, 1967
> A. Mozsolics, *Bronzefunde des Karpatenbeckens*, Budapest, 1967.

MUCKELROY, 1981
> K. Muckelroy, « Middle Bronze Age Trade between Britain and Europe: a Maritime Perspective », *Proceedings of the Prehistoric Society 47*, 1981.

MUHLY, MADDIN, KARAGEORGHIS, 1981
> J. D. Muhly, R. Maddin, V. Karageorghis (sous la direction de), *Early Metallurgy in Cyprus, 4000-500 B.C.*, Larnaka, 1981.

MUHLY, 1973
> J. D. Muhly, *Copper and Tin. Transactions*, New Haven, Conn., 1973.

MÜLLER, 1982
> D. W. Müller, « Die späte Aunjetitzer Kultur des Saalegebietes im Spannungsfeld des Südostens Europas », *Jahresschrift für mitteldeutsche Vorgeschichte 65*, 1982.

MÜLLER, 1903
> S. Müller, *Solbilledet fra Trundholm*, Copenhague, 1903.

MÜLLER-KARPE, 1980
> H. Müller-Karpe, *Handbuch der Vorgeschichte IV. Bronzezeit*, Munich, 1980.

MUNKSGÅRD, 1974
> E. Munksgård, *Oldtidsdragter*, Copenhague, 1974.

MURRAY, 1993[2]
> O. Murray, *Early Greece*, Cambridge, Mass., 1993.

MYLONAS, 1966
> G. E. Mylonas, *Mycenae and the Mycenaean Age*, Princeton, N. J., 1966.

MYLONAS, 1983
> G. E. Mylonas, *Mycenae, Rich in Gold*, Athènes, 1983.

NAGY, 1979
> G. Nagy, *The Best of the Achaeans: Concepts of the Hero in Archaic Greek Poetry*, Baltimore, Md., 1979.

NAGY, 1996
> G. Nagy, *Homeric Questions*, Austin, 1996.

NEEDHAM, 1979
> S. Needham, « Two Recent British Shield Finds and their Continental Parallels », *Proceedings of the Prehistoric Society 45*, 1979.

NEUMANN, 1953
> E. Neumann, *Zur psychologischen Bedeutung des Ritus, Kulturentwicklung und Religion*, Zurich, 1953.

NIEMEIER, 1980
> W.-D. Niemeier, « Die Katastrophe von Thera und die spätminoische Chronologie », *Jahrbuch des Deutschen Archäologischen Instituts 95*, 1980.

NORLING-CHRISTENSEN, 1943
> H. Norling-Christensen, *Bronzealderhjælmene fra Viksø*, Copenhague, 1943.

NOVOTNÁ, 1970
> M. Novotná, *Die Bronzehortfunde in der Slovakei*, Bratislava, 1970.

OELMANN, 1959
> F. Oelmann, « Pfahlhausurnen », *Germania 37*, 1959.

OLIVEIRA, 1995
> J. Oliveira, « A estela decorada da Tapada da Moita », dans *A Idade do Bronze em Portugal*, Lisbonne, 1995.

OLIVEIRA JORGE, 1995
> S. Oliveira Jorge, *Introducao. A Idade do Bronze em Portugal. Discursos de Poder*, Lisbonne, 1995.

OLIVEIRA JORGE, 1996
> S. Oliveira Jorge, *Regional diversity in the Iberian Bronze Age. On the Visibility and Opacity of the Archaeological Record*, Porto, 1996.

OLIVEIRA JORGE et ALMEIDA, 1980
> S. Oliveira Jorge, C. A. F. de Almeida: *A estátua-menhir fálica de Chaves*, Porto, 1980.

OLIVEIRA JORGE et OLIVEIRA JORGE, 1983
> V. Oliveira Jorge, S. Oliveira Jorge, *Nótula preliminar sobre uma estátua-menhir do Norte de Portugal*, Porto, 1983.

OLIVEIRA JORGE et OLIVEIRA JORGE, 1993
> V. Oliveira Jorge, S. Oliveira Jorge, *Statues-menhirs et stèles du Nord du Portugal*, dans *Les représentations humaines du néolitique à l'âge du fer*, Paris, 1993.

OLIVIER, 1986
> J.-P. Olivier, « Cretan Writing in the Second Millennium B. C. », *World Archaeology 17*, 1986.

OLIVIER et GODART, 1996
> J.-P. Olivier, L. Godart, « Corpus hieroglyphicarum Inscriptionum Cretae », *Études crétoises 31 (CHIC)*, 1996.

OTTO, 1958
> K.-H. Otto, « Soziologisches zur Leubinger Gruppe der Aunjetitzer Kultur », *Ausgrabungen und Funde 3*, 1958.

PALAIMA, 1990
> T. G. Palaima (sous la direction de), *Aegean Seals, Sealings and Administration. Aegaenm 5*, 1990.

PALLAF, 1897
> L. Pallaf, « Ein Vasenfund aus Aegina », *Archäologische Mitteilungen*, 1897.

PALMER, 1969
> L. R. Palmer, *The Interpretation of Mycenaean Greek Texts*, Oxford, 1969.

PAPATHANASSOPOULOS, 1961/62
> G. Papathanassopoulos, « Κυχλαδιχα Ναξου », *ADelt 17*, 1961-1962.

PAPATHANASSOPOULOS, VICHOS et LOLOS, 1995
> G. Papathanassopoulos, Y. Vichos, Y. Lolos, « Dokos: 1991 Campaign », *ENALIA, Annual, 1991, Hellenic Institute of Marine Archaeology 3*, 1995.

PAPAZOGLOU-MANIOUDAKI, 1994
: L. Papazoglou-Manioudaki, « A Mycenaean Warrior's Tomb at Krini near Patras », *The Annual of the British School at Athens 89*, 1994.

PARE, 1987
: C. F. E. Pare, « Der Zeremonialwagen der Bronze- und Urnenfelderzeit. Seine Entstehung, Form und Verbreitung », dans *Vierrädrige Wagen der Hallstattzeit. Untersuchungen zur Geschichte und Technik*, Mayence, 1987.

PARE, 1992
: C. F. E. Pare, *Wagons and Wagon-Graves of the Early Iron Age in Central Europe*, Oxford, 1992.

PARLAMA, 1994
: L. Parlama, « Το τελοζ τηζ πρωιμηζ Χαλχοχρατιαζ στο Παλαμαρι Σχυρου. Σχεσειζ χαι προβλημαta χρονολογησεωζ », *ADelt 42* (1987), 1994.

PATAY, 1968
: P. Patay, « Urnenfelderzeitliche Bronzeschilde im Karpatenbecken », *Germania 46*, 1968.

PATAY, 1990
: J. Patay, *Die Bronzegefäße in Ungarn*, Munich, 1990.

PATZEK, 1992
: B. Patzek, *Homer und Mykene*, Munich, 1992.

PAULIK, 1968
: J. Paulík, « Panzer der jüngeren Bronzezeit aus der Slowakei », *Bericht RGK 49*, 1968.

PEACHEY, 1996
: C. Peachey, *Continuing Study of the Ulu Burun Shipwreck Artifacts*, Spring, 1996.

PELON, 1976
: O. Pelon, *Tholoi, tumuli et cercles funéraires*, Paris, 1976.

PENDLEBURY, 1939
: J. D. S. Pendlebury, *The Archaeology of Crete*, Londres, 1939.

PENHALLURICK, 1986
: R. D. Penhallurick, *Tin in Antiquity. Its Mining and Trade Throughout the Ancient World With Particular Reference to Cornwall*, Londres, 1986.

PENNAS, VICHOS, LOLOS, 1995
: Ch. Pennas, Y. Vichos, Y. Lolos, « The, 1991 Underwater Survey of the Late Bronze Age Wreck at Point Iria », *ENALIA, Annual, 1991, Hellenic Institute of Marine Archaeology 3*, 1995.

PERDRIZET, 1908
: P. Perdrizet, *Fouilles de Delphes V. Monuments figurés, petits bronzes, terres cuites, antiquités diverses*, Paris, 1908.

PERONI, 1978
: R. Peroni dans L. Fasani (sous la direction de), *Illustrierte Weltgeschichte der Archäologie*, Munich, 1978.

PERSSON, 1931
: A. Persson, *The Royal Tombs at Dendra near Midea*, Lund, 1931.

PERSSON, 1942
: A. Persson, *New Tombs at Dendra near Midea*, 1942.

PETRESCU-DÎMBOVITA, 1977
: M. Petrescu-Dîmbovita, *Depozitele de bronzuri din România*, Bucarest, 1977.

PETRESCU-DÎMBOVITA, 1978
: M. Petrescu-Dîmbovita, *Die Sicheln in Rumänien mit Corpus der jung- und spätbronzezeitlichen Horte Rumäniens*, Munich, 1978.

PETRESCU-DÎMBOVITA ET AL., 1995
: M. Petrescu-Dîmbovita et al., *Treasures of the Bronze Age in Romania*, Bucarest, 1995.

PETRUSO, 1992
: K. M. Petruso, « Ayia Irini. The Balance Weights. An analysis of weight measurements in prehistoric Crete and the Cycladic Islands », *Keos 8*, Mayence, 1992.

PIGGOTT, 1938
: S. Piggott, « The Early Bronze Age in Wessex », *Proceedings of the Prehistoric Society 4*, 1938.

PIGGOTT, 1983
: S. Piggott, *The Earliest Wheeled Transport. From the Atlantic Coast to the Caspian Sea*, Londres, 1983.

PIGGOTT, 1992
: S. Piggott, *Wagon, Chariot and Carriage: Symbol and Status in the History of Transport*, Londres, 1992.

PINGEL, 1974
: V. Pingel, « Bemerkungen zu den ritzverzierten Stelen und zur beginnenden Eisenzeit im Südwesten der Iberischen Halbinsel », *Hamburger Beiträge zur Archäologie 4*, 1974.

PINGEL, 1992
: V. Pingel, *Die vorgeschichtlichen Goldfunde der Iberischen Halbinsel*, Berlin, 1992.

PLATON, 1964
: N. Platon, « Oriental Seals from the Palace of Cadmus », *Illustrated Londres, News*, 28 nov. 1964.

PLATON, 1981
: E. Platon, *The Cylinder Seals from Thebes. Archiv für Orientalische Forschung*, 1981.

PODZUWEIT, 1979
: C. Podzuweit, *Trojanische Gefäßformen der Frühbronzezeit in Anatolien, der Agäis und angrenzenden Gebieten*, Mayence, 1979.

POPESCU, 1956
: D. Popescu, « Prelucrarea aurului în Transilvania înainte de cucerirea romană », *Materiale si cercetari arheologice 2*, 1956.

POPHAM, 1969
: M. R. Popham, « A LM IIIB Inscription from Knossos », *Kadmos 8*, 1969.

POPHAM, 1984
: M. R. Popham, The Minoan Unexplored Mansion at Knossos, Oxford, 1984.

PORADA, 1981-1982
: E. Porada, « The Cylinder Seals found at Thebes in Boeotia », *Archiv für Orientforschung 28*, 1981-1982.

POURSAT, 1977A
: J. C. Poursat, *Les Ivoires mycéniens*, Paris, 1977.

POURSAT, 1977B
: J. C. Poursat, *Catalogue des ivoires mycéniens du Musée national d'Athènes*, Paris, 1977.

POWELL, 1953
: T. G. E. Powell, « The Gold Ornament from Mold, Flintshire, North Wales », *Proceedings of the Prehistoric Society 19*, 1953.

PRIMAS et RUOFF, 1981
: M. Primas, U. Ruoff, « Die urnenfelderzeitliche Inselsiedlung "Großer Hafner" im Zürichsee (Schweiz). Tauchausgrabung, 1978-1979 », *Germania 59*, 1981.

RAAFLAUB, 1997A
: K. A. Raaflaub, « Homeric Society », dans I. Morris, B. Powell (sous leur direction), *A New Companion to Homer*, Leiden, 1997.

RAAFLAUB, 1997B
: K. A. Raaflaub, « Politics and Interstate Relations in the World of Greek Poleis: Homer and Beyond », *Antichthon 31*, 1997.

RAAFLAUB, 1997C
: K. A. Raaflaub, « Soldiers, Citizens, and the Evolution of the Early Greek Polis », dans L. Mitchell, P. J. Rhodes (sous la direction), *The Development of the Polis in Archaic Greece*, Londres, 1997.

RAAFLAUB, 1998
: K. A. Raaflaub, « A Historian's Headache: How to Read "Homeric Society"? » dans N. Fischer, H. van Wees (sous leur direction), *Archic Greece: New Evidence and New Approaches*, Cardiff et Londres, 1998.

RAFTERY, 1980
: J. Raftery, *Artists and Craftsmen. Irish Art Treasures*, Dublin, 1980.

RAISON, 1968
: J. Raison, « Les vases à inscriptions peintes de l'âge mycénien et leur contexte archéologique », *Incunabula Graeca XIX*, Rome, 1968.

RAISON, 1969
: J. Raison, *Le Grand Palais de Knossos*, Rome, 1969.

Randsborg, 1967
K. Randsborg, « "Aegean" Bronzes in a Grave in Jutland », *Acta Archaeologica 38*, 1967.

Randsborg, 1968
K. Randsborg, « Von Periode II zu III », *Acta Archaeologica 39*, 1968.

Randsborg, 1993
K. Randsborg, « Kivik. Archaeology and Iconography », *Acta Archaeologica 64*, 1993.

Randsborg, 1996
K. Randsborg, « Absolute Chronology, Archaeological Europe, 2500-500 BC. Acta Archaeologica 67 », *Acta Archaeologica Supplementa 1*, Copenhague, 1996.

Raschke, 1954
G. Raschke, « Ein Goldfund der Bronzezeit von Etzelsdorf-Buch bei Nuremberg », *Germania 32*, 1954.

Ratti, 1994
M. Ratti (sous la direction de), *Antenati di pietra. Statue-stele della Lunigiana e archeologia del territorio*, Genève, 1994.

Redfield, 1975
J. Redfield, *Nature and Culture in the Iliad: The Tragedy of Hector*, Chicago, 1975.

Renfrew, 1969
C. Renfrew, « The Development and Chronology of the Early Cycladic Figurines », *American Journal of Archaeology 73*, 1969.

Renfrew et Wagstaff, 1982
C. Renfrew, M. Wagstaff (sous la direction de), *An Island Polity. The Archaeology of Exploitation in Melos*, Cambridge, 1982.

Renfrew, 1985
C. Renfrew, *The Archaeology of cult. The Sanctuary at Phylacopi*, Londres, 1985.

Renfrew, 1991
C. Renfrew, *The Cycladic Spirit: Masterpieces from the Nicholas P. Gourlandris Collection*, New York, 1981.

Renfrew et Bahn, 1996
C. Renfrew, P. Bahn, *Archaeology. Theories, Methods and Practice*, 2nde éd., Londres, 1996.

Rethemiotakis, 1990
G. Rethemiotakis, Ανθρωπομορφιχη πλαστιχη στην Κρητη: Απο την νεοαναχτοριχη μεχρι την υπομινωιχη περοδο, δ.δ., Rethymnon, 1990.

Rieckhoff, 1990
S. Rieckhoff, *Faszination Archäologie*, Regensburg, 1990.

Rovina, 1986/1990
D. Rovina, « Il santuario nuragico di Serra Niedda (Sorso) », *NBAS 3*, 1986-1990.

Rowlands, 1980
M. Rowlands, « Kinship, alliance and exchange in the European Bronze Age », dans J. Barret, R. Bradley (sous leur direction), *Settlement and Society in the British Later Bronze Age*, Londres, 1980.

Ruipérez et Melena, 1996
M. Ruipérez, J. Melena, Οι Μυχηναιοι Ελληνες *(Los Griegos micénicos)*, Athènes, 1996.

Rusu, 1993
M. Rusu, « Chars de combat hallstattiens chez les Thraces nord-danubiens », dans *The Early Hallstatt period (1200-700 B.C.) in south-eastern Europe*, Proceedings of the International Symposium, Alba Iulia, 1993.

Rutkowski, 1991
B. Rutkowski, *Petsofas. A Cretan Peak Sanctuary*, Warsaw, 1991.

Rønne
P. Rønne, *Fattigmands sværd*, Skalk, 1986.

Sacconi, 1974
A. Sacconi, *Corpus delle inscrizioni vascolari in Lineare B*, Rome, 1974.

Sakellariou, 1964
A. Sakellariou, *Die minoischen und mykenischen Siegel des Nationalmuseums in Athen*, Berlin, 1964.

Sakellariou-Xenaki, 1985
A. Sakellariou-Xenaki, Οι θαλαμωτοι ταφοι των Μυχηνων. Ανασχαφης Χρ. Τσουντα, Paris, 1985.

Sakellariou-Xenaki, 1989
A. Sakellariou-Xenaki, « Techniques et évolution de la bague-cachet dans l'art créto-mycénien », *Fragen und Probleme der bronzezeitlichen ägäischen Glyptik*, Beiträge zum 3. Internationalen Marburger Siegel-Symposium, 5-7. sept. 1985, Berlin, 1989.

Sakellarakis, 1976
J. Sakellarakis, « Mycenaean Stone Vases », *Studi micenei ed egeo-anatolici 17*, 1976.

Sambin, 1989
C. Sambin, « Génie minoen et génie égyptien. Un emprunt raisonné », *BCH 113*, 1989.

Sanches et Oliveira Jorge, 1987
M. Sanches, V. Oliveira Jorge, *A "estátua-menhir" da Bouca (Mirandela)*, Porto, 1987.

Sandars, 1961
N. K. Sandars, « The First Aegean Swords and their Ancestry », *American Journal of Archaeology 65*, 1961.

Sandars, 1985
N. K. Sandars, *The Sea Peoples. Warriors of the Ancient Mediterranean*, Londres, 85.

Sapouna-Sakellarakis, 1984
E. Sapouna-Sakellarakis, Η Ευβοιη Κυμη της εποχης των αποιχισμων, *Arch Ephem*, 1984.

Sapouna-Sakellerakis, 1995
E. Sapouna-Sakellarakis, *Die frühen Menschenfiguren auf Kreta und in der Ägäis*, Stuttgart, 1995.

Savory, 1968
H. N. Savory, *Spain and Portugal*, Londres, 1968.

Schaaf, 1984
U. Schaaf, « Ein bronzezeitliches Sistrum aus Rheinhessen », *Jahrbuch RGZM 31*, 1984.

Schachermeyr, 1980
F. Schachermeyr, *Die Ägäische Frühzeit IV. Griechenland im Zeitalter der Wanderungen*, Vienne, 1980.

Schauer, 1971
P. Schauer, *Die Schwerter in Süddeutschland, Österreich und der Schweiz*, Munich, 1971.

Schauer, 1975
P. Schauer, « Die Bewaffnung der "Adelskrieger" während der späten Bronze- und frühen Eisenzeit », dans *Ausgrabungen in Deutschland*, Mayence, 1975.

Schauer, 1978
P. Schauer, « Die urnenfelderzeitlichen Bronzepanzer von Fillinges, dept Haute-Savoie, Frankreich », *Jahrbuch RGZM 25*, 1978.

Schauer, 1980
P. Schauer, « Der Rundschild der Bronze- und frühen Eisenzeit », *Jahrbuch RGZM 27*, 1980.

Schauer, 1982
P. Schauer, « Die Beinscheinen der späten Bronze- und frühen Eisenzeit », *Jahrbuch RGZM 29*, 1982.

Schauer, 1983
P. Schauer, « Orient im spätbronze- und früheisenzeitlichen Occident », *Jahrbuch RGZM 30*, 1983.

Schauer, 1984a
P. Schauer, « Überregionale Gemeinsamkeiten bei Waffengräbern der ausgehenden Bronzezeit und älteren Urnenfelderzeit des Voralpenraumes », *Jahrbuch RGZM 31*, 1984.

Schauer, 1984b
P. Schauer, « Spuren minoisch-mykenischen und orientalischen Einflusses im atlantischen Westeuropa », *Jahrbuch RGZM 31*, 1984.

Schauer, 1986a
P. Schauer, *Die kegel- und glockenförmigen Helme mit gegossenem Scheitelknauf der jüngeren Bronzezeit Alteuropas*, dans *Antike Helme*, Mayence, 1986.

Schauer, 1986b
P. Schauer, *Die Goldblechkegel der Bronzezeit. Ein Beitrag zur Kulturverbindung zwischen Orient und Mitteleuropa*, Mayence, 1986.

SCHLIEMANN, 1874
H. Schliemann, *Atlas Trojanischer Altertümer*, Leipzig, 1874.

SCHLIEMANN, 1878
H. Schliemann, *Bericht über meine Forschungen und Entdeckungen in Mykenae und Tiryns*, Leipzig, 1878.

SCHLIEMANN, 1878
H. Schliemann, *Mycenae. A Narrative of Researches and Discoveries at Mycenae and Tiryns*, Londres, New York, 1878.

SCHLIEMANN, 1881
H. Schliemann, *Ilios*, Leipzig, 1881.

SCHMIDT, 1915
H. Schmidt, « Die Luren von Daberkow, Kr. Demmin », *Prähistorische Zeitschrift 7*, 1915.

SCHMIDT, 1993
J.-P. Schmidt, « Holzschalenbeschläge aus Schuby, Kr. Schleswig-Flensburg. Zu den Holzschalen der älteren Bronzezeit in Norddeutschland und Dänemark », *Hammaburg NF 10*, 1993.

SCHÖNBÄCK et SOFKA, 1970
B. Schönbäck, V. Sofka (sous leur direction), *Guldskatter från Karpaterne*, Stockholm, 1970.

SCHUBART, 1972
H. Schubart, *Die Funde der älteren Bronzezeit in Mecklenburg*, Neumünster, 1972.

SCHÜLE, 1976
W. Schüle, Der bronzezeitliche Schatzfund von Villena (Prov. Alicante) », *Madrider Mitteilungen 17*, 1976.

SCHULZ, 1993
R. Schulz, « Die natürlichen Vorkommen von Bernstein in Nordbrandenburg und die Besiedlung der Bronzezeit. Veröffentl », dans *Brandenburg. Landesmuseum für Ur- und Frühgeschichte 27*, 1993.

SCHÜTZ-TILLMANN, 1995
C. Schütz-Tillmann, *(K)ein neues Wagengrab in Zuchering, Stadt Ingolstadt, Obb.* dans *Ausgrabungen und Funde in Altbayern, 1992-1994*, cat. exp. Gäubodenmuseum Straubing, 1995.

SCHÜTZ-TILLMANN, 1997
C. Schütz-Tillmann, « Das urnenfelderzeitliche Grabdepot von Münchsmünster, Lkr. Pfaffenhofen a.d. Ilm », *Germania 75*, 1997.

SCHWEINGRUBER, 1983
F. H. Schweingruber, *Der Jahrring. Standort, Methodik, Zeit und Klima in der Dendrochronologie*, Bern, Stuttgart, 1983.

SCHWEINGRUBER, 1987
F. H. Schweingruber, *Tree Rings. Basics and Applications of Dendrochronology*, Dordrecht, 1987.

SCHUBART, 1973
H. Schubart, *Mediterrane Beziehungen der El Agrar-Kultur. Madrider Mitteilungen 14*, 1973.

SCHUMACHER-MATTHÄUS, 1985
G. Schumacher-Matthäus, *Studien zu bronzezeitlichen Schmucktrachten im Karpatenbecken*, Mayence, 1985.

SCHMIDT et NITZSCHKE, 1980
B. Schmidt, W. Nitzschke, « Ein frühbronzezeitlicher "Fürstenhügel" bei Dieskau im Saalkreis », *Ausgrabungen und Funde 25*, 1980.

SCHWANTES, 1939
G. Schwantes, *Geschichte Schleswig-Holsteins 1*, Neumünster, 1939.

SCHWEITZER, 1969
B. Schweitzer, *Die geometrische Kunst Griechenlands*, Cologne, 1969.

SCULLY, 1990
S. Scully, *Homer and the Sacred City*, Ithaca, N. Y., 1990.

SEAGER, 1912
R. Seager, *Exploration in the Island of Mochlos*, Boston, New York, 1912.

SERVAIS, 1971
J. Servais, *Thoricos V (1968). Objets trouvés dans la tholos*, 1971.

SHAY, 1995
J. Shay, *Achilles in Vietnam*, New York, 1995.

SHENNAN, 1982
S. J. Shennan, « Exchange and Ranking: the Role of Amber in the Earlier Bronze Age of Europe », dans C. Renfrew, S. J. Shennan, *Ranking, Resources and Exchange*, Cambridge, 1982.

SHENNAN, 1993
S. J. Shennan, « Settlement and Social Change in Central Europe 3500-1500 B.C. », *Journal of World Prehistory 7, 2*, 1993.

SHENNAN, 1994
S. J. Shennan, « Commodities, Transactions and Growth in the Central European Early Bronze Age », *Journal of European Archaeology 1(2)*, 1994.

SHEPHERD, 1981
I. A. G. Shepherd, « Bronze Age Jet Working in North Britain », dans J. Kenworthy (sous la direction de), *Early Technology in North Britain*, Edimbourg, 1981.

SHERRATT et TAYLOR, 1989
A. Sherratt, T. Taylor, « Metal Vessels in Bronze Age Europe and the Context of Vulcitrun », dans J. G. P. Best, N. M. W. de Vries (sous la direction de), *Thracians and Mycenaeans*, Leiden, 1989.

SHERRATT et SHERRATT, 1991
A. Sherratt, S. Sherratt, « From Luxuries to Commodities. The Nature of Mediterranean Bronze Age Trading Systems », dans N. H. Gale (sous la direction de), *Bronze Age Trade in the Mediterranean*, Jonsered, 1991.

SHERRATT, 1992
A. Sherratt, « Sacred and Profane Substances: The Ritual Use of Narcotics in Later Neolithic Europe », dans P. Garwood et al., *Sacred and Profane*, Oxford, 1992.

SHERRATT, 1993
A. Sherratt, « What Would a Bronze Age World System Look Like? Relations between Temperate Europe and the Mediterranean in Later Prehistory », *Journal of European Archaeology 1(2)*, 1993.

SILVA ET AL., 1984
A. C. F. Silva et al., *Deposito de fundidor do final da Idade do Bronze do Castro da Senhora da Guia (Baiões, S.Pedro do Sul, Viseu)*, Porto, 1984.

SIMON, 1990
K. Simon, « Höhensiedlungen der älteren Bronzezeit im Elbsaalegebiet », *Jahrresschrift für mitteldeutsche Vorgeschichte 73*, 1990.

SIRET, 1887
E. Siret, L. Siret, *Les Premiers Âges du métal dans le sud-est de l'Espagne*, Anvers, 1887.

SOPRONI, 1956
S. Soproni dans Banner, J., *Die Péceler Kultur*, Budapest, 1956.

SOROCEANU, 1995
T. Soroceanu, Der Bronzefund von Girbau, Kr. Cluj, dans T. Soroceanu (sous la direction de), *Bronzefunde aus Rumänien*, Berlin, 1995.

SOTO, 1991
J. G. de Soto, « Le fondeur, le trafiquant et les cuisiniers. La broche d'Amathonte de Chypre et la chronologie absolue du bronze final atlantique » dans C. Chevillot, A. Coffyn (sous leur direction), *L'Âge du bronze atlantique. Actes du premier Colloque du Parc archéologique de Beynac*, Saladais, 1991.

SPADEA, 1996
R. Spadea, « Il Tesoro di Hera », *Bolletino d'Arte 88*, 1996.

SPECK, 1981
J. Speck, « Schloss und Schlüssel zur späten Pfahlbauzeit », *Helvetia Archaeologica 12*, 1981.

SPINDLER, 1992
K. Spindler, *Der Mann im Eis*, Innsbruck, 1992, vol. I; *Der Mann im Eis*, vol. II (à paraître).

SPINDLER, 1994
K. Spindler, *The Man in the Ice*, Londres, 1994

SPROCKHOFF, 1938
E. Sprockhoff, *Die germanischen Vollgriffschwerter*, Berlin, 1938

SPROCKHOFF, 1955
E. Sprockhoff, « Das bronzene Zierband von Kronshagen bei Kiel », *Offa 14*, 1955.

SPROCKHOFF, 1956
: E. Sprockhoff, *Jungbronzezeitliche Hortfunde der Südzone des nordischen Kreises (Periode V)*, Mayence, 1956, vol. I-II.

SPROCKHOFF et HÖCKMANN 1979
: E. Sprockhoff, O. Höckmann, *Die gegossenen Bronzebecken der jüngeren nordischen Bronzezeit*, Mayence, 1979.

SPYROPOULOS, 1967
: Th. Spyropoulos, *Ergon*, 1967.

SPYROPOULOS, 1969
: Th. Spyropoulos, *Praktika*, 1969.

SPYROPOULOS, 1972
: Th. Spyropoulos, Υστερομυχηναιχοι Ελλαδιχοι Θησαυρι, Athènes, 1972.

STARY, 1980
: P. F. Stary, « Das spätbronzezeitliche Häuptlingsgrab von Hagenau », dans K. Spindler (sous la direction de), *Vorzeit zwischen Main und Donau*, Erlangen, 1980.

STENBERGER, 1979
: M. Stenberger, *Det forntidna Sverige*, Stockholm, 1979.

STEWART, 1962
: J. Stewart, « Finds and Results of the Excavations in Cypres, 1927-1931 », dans *The Swedish Cyprus Expedition IV 1 A*, 1962.

STJERNQUIST, 1958
: B. Stjernquist, « Ornementation métallique sur vases d'argile », *Meddelanden från Lunds Universitets Historiska Museum*, 1958.

STJERNQUIST, 1961
: B. Stjernquist, *Simris II. Bronze Age Problems in the Light of the Simris Excavationsn* Bonn, Lund, 1961.

STRAHM, 1966
: Ch. Strahm, « Renzenbühl und Ringoldswil », *Jahrbuch des Bernisches Historisches Museum 45-46*, 1965-1966.

STRAHM, 1972
: Ch. Strahm, « Das Beil von Thun-Renzenbühl », *Helvetica Antiqua 3*, 1972.

SWEENEY ET AL., 1988
: J. Sweeney, T. Curry, Y. Tzedakis (sous la direction de), *The Human Figure in Early Greek Art*, Athens, Washington, 1988.

SVORONOS, 1906
: J. N. Svoronos, « Pelékeis kai emipéleaka », *Journal International d'Archeologie Numismatic 9*, 1906.

SZYDLOWSKA, 1965
: E. Szydlowska, « L'instrument de musique de la culture lusacienne, trouvé á Przeczyce, distr. Zawiercie », *Archaeologia Polona 8*, 1965

SZYDLOWSKA, 1972
: E. Szydlowska, *Cmentarzysko kultury luzyckiej w Przeczycach, pow. Zawiercie, 1968-1972*, Bytom, 1972, 4 vol.

TASIC, 1984
: N. Tasic (sous la direction de), *Kulturen der Frühbronzezeit des Karpatenbeckens und Nordbalkans*, Belgrade, 1984.

TAYLOR, 1980
: J. Taylor, *Bronze Age Goldwork of the British Isles*, Cambridge, 1980.

THEOCHARIS, 1958
: D. Theocharis, Εχ της Προχεραμειχης Θεσσαλιαζ, Θεσσαλιχα A, 1958.

THEOCHARIS, 1960
: D. Theocharis, *Arch Delt Chron. 16*, 1960.

THEVENOT, 1984
: J. P. Thevenot, « Le dépôt de Jonchères à Blanot (Côte-d'Or), 10ᵉ Congrès national des Sociétés savantes », *Archéologie II*, Dijon, 1984.

THEVENOT, 1991
: J. P. Thevenot, *L'Âge du Bronze en Bourgogne. Le dépôt de Blanot (Côte-d'Or)*, Dijon, 1991.

THIMME, 1977
: J. Thimme (sous la direction de), *Art and Culture of the Cyclades*, Karlsruhe, 1977.

THOMAS, 1990
: G. Thomas, Palaima (ed.), « Aegean Seals, Sealings and Administration », *Aegaeum 5*, 1990.

THOMAS, 1899
: W. J. Thomas, « Bronze Cauldron found at Milkernagh Bog, near Granard, Co. Longford », *The Journal of the Royal Society of Antiquaries of Ireland 9*, 1899.

THOMSEN, 1929
: T. Thomsen, *Egekistefundet fra Egtved fra den ældre Bronzealder*, Copenhague, 1929.

THRANE, 1965a
: H. Thrane, « Dänische Funde fremder Bronzegefäße », *Acta Archaeologica 36*, 1965.

THRANE, 1965b
: H. Thrane, « Hoards of the Danish Bronze Age (Mont. IV) », *Inventaria Archaeologica, DK 3*, Bonn, 1965.

THRANE, 1966
: H. Thrane, « Dänische Funde fremder Bronzegefäße der jüngeren Bronzezeit (Periode IV) », *Acta Archaeologica 36*, 1966.

THRANE, 1975
: H. Thrane, *Europæiske forbindelser*, Copenhague, 1975.

THRANE, 1984
: H. Thrane, *Lusehøj ved Voldtofte - en sydvestfynsk storhøj fra yngre broncealder*, Odense, 1984.

THRANE, 1994
: H. Thrane, « Centres of Wealth in Northern Europe », dans K. Kristiansen, J. Jensen (sous la direction de), *Europe in the First Millennium B. C.*, Sheffield, 1994.

THRANE, 1995
: H. Thrane, « Placing the Bronze Age "lurer" in their proper context », dans A. Jockenhövel (sous la direction de), *Festschrift für Hermann Müller-Karpe zum 70. Geburtstag*, Bonn, 1995.

TITE, 1972
: M. S. Tite, *Methods of Physical Examination in Archaeology*, Londres, New York, 1972.

TOCIK, 1981
: A. Tocik, *Nitriansky Hrádok-Zámeček*, Nitra, 1981.

TREUE, 1986
: W. Treue (sous la direction de), *Achse, Rad und Wagen. Fünftausend Jahre Kultur- und Technikgeschichte*, Göttingen, 1986.

TRONCHETTI, 1986
: C. Tronchetti, « Nuragic Statuary from Monte Prama », dans *Sardinia in the Mediterranean*, Ann Arbor, Mich., 1986.

TSOUNTAS, 1898
: C. Tsountas, Κυχλαδιχα, *Arch Ephem*, 1898.

TYLECOTE, 1987
: R. F. Tylecote, *The Early History of Metallurgy in Europe*, Londres, New York, 1987.

TZEDAKIS, 1969
: Y. Tzedakis, Ανασχαφαι YM IIIA/B νεχροταφειου ειζ περιοχην Καλαμιου Χανιων AAA2, 1969.

TZEDAKIS, 1970
: Y. Tzedakis, Μινωιχοζ χιθαρωδοζ, AAA 3, 1970.

TZEDAKIS, 1996
: Y. Tzedakis, La nécropole d'Armenoi, dans E. Miro, L. Godart, A. Sacconi (sous la direction de), *Atti e Memorie del Secondo Congresso Internazionale di Micenologia*, Rome, Naple, 1991. Incunabula Graeca 98, 1996.

UGAS et LUCIA, 1987
: G. Ugas, G. Lucia, « Primi scavi nel sepolcreto nuragico di Antas », dans *La Sardegna nel Mediterraneo tra il II e il I Millennio*, Selargius-Cagliari, 1987.

Ulisse [cat. exp.] 1996
: *Ulisse, il mito e la memoria*, cat. exp,. Rome, Progretti Musealli Editore, 1996.

USLAR, 1955
: R. von Uslar, « Der Goldbecher von Fritzdorf bei Bonn », *Germania 33*, 1955.

VANDKILDE, 1996
: H. Vandkilde, *From Stone to Bronze. The Metalwork of the Late Neolithic and Earliest Bronze Age in Denmark*, Aarhus, 1996.

VANDKILDE, RAHBEK et RASMUSSEN, 1996
: H. Vandkilde, U. Rahbek, K. L. Rasmussen, « Radiocarbon Dating and the Chronology

VENTRIS et CHADWICK, 1973
M. Ventris, J. Chadwick, *Documents in Mycenaean Greek*, 2nde éd., Cambridge, 1973.

VERLINDEN, 1984
C. Verlinden, *Les Statuettes anthropomorphes crétoises en bronze et en plomb, du IIIe millénaire au VIIe siècle av. J.-C.*, Louvain-la-Neuve, 1984.

VERMEULE, 1964
E. Vermeule, *Greece in the Bronze Age*, Chicago, Londres, 1964.

VERMEULE et KARAGEORGHIS, 1982
E. Vermeule, V. Karageorghis, *Mycenaean Pictorial Vase Painting*, Cambridge, Mass., 1982.

VIZDAL, 1972
J. Vizdal, « Erste bildliche Darstellung eines zweirädrigen Wagens vom Ende der mittleren Bronzezeit in der Slowakei », *Slovenská Arch. 20*, 1972.

VOLLGRAFF, 1904
W. Vollgraff, « Fouilles d'Argos », *Bulletin de correspondance hellénique 28*, 1904.

VULPE, 1970
A. Vulpe, *Die Äxte und Beile in Rumänien*, Munich, 1970.

VULPE, 1977
A. Vulpe, « Kritische Anmerkungen zu den karpatenländischen Kulturzeugnissen der Altbronzezeit », *Jahresbericht des Instituts für Vorgeschichte der Universität*, Frankfurt/Main, 1977.

VULPE, 1985
A. Vulpe, « Der Goldschatz von Radeni, Jud. Neamt », *Prähistorische Zeitschrift 60*, 1985.

VULPE, 1995
A. Vulpe, « Der Schatz von Persinari in Südrumänien », dans A. Jockenhövel, *Festschrift für Hermann Müller-Karpe zum 70. Geburtstag.*, 1995.

VVAA, 1957
New Larousse Encyclopedia of Mythology, New York, 1957.

WACE, 1932
A. G. B. Wace, « Chamber Tombs at Mycenae », *Archaeologia 82*, 1932.

WARREN, 1969
P. Warren, *Minoan Stone Vases*, Cambridge, 1969.

WEES, 1992
H. van Wees, *Status Warriors: War, Violence, and Society in Homer and History*, Amsterdam, 1992.

WEGNER, 1996
G. Wegner, *Leben-Glauben-Sterben vor 3000 Jahren. Bronzezeit in Niedersachsen*, cat. exp. Hanovre, 1996.

WELS-WEYRAUCH, 1978
U. Wels-Weyrauch, *Die Anhänger und Halsringe in Südwestdeutschland und Nordbayern*, Munich, 1978.

WEST, 1997
M. L. West, *The East Face of Helicon: West Asiatic Elements in Greek Poetry and Myth*, Oxford, 1997.

WHITE, 1945
E. Mc. White, « Irish Bronze Age Instruments », *Journal of the Royal Society of Antiquaries of Ireland 75*, 1945.

WILDE, 1862
W. R. Wilde, *A Descriptive Catalogue of the Antiquities of Gold in the Museum of the Royal Irish Academy*, Dublin, 1862.

WILLIS, 1994
R. Willis (sous la direction de), *Mythologies du monde entier*, Paris, 1994.

WILSON
D. M. Wilson (sous la direction de), *The Collections of the British Museum*, 3e éd., Londres, 1991.

WINGHART, 1993
S. Winghart, « Das Wagengrab von Poing, Lkr. Ebersberg, und der Beginn der Urnenfelderzeit in Südbayern », dans H.Dannheimer, R. Gebhard (sous leur direction), *Das keltische Jahrtausend*, cat. exp. Prähistorische Staatssammlung, Munich, 1993.

WININGER, 1995
J. Wininger, Die Bekleidung des Eismannes und die Anfänge der Weberei nördlich der Alpen », dans K. Spindler *et al.*, *Der Mann im Eis*, vol. II : « Neue Funde und Ergebnisse », Vienne, New York, 1995.

WÜSTEMANN, 1974
H. Wüstemann, « Zur Sozialstruktur im Seddiner Kulturgebiet », *Zeitschrift für Archäologie 8*, 1974.

WYSS, 1981
R. Wyss, « Kostbare Perlenkette als Zeuge ältesten Fernhandels in Zürich », *Helvetia Archaeologica 12*, 1981.

XANTHOUDIDES, 1924
St. Xanthoudides, *The Vaulted Tombs of Mesara*, Londres, 1924.

XENAKI-SAKELLARIOU, 1985
A. Xenaki-Sakellariou, **Οι Θαλαμωτοι Ταφοι των Μυχηνων**, Athènes, 1985.

YOUNGER, 1991
J. G. Younger, « A Bibliography for Aegean Glyptic in the Bronze Age », *CMS Beiheft 4*, Berlin, 1991.

ZAHARIA et ILIESCU, 1968
E. Zaharia, O Iliescu dans *Fasti Archaeologici 18-19*, 1968.

ZERVOS, 1954
C. Zervos, « Einleitung », dans G. Pesce (sous la direction de), *Prähistorische Bronzen aus Sardinien*, cat. exp. Kunsthaus Zürich, 1954.

ZERVOS, 1956
C. Zervos, *L'Art de la Crète néolithique et minoenne*, Paris, 1956.

ZERVOS, 1957
C. Zervos, *L'Art des Cyclades du début à la fin du l'âge de bronze, 2500-1100 avant notre ère*, Paris, 1957.

ZICH, 1996
B. Zich, *Studien zur regionalen und chronologischen Gliederung der nördlichen Aunjetitzer Kultur*, Berlin, New York, 1996.

ZIDDA, 1997
G. Zidda, « Aspetti iconografici delle stele antropomorfe di Aosta. La valle d'Aosta nel quadro della preistoria e protostoria dell'arco alpino centro-occidentale », dans *Atti della 31 Riunione Scientifica*, Florence, 1997.

ZUMTHOR, 1994
P. Zumthor, *La medida del Mundo*, Madrid, 1994.

CRÉDITS PHOTOGRAPHIQUES

Aoste
Museo archeologico di Aosta,
L'Image-Courmayer : Cat. 93, 94

Augsbourg
Römisches Museum : Cat. 204

Beja
Museu Rainha Leonor, A. Cunha : Cat. 98

Berlin
Museum für Vor- und Frühgeschichte-Anders :
p. 8 droite ;
K. Göken : p. 81, 174, Cat. 121, 234

Berne
Historisches Museum- Stefan Rebsamen :
Cat.123

Bienne
Musée Schwab, Daniel Mueller : Cat. 65

Bonn
Rheinisches Landesmuseum - H. Lilienthal :
p. 39, Cat. 227

Brighton
Royal Pavilion, Libraries & Museums, Bdroiteon,
England- Bdroiteon & Hove Council :
p. 40, Cat. 105

Bucarest
Museul National de Istorie a Romaniei : p. 79
droite, Cat : 141,146,156,175,226 ;
Marius Amariei : Cat : 24

Budapest
Musée national hongrois, A. Dabasi : Cat. 40, 55

Bytom
Muzeum Górnoslaskie : Cat. 192

Cardiff
National Museums and Galleries of Wales :
Cat.37

Chalon-sur-Saône
Musée Denon, section archéologie : p. 32,
Cat. 70

Copenhague
Musée national : p. 8 gauche, 58, Cat : 34, 33,
31, 32, 114, 56, 57, 120, 173, 188, 183, 177,
230, 76 ; Kit Weiss : p. 13, 58 droite, 59 gauche
et droite, 86, 94, 97, 108 droite, 109, 130, 135,
136, 169, 193 gauche, Cat : 22, 23, 30,116,
117, 119, 136, 138, 149, 150, 167, 171, 184,
198, 199, 206

Debrezen
Déri muzeum - Kàroly Kozma : p. 89,
Cat. 147, 208

Donauwörth
Archäologisches Museum -F. Meitinger :
Cat : 129

Dorchester
Dorset County Museum : p. 102, Cat. 124

Dresde
Japanisches Palais, Landesamt für Archäologie
Sachsen mit Landesamt für Vorgeschichte :
p. 45, Cat. 210

Dublin
national d'Irlande - Valerie Dowling : Cat. 152,
200, 201, 209, 217, 218, 223

Edimbourg
Royal museum of scotland, Ian Larner : p. 41,
cat. 27

Freiberg
Geowissenschaftliche Sammlungen der
Bergakademie,
Michael Knopfe : Cat. 25

Genève
Musée d'Art et d'Histoire - N. Sabato : Cat. 135

Grèce
Ministère de la culture, I. Iliades : p. 10, 12, 57,
67 gauche et droite, 188, 189 gauche, 190,
Cat : 10, 50, 53, 54, 60, 61, 75, 77, 78, 82, 83,
84, 85, 86, 154, 169, 170, 180, 190, 213, 214
S. Mavrommatis : p. 202, 234
Athènes, Musée archéologique national,
Archives : p. 1, 201 (Lamia), Cat : 7, 10, 16, 17,
18, 20, 45, 62, 140, 159, 191, 203, 211, 212,
216 (Patras) 102,91 (Larissa), 92 (Thasos),
161,162,163,79 (Nauplin), 89
The National Hellenic Committee (I.C.O.M) :
p. 88, 99, 101, 125 gauche et droite, 182, 186,
Cat : 2, 5, 7, 9, 19, 43, 44, 59, 76, 100, 103,
104, 109, 155 ;
The National Hellenic Committee (I.C.O.M.), S.
Mavrommatis : p. 133, Cat : 8, 153 ;
The National Hellenic Committee (I.C.O.M.),
Photographic Archive : p. 199, 206 gauche et
droite
Papadakis : Cat : 89
R. Parisis : Cat : 215
Y. Patrikianos : p. 193 droite, Cat : 80, 81
St. Stournaras : p. 18, 37, 54 gauche et droite,
55, 185, 189 droite, Cat : 3, 4, 11, 12, 13, 15,
35, 58, 74, 87, 88, 90, 101, 110, 164, 165, 166
D. Tamviskos : p. 52, 194, 195, 196, Cat : 1, 21,
51, 52, 71, 72, 157, 158, 160

Halle
Landesmuseum für Vorgeschichte - A.
Hörentrup : Cat. 148

Hambourg
Museum für Archäologie und die Geschichte
Harburgs : Cat. 115

Hanovre
Niedersächsisches Landesmuseum, Karl-Heinz
Uhe : p. 105, Cat. 96, 118, 202

Hull
Hull and East Riding Museum : Cat. 36

Karlsruhe
Badisches Landesmuseum : p. 85, Cat. 107

Kassel
Hessisches Landesmuseum für Vor- und
Frügeschichte : Cat. 144

Kea
Musée archéologique : Cat. 153

Lisbonne
Musée archéologique national : Cat. 127

Madrid
Museo Arqueológico Nacional : Cat. 97

Martin
Etnografické múzeum - Marta Novotnà :
Cat. 186

Mayence
Landesmuseum - U. Rudischer : Cat. 172, 193

Michalowze
Zemplínske muzeum - M. Novotnà : p. 30
gauche ; Cat. 39, 48

Munich
Prähistorische Staatssammlung, Michael
Berger : Cat. 26, 207
Hirmer Verlag : p. 66

Niort
Musée du Donjon, Ph. B. Renaud : Cat. 42

Nitra
Institut d'Archéologie - Marta Novotnà : Cat. 47

Nuremberg
Germanisches Nationalmuseum - Jürgen
Musolf : p. 176, 177 au-dessus et en-dessous,
178, 180, Cat : 232

Paris
Réunion des musées nationaux, : Cat : 219 ;
J.G.Berizzi : p. 179, Cat : 222, 228, 229, 231 ;
G. Blot : p. 95, 171, Cat : 219 ; Loïc Hamon :
p. 91, Cat : 28, 29, 68, 69, 125, 126, 131, 132,
134, 142, 143, 145, 228 ; H. Lewandowski :
p. 80, Cat : 108
Paris, musée du Louvre, département des
Antiquités orientales
Cat : 181 ; Jean-Pierre Chuzeville : cat.182,

Piatra Neamt
Musée d'Histoire : Cat. 225

Poznan
Musée archéologique : p. 58, Cat. 122, 195

Prague
Narodni muzeum : Vlasta Dvoràkovà : p. 103,
Cat. 139

Regensburg
Historisches Museum, - Peter Ferstl : p. 106, Cat. 112
Rodez
Musée Fenaille, - André Méravilles : Cat : 95
Saint-Pétersbourg
Musée de l'Ermitage : Cat. 99, 199
Schloss Gottorf
Archäologisches Landesmuseum : Cat. 113
Schwerin
Landesmuseum Mecklembourg-Vorpommern : p. 6, Cat : 46, 132, 176, 187, 205
Spire
Historisches Museum der Pfalz : p. 173, Cat. 233
Stade
Schwedenspeicher Museum Blendermann : Cat. 41
Stockholm
Musée national d'Histoire : G. Hildebrand : p. 56, Cat : 130 ;
N. Lagergren : p. 15, Cat : 151, 196
Szentendre
Ferencz Karoly Museum : Cat. 38
Trente
Musée provincial - E. Munerati : Cat. 128
Trondheim
Museum of Natural History and Archaeology - P.E. Fredriksen : Cat. 189
Vérone
Museo Civico di Storia Naturale - Archives photographiques du musée d'histoire naturelle : Cat. 106
Vienne
Naturhistorisches Museum : p. 134, Cat. 174
Zurich
Schweizerisches Landesmuseum : p. 161, Cat. 66, 67, 194

Autres sources :
A. Knape, H.-Å. Nordström : Der Kultgegenstand von Balkåkra. Stockholm 1994 : Cat : 197
A. S. Coicao : p. 61
Albrecht Jockenhövel : p. 71 au-dessus et en-dessous, 143, 144
Alexander Schmid : p. 2, 3, 16, 17, 35
Antony F. Harding : p. 38 gauche et droite, 39 gauche, 42
Archivo Nacional de Fotografia - José Pessoa : p. 118 (gauche, centre, droite) 119 (gauche, centre, droite)
Avant les Celtes. L'Europe à l'âge du Bronze. 2 500 - 800 avant J-C. catalogue d'exposition
Daoulas 1988 : Cat : 111
Complexual Muzeal Judeteamt Neamt - G. Dumitriu : p. 170 gauche, centre et droite, Cat : 225
G. Karo : Greifen am Thron. Erinnerungen an Knossos. Baden-Baden 1959 : p. 9
Giovanni Pittalis : p. 124
H. Thrane : p. 129 gauche et droite
J. Vladàr : p. 29
Jean-Pierre Mohen : p. 156
K. P. Martinek : p. 49 gauche et droite, 50
K. Spindler et al. (ed.) : Der Mann im Eis, Vol. 2 : Neue Funde und Ergebnisse. Vienna, New York 1995 : 79 gauche
Katie Demakopoulou (ed.) : Troy, Mycenae, Tiryns, Orchomenos. Heinrich Schliemann : The 100 th Anniversary of his Death. Catalogue d'exposition. Athens 1990 : p. 90
Katie Demakopoulou : p. 68, 98, 100
Kjeld Christensen : p. 112, 113
M. Schultz : p. 76
Martina Marthari : p. 159, 162 gauche et droite
O. Sousa : p. 137, 139
Pierre et Maurice Chuzeville : Cat : 178
Piet de Jong : p. 69 gauche
Raffaele C. de Marinis : p. 146, 147, 148, 149, 150, 151 gauche et droite
S. Oliveira Jorge : p. 62, 63
S. Winghart : p. 51
Slovenské múzeum ochrany prírody a jaskyniarstva in Liptovsky Mikulás-M. Novotnà : cat.185
Stefano Flore : p. 123
The Thera Foundation - P. M. Nomikos, Piraeus : 80 au-dessus
Walter Leitner : p. 24 gauche, 24 droite, 26
Xenophon Michael : Cat : 14, 63, 64, 73

Tous droits réservés pour les photographies fournies par les auteurs et les collectionneurs particuliers, ainsi que pour les illustrations non citées dans cette liste.

Conception du catalogue :
Katie Demakopoulou, Christiane Eluère, Jorgen Jensen, Albrecht Jockenhövel, Jean-Pierre Mohen

Editeur
Petra Kruse assistée de : *Helga Willinghöfer, Doniert Evely, Michael Koch, Christine Traber*

Pour la version française

Publication du département de l'édition dirigé par
Béatrice Foulon

Coordination éditoriale
Marie-Dominique de Teneuille

Traduction des textes de l'anglais
Agnès Takahashi, Jacques Privat

Traduction des textes de l'allemand
Françoise Toraille

Relecture des textes
Françoise Dachy

Conception graphique
Konnertz Buchgestaltung Köln

Conception graphique de la couverture et adaptation de la version française
Les Inventeurs du Réel (07.99)

Fabrication
Heiko Seitz

Composition
Weyhing Digital, Stuttgart
Photogravure
C+S Repro, Filderstadt
Flashage
IGS - CP, L'Isle d'Espagnac

Cet ouvrage a été achevé d'imprimer sur les presses de l'imprimerie Dr. Cantz'sche Druckerei, Ostfildern-Ruit en Allemagne

Dépôt légal : septembre 1999
ISBN : 2-7118-3886-2